Uwe-Jörg Jopt

IM NAMEN
DES
KINDES

Plädoyer für die Abschaffung des
alleinigen Sorgerechts

Rasch und Röhring

Meinen Kindern
Lisa, Konstantin und Julian

Die Deutsche Bibliothek – CIP-Einheitsaufnahme

Jopt, Uwe-Jörg:
Im Namen des Kindes : Plädoyer für die Abschaffung des alleinigen Sorgerechts /
Uwe-Jörg Jopt. – Hamburg : Rasch und Röhring, 1992
  ISBN 3-89136-326-5

Copyright © 1992 by Rasch und Röhring Verlag, Hamburg
Schutzumschlaggestaltung: Studio Reisenberger, unter Verwendung einer
Abbildung von Egon Schiele
Satzherstellung: Utesch Satztechnik GmbH, Hamburg
Druck- und Bindearbeiten: Clausen + Bosse, Leck

INHALT

VORWORT

»Pflege und Erziehung der Kinder sind das natürliche Recht der Eltern und die zuvörderst ihnen obliegende Pflicht. Über ihre Betätigung wacht die staatliche Gemeinschaft.« (Art. 6 Abs. 2 GG) Wen könnte sie nicht beruhigen, diese in unserer Verfassung festgeschriebene Selbstverpflichtung des Staates, Kindern schützend zur Seite zu stehen, wann immer sie durch das Unvermögen ihrer Eltern in ihrer leib-seelischen Entwicklung gefährdet sind.

Auch ich ging die längste Zeit meines Lebens ganz selbstverständlich davon aus, daß es dank des »staatlichen Wächters« – Gericht und Jugendamt – schon gelingen würde, allen Kindern die Hilfe zukommen zu lassen, ohne die sie als schwächste Glieder unserer Gesellschaft gezwungen wären, jegliche Belastungen einfach zu ertragen.

Heute – nachdem ich unzählige Male hautnah miterlebt habe, *wie* der Staat seinen verfassungsrechtlichen Schutzauftrag ausführt – habe ich diesen Glauben allerdings gründlich verloren. Selbstverständlich gibt es immer wieder auch Fälle, bei denen das »Kindeswohl« ohne staatliche Intervention noch stärker gefährdet wäre. Doch häufig – viel zu häufig – wird mit diesen Eingriffen lediglich eine Bedrohung des Kindes durch eine andere, oftmals sogar noch größere, ersetzt.

So lebt zum Beispiel ein zehnjähriger Junge seit nunmehr fast drei Jahren in einem westfälischen Kinderheim. Er hat seit dem Tag seiner – berechtigten – Herausnahme aus dem Haushalt des Vaters nicht einen einzigen Menschen seiner engeren Verwandtschaft wiedergesehen. Nur, weil ein ideologisch verbohrter Sachverständiger empfahl, das angebliche Wohl dieses – von keinem Gericht jemals selbst angehörten – Kindes erfordere zwingend den totalen und dauerhaften Abbruch jeglicher Verbindungen zu seiner Herkunftsfamilie.

Solchermaßen zwangskaserniert und von der Außenwelt abgeschottet, weiß das Kind natürlich nichts von dem ebenso verzweifelten wie vergeblichen Kampf seiner Großmutter, die als »Oma-
Mama« wegen des sehr frühen Todes der leiblichen Mutter längst
zu einer wichtigen emotionalen Bezugsperson geworden war. Für
das Kind bleibt nur die grausame »Erklärung«, daß sich offenbar
seine ganze Familie von ihm abgewandt hat und nichts mehr mit
ihm zu tun haben will.

Tatsächlich haben jedoch Amtsgericht, Landgericht und Oberlandesgericht alle Bemühungen der Großmutter, ihren Enkel wenigstens besuchen zu dürfen, mit dem lapidaren Verweis auf das zu
schützende »Kindeswohl« abgewiesen. Dabei erachteten es die Beschwerdeinstanzen nicht einmal für nötig, darüber überhaupt erneut zu verhandeln. Warum wurde dann der Junge selbst nicht
wenigstens einmal gefragt, wie er über diesen Beziehungsverlust
denkt? Dafür ist den Revisionsrichtern vom Oberlandesgericht
diese Antwort eingefallen:

»Von einer persönlichen Anhörung des Kindes habe die Kammer ausnahmsweise abgesehen, um eine Irritation des Kindes zu vermeiden: Seine
Anhörung vor der Kammer würde dem Kind – ebenso wie eine erneute
Begutachtung – deutlich machen, daß wiederum fraglich sei, ob es nicht
doch Kontakt zur Großmutter haben werde. Dadurch würden, wie der
Sachverständige … überzeugend ausgeführt hätte, erhebliche Ängste
beim Kind mobilisiert werden, die Alexander nur mit einer Flucht nach
vorn und Anpassung an die Wünsche der bedrohlichen bzw. hoch frustrierenden Objekte beantworten könnte.«

Inzwischen steht für den jugendamtlichen Vormund des Jungen
ziemlich fest, daß er wahrscheinlich bis zur Volljährigkeit im Heim
bleiben wird, weil wegen seiner Verhaltensstörungen vermutlich
kaum eine Pflegefamilie bereit sein wird, ihn aufzunehmen. Und
kein einziger dieser staatlichen Kindeswohlschützer kommt auch
nur auf den Gedanken, sich zu fragen, warum der Junge wohl
verhaltensgestört ist.

Ein anderes Beispiel: Noch heute werden Kinder auf Veranlassung von Gericht und Jugendamt in zu »Internaten« geschönte Heime eingewiesen, nur weil sie nicht bei dem Elternteil leben wollen, dem unter dem Gesichtspunkt des »Kindeswohls« das alleinige Sorgerecht zugesprochen worden ist. Ein Schicksal, das anderen nur deshalb erspart bleibt, weil sie sich den staatlich legalisierten Gewaltaktionen – mit Hilfe von Gerichtsvollzieher und Polizei sollen sie zur Einhaltung des einmal für Recht Erkannten »bewegt« werden – gar nicht erst ernsthaft zur Wehr setzen.

Einzelfälle – gewiß. Doch jeder Fall ist bereits einer zuviel. Kinder, die von anonymen Mächtigen verschleppt werden. Kinder, die mit Gewalt von einem Elternteil weggerissen werden. Franz Kafka läßt grüßen.

Doch es bedarf nicht unbedingt solcher Extremfälle, um über den Umgang dieses Staates mit Kindern zutiefst empört zu sein. Man denke nur an die ganz »normalen« gerichtlichen Regelungen des Umgangs zwischen ihnen und ihren nichtsorgeberechtigten Elternteilen. Und wer einmal miterlebt hat, wie in diesem Land mit nichtehelichen Kindern – diesen Parias unserer Republik – umgesprungen werden darf, den kann eigentlich nur noch Wut und Abscheu erfüllen.

Ich habe es jedenfalls inzwischen aufgegeben, mich zu fragen, wann endlich der Respekt vor der Würde eines Kindes den Staat veranlassen wird, die ihm anvertrauten Kinder vor dem Opferaltar »Kindeswohl« – dieser Generalvollmacht für Menschenrechtsverletzungen – zu schützen.

Doch ob der Staat Kinder zu Kontakten mit anderen Menschen zwingt, nur *weil* diese seine Eltern sind (auch das gibt es), oder ob er ihnen solche Kontakte verwehrt, *obwohl* sie es sind, bereits diese wenigen Beispiele zeigen, daß es wenig Grund gibt, sich durch die grundgesetzliche Wächtergarantie in Sorglosigkeit zu wiegen. Mit familiären Gefühlsbeziehungen, diesem existentiellen Grundelement für Menschlichkeit und seelische Gesundheit schlechthin, wissen viele staatliche Hoheitsträger ganz offensichtlich einfach nichts anzufangen. Fragt man, warum Kindern heute Lebenswirklichkeiten zugemutet werden, die spontan den Gedanken an einen »Schutz vor ihren Beschützern« aufkommen lassen, dann gibt es für mich darauf nur eine Antwort: Der staatliche Wächter entlarvt sich in zahllosen Fällen als ein saturierter Apparat, der nichts anderes macht, als eine längst zur inhaltsleeren Worthülse verkommene Abstraktion »Kindeswohl« zu verwalten. Wobei man – bedrückenderweise – allerdings zugestehen muß, daß er diese Aufgabe redlich und »nach bestem Wissen« wahrnimmt. Doch was heißt das schon? Auch jeder südafrikanische Apartheitspolitiker handelt nach bestem Wissen. Wo immer es um Menschen geht, da reicht Wissen allein eben nicht aus, um ihnen mit Verantwortungsbewußtsein und Respekt vor ihrer Persönlichkeit zu begegnen. Da bedarf es immer auch noch einer von Sensibilität, Einfühlsamkeit und Ethik geprägten humanen Grundhaltung der staatlichen Akteure. Doch von einer mitmenschlichen Berührbarkeit habe ich inzwischen zu viele Male nicht mal im Ansatz etwas gespürt.

Immer noch sind es viel zu wenige Richter, die zuallererst nach Wegen zur Veränderung kindlicher Belastungen suchen, statt durch ebenso routinehafte wie seelenlose Entscheidungen fragwürdige »klare Verhältnisse« zu schaffen. Und immer noch haben Jugendamtsmitarbeiter, die sich in die seelische Lage von Kindern einfühlen können, als wären es ihre eigenen, die hinter der noch so aggressiv vorgetragenen Empörung eines Elternteils immer noch eher Verzweiflung und Angst statt Untauglichkeit sehen und für die das staatliche Wächteramt nicht dem zeitlichen Rahmen des Dienstplanes unterworfen ist, viel zu wenige Mitstreiter.

Das Gros der professionellen Kindeswohlschützer hat längst Individualität durch Professionalität, mitfühlende »Anteilnahme« an Kindern und ihren Familien durch eine sachlich-bewertende »Stellungnahme« ersetzt. In erster Linie treten sie nur noch als vermeintlich neutrale Sachwalter menschlicher Schicksale auf, ausgestattet mit einer staatlichen Legitimation, doch ohne erkennbaren Bezug zu einer ethisch-moralischen Legitimität ihres Handelns.

Dem entspricht eine Aufspaltung in Privatheit und Beruf, die sicherlich grundsätzlich sinnvoll, dort jedoch absolut fehl am Platz ist, wo es um den Umgang mit der Seele und den Gefühlen von Kindern geht. Kinder denken nun einmal nicht in Kategorien von Rechtsstaatlichkeit, sie leben (noch) ausschließlich in der unmittelbaren Bezogenheit ihrer Empfindungen und Gefühle, in der ganz konkreten Sinnlichkeit ihrer Gegenwart. Deshalb erfordert der Umgang mit ihren Ängsten, Seelenschmerzen und Hoffnungen – Empfindungen, über die sich niemand hinwegsetzen dürfte, der den Anspruch erhebt, sie beschützen zu wollen – zuallererst, daß ihnen – aus der Anonymität des staatlichen Wächters heraustretende – ganz individuelle, einfühlsame *Menschen* begegneten. Insofern brauchten wir eigentlich keinen »Anwalt des Kindes«, um das Kindeswohl angemessen zu schützen. Erforderlich wäre lediglich, daß alle professionellen Kindesschützer eine »Antenne« für die, vor allem nonverbale, »kindliche Stimme« haben. Denn – um auf das Eingangsbeispiel zurückzukommen – an Signalen fehlte es auch bei dem Heimkind Alexander wahrlich nicht. Nur: Keiner verstand seine Sprache. So gesehen, wäre ein »Anwalt des Kindes« – als Dolmetscher sozusagen – dann allerdings doch zumindest so lange ein kleiner Fortschritt, bis alle Kinderschützer gelernt haben, auch ohne Übersetzer auszukommen.

Der ist auch immer mal wieder im Gespräch. Selbst der erst kürzlich ausgeschiedene Bundesjustizminister Kinkel regte noch am 21. 2. 1991 vor dem Deutschen Bundestag die Überlegung an, »ob die Rechte der Kinder in die Hände eines qualifizierten Interessenvertreters, eines Kinderanwalts, gelegt werden könnten«.[1] Aber konkrete Pläne gibt es noch nicht.

Will man also nicht einfach nur tatenlos abwarten, müssen andere Wege beschritten werden, um mindestens zu versuchen, den Staat schon jetzt zu kindgemäßeren Umgangsformen zu bewegen. In diesem Sinne ist das vorliegende Buch zuallererst ein Appell an alle mit Kindern befaßten Erwachsenen, sich darauf zu besinnen, daß das Zentrum kindlichen Bewußtseins aus Empfindungen und Gefühlen besteht, die bei keiner einzigen Maßnahme zur Gefährdungsabwehr aus dem Blick geraten dürfen.

Dabei konnte ich mein Plädoyer für einen anderen Umgang mit Kindern nur an einem sozialen Lebensausschnitt festmachen, der auf den ersten Blick – im Vergleich zu den »harten« Maßnahmen zum Beispiel der Fremdunterbringung von Kindern gemäß § 1666 BGB – eher unkompliziert zu sein scheint: ihre Situation bei Trennung und Scheidung. Mehr hätte den Rahmen dieses Buches bei weitem gesprengt.

Andererseits liegt gerade auf diesem Feld aber auch ein großer Vorteil. Da der Staat bei Scheidung ausnahmslos – und im Rahmen der Kontaktregelung zwischen nichtehelichen Kindern und ihren Vätern immer öfter – aufgerufen ist, zum Wohle des Kindes zu intervenieren, sind Sorge- und Umgangsregelungen die mit Abstand häufigsten Anlässe, bei denen das staatliche Wächterduo Gericht und Jugendamt aktiv wird.

Hier nahm auch mein eigenes Interesse vor nunmehr über zehn Jahren einmal seinen Anfang. Weniger aus wissenschaftlicher Neugier, denn damals war ich noch voll damit beschäftigt, als Pädagogischer Psychologe nach den Ursachen von Leistungsängsten und fehlender Lernmotivation bei Schülern zu forschen; wobei ich allerdings auch früher schon immer sehr darum bemüht war, zwischen wissenschaftlicher Arbeit und kindlicher Lebenswirklichkeit Brücken zu schlagen (vgl. Jopt, 1981). Der eigentliche schmerzhafte Auslöser war vielmehr meine eigene Scheidung sowie die damit verbundene plötzliche Trennung von meinem gerade drei Monate alten Sohn. Ohne diese Erschütterung in meinem Leben wüßte ich heute vermutlich immer noch genausoviel vom staatlichen Wächter, von Kindeswohl und Gutachtern, von Sorgerecht und Umgangsrecht wie damals – nämlich gar nichts.

Ähnlich wäre es mir vermutlich aber auch dann ergangen, wenn meine Scheidung sich allein auf die rechtliche Besiegelung einer gescheiterten Ehe beschränkt hätte. Denn so tief mich der Verlust der Partnerin zunächst auch in eine meiner schwersten Lebenskrisen gestürzt hatte, der ich mit all meiner Trauer und Verzweiflung und immer wieder neuen Hoffnungen für geraume Zeit ziemlich hilflos ausgeliefert war, sicherlich hätte ich es nach erfolgreicher Trauerarbeit schon geschafft, das eigene Erwachsenenleben neu zu gestalten und weiterhin mit meiner geschiedenen Frau als liebende und verantwortungsvolle Eltern eines gemeinsamen Kindes verbunden zu bleiben. In diesem Fall wäre ich dem staatlichen Wächter auch nur kurz begegnet. Denn daß unser Säugling auch nach der Scheidung weiterhin von seiner Mutter betreut und versorgt werden sollte, so wie es ihr ausdrücklicher Wunsch war, das stand für mich ebenso außer Frage, wie die damit – damals noch zwingend – verbundene Übertragung des alleinigen Sorgerechts auf sie. Was hätte mich da an einem, diese Absichten lediglich besiegelnden Richterspruch stören sollen?

Doch unglücklicherweise kam alles ganz anders. Schon sehr bald mußte ich schmerzhaft erleben, daß ich meinen Sohn nicht nur rechtlich, sondern damit ungeahnterweise zugleich auch physisch und emotional abgetreten hatte: Denn statt der erwarteten gemeinsamen Elternschaft trotz Scheidung geriet ich zunehmend in die Ecke eines eher störenden und im Grunde überflüssigen Vaters, der am besten überhaupt keinen Kontakt mit seinem Kind mehr haben und dessen einzige »Verantwortlichkeit« in der monatlichen Überweisung von Unterhaltsleistungen bestehen sollte.

Das wollte ich nicht einfach so hinnehmen. Und wenn mich mein so junger Sohn sicherlich auch noch nicht liebte, mich auch nicht vermißte, *ich* wollte mein erstes Kind in meinem Leben lieben dürfen, es in seiner Entwicklung begleiten und erleben lassen, daß es in seinem Leben zwei besondere und nicht austauschbare Menschen gibt, mit denen es in einem einzigartigen Netzwerk von Lieben und Geliebtwerden sicher und lebenslang verwoben ist.

Das hielt ich nicht nur für mein Grundrecht auf Menschenwürde, sondern auch für sein fundamentales Recht. Denn was sollte bei Eltern wie meiner geschiedenen Frau und mir mit »Kindeswohl« gemeint sein, wenn nicht der Anspruch unseres Sohnes, eingebunden in für seine seelische Gesundheit und für seine Persönlichkeitsentwicklung ausschlaggebenden Liebesbeziehungen leben und aufwachsen zu dürfen?

Insofern war mir schon damals klar, daß das Kindeswohl bei Trennungskindern weniger mit der Auswahl von elterlichen Betreuungspersonen zu tun hat, sondern vor allem mit der Sicherung ihrer emotionalen Beziehungen zu *beiden* Eltern. Deshalb war ich mir, bei aller Enttäuschung über das Verhalten der Mutter, eigentlich erst mit der dadurch unvermeidlichen Anrufung des Gerichts der Existenz des staatlichen Wächters überhaupt erstmals richtig bewußt. Und ich war auch froh und dankbar, daß es ihn gab. Denn dessen war ich mir sicher, einfach hinnehmen würde er diese Mißachtung eines fundamentalen kindlichen Rechtes auf gar keinen Fall.

Fast genauso kam es dann auch. Wenngleich das Familiengericht auch nicht dem Kind, sondern mir als Vater das Recht auf Kontakt einräumte. Als ginge es lediglich um *mein* persönliches Wohl. Dagegen blieb die »Übersetzung« der gerichtlichen Umgangsregelung in ganz konkrete Begegnungen, trotz ablehnender Haltung der Mutter, allein meine Sache. Insofern war es tatsächlich eher egal, ob es um mein eigenes oder um das Recht meines Sohnes ging; denn ohne fremde Hilfe hätte der Junge mit einem solchen »Erlaubnisschein« ohnehin noch weniger anfangen können als ich.

Das war meine erste bewußte Begegnung mit dem staatlichen Wächter. Doch weder durch diese noch durch spätere Amtshandlungen veränderte sich die Lage merklich. Denn alle Maßnahmen bestanden lediglich in stets erneuerten Beschlüssen, später verbunden mit der Androhung von Ordnungsstrafe für den Fall, daß sich die Mutter nicht daran halten würde. Darüber hinaus geschah nichts weiter.

Doch damit genug von meiner persönlichen Geschichte. An die Adresse derer, die meine Kritik am Familienrecht gerne mit dem Verdacht bagatellisieren, das wahre Motiv für mein Engagement könnte vielleicht in einer unbewältigten Eigenproblematik liegen, lediglich noch dieser Nachtrag: Seit nunmehr über drei Jahren – nachdem ich den Jungen aus einem Heim, in dem er auf Wunsch seiner Mutter für die Zeit ihres längeren Krankenhausaufenthaltes leben sollte, mit viel Mühe rausgeholt und für ein Vierteljahr bei mir aufgenommen hatte – sehen sich mein inzwischen fast dreizehnjähriger Sohn und ich, wann immer wir dies wollen. Und selbstverständlich lieben wir uns trotzdem, auch wenn wir immer wieder beide schmerzlich spüren, daß die lange Kontaktunterbrechung (ich hatte schließlich darauf verzichtet, mein Umgangsrecht gegen den ausdrücklichen Willen der Mutter »durchzusetzen«) uns nicht nur ein bedrückendes Stück einander »fremd« gemacht hat, sondern daß wir durch die Passivität des staatlichen Wächters auch um etwas gebracht wurden, was sich nie wieder nachholen läßt: um die ganze Intimität und Sinnlichkeit einer gelebten Liebesbeziehung, die ihren Wert in sich trägt, weil sie selbst der höchste Wert ist, den das menschliche Leben kennt.

Trotzdem, das ist uns beiden klar, haben wir gar keine andere Wahl: Mit unserer gemeinsamen Geschichte, die keiner von uns so gewollt hat, müssen wir heute leben, versuchen, das Beste daraus zu machen.

Dennoch ist dieses Buch alles andere als die späte »Abrechnung« eines grollenden und den Staat anklagenden Vaters, auch wenn es an Kritik nicht mangelt. Und – auch wenn es geradezu grotesk klingt: Trotz des hohen Preises, den ich zahlen mußte, bin ich heute froh darüber, daß ich dadurch in einen Bereich kindlichen Lebens

Einblick bekommen habe, den ich andernfalls möglicherweise niemals kennengelernt hätte, und daß ich heute mein ganzes wissenschaftliches, gesellschaftspolitisches und mitfühlendes Engagement auf einem Feld einbringen darf, auf dem die seelische Not von Kindern noch um ein Vielfaches größer ist als in der Schule.

Deshalb ist dieses Buch kein verbiesterter Rundumschlag. Ich möchte damit vor allem eines: daß es alle Leser nachdenklich machen möge. Die Politiker, die professionellen Scheidungsbegleiter und ihre gutachterlichen »Experten«, die in Trennung lebenden oder bereits geschiedenen Eltern, insbesondere aber die (noch) nicht Betroffenen, denn sie haben es noch in der Hand, die Weichen für ihre späteren Trennungskinder so zu stellen, daß deren Schädigung wirklich nur auf das unvermeidbare Minimum beschränkt bleibt. Sofern man nicht schon früh über den Eventualfall nachdenkt und dafür kindgemäße Lösungen entwickelt, wird der Umgang mit den Kindern schnell durch Rechtsvorschriften mitgeprägt, die einseitig und zu Lasten der Kinder interpretiert werden. Das liegt vor allem daran, daß wir ihren Schutz im Rahmen eines juristischen Streitmodells behandeln, das zahllose Eltern geradezu zwangsläufig blind für das eigentlich Gebotene macht.

Über jedem Gesetz stehen jedoch Ethik und Humanität. Wer sich früh genug auf diese Werte besinnt, der könnte sich zumindest gegen eine allzu egoistische und unempathische Anwendung rechtlicher Vorschriften wehren. Das heißt, jeder, der mit Trennung und Scheidung zu tun hat – beruflich oder als Betroffener –, hat durchaus auch bereits im Rahmen der bestehenden Gesetze eine ganze Reihe von Möglichkeiten, um in seinem begrenzten Bereich zur Gestaltung einer menschenwürdigeren Kinderwelt beizutragen. Dafür finden sich im letzten Kapitel zahlreiche Anregungen.

Insofern möge das Buch die einen aus ihrem in Routine erstarrten Verwaltungshandeln »zum Wohle des Kindes« wachrütteln, andere zur Besinnung bringen auf das, wonach sich ihre Kinder nach dem Zerfall ihres Familienverbandes am meisten sehnen. Denn zu spät ist es für eine Umkehr fast nie. Und schließlich möge es all die Getrennten von morgen so sehr abschrecken, daß sie sich fest vornehmen, den eigenen Kindern im Ernstfall möglichst jegliche staatliche »Hilfe« zu ersparen. Denn wer weiß, was auf ihn und seine Kinder zukommen kann, wenn er sich dem Regulierungsapparat des Staates erst einmal ausgesetzt hat, für den kann dieser Weg eigentlich keiner mehr sein.

Doch trotz der unzähligen, oft tragischen Einzelschicksale, die manchmal in mir nur noch hilflose Wut aufkommen lassen und die heute mein wahrer Motor sind: Ohne meinen heutigen Freund und langjährigen Lehrer, den früheren Familien- und Jugendrichter, Gründer des Verbandes »Anwalt des Kindes«, Mitstreiter für das gemeinsame Sorgerecht vor dem Bundesverfassungsgericht und jetzigen Rechtsanwalt für Kindschaftssachen Hans-Christian Prestien, wäre dieses Buch nicht nur um zahlreiche Gedanken zur Verbindung zwischen Staat und Recht, Justiz und Psychologie ärmer. Ohne die vielen Gespräche, ohne das gemeinsame Ringen im konkreten Einzelfall und ohne die stets aufs neue geteilte Empörung, Betroffenheit, oftmals auch Rat- und Hilflosigkeit hätte ich es wohl nie schreiben können. Mit welchen Worten könnte ich für all das danken?

Umso weniger fehlen sie mir für meine Frau. Denn sie schaffte mir nicht nur jenen Freiraum, ohne den kein Buch mit Muße geschrieben werden kann. Viel mehr noch: Ich weiß nicht, ob ich in Anbetracht der vielen anderen Aufgaben – als Hochschullehrer, als Sachverständiger, als außergerichtlicher Berater, in der Fortbildung, u. a. m. – ohne ihre vielen Ermutigungen und ohne ihre feste Überzeugung, mich im Namen zahlloser Trennungskinder zu Wort melden zu müssen, nicht schon resigniert aufgegeben hätte. Darüber hinaus möchte ich ihr an dieser Stelle aber auch für die zahllosen Diskussionen, Anregungen und Fallbesprechungen danken, die an vielen Stellen dieses Buches ihren Niederschlag gefunden haben.

Doch ich hatte glücklicherweise nicht nur Ideenhelfer. Auch wenn der Computer das Schreiben heute ganz enorm erleichtert, ohne das Engagement und die technischen Fertigkeiten meiner Mitarbeiterin Heidi Kleymann wäre ich mit Sicherheit in noch größere Terminnöte geraten, als sie sich so schon ergaben. Und ohne die unzähligen Formulierungshilfen meiner Lektorin, Frau Gabriele Schönig, hätte ich dem Leser sicherlich so manche stilistischen Stolpersteine zugemutet, die ihm nun erspart geblieben sind. Dafür danke ich beiden sehr.

Und zum Schluß: Auch wenn sie selbst es anders erlebt haben

mögen, ich bin meinen Kindern Julian, Lisa und Konstantin auf-
richtig dankbar, daß sie sich über viele Monate in Sachen Gemein-
samkeit so geduldig und ohne Protest auf die ständigen Vertröstun-
gen ihres Vaters – »wenn das Buch fertig ist« – einließen, die zwar
den »Kopf« erreichten, kaum jedoch – warum auch – ihren
»Bauch«. Wenn sie größer sind, werde ich ihnen einmal von den
zwiespältigen Gefühlen erzählen, die einem Vater zu schaffen machen, der sich für das »Kindeswohl« anderer einsetzt, das der
eigenen Kinder aber gleichzeitig vernachlässigt.

Wenn dieses Buch erscheint, bin ich jedenfalls längst dabei, mit all
den vielen »Danachs« endlich Ernst zu machen.

Abschließend sei noch darauf hingewiesen, daß bei allen Fallbei-
spielen selbstverständlich die Namen verändert wurden.

Uwe-Jörg Jopt   Juli 1992

I. ZUM VERHÄLTNIS VON FAMILIE UND STAAT

Die Zahlen sind beängstigend. Bis zur Vereinigung Deutschlands lag die jährliche Scheidungsquote in der Bundesrepublik mit nur geringen Schwankungen regelmäßig bei etwa 130000, davon betroffen waren rund 90000 Kinder. Bezogen auf die jährliche Heiratsrate bedeutet dies, daß im Durchschnitt jede dritte Ehe wieder geschieden wird. In den großstädtischen Ballungszentren ist es sogar jede zweite, dafür beträgt der Anteil in den ländlichen Regionen nur 20 Prozent. Allerdings läßt sich seit nunmehr drei Jahren in den alten Bundesländern ein leicht rückläufiger Trend beobachten, der 1990 bei drei Prozent lag (Statistisches Bundesamt). Trotzdem werden die Zahlen, bezogen auf Gesamtdeutschland, vermutlich erst einmal kräftig ansteigen, weil in der ehemaligen DDR, relativ zur Gesamtbevölkerung, stets erheblich mehr Ehen geschieden wurden (etwa 50 Prozent) als im Westen.[2]

Für Kinder ergeben sich aus dieser in allen Industrieländern weitgehend ähnlich verlaufenden Entwicklung – die nach einer Hochrechnung der Studiengruppe für internationale Analysen in Wien sogar dahin führen wird, daß bis zum Ende des Jahrhunderts im europäischen Durchschnitt rund 85 Prozent der Ehen mindestens einmal und, verlängert man den Trend, bis zum Jahre 2075 sogar zweimal geschieden sein werden – bereits heute zahlreiche Konsequenzen: So wird inzwischen nahezu jedes zweite Kind nicht mehr in der Familie groß, in die es hineingeboren wurde. Statt dessen wechseln im Laufe eines Kinderlebens wenigstens einmal, häufig sogar – weil 70 bis 80 Prozent aller Geschiedenen ein zweites Mal heiraten, die Wiederscheidungsquote jedoch noch höher liegt als die der Erstscheidungen (ca. 40 Prozent in der BRD, in den USA inzwischen sogar über 60 Prozent) – zweimal und vereinzelt auch noch öfter sowohl die personale Zusammensetzung als auch der Wohnsitz der »Familie«.

Gleichzeitig ereilt Kinder das Trennungsschicksal immer früher. Bereits gut ein Viertel – so eine Schätzung der Arbeitsgemeinschaft für Ehe- und Erziehungsberatung – ist zu diesem Zeitpunkt noch keine drei Jahre alt. Das heißt, diese Kinder befinden sich in einem aus psychologischer Sicht ganz besonders sensiblen Entwicklungsstadium, weil ihre Eltern bis dahin bereits zu intimen und damit ohne seelische Beeinträchtigungen nicht mehr ersetzbaren Bezugspersonen für ihre heranreifende Persönlichkeit geworden sind, bzw. sich gerade in diesem identitätsstiftenden Prozeß befinden.

Parallel zum Anstieg von Trennungen und Scheidungen wachsen immer mehr Kinder geschwisterlos auf, weil ihre Eltern aus vielerlei Gründen – vor allem wegen eines grundlegenden Wandels im Verständnis der Rolle der Frau in Richtung größerer Autonomie und beruflicher Selbständigkeit – selten mehr als zwei und am häufigsten sogar nur ein Kind großziehen wollen. Dies hat zur Folge, daß ausgerechnet in der seelisch erschütterndsten Krisenphase ihres Lebens – die vielfach über die ohnehin meist turbulente Trennungszeit hinaus noch viele Jahre anhält – immer mehr Kindern das geschwisterliche Stützsystem fehlt, so daß sie gezwungen sind, mit ihren traumatischen Trennungserlebnissen allein fertigwerden zu müssen. Denn aus psychologisch verständlichen Gründen rücken Kinder nach dem – aus ihrer Sicht – plötzlichen Zerfall ihres Familienverbandes häufig so eng zusammen wie nie zuvor. Angst, Trauer und seelisches Leid lassen sich in der Gemeinschaft Betroffener eben leichter ertragen bzw. erfolgreich verdrängen – das gilt nicht nur für Kinder (»Misery loves company«).

Daneben gibt es aber auch noch einen anderen Trend, der Trennungskindern ihre Lage zusätzlich erschwert. Das Verständnis von Ehe und Familie wandelt sich fundamental: Immer mehr Paare entscheiden sich zwar für das Leben in einer Beziehung mit gemeinsamen Kindern, die Legalisierung dieser Familie lehnen sie jedoch aus unterschiedlichen Gründen bewußt ab.

Aus Kindersicht ist es zwar bedeutungslos, ob ihre Eltern verheiratet sind oder in nichtehelicher Lebensgemeinschaft zusammenleben, denn ihre Liebe ist immer ausschließlich an konkrete Personen gebunden. Doch das gilt nur so lange, wie der Familienverband besteht. Spätestens bei einer Trennung – vor der nichtverheiratete Paare natürlich ebensowenig geschützt sind wie Eheleute – müssen diese Kinder erleben, daß ihnen zumindest in den Augen von Staat und Gesellschaft offensichtlich doch ein gravierender Makel anhaftet. Obwohl ihnen die Verfassung garantiert, daß es keinen Unterschied zwischen ehelichen und nichtehelichen Kindern geben soll (Art. 6 Abs. 5 GG), ist neben einer Reihe anderer Rechte insbesondere das auf fortbestehende Beziehungen zu beiden Eltern ganz erheblich eingeschränkt. Zwar räumt das Gesetz diesen Anspruch keinem Kind ausdrücklich ein, doch während jedem geschiedenen Elternteil ein Recht auf nacheheliche Kontakte zu seinem nicht mit ihm zusammenlebenden Kind zugestanden wird (sofern sie dem Kindeswohl nicht entgegenstehen, doch diese Voraussetzung ist selbstverständlich), haben nichteheliche Väter noch heute nur dann einen solchen Anspruch – sorgeberechtigt ist immer ausschließlich die Mutter –, wenn sie nachweisen können, daß dies dem Kindeswohl nachweislich *dient*.[3]

Ein-Elternteil-Familien, nichteheliche Lebensgemeinschaften und Stieffamilien: alle diese neuen Familiengestalten sind heute längst keine Ausnahmeerscheinungen mehr. Inzwischen gehören sie zur sozialen Realität und sind sogar auf dem besten Wege, die eheliche Familie zwar nicht zu ersetzen, wohl jedoch auf den Status einer von mehreren möglichen Familienformen zurückzudrängen.

Das führt bereits heute zu einer Diskrepanz zwischen Rechtswirklichkeit und sozialer Wirklichkeit, die, hält dieser Trend zur familialen Vielfalt an, immer kuriosere Züge annehmen wird. Denn unsere Verfassung kennt nur ein einziges schützenswertes Familienmodell (Art. 6 Abs. 1 GG): »Ehe und Familie stehen unter dem besonderen Schutze der staatlichen Ordnung.« Schon vor vielen Jahren empörte sich die Rechtswissenschaftlerin und heutige Berliner Justizsenatorin Jutta Limbach zu Recht (1984, S. 199): »Die Unfähigkeit oder Unwilligkeit, die soziale Wirklichkeit unverzerrt wahrzunehmen, scheint ein Dauerproblem der rechtspolitischen Auseinandersetzungen um das Scheidungsrecht zu sein.«

KINDESWOHL

»Eltern« als ganzheitliche Qualität

Doch wie sich die Familie auch immer präsentieren mag, für alle Kinder ist allein ihr »Binnenraum« ausschlaggebend. Und dessen Fundament bildet vor allem das Beziehungsnetz innerhalb dieser psychologischen Lebenswelt – allen voran die Liebesbeziehungen zu Mutter und Vater: »Ohne Erfüllung der elementaren Bedürfnisse nach persönlicher Zuwendung, Liebe, Geborgenheit und Vertrauen ist das Kind zur Entwicklung, zum Aufbau seiner Persönlichkeit und zur Identitätsgewinnung nicht fähig.« (Süssmuth, 1990, S. 61) Noch treffender als die heutige Bundestagspräsidentin und frühere Mitstreiterin für eine Neuorientierung im Umgang mit Trennungskindern kann man das, worauf es bei Kindern ankommt, eigentlich nicht ausdrücken.

Doch dieser Satz gilt nicht nur für Kinder, die in Familien leben. Er gilt auch dann weiter, wenn Eltern sich eines Tages entschließen, ihre Paarbeziehung aufzulösen. Denn aus Kindersicht ändert sich damit an ihren emotionalen Bindungen zu diesen beiden exklusivsten Menschen ihres Lebens natürlich gar nichts.

In veränderter Form, nämlich als Anspruch des Kindes, gilt die Süssmuthsche Feststellung sogar selbst dann, wenn das Kind von Anfang an nur von einem Elternteil allein erzogen und betreut wurde, ohne den anderen bisher kennengelernt und eine Beziehung zu ihm aufgebaut zu haben. Denn der Abbruch einer Beziehung ist im Prinzip kein schwererer Eingriff in kindliche Rechte und Bedürfnisse als die Verhinderung ihrer Entstehung. Jedenfalls dann nicht, wenn das Recht des Kindes im Mittelpunkt steht, alle diejenigen Personen lieben zu können und von ihnen geliebt werden zu dürfen, die sich ihm auf eine Weise verbunden fühlen wie sonst kein anderer Mensch. Das sind zwar keineswegs automatisch immer seine leiblichen Eltern und – wie wir aus der Scheidungsforschung wissen – auch nicht immer beide. Doch wo immer Eltern ausdrücklich auch Eltern sein wollen, da dürfte dem Kind eigentlich niemand dieses Menschenrecht aus einem anderen Grund verweigern als dem, damit nachweislich Schaden von ihm fernzuhalten (vgl. Jopt, 1988a).

Nun weiß jeder, daß es keine zwei Familien gibt, die sich in der praktischen Ausgestaltung der Eltern-Kind-Beziehungen gleichen. Und selbst innerhalb einer Familie bestehen – dazu braucht man nur in die eigene Herkunftsfamilie zu schauen – regelmäßig unverkennbare Unterschiede zwischen Mutter und Vater. Und nicht nur das. Darüber hinaus verändern sich diese individuellen Beziehungs- und Erziehungsmuster zwischen Eltern und ihren Kindern auch noch im Laufe der Zeit. Nicht gerade von Augenblick zu Augenblick, aber doch stetig, meist unbemerkt und immer unaufhaltbar; in Abhängigkeit von ihrem Alter und Entwicklungsstand, aber auch in Abhängigkeit von einer Vielzahl weiterer Faktoren, wie beispielsweise der Geburt eines neuen Geschwisters, der Kinderzahl überhaupt, der ehelichen Konfliktbelastung, beruflicher Verpflichtungen der Eltern, kindlicher Schulleistungen und vielem mehr.

Doch selbstverständlich haben – jedenfalls im Regelfall – weder die bemerkten und schon gar nicht die unbemerkten Veränderungen in den Beziehungen zwischen Kindern und ihren Eltern einen Einfluß auf ihre Liebesgefühle zueinander. Kinder mögen sich – etwa in der Pubertät – von den Erwachsenen spürbar abgrenzen, Eltern mögen sie mit zunehmender Selbständigkeit immer mehr »loslassen«, die emotionalen Bindungen bleiben auf beiden Seiten davon jedoch weitestgehend unberührt.

Vor diesem Hintergrund ist Kindeswohl – im Unterschied zur Kindesgefährdung – zuallererst der Name für eine Qualität, eine einzigartige, weder austauschbare noch auflösbare Beziehungsqualität zwischen Kindern und – in erster Line – ihren Eltern. Die stehen in der Hierarchie der personalen Wichtigkeit ganz oben. Aber natürlich ist das gesamte soziale Netzwerk von Beziehungen zu Menschen, die für Kinder im Laufe ihres Lebens eine besondere Bedeutung bekommen haben, relevant: Geschwister, Großeltern, Freunde, Onkel und Tanten oder wer immer sonst noch seinen festen Platz in ihrem Leben hat.

Als ich vor einigen Jahren meine damals siebenjährige Tochter Lisa einmal fragte, wer eigentlich ihre »Familie« sei, zählte sie auf: Mama, Papa, Bruder nebst – bei meiner geschiedenen Frau lebendem – Halbbruder, Großeltern, Onkel und Tante. Doch damit war noch nicht Schluß, denn nun folgten: Neese (unser Hund), Schaddi, Gagga und Micki, unsere drei Katzen. Zunächst war ich über diesen doch recht ungewöhnlichen Familienbegriff verwundert, denn zum einen wohnt meine Verwandtschaft weit zerstreut, und man sieht sich deshalb nicht allzu häufig; und zum anderen: Haustiere als Familienmitglieder – darauf wäre ich selbst nie gekommen. Doch für meine Tochter war »Familie« eben nicht der Name für eine rechtliche, sondern für eine psychologische Gestalt, für einen psycho-sozialen Kosmos, der sich aus allem Lebendigen zusammensetzte, das für sie von Bedeutung war. Familie – das war die Welt, in der sie fühlte, dachte und lebte, das war ihre Identität.

Natürlich mit einer Hierarchie. Ganz obenan die Eltern. Doch das Ganze ist mehr als die Summe seiner Teile. Familie ist mehr als Kinder und Eltern. Das ist das eine, was man sehen muß, um die wahre Dimension einer Trennung aus der Kinderperspektive zu begreifen. Aber dieses alte gestaltpsychologische Prinzip gilt nicht nur für den Kosmos Familie. Es gilt auch für ihren Mikrokosmos: die Eltern. Denn auch das – in der Sprache der systemischen Psychologie – »Subsystem Eltern« ist nicht lediglich die Summe von Mutter »plus« Vater. Beide zusammen sind vielmehr etwas vollkommen Eigenes und Neues, bilden eine eigene Ganzheit und entsprechen damit ebenfalls einer weit über die beiden »Elternteile« hinausreichenden Qualität.

Immer wieder kann man beobachten, wie Kinder diese »Gestalt Eltern« auch anschaulich sichtbar machen. Sei es beim Einkaufsbummel, wenn sie sich bewußt zwischen Mutter und Vater »drängeln« und jeden an eine Hand nehmen oder sich im Ehebett genau zwischen beide kuscheln; sei es in Kinderzeichnungen oder beim Ritual des Zubettbringens, das für sie am schönsten ist, wenn einer vorliest und der andere ihre Hand hält.

Ich glaube, daß eben wegen dieser »Ganzheit Eltern« die meisten Kinder auf eine Trennung so nachhaltig mit Angst reagieren. Denn – sachlich gesprochen – Mutter und Vater als Einzelpersonen behalten und sehen sie in den meisten Fällen ja durchaus auch weiterhin, wenn auch nicht oft zusammen. Doch Unterschiede im Ausmaß der häuslichen Anwesenheit hat es in den meisten Fällen auch vor der Trennung schon gegeben. Das allein kann ihren Gefühlszustand nicht erklären. Andererseits: Angst ohne ein Gefühl des Bedrohtseins gibt es nicht, jedenfalls nicht im außerpathologischen Bereich. Wo immer Kinder Kontakte zu beiden Eltern aufrechterhalten, diese selbst jedoch nicht miteinander sprechen, gäbe es insofern eigentlich keinen »logischen« Grund für Ängste und Bedrohtheitsgefühle. Aber jedes Kind in so einer Situation zeigt in seinem ganzen Verhalten unmißverständlich, daß das genaue Gegenteil der Fall ist. Offensichtlich muß allein durch die Kommunikationsstörungen zwischen den Eltern etwas bedroht sein, was unmittelbar gar nicht zu fassen, trotzdem jedoch von ganz zentraler »psychischer Realität« ist. Aber was sollte diese Realität anderes sein als die verinnerlichte ganzheitliche Qualität seiner »Eltern«?

Die nach meiner Überzeugung wichtigste Angstquelle für das Trennungskind hat damit in erster Linie mit Veränderung, mit Zerbrechen zu tun und weniger mit Trennung im räumlichen Sinn. Die Kinder haben tiefe Ängste vor der Zerstörung ihres familiären psychischen Kosmos' – und dem Zerbrechen der elterlichen Einheit im besonderen.

Insofern hatte Lempp, der in diesem Zusammenhang früher wiederholt davon sprach, daß Kinder nach der Trennung nur noch Vater und Mutter, aber keine Eltern mehr hätten (»Elterntrümmer«) durchaus recht. Vollkommen anderer Ansicht bin ich allerdings im Hinblick auf die Unvermeidbarkeit dieses Qualitätsverlustes.[4] Denn sofern es gelingt, diese Gestalt trotz Scheidung aufrechtzuerhalten oder wiederherzustellen, haben Kinder natürlich auch wieder »Eltern«. Dann haben sich lediglich einige Beziehungen der Familienmitglieder zueinander verändert, der psychologische Organismus Familie besteht jedoch weiterhin. Das und nichts anderes ist gemeint, wenn von der »Nachscheidungsfamilie« oder von der »fortbestehenden elterlichen Verantwortungsgemeinschaft« trotz Scheidung als Paar die Rede ist (vgl. Jopt, 1992c).

Was heißt Kindeswohl bei Trennung und Scheidung?

Bis heute ist den staatlichen Kindeswohlhütern eine solche psychologische Analyse der Lage von Trennungskindern weitgehend fremd. Zwar steht für sie allein das »Kindeswohl« – ein Begriff, nach dem man im Index sämtlicher entwicklungspsychologischer Lehrbücher vergeblich sucht – im Mittelpunkt aller Überlegungen und Maßnahmen. Doch was damit gemeint ist, darüber herrscht immer noch ziemliche Unklarheit (vgl. Coester, 1983).

Das Kindeswohl, so heißt es bei den Juristen, sei zunächst einmal nichts anderes als eine Generalklausel, ein unbestimmter Rechtsbegriff, vergleichbar den vielen anderen uneindeutigen Formeln – wie »Treu und Glauben« oder »Verhältnismäßigkeit der Mittel« –, die als »juristischer Pudding« zum »täglichen Brot des Familienrichters« gehöre (von Münch, 1986, S. 56) und für jeden Einzelfall erst erneut der Ausfüllung bedürfe.

Das mag vielleicht für die »normale« Tätigkeit des staatlichen Wächters, den Schutz von Kindern vor Gewalt innerhalb ihrer Familie, zutreffen. Dort hat der Vormundschaftsrichter in der Tat in jedem einzelnen Fall zunächst gründlich abzuwägen, in welchem Verhältnis die geplante staatliche Schutzmaßnahme zum Ausmaß der Gefährdung des Kindes steht. Und er ist sogar vom Gesetz her dazu verpflichtet, vor jeder Trennung eines Kindes von seinen Eltern – dem schwersten staatlichen Eingriff in die Familie – immer zunächst auszuschließen, daß die Bedrohung des Kindes durch »weichere«, die Eltern unterstützende Maßnahmen abgestellt werden kann (§ 1666a BGB).[5]

Das ist jedoch ein vollkommen anderes Problem als die Gefahrenabwehr im Fall von Trennung oder Scheidung. Hier gibt es zwar auch einen individuellen, auf das Einzelkind bezogenen Akzent: die Frage, bei welchem Elternteil es zukünftig wohnen soll. Doch die hat, für sich betrachtet, in der Regel nur wenig mit dem Kindeswohl zu tun. Entscheidend bedroht ist vielmehr zuallererst eine Qualität, der möglichst unveränderte und unbehinderte Fortbestand seines psycho-sozialen und emotionalen Lebensraumes.

Weil dies jedoch nahezu alle Trennungskinder gleichermaßen betrifft, ist das trennungsbedingt gefährdete Kindeswohl keine für den Einzelfall zu konkretisierende General»klausel«, sondern zuallererst ein General»problem«, das einen grundlegend anderen Weg der »Lösungssuche« erforderte als den durch einen Vormundschaftsrichter.

Allein deshalb schon – das klingt zwar geradezu ketzerisch, aber das nehme ich in Kauf – halte ich es für ein großes Unglück, daß dem Gesetzgeber auch für den inzwischen längst »normalen« Scheidungsfall kein anderer Begriff als der – stets Bedrohung, Mißhandlung und elterliches Versagen signalisierende – des Kindeswohls eingefallen ist. Nicht, weil ich etwas dagegen hätte, Kindeswohl herzustellen – wer wollte das wohl nicht, sondern weil er nur allzu leicht davon abhält, sich die so völlig andere »Gefährdung« eines Trennungskindes überhaupt bewußt zu machen.

Ein einziger staatlicher Repräsentant ist allerdings von diesem Vorwurf unzulässiger Verallgemeinerung ausgenommen, denn bereits vor Jahren schon beschied das nicht nur instanzlich, sondern – von früheren Ausnahmen abgesehen – ebenso in der Fähigkeit zur psychologischen Einfühlung in die kindliche Seelenwelt »höchste« deutsche Gericht, das Bundesverfassungsgericht:

»Das Kind ist ein Wesen mit eigener Menschenwürde und dem eigenen Recht auf Entfaltung seiner Persönlichkeit im Sinne der Art. 1 Abs. 1 und 2 Abs. 1 GG. Eine Verfassung, welche die Würde des Menschen in den Mittelpunkt ihres Wertsystems stellt, kann bei der Ordnung zwischenmenschlicher Beziehungen grundsätzlich niemandem Rechte an der Person eines anderen einräumen, die nicht zugleich pflichtgebunden sind und die Menschenwürde des anderen respektieren.«[6]

»...sein (des Kindes) Interesse (ist) auf eine kindheitslange unauflösliche Eltern-Kind-Beziehung gerichtet.«[7]

»...entspricht es den Erkenntnissen in allen kinderkundlichen Wissenschaftsbereichen, daß die Dauerhaftigkeit familiärer Sozialbeziehungen heute als entscheidende Grundlage für eine stabile und gesunde psychosoziale Entwicklung des heranwachsenden Menschen angesehen wird.«[8]

Und nur folgerichtig leitete es hieraus für alle Eltern die Verpflichtung ab,

»die regelmäßig mit ihrer Trennung verbundene Schädigung nach Möglichkeit zu mildern und eine vernünftige, den Interessen des Kindes entsprechende Lösung für seine Pflege und Erziehung sowie seine weiteren persönlichen Beziehungen zu ihnen zu finden. Bei der Ausübung eines so verstandenen fortbestehenden Elternrechts müssen getrenntlebende oder geschiedene Eltern daher bemüht sein, die Kinder nicht mit ihren Konflikten zu belasten.«[9]

Doch was sich an die Adresse von Eltern so leicht sagen läßt, das müßte natürlich genauso für jeden staatlichen Kinderschutz im Rahmen von Trennung und Scheidung gelten. Allerdings mit einem entscheidenden Unterschied: An Eltern kann das Verfassungsgericht lediglich appellieren, den das Wächteramt wahrnehmenden öffentlichen Institutionen hingegen könnte es diesen Befriedungsauftrag ausdrücklich zur Auflage machen.

Es ist mir bis heute ein Rätsel, warum das nicht schon längst geschehen ist. Denn eines läßt sich auch aus den Entscheidungen des Verfassungsgerichtes so zwingend herauslesen, daß man es eigentlich nur noch mutwillig ignorieren kann: Die Kindeswohlgefährdung bei Trennung und Scheidung ist etwas grundlegend anderes als der Gefährdungstatbestand im Sinne des § 1666 BGB, der den Staat ansonsten berechtigt, zum Schutz von Kindern in die Autonomie einer Familie einzugreifen.

Entsprechend »anders« hätte dann aber auch die Tätigkeit des staatlichen Wächters auszusehen. Denn wenn Kinder – trotz aller höchstrichterlichen Appelle – dennoch nahezu regelmäßig an den Bruchstellen partnerschaftlichen Beziehungslebens in die emotionalen Auseinandersetzungen ihrer meist tief verletzten und gekränkten Eltern einbezogen und damit unter Umständen beträchtlichen seelischen Gefährdungen ausgesetzt werden, dann kann die vorrangige staatliche Aufgabe eigentlich nur darin bestehen, mit allen zur Verfügung stehenden Mitteln zumindest zu versuchen, den Elternkonflikt im Interesse der Kinder abzubauen oder wenigstens abzuschwächen.

Doch zur Leitmaxime für die Wahrnehmung seines Wächteramtes erklärte bis heute lediglich ein einziges Gericht, der 7. Senat am OLG Bamberg, die verfassungsgerichtlichen Ausführungen:

»Der Grundsatz der Amtsermittlung (§ 12 FGG) sowie das Wächteramt des Staates (Art. 6 GG) verpflichten den Familienrichter, möglichst viel Streitpotential zwischen den Eltern abzubauen und zu versuchen, die Voraussetzungen für das Funktionieren gemeinsamer elterlicher Sorge zu schaffen.«[10]

Sicher haben auch noch andere Gerichte ihre Wächterfunktion überdacht und neu bestimmt, doch allzu viele dürften es nicht sein. Dafür spricht nicht zuletzt die beschämend niedrige Quote fortbestehender rechtlicher Elternverantwortung in diesem Land.

Dabei würde allen professionellen Scheidungsexperten sofort bewußt werden, wie gründlich sie sich heute von jenem trennungsspezifischen Kindeswohlverständnis entfernt haben, wie es das Verfassungsgericht so treffend umrissen hat, wenn sie dieses Wort nur einmal durch sein angloamerikanisches Pendant – »in the best interest of the child« – austauschten. Dann brauchten sie nicht länger über die Ausfüllung einer Generalklausel zu rätseln, nach ihren trennungsbezogenen »Interessen« könnte man nämlich die Kinder selbst befragen. Und von mindestens 95 Prozent bekämen sie zu hören, sie wünschten sich nichts sehnlicher als möglichst unbeschwerte Elternbeziehungen und – wenn denn Trennung schon sein müsse – dann am liebsten eine fortbestehende »Familie« trotz Scheidung.

Zum selben Ergebnis käme man übrigens auch, wenn man den belasteten und irreführenden Begriff vom Kindeswohl durch den der Kindeswürde oder des Kindesrechts ersetzte. Denn in jedem Fall wäre der staatliche Wächter dadurch gezwungen, alle seine Maßnahmen in ganz konkretem Bezug zu einer Person zu sehen und zu treffen. Er wäre gezwungen, diesen Menschen wahrzunehmen, statt ihn bestenfalls »anzuhören«, ohne der seelischen Befindlichkeit des Gehörten ernsthaft Beachtung zu schenken.

Kindeswohl als Verwaltungsakt

Im Hinblick auf die existentielle Bedeutung, die gerade Familienbeziehungen für die seelische Gesundheit von Kindern haben, könnte man insofern zwar auch bei Trennungen davon sprechen, daß es um einen Aspekt des »Kindeswohls« geht. Doch der hätte, im Unterschied zum Vormundschaftsbereich, nicht mit Abwehr, sondern allein mit Abbau zu tun: mit dem Abbau von elterlichen Spannungen und Konflikten, die ausnahmslos jedes Kind psychisch zutiefst belasten. Doch auch so verstanden, gefiele mir der Begriff Kindeswohl immer noch nicht sonderlich, weil er umgehend Phantasien von einem Schutz des Kindes selbst weckt. Tatsächlich greift der Staat jedoch nicht auf das Kind zu, sondern – über die Sorgerechtsregelung – auf seine Eltern. Wodurch sich – und genau dies bestätigt die Praxis dann ja auch – die ganz individuelle Persönlichkeit eines Kindes leicht in eine abstrakte und unpersönliche Leerformel wandelt, seinen Beschützern aus den Augen gerät und sämtliche staatlichen Maßnahmen letztlich nur noch durch eine Phrase, einen seelenlosen Platzhalter, legitimiert werden. Der im Grunde einer kindlichen Einzelpersönlichkeit geltende Schutz verkommt zum anonymen und entseelten Verwaltungsakt. Geholfen wird nicht mehr dem durch Loyalitätskonflikte zwischen seinen Eltern hin und her gerissenen Vorschulkind Julia, geschützt wird ein Phantom, eine Abstraktion dieses Menschen.

Die immer noch vorherrschende Idee von einem Kindeswohl, das sich allein dadurch herstellen läßt, daß zwischen den vorhandenen Möglichkeiten – im Regelfall den beiden Eltern – nur sorgfältig genug gewählt wird, hat den staatlichen Wächter blind gemacht. Er läuft einer Fiktion hinterher, die gar nichts mit der kindlichen Lebenswelt zu tun hat. Blind aber auch dafür – und das ist das Bedrückendste –, daß er deshalb in zahllosen Fällen längst zum Mittäter, zum Bedroher seiner ihm anvertrauten Schützlinge geworden ist. Denn die vorherrschende »Übersetzung« vom staatlichen Schutz des Kindes in eine (sorge)rechtliche Elternaufspaltung führt fast regelmäßig dazu, daß der kindliche Wunsch nach Aufrechterhaltung eines intimen verwandtschaftlichen Netzwerkes nur in noch weitere Ferne rückt.

Das ist leicht nachzuvollziehen. Denn wer wollte allen Ernstes glauben, daß zwei miteinander streitende Menschen sich ausgerechnet dann besser verstehen, versöhnlicher miteinander umgehen, wenn man sie zuvor mit Mitteln des Rechts polarisiert, in einen Mächtigen und einen Ohnmächtigen aufgespalten hat, wie es extremer kaum geht? Es ist mir einfach schleierhaft, wie das Gros der Scheidungsbegleiter an dieser absurden Vorstellung, die schon dem gesunden Menschenverstand widerspricht, immer noch festhalten kann. Auch die familienrechtliche Wirklichkeit beweist in unzähligen Fällen allen – Richtern, Sozialarbeitern und Sachverständigen – tagtäglich so eindeutig das Gegenteil, daß eigentlich alle Rechtsanwender über diesen Widerspruch von Idee und Realität zumindest nachdenken müßten (s. auch Jopt, 1987).[11]

Am treffendsten, weil so naiv offen, hat diesen Irrglauben wohl die Sachverständige und ehemalige Funktionärin des Berufsverbandes Deutscher Psychologen Claudia Rönn zum Ausdruck gebracht, wonach mit der gutachterlichen Empfehlung ein Zustand geschaffen werde, »in dem *gerade ohne fachliche Behandlung* das Kindeswohl erreicht wird« (1988, S. 463, Hervorheb. von mir). Bereits drei Jahre zuvor hatte Ullmann – weder Psychologe noch Jurist – die logische wie psychologische Unsinnigkeit einer solchen Vorstellung auf den ebenso einfachen wie zutreffenden Satz gebracht: »Es ist *sachlich unmöglich* (und mithin eine juristische Fiktion), zugleich Bindungen zu berücksichtigen und diese durch Richterspruch neu zu ordnen.« (1985, S. 90, Hervorh. von mir)

Hinter der Vorstellung, daß das Kindeswohl nur durch eine elterliche Fiktion zu sichern ist, steht die zutreffende Beobachtung, daß mit dem Zusammenbruch der häuslichen Lebensgemeinschaft häufig eine so große partnerschaftliche Unversöhnlichkeit einhergeht, daß es einfach unmöglich erscheint, dieselben Personen als Eltern zu irgendeiner Kooperation im Dienste ihrer Kinder zu bewegen. Und wo nur noch »Elterntrümmer« vorzufinden sind, ist es nicht unplausibel, sozusagen das heilste Stück herauszusuchen und für die Kinder zu sichern – wohlwissend, daß sie sich im Grunde eine umfassende Restauration des Scherbenhaufens wünschten. Bis heute folgen deutsche Familienrichter der Behauptung von Goldstein, Freund und Solnit, daß es bei Scheidung weniger um die Sicherung des Kindeswohls gehe, sondern allein um die Auswahl der »am wenigsten schädlichen Alternative«.

Doch der schnelle Griff zur sorgerechtlichen Elternaufspaltung steht und fällt natürlich mit einer einzigen, niemals überprüften Annahme: daß man den elterlichen Trümmerhaufen nicht mal so weit restaurieren kann, daß die Kinder nach der Scheidung nicht nur »Vater« und »Mutter«, sondern auch »Eltern« behalten.

Mit welcher Selbstverständlichkeit ansonsten seriöse Wissenschaftler – da ließe sich noch eine ganze Reihe weiterer Namen nennen – eine so gravierende und für die betroffenen Kinder folgenschwere These ungeprüft als Tatsache vertreten konnten – das ist schon in hohem Maße verantwortungslos. Behauptungen, die zu unerschütterlichen Wahrheiten erhoben werden, kenne ich ansonsten nur von Religion und Ideologie.

Selbstverständlich ist es nicht einfach – vor allem im Vergleich mit einem kurz und bündig ausgesprochenen Gerichtsbeschluß –, Eltern zur Kooperation zu bewegen. Doch wo steht geschrieben, daß die Sicherung nachehelicher Elternbeziehungen, diese wirkliche Arbeit »zum Wohle des Kindes«, leicht sein sollte?

Oft will ein Elternteil diesen Weg gar nicht erst versuchen, oder beide können ihn aus eigener Kraft nicht gehen.

Im zweiten Fall brauchten die Menschen nichts anderes als Hilfe und Unterstützung in Form von Beratung und Begleitung. Der Schutz des trennungsgefährdeten Kindeswohls bestünde für den staatlichen Wächter darin, ein Angebot von Hilfen zur Spannungsreduktion zur Verfügung zu stellen. Im ersten – im Verweigerungsfall – hätte sein Beitrag grundlegend anders auszusehen.

Es ist zwar das gute Recht eines jeden, mit seinen Gefühlen gegenüber anderen Menschen so umzugehen, wie er es für richtig hält. Auch kann ihn niemand zwingen, die eigenen Interessen nach Distanz zum Partner den elterlichen Kooperationswünschen seines Kindes unterzuordnen. Insofern ist der Staat gegenüber dem »Faktor Mensch« in der Tat zunächst eher machtlos.

Allerdings: Unter dem Schutz der Verfassung steht nicht ein in seinem psychischen Gefängnis eingesperrter Erwachsener, sondern ausschließlich das Kind. Und wenn außer Frage steht, daß der wichtigste Beitrag zur Gefährdungsabwehr in Bemühungen der Eltern, den Konflikt zu entschärfen, liegt, dann hat es den Staat schon zu interessieren – und zwar sehr gründlich –, wer von beiden jeglichen Schritt in diese Richtung vorsätzlich und unnachgiebig verweigert.

Erst recht darf der Staat eine solche für das Kind schädliche Position nicht auch noch dadurch unterstützen, daß er ihr per Zertifikat attestiert, sie diene erkennbar dem Wohle des Kindes. Dann macht er den »Bock zum Gärtner«, mißachtet sein Wächteramt. Womit ich beim Sorgerecht wäre, doch dazu später ausführlich.

Das war und ist der größte Fehler des staatlichen Wächters: Weil ihm jeder Gedanke, auf einen Abbau des Elternkonfliktes hinzuwirken, fremd ist, interessieren ihn auch die Motive der Erwachsenen nicht. Und indem er darauf verzichtet, das zentrale Hindernis beim Abbau der Gefährdung von Trennungskindern überhaupt zur Kenntnis zu nehmen, kann er sich umgehend auf eine Verwaltungstätigkeit zurückziehen, die im Prinzip mit einer Wohnungszuweisung durch das Sozialamt durchaus vergleichbar ist. Das hat zwar mit dem Kindeswohl allenfalls noch zufällig zu tun, aber unkompliziert – das muß man schon zugestehen – ist es. Zugleich ist jedes staatliche Vorgehen, das Trennungskinder noch größeren seelischen Gefährdungen aussetzt als ohnehin bestehen, aber auch eine Mißachtung des Verfassungsauftrages und damit Verfassungsbruch.

Insofern hätte ich mir wirklich gewünscht, Rita Süssmuth wäre nicht Bundestagspräsidentin, sondern Justizministerin und damit beredte Mitstreiterin des Bundesverfassungsgerichtes geworden. Denn für sie steht längst fest, was der staatliche Wächter bis heute noch nicht begriffen hat: »Das wichtigste Prinzip einer Politik für Kinder und Familien ist im demokratischen Staat Hilfe zur Selbsthilfe.« (1990, S. 64)

RECHTSMACHT

Natürlich wäre jeder Streit umgehend beendet, wenn die Eltern sich einfach nie mehr oder zumindest für geraume Zeit nicht begegnen würden. Häufig genug würden sie sich auch selbst nichts sehnlicher wünschen als das. Doch auch wenn solche »Kontaktverbote« von deutschen Gerichten immer wieder verordnet werden, aus Sicht der beteiligten Kinder wird damit stets nur »das Kind mit dem Bade ausgeschüttet«. Und das ist noch eine verharmlosende Formulierung.

Denn weil Kinder nach der Trennung zumindest von einem Elternteil weiterhin betreut werden müssen, läßt sich ihre Einbeziehung in den Erwachsenenkonflikt nur dadurch verhindern, daß auch sie – rein rechtlich sogar nur sie – in die Kontaktsperre mit einbezogen werden. Damit aber müssen sie für ihren verständlichen Wunsch nach unbelasteten und spannungsfreien Beziehungen zwischen ihren Eltern einen Preis bezahlen – den Verlust ihrer Beziehung zu einem Elternteil –, der den »Gewinn« um ein Vielfaches übersteigt. Zumal der angebliche Gewinn in Wirklichkeit noch nicht mal einer ist, wie ich noch zeigen werde.

Schon deshalb kann ein Kontaktverbot weder rechtlich noch psychologisch als eine taugliche Lösung angesehen werden, um Kindern die Einbeziehung in die elterlichen Konfliktmühlen zu ersparen.

Die Vorstellung, daß an einem Beziehungskonflikt stets beide gleichermaßen beteiligt sind und daß es insofern wenig Sinn macht, nach unterschiedlichen Schuldanteilen zwischen ihnen zu suchen, ist zwar grundsätzlich richtig, gehört zur Grundüberzeugung jedes systemischen Verständnisses von Familie und Partnerschaft und hat insofern viel zu spät das bis 1977 gültige Schuldprinzip endlich abgelöst. Doch wenn ein Trennungspaar seine Probleme durch Einschaltung der Justiz oder – bei unverheirateten Eltern – unter Berufung auf bestehende Rechtspositionen zu lösen versucht, wird die Beziehung nicht länger durch Wechselseitigkeit, sondern eindeutig durch Linearität bzw. Kausalität bestimmt. Denn jetzt ist jeder der beiden Partner nicht länger Akteur und Reagierender zugleich; jetzt »diktiert« einer von beiden in hohem Maße die Bedingungen, und der andere kann sich darauf entweder nur noch einlassen, oder er versucht, sich dagegen – meist mit wenig Erfolg – zur Wehr zu setzen.

Dabei ist vollkommen klar, wer in diesem einseitigen Spiel wer ist: Die Regie führt immer der, der in der rechtlichen Exklusivposition gegenüber dem Kind steht, das heißt der Inhaber des alleinigen Sorgerechts. Aber auch dann, wenn dieser Titel noch gar nicht zugeteilt wurde: In den weitaus meisten Fällen reicht es bereits völlig aus, wenn sich ein Elternteil in der Position des designierten Sorgerechtsinhabers wähnt, also davon überzeugt ist – und das stimmt fast immer mit der späteren Realität überein –, Kind und Rechtstitel in jedem Fall zugesprochen zu bekommen.

Häufig ist selbst dies nicht einmal erforderlich. Denn wer nur das Kind bei sich hat – ganz gleich, wie es dazu gekommen ist –, kann sich bereits aufführen wie ein etablierter Machthaber. Wobei es allerdings nicht ganz bedeutungslos ist, ob sich das Kind bei seiner Mutter oder bei seinem Vater befindet. Denn für Väter ist das Risiko, vom Staat an einem zu forschen Diktat der kindlichen Kontakte gehindert zu werden, zumindest erheblich größer.

Das mag im Hinblick auf den zukünftigen Betreuungsschwerpunkt – aufgrund der Arbeitsteilung zwischen den Eltern und der dadurch bedingten Verhältnisse, unter denen das Kind bis zur Trennung im beiderseitigen Einvernehmen aufwuchs – durchaus auch begründet und berechtigt sein mag. Doch wie sollte sich – wiederum vom Kind her gesehen – damit die zugleich starre Zuordnung an nur noch einen »bestimmenden« Elternteil begründen lassen?

Die vorschnelle und häufig nur als leichtfertig und verantwortungslos zu bezeichnende rechtliche Entmündigung eines Elternteils
gleich nach einer Trennung, die höchst selten nach gründlicher
Überprüfung vorgenommene Übertragung des alleinigen Sorgerechts für die Zeit des Getrenntlebens gemäß § 1672 BGB, ist nicht
nur ein fast regelmäßiges Präjudiz für später. In allen mir bekannten
Fällen hatte dieser Eingriff auch zur Folge, daß der Mißbrauch von
Kindern durch Behinderung oder gar Boykottierung ihrer Bezie-
hungswünsche zum nichtbetreuenden Elternteil vorverlegt wurde.
Was ausnahmslos eine Beschleunigung der Eskalation der ehelichen Spannungen nach sich zog. Gerade die vorgezogene rechtliche
Elternaufspaltung – oder noch eklatanter: die Rechtsungleichheit
bei nichtehelichen Kindern – macht deutlich, daß das eheliche und
partnerschaftliche Beziehungssystem mit der Trennung durch ein
Systemmerkmal verändert wird, das es in dieser Form bis dahin nie
gegeben hat. Und diese neue Dimension heißt Macht.
Macht ist zwar durchaus auch in Zeiten des Zusammenlebens ein
bedeutsames Thema. Da ging es jedoch stets um Macht innerhalb
der Beziehung – zum Beispiel wurde darum gestritten, wer mehr
bestimmen bzw. Entscheidungen treffen darf, wie individuelle Frei-
räume aufgeteilt sein sollen u. ä. m. (vgl. Bosch, 1989). Macht in der
Scheidungsfamilie hingegen beinhaltet stets die ganz reale, rechtliche Macht, die nicht länger im Dienst des Aushandelns kontrover-
ser Rollenvorstellungen, sondern klarer und eindeutiger Abgren-
zungen zwischen den Erwachsenen steht. Und das alleinige Vehikel
für diese Form von Macht ist das Sorgerecht.
Die damit einhergehende Aufspaltung von Eltern in Be*recht*igte
und Ent*recht*ete – in »Gewinner« und »Verlierer«, so der Titel einer
ebenso beeindruckenden wie erschütternden Langzeitstudie über
das Schicksal von Scheidungskindern (Wallerstein & Blakeslee,
1989) – macht es überhaupt erst möglich oder begünstigt es jedenfalls entscheidend, daß auf der Beziehungsebene – das heißt der
Umgangsgestaltung – der Konflikt zwischen den Erwachsenen mit
jener Vehemenz und Rücksichtslosigkeit auf dem Rücken der Kinder fortgeführt werden kann, für die jeder Familienrichter endlos
Beispiele anzuführen weiß.
Insofern ist die Scheidungsfamilie ein einzigartiges Gemisch aus
Recht und Psychologie oder – auf der Erlebnisebene – aus Macht

und Gefühl. Genau diese anfangs von mir nicht erkannte, weil in der Familientherapie (noch) nicht gesehene Doppelschichtigkeit war es übrigens, die mich im Anschluß an meine Ausbildung zum Therapeuten mit einem allein systemischen Zugang auf die Trennungsfamilie – allen Erwartungen zum Trotz – immer wieder scheitern ließ.

STRUKTURELLE SEELISCHE GEWALT

Die faktische oder nur vorhersehbare Auszeichnung eines Elternteils durch eine exklusive Rechtsposition – stets verbunden mit der elternrechtlichen Entmündigung des anderen, freiwillig oder mit staatlicher Gewalt – ist der ausschlaggebende Grund dafür, daß die verfassungsrechtlich gebotene Sicherung des Kindeswohls im Falle von Trennung und Scheidung in so vielen Fällen entweder versagt oder gar ins genaue Gegenteil umschlägt. Denn auf diese Weise wird die elterliche Unversöhnlichkeit nur noch weiter verschärft.

Dadurch entsteht ein oftmals geradezu absurder Teufelskreis. Denn um dem Kind trotz der künstlich verstärkten Feindseligkeiten zwischen seinen Eltern entgegen Wunsch und Willen des sorgerechtlich gekürten Elternteils dennoch Umgangskontakte zum anderen zu sichern, ist nun erneut der staatliche Wächter gefordert. Nicht selten beißt er sich jetzt jedoch an eben jener Mauer die Zähne aus, die er selbst zuvor errichtet hat – bis hin zur resignativen Kapitulation: den Fällen, in denen *dem Kind* jeder Kontakt zu dem nichtsorgeberechtigten Elternteil mit der Begründung verwehrt wird, daß sein rechtmächtiger Betreuer diesen ablehne.

So liest es sich zwar nicht in gerichtlichen Beschlüssen. Denn das Gesetz kennt keine andere Richtschnur als die des Kindeswohls. Doch das ist für den staatlichen Wächter kein größeres Problem. Mit dem lapidaren Verweis darauf, die Kontaktsperre diene dem Kindeswohl, weil das Kind andernfalls dem Elternkonflikt ausgesetzt bliebe und nicht »zur Ruhe« käme, wird routinemäßig auch diese Hürde genommen. Wenn man die meist von Psychologischen Gutachtern vorformulierten bzw. dem Gericht angedienten Rechtfertigungen für diesen höchsten Eingriff ins Elternrecht liest, dann kann man eigentlich nur noch zornig werden. Ich werde jedenfalls nie verstehen, was so vielen deutschen Richtern die Gewißheit gibt, mit der Befolgung von Ratschlägen, die manchmal nur noch als zynisch und menschenverachtend zu bezeichnen sind, etwas für ein Kind – für sein seelisches Wohl – getan zu haben.

Und auch im Vorfeld, bei den gerichtlich festgelegten Umgangsregelungen, sieht es vielfach nur dann besser aus, wenn man meint, mit der Anordnung minutiös festgelegter Kontaktzeiten habe der Staat seinen Schutzauftrag bereits hinreichend erfüllt. In Wirklichkeit geht es hier jedoch nur bei oberflächlicher Betrachtung menschenwürdig zu. Denn wenn Kinder gezwungen werden, ihre Liebesbeziehung zum nicht ständig anwesenden Elternteil zeitlichen Vorgaben anzupassen, die eher wechselseitige »Besichtigungen« zulassen; wenn sie gezwungen werden, sich zwischen ihren durch das Recht in Unversöhnlichkeit gehaltenen Eltern quasi schizophren aufzuspalten, zwischen zwei vollkommen getrennten Gefühlswelten ohne verbindende Intimität hin und her zu pendeln, dann hat der Staat ihre seelischen Schädigungen allenfalls geringfügig besser abgefangen als bei einem völligen Kontaktverbot.

Ergebnis dieser – nur von wenigen eingestandenen – psychologischen Destruktivität ist ein in weiten Kreisen des Familienrechts anzutreffendes System struktureller seelischer Gewalt, in dem Kinder häufig nur noch den Status seelenloser, zur juristischen Manövriermasse verkommener Objekte einnehmen. Wovon sich leicht jeder selbst überzeugen könnte, wenn er bereit wäre, im persönlichen Kontakt mit diesen Kindern deren wirkliche Empfindungen und Gefühle kennenzulernen und die Welt mit ihren Augen zu sehen.

AUSLAND

Die riesige Kluft zwischen dem juristischen Begriff Kindeswohl und einem psychologischen Verständnis vom seelischen Wohlbefinden eines Kindes besteht nicht nur in der Bundesrepublik. Sie findet sich überall dort, wo nationale familienrechtliche Vorschriften Eltern bei einer Scheidung in einen exklusiven Rechtsinhaber und einen

Rechtlosen aufspalten – wie in Österreich, wo Eltern selbst dann die Beibehaltung der gemeinsamen Elternverantwortung untersagt wird, wenn sie dies ausdrücklich beide wollen.[12] Aber auch in der Schweiz sehen die Verhältnisse nur unwesentlich anders aus. Zwar erlauben es inzwischen immerhin einzelne Gerichte in Großstädten, daß Eltern auf gemeinsamen Wunsch hin auch nach der Scheidung das Sorgerecht behalten können. Doch auf dem Land wird ihnen dieser Weg immer noch rigoros verwehrt. Letztlich liegt damit in der Schweiz die Entscheidungshoheit über das Sorgerecht ebenso stark in den Händen des Gerichtes wie hierzulande auch.[13]

Ganz anders sieht es dagegen in den Ländern aus, die bei Scheidung nicht automatisch, sondern erst dann in die elternrechtliche Hoheit eingreifen, wenn dies für das Kindeswohl zwingend geboten erscheint. Das führt zu einer völlig anderen gerichtlichen Kommunikationskultur als dort, wo ein »Alles-oder-Nichts«-Prinzip Eltern dazu zwingt, bedingungs- und gnadenlos miteinander zu rivalisieren, sofern keiner von beiden freiwillig der sorgerechtliche »Verlierer« sein will. Denn um das Gericht von einer Eingriffsnotwendigkeit zum Schutz des Kindes zu überzeugen, müssen zwangsläufig beträchtlich gehaltvollere und konkretere psychologische Argumente ins Feld geführt werden als beim Regeleingriff.

Die Quote fortbestehender gemeinsamer Elternverantwortung liegt in allen skandinavischen Ländern mindestens um 50, in Finnland sogar bei annähernd 70 Prozent. Vermutlich, weil man dort noch einen weiteren Schritt getan hat, um trennungsgefährdete Kinder zu schützen: In Finnland ist das Umgangsrecht – der allerwichtigste Aspekt von Kindeswohl überhaupt – nicht länger ein Recht des Erwachsenen, sondern ausdrücklich ein Recht des Kindes.[14]

Würden auch wir die sorgerechtliche Zwangsregelung ersatzlos abschaffen und darüber hinaus jedem Kind zugestehen, daß es einen Rechtsanspruch auf Fortbestand seiner Liebesbeziehungen zu beiden Eltern hat, so hätten wir mit Sicherheit schlagartig eine grundlegend veränderte Realität nachehelichen Kinderalltags. Nicht gerade von Harmonie und völliger Spannungslosigkeit bestimmt. Das ist ohnehin eine psychologisch unsinnige Fiktion, die – als Vision von der notwendigen »Ruhe«, die für das Kind einkehren müsse – nur in den Köpfen der beruflichen Scheidungsbegleiter besteht. Wohl jedoch – und wenn schon das Bild von der Ruhe, dann allein in diesem Sinne – im Hinblick auf die kindlichen Gefühle von Sicherheit und Gewißheit, daß sich zwar seine Lebensverhältnisse beträchtlich verändert haben, es jedoch keine Angst zu haben braucht – »beruhigt« sein kann –, damit keine einschneidenden Veränderungen seiner psycho-sozialen Welt in Kauf nehmen zu müssen. Und was könnte der seelischen Gesundheit von Kindern mehr dienen? So einfach ginge es also.

UN-KONVENTION ÜBER DIE RECHTE VON KINDERN

Doch irgendwelche Hoffnungen auf solche kinderfreundlichen Rechtsvorschriften sind heute – und ganz sicher auch für die nähere Zukunft – in der Bundesrepublik schlichte Utopie. Denn wenn man sich nur einmal vergegenwärtigt, welche »Eiertänze« diese Regierung aufführte, um die von allen Mitgliedsländern einstimmig verabschiedete »UN-Konvention über die Rechte des Kindes« ratifizieren zu lassen, dann wird wohl selbst dem Gutgläubigsten klar, daß er die Exekutive und Legislative dieses Landes als Schützerin kindlicher Interessen und Bedürfnisse getrost vergessen kann (vgl. Ullmann, 1992).

Seit dem 14. November 1991 steht verbindlich fest, daß die Regierung dieses Landes sich einem internationalen Menschenrechtspakt für Kinder nur mit einer »Zusatzerklärung« anschließen mochte, die entscheidende Grundrechte – den »Geist« dieser Konvention überhaupt – wieder aufhob (Jopt, 1991b, S. 10 f.): »Denn demnach sollen folgende Forderungen der Vereinten Nationen auch zukünftig in der Bundesrepublik Deutschland weiterhin nicht gelten:

1. Pflege von Beziehungen und Kontakten zwischen Kindern und ihren Eltern sind ausdrückliche Rechtsansprüche jedes Kindes. (Art. 9)
2. Eltern sind unabhängig von ihrem Familienstand grundsätzlich gleichberechtigt. (Art. 18)
3. Nichteheliche Kinder haben uneingeschränkt dasselbe Recht auf lebenslange Beziehungen zu ihren Eltern wie eheliche (wenngleich dies verfassungsrechtlich ohnehin längst gefordert ist, vgl. Art. 6 (5) GG). (Art. 2)«

Somit wird unter den meisten Politikern die realitätsferne Beschwörung einer weitestgehend heilen Scheidungskinderwelt – und dies dank unserer Gesetze – wohl weiterhin zumindest so lange gang und gäbe bleiben, wie sie selbst noch nicht Betroffene sind. Denn nirgendwo ist die eigene Erfahrung ein so nachhaltiger Lehrmeister, wie auf dem Feld von Trennung und Scheidung.

Auch die durch das Verfassungsgericht im November 1982 geforderte Änderung des »Scheidungsparagraphen« § 1671 BGB, nach dem die Möglichkeit des gemeinsamen Sorgerechts strikt ausgeschlossen war, wird, wenn sie irgendwann endlich erfolgen sollte, bestenfalls wenig zur Lageverbesserung beitragen. Denn wie sich in der einzigen bisher bekannten Tischvorlage bereits abzeichnet, wird die ganze »Neuerung« vermutlich darin bestehen, daß dann auch die *Möglichkeit*, sich für das gemeinsame Sorgerecht zu entscheiden – vorausgesetzt, beide Eltern wollen dies –, gesetzlich verankert sein wird. Doch gemeinsam wollen, das prophezeie ich heute schon, werden dies kaum wesentlich mehr Eltern als bisher. Warum sollten sie auch, solange der Staat ihnen weiterhin anbieten wird, den Weg der einseitigen (sorgerechtlichen) Aufrüstung beschreiten zu können? Warum sollten sie auf die schärfste Waffe im durch Enttäuschung, Verletztheit, Angst, Wut und Mißtrauen gekennzeichneten partnerschaftlichen Beziehungskrieg einfach so verzichten?

Es ist vorauszusehen, daß sich immer mehr »neue Väter« wegen ihres grundlegend anderen Rollenverständnisses massiv gegen jede Beschneidung ihrer Vater-Kind-Beziehung zur Wehr setzen werden. Das wird einen Anstieg gerichtlicher Sorgerechtsstreitigkeiten bedeuten. Es läßt sich also leicht erahnen, was da zukünftig auf unsere Scheidungskinder noch alles zukommt. Willutzki hat sicher nicht übertrieben (1991, S. 127): »Die Kinder von heute, die das Scheidungsverfahren ihrer Eltern traumatisch belastet erleben, sind die Geschiedenen von morgen, weil sie in ihrer Beziehungs- und Bindungsfähigkeit durch ihre traumatischen Erlebnisse entscheidend behindert sind.« Wir sind auf dem besten Wege, zunehmend mehr schwer und schwerst gestörte Beziehungskrüppel mit nur noch pathogen zu nennenden seelischen Deformationen in die Erwachsenenwelt und damit in ein eigenes Beziehungsleben zu entlassen.

Doch auch wenn die Bundesrepublik nicht gerade ein kinder-freundliches Land ist, bin ich der festen Überzeugung, daß die meisten Eltern ihre Kinder zutiefst lieben und alles nur Mögliche tun würden, um sie zu seelisch gesunden, beziehungsfähigen und gesellschaftlich mündigen Menschen heranwachsen zu lassen. Dazu müssen sie aber erst mal wissen, daß speziell trennungsbetrof-fenen Kindern überhaupt etwas fehlt, statt daß sich regelmäßig zumindest ein Elternteil mit der Beruhigungspille Sorgerecht in Sorglosigkeit wiegt.

2. TRENNUNG UND SCHEIDUNG ALS PSYCHOLOGISCHES PROBLEM

DER (UN)»MENSCHLICHE« IRRTUM

Gäbe es keine Trennungskonflikte, gelänge es allen Eltern, in wechselseitiger Achtung und Würde auseinanderzugehen, fest entschlossen, mit allen Mitteln dafür zu sorgen, die unvermeidlichen Belastungen für ihre Kinder so gering wie möglich zu halten – ich weiß nicht, ob das Bürgerliche Gesetzbuch eine obligatorische Sorgerechtsregelung dann überhaupt kennen würde.

Doch so ist es eben nicht oder allenfalls bei einer verschwindend kleinen Gruppe von Paaren. Und von denen wissen wir zwar, *daß* sie es geschafft haben, doch nicht, was ihnen – ohne fremde Hilfe – die Kraft gegeben hat, die fast einer Quadratur des Kreises gleichkommende Trennung der Elternebene von der ihrer Partnerschaft durchzuhalten. Wenngleich sich – jedenfalls theoretisch – aus psychologischer Sicht manches dazu sagen ließe.

Die überwältigende Mehrheit – ganz gleich, ob sie verheiratet waren oder nicht – erwischt es hingegen tief. Zunächst – lange vor der endgültigen Trennung, in der sogenannten Ambivalenzphase – eher schleichend und von früheren Beziehungskrisen kaum zu unterscheiden. Doch sobald einmal feststeht, daß alles Ringen, Kämpfen, Bitten oder Drohen vergeblich ist, wird aus der Krise ein Krieg, der Partner wird zum Gegner und der ursprüngliche »Kampf um die Liebe« ein »Abwehrkampf gegen den Feind«.

So extrem verläuft es zwar nicht immer, vielfach sind es auch nur Enttäuschung und Verbitterung, die das Klima zwischen den Partnern vergiften, doch ganz gleich ob Haß und Rachegedanken, Depression und innerer Rückzug oder durch tiefe Verletztheit ausgelöste Abgrenzungswünsche dominieren, für die betroffenen Kinder bedeutet dies allenfalls einen graduellen Unterschied. Denn sobald sie – was schon schlimm genug ist – nicht nur den Zerfall ihres Familienverbandes aushalten müssen, sondern auch noch mit den Kommunikationsstörungen verbitterter Eltern konfrontiert werden, sind sie in höchstem Maße belastet. Hält der Elternkonflikt an oder eskaliert gar noch, sind sie auch beträchtlich gefährdet.

Das sieht unser Staat nicht anders. Doch statt nun auf einen Abbau der ehelich-elterlichen Spannungen hinzuwirken, spalten die staatlichen Helfer die Eltern lediglich auf. Was – unbeabsichtigt – das Konfliktpotential meist nur noch mehr verstärkt. Ein für die Kinder folgenschwerer Fehler.

Wie läßt sich das erklären? Für mich gibt es darauf nur eine Antwort: Vor dem Hintergrund des gesellschaftlichen Leitbildes vom mündigen, autonomen und selbstverantwortlichen Bürger wurde auch das elterliche Verhalten im Trennungskonflikt in erster Linie als vorsätzliches Verhalten angesehen, als bewußt in Kauf genommene Schädigung von Kindern durch ihre Eltern, die sich umgehend abstellen ließe, sofern die Erwachsenen dies nur *wollten* und dazu übergingen, partnerliche Konfrontation durch elterliche Kooperation zu ersetzen. Doch weil sie hierzu nur höchst selten bereit sind und ihre Eigeninteressen rücksichtslos über die ihrer Kinder stellen, nur deshalb sei der Staat gefordert, die Kinder zu schützen und dafür zu sorgen, daß sie nicht länger zwischen den Mühlsteinen unbewältigter Paarkonflikte zerrieben werden.

Von der Untauglichkeit des staatlichen Schutzeingriffs einmal abgesehen, erscheinen diese Überlegungen zunächst durchaus logisch und nachvollziehbar. Doch der entscheidende Irrtum liegt darin, daß das hier unterstellte Bild vom rationalen und sämtliche Konsequenzen seines Handelns stets erst abwägenden Menschen falsch ist. Man weiß inzwischen, daß es selbst in bezug auf das relativ stark vernunftgesteuerte Verhalten in der Ökonomie nicht stimmt. Also stimmt es natürlich erst recht nicht für einen so untrennbar mit Gefühlen und Affekten verknüpften Lebensbereich wie die Gestaltung zwischenmenschlicher Beziehungen. Da ist es häufig, vor allem in Krisensituationen, mit der Rationalität oder auch nur mit dem gesunden Menschenverstand schnell vorbei. Es gibt sicherlich niemanden, der sich nicht im nachhinein wegen seiner Unbeherrschtheiten – Wutausbrüche, unberechtigten Vorwürfe, Beleidigungen, Kränkungen – schon bittere Vorwürfe gemacht hätte. Für irrationales Verhalten sind wir eigentlich ausnahmslos Experten. Umso verwunderlicher, daß sich im Familienrecht Vorstellungen durchsetzen konnten, denen die persönlichen Erfahrungen aller dort Tätigen – ganz gleich, in welcher Profession – eklatant widersprechen und die insofern nur als illusionär bezeichnet werden können.

Für die Arbeit des Gesetzgebers mögen diese Verkürzungen von Partnerschaft, Beziehungskrise, Familie oder Trennung ja noch angehen, weil sich die zahlreichen psychologischen Facetten unmöglich gesetzlich fassen lassen. Doch für die Arbeit vor Ort? Ob in der Robe des Richters, im Talar des Anwalts oder im Straßenanzug des Jugendamtvertreters – sie alle können gar nicht anders, als sich neben ihren Funktionen immer zugleich auch als Personen einzubringen. Insofern ist es immer wieder ein Phänomen, wenn ich im Gerichtssaal miterlebe, wie alle diese Auch-Menschen als Professionelle mit denen umgehen, für die Trennung und Scheidung nicht einfach Namen für Rechtsverhältnisse, sondern allenfalls Kürzel für einen seelischen Katastrophenzustand sind, die die wirkliche Dramatik dieses die ganze Persönlichkeit zutiefst erschütternden psychischen GAUs nicht mal erahnen lassen.

Und ich bin stets aufs neue beeindruckt – das sage ich ohne Ironie –, wie es den unterschiedlichen Berufsvertretern gelingt, den Betroffenen Etiketten anzuheften, sie nach Gut-Böse, Geeignet-Ungeeignet, Täter-Opfer u. a. m. aufzuteilen, Kinder wie Hausratsgegenstände zuzuordnen und einfach nicht wahrzunehmen, daß hinter allen offenen oder nur mit Mühe verborgenen Affekten fast immer nichts anderes als der verzweifelte Kampf gegen einen »seelischen Tod« steht. Wie sie es schaffen, das »Gefühlswesen Mensch« vorübergehend so bedingungslos zu ignorieren, obwohl sie spätestens nach Dienstschluß doch wieder erleben, daß auch für sie selbst Gefühle und Stimmungen zum Zentrum des Lebens gehören.

Vielleicht ist diese »Gefühllosigkeit für Gefühle« lediglich eine Abgestumpftheit, wie sie sich auch in vielen anderen Berufen finden läßt. Ich will das nicht ausschließen. Bemerkenswert bleibt jedoch: Das verstümmelte und vollkommen irreale Bild vom rationalen und nur durch den eigenen Willen gesteuerten »Scheidungsmenschen« findet sich nicht nur bei den Scheidungsbegleitern in Kanzleien,

Gerichtsstuben oder gutachterlichen Praxen. Auch im einschlägigen Schrifttum sieht es kaum anders aus, bis hin zur kleinen und großen Rechtsprechung der familiengerichtlichen Instanzen. Trotz aller berufsspezifischen Unterschiede wird eine Überzeugung von allen nahezu einhellig geteilt: die Vorstellung von der *Selbstverantwortlichkeit* des Trennungspaares für seinen Umgang mit den partnerlichen Spannungen und Konflikten, insbesondere für die schädliche Instrumentalisierung der gemeinsamen Kinder.

Selbstverständlich belasten elterliche Beziehungsstreitigkeiten Kinder; und wenn der »Kampf der Gefühle« zum »Kampf ums Kind« pervertiert, ist ihre seelische Gesundheit ganz erheblich gefährdet. Wenn dann nicht interveniert wird, kann der anfängliche Mißbrauch möglicherweise sehr schnell in eine faktische Mißhandlung übergehen. Doch trotzdem darf man von einem ziemlich sicher ausgehen: Ihre Kinder vorsätzlich mißbrauchen, ihnen bewußt tiefe seelische Wunden schlagen – das wollen auch seine Eltern nicht. Von manchen, dann allerdings stets schwer persönlichkeitsgestörten Ausnahmen abgesehen. Wenn die Instrumentalisierung der Kinder im Rahmen von Trennung und Scheidung dennoch fast der Normalfall ist, dann muß es noch andere, gewichtigere Ursachen geben.

Natürlich gibt es auch für mich nichts Wichtigeres, als dafür zu sorgen, daß Kinder aus den schädlichen Fesselungen ihrer Eltern schnellstens wieder freikommen, am besten gar nicht erst hineingeraten. Doch dabei hilft die lapidare Schuldzuweisung an die Eltern nicht weiter. Bei diesem Verständnis des Konflikts gerät jeder noch so gut gemeinte Schutzeingriff im Nu ungewollt zum Bumerang zu Lasten des Schützlings. Dafür finden sich in diesem Buch zahlreiche Belege.

Deshalb: Wollen wir Trennungskindern wirklich helfen, haben wir gar keine andere Chance, als mit allen zur Verfügung stehenden Mitteln auf einen Abbau der Spannungen zwischen ihren Eltern hinzuwirken. Das setzt voraus, daß wir überhaupt erst einmal Verständnis dafür entwickeln, was sich hinter dem Erscheinungsbild »streitende Eltern« an ursächlicher Dynamik, an Psycho-Logik verbirgt. Denn nur Menschen, die sich »verstanden« fühlen, lassen sich auch erreichen. Sicherlich nicht alle. Doch ganz gewiß sehr viele mehr, als wir glauben. Dazu der folgende Exkurs.

PAARDYNAMIK

Trennung ist, von ganz wenigen Ausnahmen abgesehen (z. B. sexuellem Kindesmißbrauch), regelmäßig ausschließlich ein Problem der Erwachsenen, das mit den gemeinsamen Kindern zunächst (noch) gar nichts zu tun hat.

Doch warum? Warum stehen zwei Menschen, die sich einmal geliebt haben, eines Tages vor einem Scherbenhaufen ihrer Gefühle – gefesselt von einer ganzen Palette von Emotionen, die von Trauer, Schmerz und Enttäuschung über Ohnmacht und Depression bis hin zu Wut, Haß und Rache reichen kann?

Dieses Psycho-Drama scheint zeitlos zu sein, schon antike Tragödien hatten es zum Thema. Doch daß Menschen heiraten, weil sie davon überzeugt sind, ein Leben lang in Liebe zusammenbleiben und miteinander Kinder haben zu wollen, diese Motivation ist noch gar nicht so alt. Vor kaum 200 Jahren waren es weniger Gefühle, sondern eher Vernunft oder materielle Interessen, die zu diesem Schritt veranlaßten (vgl. Schenk, 1987).

Man mag diese Entwicklung als einen großen Fortschritt in der Menschheitsgeschichte betrachten, denn kaum jemand wird sich heute eine sinnstiftende und erfüllende Zweierbeziehung vorstellen können, in deren Zentrum nicht Gefühle, »Liebe« und damit zugleich auch Irrationalität stehen. Doch die heute selbstverständliche »Liebesheirat« hat auch ihre Kehrseite.

Fragt man etwa ein frisch vermähltes und verliebtes Paar gleich im Anschluß an die Trauung nach seinen Zukunftsvorstellungen von Partnerschaft, Familie und Beruf oder den zukünftigen Umgang mit Beziehungskrisen, dann zeigt sich meist, daß sich beide hierüber bisher wenig Gedanken gemacht haben. Viele gehen mit Vorstellungen in die Ehe, die naiv und blauäugig sind, andere haben schon so feste Pläne für jeden möglichen Ernstfall im Kopf, daß es kaum noch Platz für Unerwartetes, für neue Erfahrungen, Veränderungen von Ansichten zu geben scheint.

Doch wie vage, rigide oder offen die Zukunftsvorstellungen auch immer ausfallen, die meisten Paare meinen, sich endlich »gefunden« zu haben. Die neue Partnerschaft wird zuallererst als Ergebnis eines Prozesses gesehen, den man als »Finde- bzw. Suchmodell« bezeichnen könnte. Man hat »Glück« gehabt miteinander.

47

Natürlich »weiß« man, daß heute jede dritte Ehe geschieden wird. Man »weiß«, daß die augenblickliche Verliebtheit nicht dauerhaft anhalten und daß sich spätestens mit der Geburt von Kindern der Beziehungsalltag deutlich verändern wird. Und schließlich »weiß« man auch, daß Ehekrisen auch in den eigenen vier Wänden stattfinden werden (wodurch sie einmal entstehen könnten, das weiß man dann allerdings schon nicht mehr so genau).

Doch all diesem Wissen zum Trotz sind diese Paare fest davon überzeugt, daß sie selbst das Drama einer Trennung niemals erleben oder daß sie zukünftige Beziehungskrisen erfolgreich meistern werden. Wie, das wissen sie allerdings meist noch nicht. Doch daß es schon »irgendwie« gelingen wird, daran zweifelt niemand. Denn schließlich – man liebt sich doch.

Ich will hier nun nicht gerade der Abkehr vom partnerschaftlichen Suchmodell das Wort reden. Sich-gefunden-haben, Verliebtsein, ist schließlich einer der berauschendsten und beglückendsten Zustände, die es im menschlichen Leben gibt. Doch es ist leider kein Dauerzustand. Deshalb würde etwas mehr – bereits vorher erworbenes – Wissen um die psycho-logischen Regeln, nach denen Partnerschaften funktionieren, in vielen Fällen nicht nur den späteren tiefen Fall beträchtlich abbremsen, sondern ihn möglicherweise sogar verhindern. Auch im Hinblick auf mögliche Kinder wäre der frühzeitige Abschied vom Mythos eines lebenslangen Beziehungsglücks zugunsten eines systemisch-dynamischen Verständnisses von Partnerschaft und Familie ein nicht hoch genug einzuschätzender Gewinn. Paare, die von vornherein darauf eingestellt sind, daß ihr gemeinsames Beziehungsleben eher ein durch wechselnde Phasen von Stabilität, Krise und Veränderung gekennzeichneter Prozeß sein wird, werden später auch als Eltern besser in der Lage sein, ihre Beziehungskonflikte – Trennung und Scheidung eingeschlossen – so anzugehen, daß die Belastungen für ihre Kinder möglichst gering bleiben.

Insofern halte ich ein Curriculum »Beziehungslehre« als verbindliche Lehreinheit in der Sekundarstufe I aller Schulformen für dringlichst geboten und im Grunde für längst überfällig. Einmal im Interesse der Jugendlichen als den Beziehungspartnern von morgen, damit sie durch die Illusion des Findemodells nicht länger daran gehindert werden, Partnerschaft zuallererst als »Arbeit« und nicht als »Geschenk« anzusehen. Denn damit ist das Scheitern zukünftiger Krisenbewältigungsbemühungen schon fast programmiert. Zum anderen aber auch in ihrem Interesse als spätere Eltern. Denn eine gründliche beziehungspsychologische Aufklärung würde den heute oft so unsensiblen, gefühllosen und zerstörerischen Umgang mit trennungsbetroffenen Kindern zumindest ganz erheblich einschränken. Schließlich sind Schüler dieser Schulstufe alle selbst noch emotional stark in ihre Herkunftsfamilie eingebunden, so daß sie sich gut in die psychischen Bedürfnisse von Trennungskindern einfühlen können. Zum Vorteil ihrer zukünftigen eigenen Kinder.

Kollusion

Durch eine frühzeitige Beziehungsschulung ließe sich auch noch ein ganz anderer Aspekt des Findemodells – nach meiner Überzeugung der für das Verständnis der Trennungsdynamik vielleicht wichtigste – zumindest besser in den Griff kriegen, als dies heute der alltagspsychologische Regelfall ist: der Mythos vom Zufall.

Natürlich ist es zunächst reiner Zufall, welchen Partnern man im Laufe seines Lebens begegnet: manchmal nur für eine flüchtige Bekanntschaft, manchmal für länger. Alles andere als Zufall ist allerdings, bei welchem Menschen man – nach wie vielen Phasen des Kennenlernens, des Prüfens, des Verwerfens, des erneuten Versuchs auch immer – schließlich in der sicheren Überzeugung *stehenbleibt*, daß man mit ihm und niemand anderem zusammenleben, erleben, eine Familie gründen, kurzum alt werden möchte. Jedenfalls gilt dies für die Paare, die nicht Hals über Kopf aus einer Verliebtheit heraus heiraten oder weil ungewollt ein Kind unterwegs ist und die Eltern deshalb zur Heirat drängen.

Denn der bis dahin vielfach geprüfte andere ist nur als Person das Ergebnis eines Zufalls, nicht jedoch als Persönlichkeit. In dieser Hinsicht besteht vielmehr in den meisten Fällen eine dem Paar selten bewußte, psychologisch jedoch stets sehr plausible Stimmigkeit: eine Passung.

Kernstücke dieser »Fügung« bilden jeweils bei beiden Partnern unterschiedliche wechselseitige Wünsche und Erwartungen. Erwartungen, deren Wurzeln in der Kindheit liegen und die damit zum Zeitpunkt des Kennenlernens längst zu stabilen Elementen der eigenen Persönlichkeit, zu nur noch schwer veränderbaren Merkmalen des »Charakters« geworden sind.

Durch den Schweizer Psychoanalytiker und Familientherapeuten Jürg Willi (1975) ist diese »unzufällige« Passung zweier Partner unter dem Begriff »Kollusion« bekannt geworden. Und wenn es nicht so schrecklich nüchtern klänge, könnte man durchaus davon sprechen, daß sich zum Zusammenleben entschlossene Partner regelmäßig *auch* als wechselseitige Vehikel benutzen, um das eigene psychische Sogewordensein mit Hilfe des anderen zu stabilisieren, zu komplettieren oder auch zu kompensieren. Letztlich, um auf diese Weise dem eigenen Ich zu Selbstwert und Identität zu verhelfen.

Wer je mit Paaren therapeutisch gearbeitet hat, weiß, daß die Formen zwischenmenschlicher Verzahnungen zwar nicht gerade unbegrenzt – da lassen sich durchaus bestimmte immer wiederkehrende Muster extrahieren –, aber doch so zahlreich sind, daß ihre Darstellung den Rahmen dieses Buches bei weitem sprengen würde. Andererseits hat das Phänomen der Kollusion jedoch so viel mit der Trennungsfamilie zu tun, insbesondere mit der Instrumentalisierung der Kinder, daß ich es zumindest an einem fiktiven – aber gar nicht so praxisfernen – Beispiel etwas verdeutlichen will.

Jürgen ist ein nichteheliches Kind aus einfachen Verhältnissen, das wegen der Berufstätigkeit seiner noch sehr jungen Mutter (19 Jahre) die ersten sechs Jahre seines Lebens vornehmlich von der Großmutter betreut und versorgt wird. Von beiden Frauen erfährt er sehr viel Geborgenheit, Akzeptanz und Liebe. Als seine Mutter – da ist er sechs Jahre alt – heiratet, ist für alle klar: Jürgen soll es später einmal besser haben: nach Möglichkeit studieren, viel Geld verdienen…

Entsprechend wird bereits früh sehr viel Wert darauf gelegt, daß der Junge möglichst gute Schulleistungen nach Hause bringt. Das fällt ihm zwar nicht immer ganz leicht, andererseits hat er jedoch bald begriffen, daß er über diesen Weg viel Anerkennung, Stolz und Zuwendung von Mutter und Stiefvater bekommen kann. Anstrengung und Fleiß werden deshalb zu wesentlichen Elementen seines Selbstwertes, zu ausgeprägten Merkmalen seiner Persönlichkeit.

Als Jürgen später mit 22 Jahren studiert und damit tatsächlich die elterlichen Zukunftsträume zu erfüllen scheint, hat er längst »begriffen« –

wenngleich ihm dies selbst auch gar nicht bewußt ist –: Wertvoll, liebenswert ist man vor allem dann, wenn man in den Augen anderer etwas darstellt, wenn man tüchtig und erfolgreich ist, wenn man etwas kann, und dies möglichst immer etwas besser als die anderen.

Vor diesem Hintergrund läßt sich bereits, lange bevor Jürgen eine feste Beziehung eingeht, mit ziemlicher Wahrscheinlichkeit vorhersagen: Weil er im Grunde, wie jeder Mensch, zuallererst als Person gesehen und geliebt werden möchte, wird er sehr viel eher bei einer Frau stehenbleiben, die seine Fähigkeiten, seine Kompetenzen schätzt und anerkennt, seine Selbstdisziplin und seine Überlegenheit nicht in Frage stellt und »stolz auf ihren Mann« ist, als bei einer anderen, für die es selbst von großer Wichtigkeit ist, in ihrer Leistung vom Partner bewundert und anerkannt zu werden.

Karin ist die älteste von drei Geschwistern, 20 Jahre, und will einmal Grundschullehrerin werden, weil sie gerne mit Kindern umgeht. Als ihre Eltern das zweite Kind bekamen, war sie gerade drei, bei der Geburt des jüngsten Bruders sechs Jahre alt und besuchte noch den Kindergarten.
Und wie so häufig bei Erstgeborenen, so war es auch hier. Als Karins Schwester auf der Welt war, wurde sie damit sozusagen über Nacht »die Große«, plötzlich entthront und in einem Ausmaß am Rande stehend, wie sie es bis dahin nie gekannt hatte. Denn der Säugling vereinnahmte seine Mutter so mächtig, daß zwangsläufig der Raum für sie als das ältere Kind ganz erheblich eingeschränkt wurde.
Zunächst versuchte Karin noch, durch Aggressionen der Schwester gegenüber, dann durch verstärktes Aufsichaufmerksammachen in Form von Regressionen – sie fing damals an, wieder einzunässen, klagte häufig über Bauchschmerzen, hatte Ängste beim Einschlafen u. ä. m. – den Sturz in die »Zweitklassigkeit« aufzuhalten. Alles jedoch ohne großen Erfolg. Im Gegenteil: Je mehr sie versuchte, die Aufmerksamkeit ihrer ohnehin gestreßten Mutter auf sich zu ziehen, desto genervter und ärgerlicher wurde die nur.
Allmählich begriff das Mädchen, obwohl es selbst noch ein Kleinkind war: Je mehr sie sich ihrer Mutter als Hilfe anbot und sie durch Übernahme beispielsweise von Versorgungs- oder Beaufsichtigungsaufgaben entlastete, desto häufiger und positiver wurde sie auch »gesehen«. Denn meist nahm ihre Mutter die Hilfsangebote nicht nur dankbar an – das nahm später nach der Geburt des dritten Kindes noch stärker zu –, sie sprach

auch voller Stolz davon, wie groß und selbständig Karin doch schon sei. Und wie sehr bereits eine wirkliche Hilfe und Unterstützung. Was auch Karins Vater abends lobend hervorhob, wenngleich auch die Alltagserfahrungen mit den jüngeren Kindern viel stärker im Zentrum des elterlichen Feierabenddialogs standen als das, was es über Karin zu berichten gab.

Was die erwachsene Karin schon in ihrer Kindheit über den Weg, im Leben Anerkennung und Wertschätzung zu bekommen, gelernt hatte, hatte viel damit zu tun, anderen Menschen zu helfen, wenig eigene Probleme zu bereiten, sich selbst zurückzunehmen und stark und selbständig zu erscheinen.

Natürlich ist der Prozeß individueller Persönlichkeitsformung in Wirklichkeit viel komplexer und nicht nur das Produkt solcher biographischen Eckdaten. Doch darauf kommt es hier nicht an. Ich wollte mit diesen skizzenhaften Beispielen keine psychologische Analyse zur Entstehung von Individualität und Charakter liefern, sondern lediglich einen groben Eindruck davon vermitteln, wie man sich das Entstehen kollusiver Passungen zwischen einem Paar ungefähr vorstellen kann.

So mag eines nachvollziehbar sein: Sollten sich Jürgen und Karin tatsächlich einmal begegnen und fänden auch noch Gefallen aneinander, hätten sie gute Chancen, dauerhaft beieinander stehenzubleiben und irgendwann eine Familie zu gründen. Denn er könnte an der Seite einer Frau mit eher geringem Selbstwertgefühl und wenig Selbstachtung erleben, daß ihn jemand so liebt, wie er ist (das kannte er nicht). Zugleich zeigte ihm diese Frau, daß sie seine Leistungsbereitschaft, seine Kompetenzen, sein Verantwortungsbewußtsein für »seine« Familie mit Stolz wahrnimmt und anerkennt. Diese beiden unbewußt vom Partner erfüllten Erwartungen hätten vermutlich zur Folge, daß Jürgen in der Beziehung eine dominierende und erst einmal nicht in Frage gestellte Rolle spielte. Für Karin änderte sich faktisch gar nicht so viel, in gewisser Weise hätte sie eigentlich nur ihre Geschwister durch den Ehemann ausgetauscht. Denn für andere da zu sein, daraus Anerkennung und Liebenswertigkeit zu erfahren, das war ja schon von früh an ein herausragendes Merkmal ihrer Persönlichkeit. Das Besondere, ihre unbewußten Erwartungen Berührende bei Jürgen wäre jedoch, daß er ihr mit einer anscheinend vorbehaltlosen Liebe, mit seiner Wertschätzung ihres »selbstlosen« Einsatzes das wohltuende Gefühl vermittelte, sich ganz allein für sie als Persönlichkeit entschieden zu haben – weit ab von der »konditionalen Liebe«, wie sie Karin zu Hause kennengelernt hatte.

Rein äußerlich scheinen somit die besten Voraussetzungen für ein lebenslanges Beziehungsglück vorzuliegen: Beide Partner sind wechselseitig stolz aufeinander, man gibt sich emotionale Sicherheit, und jeder scheint dem anderen jeweils die »Löcher« zu stopfen, diese unerfüllten Kindheitsbedürfnisse nach »bedingungslosem« Geliebtwerden doch noch zu erfüllen, die damals für den Aufbau einer Überlebensstrategie – Gutsein durch Leistung bzw. Gutsein durch Engagement für andere – verdrängt werden mußten. Die Variationen dieses Themas zwischenmenschlicher Passung sind so zahlreich wie die Kindheitsbiographien der Menschen. Und für den Einzelfall konkretisieren lassen sie sich ohnehin bestenfalls in der Rückschau. Mit den immer wiederkehrenden – hinter der Vielfalt der einzigartigen Lebensgeschichten lediglich versteckten – Grundmustern sind alle Familientherapeuten jedoch bestens vertraut.

Rollschuhläufer-Modell

Wenn ein unbewußtes kollusives Band jede auf Dauer angelegte Beziehung von Anfang an mitbestimmt und zusammenhält, dann muß diese Bindung logischerweise brüchig geworden sein, wenn sich die Partner irgendwann als Eheleute wieder trennen. Wie kann man sich das erklären? Haben sich in diesen Fällen die anfangs beziehungsstiftenden Erwartungen und Wünsche an den anderen verändert? Hat sich über die Jahre herausgestellt, daß man sozusagen »aufs falsche Pferd« gesetzt und die Befriedigung seiner psychischen Bedürfnisse von einem Menschen erwartet hatte, der dies eigentlich niemals leisten konnte? Oder es irgendwann einfach nicht mehr wollte? Oder liegt der Grund für eine Trennung einfach darin, daß sich die Partner auseinandergelebt und sich, weil das Konto an Gemeinsamkeiten und Verbundenheiten jetzt leer ist, nichts mehr zu sagen und auch keinerlei Erwartungen mehr aneinander haben?

Die vielen Fragen täuschen. Zwar wird sich in den meisten Fällen schon die eine oder andere Ursache als für die Trennung ausschlaggebend erweisen, doch fast immer ist es letztlich eine Mischung aus den genannten und weiteren Motiven.

Alle, die beruflich mit Trennungen zu tun haben, wissen, daß sie in den meisten Fällen von so starken Affekten und Emotionen begleitet sind – die manchmal viele Jahre später, lange nach der Scheidung, immer noch unvermindert fortbestehen –, wie sie in dieser Intensität nie zuvor durchlebt worden sind. Das läßt vermuten, daß es die relativ unproblematischen Trennungen nach dem Modell »Auseinandergelebt« zwar gibt, aber offensichtlich sind sie eher die Ausnahme und sollen uns deshalb hier auch nicht weiter beschäftigen. Bei diesen weitgehend affektfreien und einvernehmlichen Trennungen dürften die Belastungen für die Kinder auf das Ausmaß beschränkt bleiben, das durch den Zerfall der häuslichen Gemeinschaft selbst bedingt und insofern unvermeidlich ist.

Alle anderen Trennungen sind jedoch nicht nur in beträchtlichem Maß affektbegleitet, sondern nahezu immer sind sie auch asymmetrisch, das heißt, einer der beiden Partner will die häusliche Lebensgemeinschaft nicht länger fortsetzen und trennt sich deshalb vom anderen. Insofern ist das – leicht den Eindruck einer gemeinsamen Entscheidung erweckende – Wort »Trennung« in den weitaus meisten Fällen eigentlich falsch, zumindest irreführend. Sehr viel treffender wäre es deshalb, von »Verlassen« zu sprechen und die Partner nach Verlassenem und Verlassendem zu unterscheiden. Sonst läßt sich nicht nur kaum verstehen, weshalb Trennungen häufig mit einer so dramatischen Konfliktdynamik einhergehen, auch die überwiegende Erfolglosigkeit des gesamten staatlichen Helferapparates läßt sich nur dann begreifen, wenn man an der irrigen Vorstellung eines weitgehend gemeinsamen Schrittes nicht länger festhält.

Gleichzeitig gibt es allerdings noch eine andere Ebene, auf der diese Unterscheidung eher wenig Sinn macht, was auch mir anfangs einige Rätsel aufgegeben hat. Denn wer erwartet, daß die durch Trennung ausgelösten Affekte in ihrer ganzen Intensität, Dauerhaftigkeit und extremen Gefühlsbetontheit vornehmlich auf seiten des *verlassenen* Partners sind, der sieht sich spätestens beim Gespräch mit dem Verlassenden gründlich im Irrtum. Nicht selten schlagen dort die emotionalen Wogen sogar noch höher. Und wüßte man es nicht besser, man könnte glauben, den Verlassenen vor sich zu haben.

Doch zunächst nochmal zurück zur Kollusion. Wenn dieses Band einmal zerbrochen ist, dann ist das jedenfalls wohl so gut wie nie – das ist vielleicht das einzige, was sich ziemlich sicher sagen läßt – die Folge eines singulären Ereignisses, beispielsweise des Sichverliebens in eine andere Frau oder einen anderen Mann. Meist sind das nur Auslöser, Katalysatoren, die eine bereits jahrelang andauernde Entwicklung wachsender Unzufriedenheit schlagartig sichtbar machen.

Der in Trennung mündende kollusive Zusammenbruch ist ein schleichender, immer wieder von eruptiven Konfliktausbrüchen mit anschließendem »Schein«frieden durchzogener Prozeß, der mit der tatsächlichen Trennung lediglich seinen Höhepunkt und – oft nur vermeintlichen – Abschluß erfährt.

Versucht man, diesen Prozeß von der anfänglichen kollusiven Stimmigkeit zur mit riesengroßer Enttäuschung verbundenen Feststellung, der Partner sei unüberbrückbar »anders« geworden, zu verstehen, führt dies unmittelbar zu den Wurzeln der Psychologie zwischenmenschlicher Beziehungen – zum Phänomen der Veränderung, des Wandels als zentralem Wesensmerkmal menschlicher Existenz überhaupt.

Menschen befinden sich nicht nur biologisch von der Geburt bis zum Tod in einem permanenten und unaufhaltsamen Prozeß der Veränderung. Neben diesem körperlichen und geistigen Wandel verläuft auch ein psychischer, der in unserem Zusammenhang vor allem mit den Ansichten, ethischen und moralischen Grundüberzeugungen, Lebensvorstellungen, aber auch mit dem kognitiven Wissen eines Menschen zu tun hat.

Dabei bestehen zwei ganz wesentliche Unterschiede zu den biologischen Wachstums- und Entwicklungsprozessen. Zum einen hängt die Veränderungsgeschwindigkeit im psychischen Bereich sehr viel stärker von den gemachten oder überhaupt möglichen Erfahrungen eines Menschen ab. Darüber hinaus unterliegt der Wandel im Bereich von Meinungen, Einstellungen und Erwartungen in beträchtlichem Maße aber auch noch einer teils bewußten, teils eher unbewußten Steuerung durch die Person selbst.

Bezogen auf eine Partnerschaft, ist damit folgendes gemeint: Im

Regelfall verbringen Mann und Frau die meiste Zeit des Tages in sehr verschiedenen Lebensräumen mit entsprechend unterschiedlichen sozialen Begegnungen. Die damit verbundenen Eindrücke und Erfahrungen werden mal die eigenen Ansichten bestätigen, mal im Widerspruch zu ihnen stehen, mal nachdenklich stimmen oder auch auf Ablehnung stoßen. Doch auf all das kommt es hier gar nicht an. Entscheidend ist vielmehr, wie sich alle diese Erfahrungen auf die Partnerschaft auswirken. Inwieweit die Partner in der Lage sind, sich darüber miteinander auszutauschen, voneinander zu lernen oder auch Toleranz dafür zu entwickeln, daß der andere manche Dinge anders sieht als früher.

Bei manchen Paaren münden die Dialoge immer wieder in die gegenseitige Versicherung, die alte Passung beibehalten und niemals verändern zu wollen. Das sind dann meist jene symbiotischen Zweierbeziehungen, wo beide Partner stolz versichern, nie wirklich ernsthaft miteinander gestritten zu haben, nichts in ihrer Partnerschaft zu vermissen und auch nur den Gedanken an Trennung empört von sich weisen. Diese Beziehungen erscheinen uns häufig als Modell dafür oder werden uns als solches vorgeführt, daß es sehr wohl möglich sei, in der partnerschaftlichen Harmonie des ehelichen Starts ein Leben lang zu verbleiben. Es sind allerdings fast immer Beziehungen, in denen jeglicher Veränderung – aus auf beiden Seiten tief verwurzelter neurotischer Angst heraus – mit massiven Widerständen unter Einsatz des gesamten Arsenals unbewußter Abwehrmechanismen entgegengetreten wird. Doch wenn Leben immer auch Bewegung, Veränderung bedeutet, dann können solche Menschen zwar sehr alt miteinander werden, aber ihre Beziehung ist längst tot, bevor sie wirklich sterben.

Unter einem so bedingungslosen, selbstauferlegten Konfliktverbot stehen allerdings nur wenige Paare, und schon gar nicht die, um die es hier geht. Was sich jedoch von ihnen lernen läßt, ist die Tatsache, daß Veränderungen der persönlichen psychischen Landkarte ganz beträchtliche Ängste und entsprechende Widerstände hervorrufen können. Was zwangsläufig immer dann zu einer ganz erheblichen Belastung für eine Beziehung wird, wenn die Widerstände gegen solche angstmachenden Veränderungen lediglich bei einem oder bei dem einen sehr viel stärker vorhanden sind. Denn bei einer Weiterentwicklung nur eines Partners muß natürlich das frühere kollusive Muster erschüttert werden. Ebenso führt die entstandene Diskrepanz zwangsläufig zum Beziehungskonflikt, weil ja jeder von der Richtigkeit des eigenen Standortes fest überzeugt und damit keiner geneigt ist, sich entweder dem »Neuen« aufzuschließen oder zum »Alten« zurückzukehren.

Trotzdem sind Konflikte als Folge ungleicher Geschwindigkeiten in der Entwicklung zweier Partner durchaus normal, und niemand käme auf den Gedanken, sich wegen Meinungsverschiedenheiten umgehend trennen zu wollen. Zum Glück verfügen die meisten Menschen – jedenfalls anfangs noch – über genügend Ressourcen, um den partnerlichen Konflikt immer wieder so weit aufzulösen, daß das Verbindende wieder Oberhand gewinnt. Die Palette sogenannter Konfliktbewältigungsstrategien reicht von Verleugnung, über Bagatellisierung, Ignorierung, offenen Streit bis zum von gegenseitiger Offenheit und Toleranz für das Anderssein des Partners geprägten Dialog.

Kommunikation – verbale, ebenso aber auch nonverbale – ist damit der zentrale Schlüssel zur Konfliktbewältigung in jeder Partnerschaft. Sie ist das Band, der Kitt, der zwei Menschen auch dann noch zusammenhält, wenn sie sich an unterschiedlichen Punkten ihrer persönlichen Entwicklung befinden und ihr kollusives Muster entweder vorübergehend aus den Fugen gerät oder in seiner ursprünglichen Funktion nicht länger erforderlich ist.

Mit einem Bild: Man stelle sich ein Paar als zwei sich an der Hand haltende Rollschuhläufer vor. Am Anfang ihrer Beziehung befinden sie sich noch nebeneinander, eher stehend als in Bewegung, denn durch ihre Liebe ist ihre Beziehung weitgehend von Übereinstimmungen bestimmt. Doch irgendwann tritt einer der beiden an und überholt den anderen – er entwickelt sich weiter. Solange beide dabei weiterhin über ihre Hände miteinander verbunden bleiben, ist das jedoch nicht weiter bedrohlich, denn dann wird der Zurückgebliebene zwangsläufig mitgezogen. Verlangsamt der »Vorreiter« sein Tempo, wird der Abstand zwischen beiden sofort wieder kleiner. Dabei kann es sogar passieren, daß der erst durch den Partner in Schwung Gebrachte nunmehr selbst an ihm vorbeizieht und in Führung geht. Dann wird der andere »gezogen«. Der holt wieder auf, und so weiter und so weiter...

Dieses Bild für die Dynamik partnerschaftlichen Lebens verdeutlicht noch ein weiteres: Beide Rollschuhläufer sind zwar ständig in Bewegung und meist an unterschiedlichen Positionen auf ihrer gemeinsamen (Lebens-)Bahn, aber es gibt innerhalb ihrer Dynamik auch immer wieder Phasen, in denen sie – wie zu Beginn – erneut auf gleicher Höhe stehen. Im Leben können solche Übereinstimmungen wenige Tage, aber auch Monate oder sogar Jahre dauern; das sind die Zeiten, in denen sich ein Paar wieder aufs neue, beispielsweise nach einer schweren Ehekrise, ganz nah ist und beide wieder ganz bewußt spüren, wie glücklich sie darüber sind, ausgerechnet mit diesem Partner zusammenzuleben, Kinder zu haben und gemeinsam alt zu werden. Ganz wie zwei frisch Verliebte.

Doch dieser Zustand läßt sich nicht festhalten: Sofern die Läufer nicht in symbiotischer Fesselung ganz eng miteinander verbunden sind, so daß sie sich allenfalls synchron voranbewegen können, werden sie sich über kurz oder lang erneut voneinander »trennen« – bis zum nächsten gemeinsamen »Stillstand«.

Das könnte eigentlich ein Leben lang so weitergehen, und für die Mehrzahl aller Paare ist es ja auch so. Wo es jedoch zur Trennung kommt, da ist – manchmal schon sehr lange – die das Beziehungsgleichgewicht immer wieder herstellende Bindung »Kommunikation« schwer gestört oder gar zerstört. Die Rollschuhläufer haben sich losgelassen. Die Partner können einfach nicht mehr miteinander reden, jedenfalls nicht konstruktiv, auf Wiederannäherung bedacht. Denn ob man sich nur noch anschweigt oder nur noch anschreit, in beiden Fällen sind sie in eine Sackgasse der Sprachlosigkeit hineingeraten, in der keiner die Sprache des anderen mehr »versteht«.

Aus kommunikationspsychologischer Sicht macht es also überhaupt keinen Unterschied, ob sich ein Paar stumm aus dem Weg geht und nur noch das Allernotwendigste miteinander redet (»Streiten meine Eltern eigentlich auch, wenn sie nicht miteinander reden?« fragte mich ein Kind einmal.) oder ob es einen intensiven verbalen Austausch betreibt, der jedoch nur noch aus Anklagen, Vorwürfen, Beschimpfungen, Beleidigungen und Rechtfertigungen besteht und insofern mehr einem kämpferischen »Schlagabtausch« gleicht als einem Wiederannäherung und Verstehen anstrebenden Dialog (vgl. auch Watzlawick, Beavin & Jackson, 1982).

Als Rollschuhfahrer ist das Paar jedenfalls zum Stillstand gekom-

men und zu einem Zustand übergegangen, den man im Boxsport als
»Clinch« bezeichnet: Ineinander verhakelt, schlagen beide verbal
oder auch tatsächlich aufeinander ein, treffen sich immer wieder
auch. Trotzdem ist das neue Bild nur noch starr und bewegungslos.
Und je nachdem, wer von den beiden gerade »vorn« ist, klagt der
eine: Du hast dich überhaupt nicht verändert (und bist immer noch
wie früher)! Und der andere kontert: Du hast dich so verändert
(und bist überhaupt nicht mehr der, der du früher einmal warst)!
Und beide haben recht!

Konfliktzentrale »Interpunktion«

Das ist denn auch heute die für mich wichtigste Erkenntnis in der
Arbeit mit Krisenpaaren: Anders als in der Logik, der Mathematik
oder auch der Jurisprudenz – alles Wissenschaften, die auf der
Suche nach der »einen Wahrheit« sind – gibt es in der Psychologie
menschlicher Beziehungen stets so viele »Wahrheiten« wie betei-
ligte Personen. Erst nachdem ich dies begriffen hatte, lösten sich
etliche Beobachtungen, die mir bis dahin voller Widersprüche erschienen, wieder auf.
Von den Ausnahmen abgesehen, in denen ein Partner vorsätzlich
lügt – was allerdings viel seltener der Fall ist, als immer angenommen wird –, sagt im Regelfall jeder »seine Wahrheit«, weil er es so
und nicht anders erlebt hat. Deshalb erscheinen alle seine Darstel-
lungen auch Dritten meist außerordentlich plausibel und – bis hin
zur geteilten Empörung – nachvollziehbar. Das macht es häufig
nicht nur gemeinsamen Freunden, die »beide Seiten gehört« haben,
schwer, eine klare Stellung zu beziehen. Auch den stets nur einseitig
informierten Rechtsbeistand kann dies leicht zu großen Fehlein-
schätzungen bringen, insbesondere dann, wenn er sich von der
Darstellung seines Mandanten dermaßen vereinnahmen läßt, daß
er auch dessen Betroffenheit zu seiner eigenen macht. Doch dazu
später mehr.
Wie kann es angehen, daß beide Partner den Verlauf ihres Bezie-
hungskonflikts »richtig« wiedergeben und – rein logisch – beide
Aussagen miteinander vollkommen unvereinbar sind? Dazu muß
man sich nur klarmachen, worin sich Logik und Psycho-Logik im
Kern unterscheiden. Ich möchte es am Beispiel der Justiz einmal

kurz verdeutlichen, weil deren Wahrheitsverständnis später noch eine große Rolle spielen wird. Juristen haben es in aller Regel mit der Beurteilung von Tatbeständen zu tun, die bereits der Vergangenheit angehören. Ihr ganzes Bemühen gilt deshalb der Aufklärung eines zurückliegenden Sachverhalts – zum Beispiel durch gerichtliche Beweiswürdigung der Aussagen von Zeugen und Sachverständigen –, um auf diese Weise das wirkliche Ausmaß der Abweichung einer Handlung von verbindlichen Normen (Gesetzen) zu erkennen und gegebenenfalls zu sanktionieren. Dies ist ein statisches, auf die Herstellung klarer (Rechts-)Verhältnisse abzielendes Vorgehen.

Auf dem Feld der Psychologie zwischenmenschlicher Beziehungen hingegen liegen die Verhältnisse gründlich anders. Hier handelt es sich im Regelfall nicht um isolierte Einzelereignisse, die beurteilt werden sollen, sondern immer gleich um eine ganze Kette von Geschehnissen, die so miteinander verbunden sind, daß jede einzelne Handlung immer Reaktion auf Vorangegangenes wie zugleich auch Auslöser für Zukünftiges ist. In der Psycho-Logik geht es folglich um einen Prozeß, um den dynamischen Verlauf von sich im Grunde endlos aneinanderreihenden Geschehnissen. Rein logisch mag es zwar auch hier mal einen Anfang gegeben haben, und die meisten Paare streiten immer wieder mit großem Engagement darum, wer von ihnen den Konflikt ausgelöst hat, doch praktisch ist das fast immer unbedeutend. Denn meist läßt sich der »wahre Anfang« ohnehin nicht mehr feststellen, weil jeder immer noch ein »Davor« weiß.

Das bedeutet nicht, daß die Streitenden dies auch so sähen. Ganz im Gegenteil. Aus Gründen, die zuallererst mit dem Schutz des Selbstwertes zu tun haben, tendieren alle Menschen dazu, ein Geschehen so zu »ordnen«, daß sie selbst jeweils auf die Aktionen des anderen lediglich reagiert haben: Denn hätte der nicht..., dann hätte ich auch nicht...

Dazu ein Beispiel aus einem Sorgerechtsfall, mit dem ich einmal als Sachverständiger betraut war. Die Frau hatte ihren Mann verlassen, nachdem sie von seinem außerehelichen Verhältnis erfahren hatte. Daraufhin schrieb sein Anwalt ans Gericht:

»Der Antragsgegner unterhält keine ehebrecherischen Beziehungen zu einer anderen Frau. Er räumt ein, nur ein einziges Mal während seiner Ehe einen ›Seitensprung‹ gemacht zu haben. Hierüber hat er die Antragstellerin unterrichtet. Es handelt sich hierbei um einen singulären Fehltritt, der sich nicht wiederholt hat und wiederholen wird und der keineswegs ehezerstörerische Konsequenzen haben konnte.

Der Antragsteller bekennt freimütig, daß er nur seine Frau und die beiden Kinder liebe. Die regelmäßigen sexuellen Kontakte des Antragsgegners, die er im Einvernehmen mit der Antragstellerin bis etwa Mitte 1986 unterhielt, waren Ausdruck seiner unverbrüchlichen Zuneigung. Er hat es deshalb nicht nachvollziehen können, daß die Antragstellerin seit etwa 2½ Jahren damit begann, die intimen Kontakte zu ihm zu rationieren, kontingentieren und terminieren!

Vor diesem Hintergrund dürfte es auch zu dem einmaligen Fehlverhalten gekommen sein.«

Dieser Psycho-Mechanismus der »Interpunktion«, der willkürlichen Bestimmung eines Anfangs, so daß die eigene Selbst- und Mitverantwortlichkeit außen vor bleibt, läßt sich nahezu in jedem Beziehungskonflikt – aber auch in vielen anderen zwischenmenschlichen Auseinandersetzungen, beispielsweise zwischen Kindern und ihren Eltern – beobachten. Und weil es jeder so macht und den Handlungsverlauf so interpunktiert, daß nunmehr er der Reagierende ist, kann es natürlich keine Einigung geben – jedenfalls nicht auf *diesem* Weg der »Wahrheitsfindung«.

Trennung

Das entscheidende Problem der Interpunktion ist jedoch gar nicht mal die Tatsache, daß Partner in endlosen und unermüdlichen Diskussionen darum ringen, wer von beiden die Haupt- oder gar Alleinverantwortung für die Beziehungskrise trägt. Denn wie jeder weiß, verlaufen die meisten Auseinandersetzungen dieser Art schließlich ohnehin im Sande. Wobei die Langzeitfolgen der verschiedenen »Lösungen« allerdings sehr unterschiedlich sein können. Sei es, daß einer von beiden einfach nachgibt, um des lieben Friedens willen sozusagen. Sei es, daß die Ursachensuche irgendwann einfach ungeklärt abgebrochen wird. Oder sei es – was allerdings leider nur sehr selten vorkommt –, daß beide Partner die Unlösbarkeit des Problems erkennen und begreifen, daß es eine Entscheidung zwischen zwei subjektiven Wahrheiten gar nicht geben kann und deshalb beide Sichtweisen als gleichermaßen gültig einfach nebeneinander stehen lassen. Was man dann Toleranz nennt.

Die Interpunktion ist also allenfalls eine konfliktschürende Störzentrale für eine Beziehung, aber nicht das Werkzeug für ihre Zerstörung. Ausschlaggebend ist vielmehr, daß der Streit um Recht und Unrecht, um Aktion und Reaktion, weitgehend allein vom Kopf her geführt wird. Es geht um Argumente, um Logik, um Kausalität. Und damit wird diese Form partnerschaftlicher Auseinandersetzung zu einem ganz wesentlichen Teil von Macht gelenkt. Wer ist der Stärkere? Wer ist der Klügere? Wer weiß es besser?

Der Preis für dieses Macht-Diktat des Kopfes ist hoch: Die Gefühle bleiben fast immer auf der Strecke. Da kann eine Frau beispielsweise, statt zu argumentieren, nur noch weinen, weil sie sich weder wahrgenommen noch verstanden fühlt. Doch anstatt dieses körpersprachliche Signal aufzugreifen, zuzuhören und zu trösten, versucht der Mann ihr klarzumachen, daß sie eigentlich überhaupt keinen Grund zum Weinen habe. Oder er ignoriert den Gefühlsausbruch einfach, indem er das Gespräch abbricht, einen selbstrechtfertigenden Monolog beginnt oder sogar noch weiter anklagend auf seine Frau einredet.

Was dabei zumindest ganz erheblich zu kurz kommt, das ist die Empathie, das Einfühlungsvermögen in die Gefühls- und Erlebniswelt des anderen. Zwar unterscheiden sich Menschen auch außerhalb von Beziehungskonflikten in dieser Fähigkeit, sensibel zu reagieren, ganz beträchtlich – das gilt auch in bezug auf ihre Kinder –, doch wo die einfühlende Anteilnahme völlig verschwunden ist, da macht sich rasch Unmenschlichkeit breit.

Die einzige Möglichkeit, die einem sich solchermaßen »unverstanden« fühlenden Partner bleibt, ist der »psychische Rückzug«, die Emigration ins Schweigen und ins Nachgeben, was auf der anderen Seite leicht den falschen Eindruck entstehen läßt, die Beziehung wäre wieder in Ordnung. Dieser Trugschluß ist dann möglich, wenn der Rückzug fälschlicherweise als »Zustimmung« gedeutet wird und nicht als das, was er tatsächlich ist – nämlich der erste

Schritt zum »Auszug«. Schweigen als Ausdruck der Kapitulation vor der (Beziehungs-)Macht des Partners ist eben etwas grundlegend anderes als Sprachlosigkeit, weil es nichts mehr zu sagen gibt. Insofern sind die beschriebenen Wege, die Suche nach der wahren Wahrheit zu beenden, alles andere als gleichwertig. Der resignative Rückzug als scheinbare Konzession an den Partner ist vielmehr wie ein schleichendes Gift, dessen Konzentration anfangs nur noch nicht stark genug ist, um das Beziehungssystem schon kollabieren zu lassen.

Das ist denn auch die auffälligste Erfahrung in meiner Arbeit als Psychologischer Sachverständiger: Ein Partner – und nahezu immer ist es die Frau – ist selbst Jahre nach der Trennung immer noch zutiefst verbittert und voller Empörung, Enttäuschung, Wut und Zorn darüber, daß der Mann über lange Zeit, oft waren es Jahre, nicht das geringste Verständnis, keinerlei Empathie für ihre psychische Lage aufgebracht und alle ihre Signale – verbale wie nonverbale – bagatellisiert oder einfach ignoriert hat.

Insofern steht hinter der Tatsache, daß heute zwei Drittel aller Trennungen und Scheidungen von Frauen eingeleitet werden, vermutlich weitaus seltener das Motiv »Emanzipation und Selbstverwirklichung«, wie es sich später in den Schriftsätzen der Anwälte nahezu regelmäßig vorwurfsvoll liest. Viel eher läßt sich der von ihnen veranlaßte Beziehungsabbruch auf eine zwischen den Geschlechtern ungleich verteilte Form von Beziehungsmacht mit all ihren negativen Folgen für Selbstachtung und Selbstwertgefühl des Schwächeren zurückführen.

Was natürlich nicht ausschließt, daß auch Frauen überaus unempathisch und unsensibel sein können. Ich betone hier jedoch deshalb die reaktive Seite vieler Trennungen, weil zumindest vordergründig leicht der Eindruck entsteht und in der öffentlichen Meinung wohl auch überwiegt, daß derjenige, der die Trennung vollzieht, der Stärkere, Egoistischere, Rücksichtslosere, Coolere, usw. wäre. Doch das ist nach meinen bisherigen Erfahrungen eher die Ausnahme.

Wenn insbesondere Männer sich vielfach so schwer im Umgang mit den Gefühlen ihrer Partnerinnen tun, so heißt das allerdings nicht, daß sie sie vorsätzlich zu weitgehend seelenlosen Objekten degradieren, auch wenn viele Frauen sich genauso gefühlt haben mögen.

Meist gehen Männer auch mit sich selbst ähnlich um, indem sie nach außen den Eindruck erwecken, als wären Rationalität, Sachlichkeit und Wichtigkeit das einzige, was ihre Persönlichkeit ausmache. In Wirklichkeit ist das natürlich falsch, denn es gibt keinen gesicherten Hinweis dafür, daß Emotionalität und der psychische Apparat überhaupt bei Frauen stärker ausgebildet wären als bei Männern. Der wahre geschlechtsspezifische Unterschied besteht weniger in der Fähigkeit zum Fühlen als in der Unfähigkeit, Emotionalität als existentiellen Anteil einer lebendigen Persönlichkeit zu bejahen und zuzulassen. Und dies sowohl im Umgang mit sich selbst als auch mit der Partnerin.

Diese Fähigkeit bzw. Unfähigkeit ist im wesentlichen das Resultat einer geschlechtsrollenspezifischen Erziehung. Denn daß auch Jungen anfangs nicht weniger Zugang zu ihren Empfindungen haben als Mädchen, das erleben Mütter von Söhnen im Vorschulalter tagtäglich. Und niemand denkt daran, daß dies einmal die Männer von morgen sein werden.

Hinter den meisten Trennungen steht somit stets eine ebenso leidvolle wie schmerzhafte Geschichte des Nichtverstandenwordenseins, das schließlich einen solchen Grad von psychischer Belastung annimmt, daß es nach der festen Überzeugung des Verlassenden anschließend nur leichter und besser werden kann. Häufig wird dieser Schritt durch einen »Märchenprinzen« bzw. eine »-prinzessin« als konkrete Vision eines neuen Beziehungsglücks erleichtert, oft auch erst ausgelöst. Doch nicht selten entlarvt sich dieser oder diese nur kurze Zeit später lediglich als Beschleuniger eines Ablösungsprozesses, der sonst nur länger gedauert hätte – oder vielleicht auch nie zustande gekommen wäre. Doch das zu erkennen und den Nebenbuhler weniger als Person, sondern zuerst in seiner systemischen Funktion zu sehen, das wäre von jedem Verlassenen wohl entschieden zuviel verlangt.

Aber auch wenn es einen Dritten überhaupt nicht gibt: Mit der Trennung vollzieht sich nicht nur eine faktische und für jeden Außenstehenden sichtbare Zäsur in der Beziehung eines Paares. Parallel dazu kehrt sich fast immer auch der emotionale Kontenstand drastisch um. Denn von diesem Augenblick an fällt nun – psychologisch sehr verständlich – der Verlassene in tiefstes seelisches Leid und kann überhaupt nicht verstehen, daß all seine Hilflosigkeit, Verletztheit und seine Schmerzen den anderen offensichtlich völlig kalt zu lassen scheinen. Oft findet diese Verständnislosigkeit ihren Ausdruck darin, daß der Verlassene, fragt man nach den möglichen Gründen des Partners, hierauf einfach keine Antwort weiß. Er kann es sich schlichtweg nicht erklären. Jedenfalls dann nicht, wenn es keinen »Märchenprinzen« gibt. Andernfalls ist der »Grund« für ihn natürlich sonnenklar.

Aus beziehungspsychologischer Sicht haben sich nach der Trennung die Leidensrollen jedoch nur umgekehrt: Jetzt erfährt der Verlassene konkret und schmerzhaft verdichtet selbst, was sein Partner bereits zuvor, vielleicht über Jahre, seelisch durchgemacht hat, was von ihm jedoch damals nicht erkannt oder einfach ignoriert wurde. Zu keiner Zeit kann man plastischer erleben, wie sehr auch Männer mit ihren Gefühlen kurzgeschlossen sein können (manche kommen allerdings selbst im tiefsten Schmerz des Verlassenseins immer noch nicht »an sich ran«). Endlich, könnte man sagen, doch meist ist es dann zu spät.

Damit tritt neben diese zeitverschobene Selbsterfahrung noch eine zweite Parallele: Der Mangel an Empathie von Frauen für die seelische Notlage des Verlassenen steht häufig der früheren eigenen Erfahrung in nichts nach. Wobei man als Therapeut meist nicht weiß, ob hierin die gleiche Unfähigkeit zum Ausdruck kommt, unter der zuvor so sehr gelitten wurde, ob die Verlassende durch die eigene partnerschaftliche Leidensgeschichte einfach abgestumpft und unsensibel geworden ist oder ob ihre Abschottung lediglich eine Form des Selbstschutzes ist, um nicht rückfällig zu werden und den einmal gefaßten Entschluß nun auch konsequent durchzuziehen. Meist wird es wohl eine Kombination aus allem sein, die sich hinter der fehlenden Feinfühligkeit verbirgt.

Doch Trennungspaare betreiben keine psychologischen Analysen. Und so bleiben am Schluß meist *auf beiden Seiten* nur schwer verletzte, zutiefst enttäuschte und gekränkte Menschen zurück, die sich selbst als »Opfer« und den anderen als »Täter« sehen. Trennung ist somit nicht nur für Kinder, sondern genauso auch für ihre Eltern – und zwar für beide – zuallererst eine riesige menschliche Tragödie, das vielleicht schlimmste und erschütterndste »kritische Lebensereignis«, das sie in ihrem Leben bewältigen müssen.

Sicherlich ist der plötzliche Tod eines nahen Angehörigen psychisch noch belastender. Der Unterschied zwischen Scheidung und Tod liegt jedoch darin, daß man sich im letzten Fall durch den Prozeß der »Trauerarbeit« irgendwann mit dem erschütternden Geschehnis abgefunden, arrangiert, konstruktiv auseinandergesetzt hat und danach wieder frei ist für ein neues Ja zu einem veränderten Leben. Wohingegen »Trennung und Scheidung den Trauerprozeß außerordentlich erschwert und ihn oftmals nur unter großen Einbußen an Eigenleben enden läßt« (Petri, 1991, S. 358), weil der ehemalige Partner ja weiterlebt und weil man – über die Kinder – notgedrungen weiterhin mit ihm in Kontakt bleibt.

Obwohl zwischen Trennung und Scheidung wenigstens ein Jahr, die gesetzlich vorgeschriebene Mindestzeit des Getrenntlebens, liegt, wäre es irrig zu glauben, diese Zeit reichte, um die emotionalen Wogen zwischen den Getrennten wieder zu glätten. Häufig ist der Konflikt bis dahin eher noch weiter eskaliert – nicht zuletzt wegen der zusätzlichen Verletzungen, die mit der Einschaltung der Anwälte noch hinzukommen. Damit sollte am Ende dieses Abschnitts deutlich geworden sein, wie schwer es für Eltern ist, die – logisch so vernünftige – Trennung von Eltern- und Paarebene »aus Einsicht« herzustellen. Wie tief sie selbst, mindestens vorübergehend, im »Bann ihrer Gefühle« stehen und damit mehr den Gesetzen der Psycho-Logik unterworfen sind als irgendeinem »gesunden Menschenverstand«. Das soll kein Freibrief für jegliche Form der Instrumentalisierung von Kindern sein. Im Gegenteil: Es kann überhaupt gar kein anderes Ziel geben, als gerade dies mit allen zur Verfügung stehenden Mitteln zu verhindern. Nur: Eben das *ist* das wahre Problem!

Der Trennungskonflikt eines Paares ist kein persönlicher Makel, sondern gehört zu dieser Lebenskrise so selbstverständlich dazu wie die Trauer zum Verlust eines nahen Angehörigen. Ob die Einbeziehung von Kindern vermieden werden kann, hat allein mit den Persönlichkeiten der Erwachsenen, mit ihren Bewertungen emotionaler Katastrophen, mit ihren Fähigkeiten zur Konfliktbewältigung und ihrem Bewußtsein für die Seelenlage Dritter zu tun. Deshalb nützt es wenig, Eltern wegen der Instrumentalisierung ihrer Kinder anzuklagen. Statt dessen kommt es darauf an, ihnen den Mißbrauch überhaupt erst einmal klarzumachen und Hilfen anzubieten, damit sie es schaffen, ihre Trennungskonflikte bestmöglich von den Kindern fernzuhalten.

Erst wenn ein Elternteil weder zur Korrektur seiner Sicht der Realität noch zur Veränderung seines für das Kind schädlichen Weges bereit ist, sind auch Sanktionen seitens des staatlichen Wächters angezeigt. Allerdings natürlich keine, die ihn in seiner emotionalen Fesselung des Kindes auch noch bestärken.

Vorerst bleibt festzuhalten, daß Konflikte um die Kinder nicht Ursache, sondern regelmäßig Folge einer Trennung sind; was aus Kindersicht allerdings vollkommen egal ist, denn sie leiden in keinem Fall weniger. Für den staatlichen Umgang mit ihren Eltern ist das Wissen um die richtige Reihenfolge allerdings von entscheidender Bedeutung.

Mutter – Kind – Vater

Daten gibt es keine, aber ich schätze, daß in 95 Prozent aller Fälle Mütter ihre Kinder mitnehmen oder – wenn der Mann verläßt – mit ihnen gemeinsam zurückbleiben. Einerseits ist dies nur folgerichtig, weil in vielen Fällen auch in Ehezeiten das arbeitsteilige Modell der Erwachsenen vorsieht, daß die Ehefrau – meist hauptberuflich – den Haushalt führt und die Kinder betreut, während der Ehemann ganztags einer Erwerbstätigkeit nachgeht und damit die meiste Zeit des Tages außer Haus ist.

Wenn die Betreuung des Kindes also auch nach der Trennung Sache der Mutter bleibt, könnte es sein, daß dahinter weniger eine irrationale »Selbstverständlichkeit«, sondern in erster Linie Pragmatik steht. Für diese Pragmatik hätten vermutlich selbst solche Väter Verständnis, die den Gerichten versichern, im Falle einer Sorgerechtsübertragung auf sie umgehend ihren Beruf aufzugeben, um ganz für ihre Kinder dasein zu können – wenn mit der eher sachlichen Aufenthaltsfrage nicht in den meisten Fällen so gravierende weitere Konsequenzen verbunden wären.

Dieses Problem stellt sich in etwas anderer Form, wenn beide Eltern schon in Ehezeiten ganztägig berufstätig waren und die Kinderbetreuung tagsüber an Tagesmutter, Kinderhort oder Verwandte delegiert hatten. Doch auch wenn es hier keine wesentlichen Unterschiede in der zeitlichen Verfügbarkeit von Mutter oder Vater gibt, bleiben insbesondere jüngere Kinder auch in diesen Fällen vornehmlich in der Obhut ihrer Mütter. Wofür es im Regelfall zumin-

dest in meinen Augen allerdings gleichfalls eine ganze Reihe guter
»psycho-pragmatischer« Gründe gibt.

Doch Pragmatik ist nicht der einzige und vermutlich nicht einmal
der wichtigste Grund, weshalb Frauen so selbstverständlich die
Kinder bei sich behalten. Viel wesentlicher scheinen mir dafür ganz
andere Ursachen zu sein.

Kinder »hat« man im Regelfall nicht, wie man ein Haus »hat« oder
einen Zweitwagen. Kinder sind für nahezu alle Eltern ein zentrales
Stück ihrer Identität, ihres Selbstbewußtseins und damit auch ihres
Selbstwertgefühls. Eine Mutter kann sich zwar durchaus als Frau
später erneut verlieben, Sinnlichkeit und Erotik erleben. Und Gleiches gilt natürlich auch für den Vater als Mann. Trotzdem wird
diese Situation grundlegend anders sein als zu der Zeit ohne Kinder.
Das Faktum eigener Elternschaft ist allgegenwärtig und beeinflußt
von Anfang an das Bewußtsein – und damit auch das Verhalten –
jedem neuen Partner gegenüber. Elternsein ist für die meisten Menschen zu einem unauslöschbaren Teil ihrer Persönlichkeit geworden. Von wenigen Ausnahmen, von denen noch die Rede sein wird,
abgesehen.

Nun beobachte ich in meiner Praxis allerdings schon seit vielen
Jahren, daß diese psychologisch durchaus verständliche und im
Interesse der Kinder ausgesprochen wünschbare Identifikation mit
der Elternrolle bei Frauen sehr viel ausgeprägter zu sein und tiefer
zu gehen scheint als bei Männern. Nicht ausnahmslos, aber doch
als unübersehbare geschlechtstypische Tendenz. Wie läßt sich das
erklären?

Entwicklungspsychologisches Modell

Es liegt in der Natur der Sache, daß Frauen sehr früh, durch das
Erlebnis Schwangerschaft bereits lange vor der Geburt, mit ihrem
Kind ein Ausmaß von Nähe und Intimität erleben, das kein anderer
mit ihnen teilt. Wenn sich dann an Schwangerschaft und Stillzeit
auch noch ein jahrelanger Berufsverzicht für die Betreuung und
Versorgung des Kindes bzw. der Kinder anschließt, dann hat sich in
den ersten Jahren natürlich eine ganz enge Bindung zwischen Kind
und Mutter aufgebaut.

Dies sagt nichts über die Bedeutung des Vaters aus, sondern soll lediglich verdeutlichen, daß in der Tat mindestens während der ersten Lebensjahre eines Kindes die Mutter eine exklusive Bedeutung bekommen hat, so daß sie nicht problemlos durch eine andere Person ersetzt werden kann – jedenfalls dann nicht, wenn die Eheleute sich für das typische arbeitsteilige Modell mütterlichen Hausfrauendaseins und väterlicher Berufstätigkeit entschieden haben.

Heute wissen wir zwar, daß auch der Vater bereits sehr früh eine Bedeutung für das Kleinkind und auch schon für den Säugling haben kann (vgl. Fthenakis, 1985 a), doch diese eigenständige Rolle wird von vielen Frauen im Falle von Trennung entweder überhaupt nicht gesehen, oder sie bewerten sie deutlich geringer als die gewachsene Bindung des Kindes zu ihnen selbst. Was aus der subjektiven Wahrnehmung der Mütter heraus sogar durchaus nachvollziehbar ist, solange sie die selbstverständliche Überzeugung leitet, daß nach Auflösung der Partnerschaft im Hinblick auf die weitere Zukunft des gemeinsamen Kindes zwischen ihnen und den Vätern alternativ zu wählen sei.

Diese eher unpsychologische Sicht der Dinge wird häufig noch dadurch begünstigt, daß jeder Elternteil große Angst davor hat, mit der Scheidung eventuell dauerhaft von seinem Kind getrennt zu werden, es gar verloren zu haben oder zumindest in einer erheblich belasteten Beziehung zu ihm leben zu müssen.

Hier zeigt sich erstmals der konfliktverstärkende Effekt einer Sorgerechtsregelung, die den Eltern suggeriert, mit der Scheidung seien sie zwingend nicht nur zur *Zwei*klassigkeit, sondern einer von ihnen auch zur *Zweit*klassigkeit verdammt. Und dies nicht nur im rechtlichen Sinne. Was noch viel wesentlicher ist: dies zuallererst im Hinblick auf die nacheheliche Beziehung des elterlichen »Verlierers« zum Kind.

So gesehen, kann es dann eigentlich niemanden überraschen, wenn viele Mütter ihren – übrigens in Ehezeiten so gut wie nie strittigen – »Standortvorteil« im Alltagsleben ihres Kindes aufgreifen und in der Form umsetzen, daß sie es im Trennungsfall ganz selbstverständlich bei sich behalten.

Tatsächlich dürfte dieses Modell eher selten anzutreffen sein, denn fast immer schleichen sich bei der Frage des zukünftigen Aufenthaltsortes des Kindes auch die persönlichen Bedürfnisse der Erwachsenen nach fortbestehender Nähe zu ihrem Kind ein. Doch das isolierte Vernunftargument findet sich nicht nur in anwältlichen Schriftsätzen immer wieder.

In der Tat spricht ja zunächst erst mal vieles dafür: Wenn denn schon zwischen zukünftigen Wohnsitzen der Kinder bei Mutter oder Vater zu wählen ist, dann sollte doch sinnvollerweise der gewählt werden, bei dem ihnen ein Maximum an persönlicher Betreuung und Versorgung durch einen Elternteil zur Verfügung steht. Und das ist in den allermeisten Fällen nun mal eher bei ihrer gar nicht oder nur halbtags berufstätigen Mutter als bei einem ganztags außerhäusigen Vater gegeben.

Doch aufgrund der – wie die Praxis zeigt, durchaus nicht unberechtigten – Befürchtungen, dadurch könnte die Beziehung zum Kind beeinträchtigt werden, widersetzen sich Väter dieser eigentlich rundum vernünftigen Lösung immer wieder ganz energisch. Da werden Tagesmütter, Schwestern, die eigenen Eltern oder 70jährige Großtanten benannt, zu denen das Kind eine angeblich nicht geringere Beziehung als zur eigenen Mutter habe oder mit Sicherheit aufbauen würde, sofern es nur die Gelegenheit bekäme. Da werden Firmenbescheinigungen vorgelegt, die dem väterlichen Arbeitnehmer im Falle der Alleinerziehung flexible Arbeitszeiten oder beträchtliche Stundenreduzierungen garantieren. Oder Väter versichern sogar eidesstattlich, umgehend ihren Beruf ganz aufzugeben, um ihre Kinder allein betreuen und versorgen zu können.

So erklärte mir beispielsweise einmal ein Berufsoffizier der Bundeswehr, für diesen Fall sofort seine Karriere als Pilot an den Nagel hängen zu wollen; ein Ministerialrat im Verkehrsministerium war der Überzeugung, seinen höheren Beamtenposten auch als Halbtagsbeschäftigung ausfüllen zu können; und ein Direktor einer Bank meinte, seine Führungsaufgabe auch mit einer reduzierten und stundenweisen, natürlich auf die zeitlichen Bedürfnisse der Kinder abgestimmten, Arbeitszeit wahrnehmen zu können.

Fast ausnahmslos stellte sich im weiteren Gespräch mit diesen

Vätern heraus, daß sie im Prinzip die pragmatische Lösung zugunsten der Mutter eigentlich durchaus vernünftig und richtig fänden. Stets hatten sie jedoch ganz beträchtliche Ängste, daß es bei dieser rein räumlichen Lösung nicht bleiben, sondern danach auch zu erheblichen Beeinträchtigungen ihrer Beziehung zu den Kindern kommen würde. Und *dagegen* wollten sie sich mit dem Anspruch auf Alleinbetreuung zur Wehr setzen.

Es gibt auch noch eine dramatische Variante der Vernunftlösung. Damit meine ich jene zwar seltenen, aber immer wieder vorkommenden Fälle, in denen Frauen, weil ihnen bewußt ist, daß sie zumindest für eine Übergangszeit ihren Kindern keine auch nur annähernd stabilen Lebensverhältnisse bieten können, oder weil sie wissen, wie sehr die Kinder auch an ihrem Vater und an ihrem vertrauten häuslich-sozialen Lebensraum hängen, sich zur – vernünftigen – Schadensbegrenzung entschließen, zunächst allein ausziehen und die Kinder zurücklassen, um ihnen auf diese Weise, trotz aller unvermeidlichen Veränderungen, dennoch ein Maximum an Konstanz zu erhalten.

Doch was so vernünftig gedacht, so gut gemeint und algebraisch so nachvollziehbar ist – rein quantitativ ist ja die Menge des Fortbestehenden in der Tat größer als die der Verluste bzw. Veränderungen –, erweist sich fast immer als schrecklicher Bumerang. Denn diese Rechnung war zwar mit viel Logik, doch ohne Psycho-Logik gemacht. Die Folge ist, daß diese Mütter nicht selten in kürzester Zeit eine aufs schwerste gestörte Beziehung zu ihren Kindern haben, weil der Vater es nicht »schaffte«, seinen Verlassenheitsschmerz von ihnen fernzuhalten und ihnen zu verdeutlichen, daß ihre Mutter sich nicht von ihnen, sondern allein vom Ehemann getrennt hatte. Auch das ist eine ganz schlimme Form des Mißbrauchs von Kindern.

Narzißtisches Modell

Wenn auch nicht allzu häufig, so ist mir dennoch immer wieder ein Typus von Frau und Mutter begegnet, der mir lange Zeit schlichtweg ein Rätsel war. Ich meine Frauen, die nicht nur ganz selbstverständlich ihre Kinder mitnehmen, sondern sich auch noch mit einer solchen Totalität und Bedingungslosigkeit an sie klammern, daß sie am liebsten deren Beziehung zum Vater völlig unterbinden möchten oder – wenn dies Widerstände hervorruft – sich mit äußerster Intensität darum bemühen, daß diese Kontakte dann wenigstens so gering und zeitlich beschränkt wie nur irgend möglich sind.

Das ruft bei Außenstehenden regelmäßig Verärgerung und Empörung hervor, weil diese Frauen ihre Kinder in der Tat sehr rücksichtslos instrumentalisieren und in den Dienst ihrer ganz egoistischen Interessen stellen. Dennoch erweist sich die naheliegende Vermutung, hinter diesem Bemühen um Abschottung der Kinder von ihrem Vater stünde im wesentlichen der Wunsch nach Rache oder Bestrafung, meist als unzutreffend.

Kinder sind zwar die schärfste Waffe im Beziehungskampf getrennt lebender Eltern, doch im Gespräch mit diesen Frauen wird meist sehr schnell deutlich, daß sie wirklich ganz fest davon überzeugt sind, daß jeder weitere Kontakt zwischen Kindern und Vater nur zu deren Schaden wäre. Sie sehen ihren Widerstand als regelrechte Pflicht im Interesse der Kinder an.

Das ändert natürlich nichts an der Tatsache, daß hier Kinder aufs Bedenklichste gefährdet und deshalb dringlichst staatliche Maßnahmen geboten sind, um diesen Mißbrauch umgehend zu beenden. Darauf werde ich später noch ausführlich eingehen. Hier geht es mir zunächst nur darum, dieses mit dem Verstand nicht zu begreifende Verhalten solcher Mütter überhaupt erst einmal nachvollziehbar zu machen. Denn wer je ihre tiefe Erschütterung und Verzweiflung erlebt hat, sobald man ihnen gegenüber andeutet, den »Mißbrauch« nicht länger zuzulassen, der hat an der subjektiven Wahrheit ihrer Überzeugung – und damit an ihrer persönlichen Ehrlichkeit – kaum mehr Zweifel.

Den vielleicht wichtigsten Schlüssel zum Verständnis dieser Menschen liefern nach meinem heutigen Verständnis im wesentlichen zwei Faktoren, die ich ausnahmslos in solchen Fällen immer wieder antraf. Der eine betrifft die eheliche Trennung, der stets ganz besonders – im psychologischen Sinn – dramatische Entwicklungen vorangegangen waren. Der andere bezieht sich auf die Herkunftsfamilie dieser Frauen, das heißt auf ihre eigenen Erfahrungen als Kind im Zusammenleben mit ihren Eltern.

Was die Trennung angeht, so waren sie dadurch regelmäßig nicht nur existentiell aufs tiefste getroffen, oft hatte ich den Eindruck, daß ihnen mit diesem Schritt regelrecht der Boden unter den Füßen weggerissen worden wäre. Entweder war ihre gesamte Mimik wie versteinert, die Stimme affektlos und ohne Modulation oder ihr Benehmen hatte unverkennbar hysterische Züge: Sie beschimpften, beleidigten ihren Mann und erklärten ihn zum größten Feind für alle Zukunft – regelrecht zum Monster, weinten hemmungslos, schluchzten im nächsten Augenblick wieder wie ein Kind, doch mit den eigenen Kindern hatte alles eher wenig zu tun. Keine Frage: Hier war das Selbstwertgefühl aufs tiefste getroffen, hier war der Kern der Persönlichkeit unmittelbar verwundet worden. Und all dies war völlig unabhängig davon, ob die Frau selbst ihren Mann verlassen hatte oder von ihm verlassen worden war.

Aber auch der zweite Aspekt ist in erster Linie für das Selbstwertgefühl wichtig. Denn entweder hatten diese Frauen – bis hin zum völligen Kontaktabbruch – ein schwer gestörtes Verhältnis zu den Eltern, fanden für Mutter, Vater oder auch für beide nur vorwurfsvolle und anklagende Worte, oder sie waren sofort nach der Trennung wieder ins frühere Elternhaus zurückgekehrt und richteten sich dort auf einen längeren Aufenthalt ein (man baute beispielsweise das Dachgeschoß für Tochter und Enkelkind aus). Ich hatte oft den Eindruck, daß die neue Drei-Generationen-Großfamilie zu einer symbiotischen Einheit verschmolzen war, die nur noch diffuse, uneindeutige Grenzen kannte. So traf ich beispielsweise einmal einen Fünfjährigen, der seinen Großvater mit »Papa« anredete, ohne von irgend jemandem korrigiert zu werden.

Aus psychologischer Sicht ist es weitgehend unbedeutend, ob eine Mutter zu den eigenen Eltern zurückkehrt oder ob sie jeden Kontakt zu ihnen abgebrochen hat. In beiden Fällen ist davon auszugehen, daß ihre persönliche Kindheitsbiographie von erheblichen Störungen in der Tochter-Eltern-Beziehung überschattet war, so daß eine organische Loslösung vom Elternhaus, ein stetiges Reinwachsen in Autonomie, Selbstverantwortlichkeit und personale Mündigkeit allenfalls bruchstückhaft gelingen konnten.

Aus der Herkunftsfamilie entlassen wurde seinerzeit ein narzißtisch schwer gestörtes, mit erheblichen emotionalen Defiziten und infolgedessen Selbstwertzweifeln und Minderwertigkeitsgefühlen belastetes Mädchen mit wenig oder gar keinem Vertrauen in die eigenen Kompetenzen. Ein Kind, das sich mit dem Defizit, nicht bzw. nicht genug geliebt worden zu sein, zu arrangieren gelernt hatte. Was objektiv natürlich selten stimmt. Doch darauf kommt es psychologisch nicht an. Entscheidend ist allein, wie ein Mensch für sich selbst die emotionale Bilanz seines psychischen Haushaltes zieht. Wie er elterliches Geliebtwerden erlebt und welche psychologischen Überlebensstrategien er entwickeln mußte, um mit der seelischen Mangellage umgehen zu können.

Genau diese Defizite im Selbstwert und in der Akzeptanz des eigenen Liebenswertseins waren es übrigens, die seinerzeit den wesentlichen Beitrag dieses Menschen zur kollusiven Passung mit seinem Partner ausmachten. Doch das »weiß« er natürlich nicht.

Jedenfalls liegt die Vermutung nahe, daß speziell bei der narzißtisch verletzten Frau durch das Wiedererleben emotionaler Distanz, wie es die Trennung mit sich bringt, die nie vollständig verheilten seelischen Wunden aus früherer Kindheit erneut aufbrechen und sowohl alte kindliche Ängste freisetzen als auch auf Selbstschutz ausgerichtete Abwehrstrategien mobilisieren, die unverkennbar regressive Züge tragen. Wie ein Kind, das sich in den sicherheitsstiftenden Hort elterlichen Schutzes flüchtet, sobald es sich einer Bedrohung ausgesetzt fühlt, die es mit eigenen Kräften nicht zu beseitigen weiß.

Doch warum dann diese bedingungslose Abschottung des Kindes vom Vater? Ich erkläre es mir heute so, daß in der durch die Trennung reaktivierten Kindheitskrise – mangelnde Geborgenheit, mangelnde Akzeptanz, letztlich mangelndes Geliebtsein – das eigene Kind zum einzigen Garanten, zum Symbol für die Unerschütterlichkeit und Konstanz einer Liebesbeziehung schlechthin gerät. Und durch seine emotionale Abhängigkeit von den Eltern und – nach einer für die meisten Kinder ja »unbegreiflichen« Kontakteinschränkung zum Vater – erst recht von der Mutter als einzig verfügbarem Elternteil bestätigt nunmehr das Kind ihr ganz allein, wie unverzichtbar und wichtig sie ist. Wie sehr sie tatsächlich von einem anderen Menschen geliebt wird.

Diese Exklusivität stände natürlich sofort wieder in Frage, wenn das Kind auch seine gleichermaßen vorhandene Liebesbeziehung zum Vater leben und genießen dürfte. Insofern ist es gar nicht so unverständlich, wenn die Mutter versucht, diesen emotionalen »Nebenbuhler« mit allen Mitteln vom Kind fernzuhalten.

Viel entscheidender scheint mir allerdings der psychologische Mechanismus zu sein. Und der hat eher wenig mit Strategie und Taktik zu tun, sondern mit Kräften und Impulsen, die der eigenen Ratio weitgehend unzugänglich sind. Deshalb dürfte sich letztlich eine Mischung aus Unbewußtem und Bewußtem – das Kind als Symbolträger für Lieben und Geliebtwerden und die unberechtigte Gleichsetzung »Er war schlecht zu mir, deshalb ist er es auch für mein Kind« – zu einem unentwirrbaren Rechtfertigungsknäuel für die Abschottung des Kindes vom Vater vermischen.

Gerade für diesen Trennungstypus ist die Reklamation des alleinigen Sorgerechts von allergrößter Bedeutung, weniger als »Machtinstrument«, sondern vor allem als Schutzschild.

Nacht- und Nebel-Aktion

Ganz gleich, aus welchen Motiven eine Trennung erfolgt, selten geschieht sie nach vorangegangener Absprache und Planung. Und wenn, dann wird sie häufiger von Männern als von Frauen angekündigt. Nicht etwa, weil Männer wesentlich verantwortungsbewußter mit diesem Schritt umgingen. Aufgrund der vorherrschenden Asymmetrie in der ehelichen Beziehungsmacht und – was damit verbunden ist – weil sie meist die wirtschaftliche Macht haben, ist es für Männer in der Regel einfacher, ihre Absicht mitzuteilen.

Diese doppelte Macht hat auch einen doppelten Vorteil. Denn genauso, wie er es Männern ermöglicht, ihre Frauen mit der Unabänderlichkeit der einmal getroffenen Entscheidung zu konfrontieren, genauso können sie ihre Überlegenheit einsetzen, um ihr wiederum die angekündigte Trennung schlichtweg zu verbieten. Oder – weil dieses Verbot letztlich doch nicht durchsetzbar ist – zumindest folgenschwere Sanktionen und Konsequenzen androhen. Angefangen von »Glaube ja nicht, daß du auch nur einen Pfennig von mir bekommst« bis hin zu »Du kannst ja gehen, aber die Kinder bleiben hier«. Womit schon zu diesem ganz frühen Zeitpunkt des Zerbrechens einer Familie deutlich wird, wie eng Kinder und Geld miteinander zusammenhängen können.

Den von massiven Sanktionen bedrohten Frauen bleibt häufig keine andere Wahl, als ihre unumstößlich beabsichtigte Trennung heimlich vorzubereiten und dann – minutiös geplant – zur Stunde Null umzusetzen. Wobei ich es schon mehrfach berichtet bekommen habe, daß dieser Plan selbst noch den ehelichen Beischlaf am Tag zuvor einschloß – um nur ja nicht den leisesten Verdacht aufkommen zu lassen.

Natürlich sind alle Männer spätestens am darauffolgenden Abend, wenn sie von der Arbeit zurückkehren und nur noch die halb oder fast ausgeräumte Wohnung vorfinden, ob dieses »raffinierten Betrugs« zutiefst empört und erschüttert. Und auch Außenstehende haben für die offenkundige Brutalität eines solchen Vorgehens kaum Verständnis und sind voller Mitleid mit dem Ehemann – von Feministinnen, die Frauen diese Vorgehensweise ausdrücklich anraten, abgesehen.

Doch so verletzend und demütigend solche Nacht- und Nebel-Aktionen auch immer sein mögen, welche Alternativen hätte eine Frau in solchen Fällen? Ich kann heute eine solche Aktion, die ich früher auch empörend fand, durchaus nachvollziehen und verstehen. Allerdings habe ich absolut kein Verständnis dafür, daß sie in feministischer Manier zur Selbstverständlichkeit hochkatapultiert wird. Denn mit der Gestaltung des Trennungsschrittes werden fast regelmäßig die Weichen für den weiteren Umgang des Paares und damit auch der gesamten Familie gestellt. Und die führen bei einem solchen Start fast immer zu einer eskalierenden Polarisierung und Unversöhnlichkeit, die das trennungsbedingte Leiden der Kinder ausnahmslos beträchtlich erhöht. Deshalb ist jeder Weg, der die eheliche Sprachlosigkeit zementiert, anstatt sie zu durchbrechen, nur als allerletztes Mittel anzusehen, eine Veränderung herbeizuführen, die anders nicht herzustellen wäre. Doch diesem Kriterium würde vermutlich so manche Nacht- und Nebel-Aktion kaum standhalten.

Eines sollte deutlich geworden sein: Wenn die Trennungskonflikte sich bis in die eigene Kindheitsgeschichte zurückverfolgen lassen, dann müssen sich die Betroffenen unverstanden fühlen, wenn sich das Augenmerk der professionellen Scheidungsbegleiter anschließend ausschließlich auf die Kinder richtet. Besonders dann, wenn ihr Schlagabtausch weitgehend als Ausdruck elterlicher Unfähigkeit, die Bedürfnisse ihrer Kinder zu wahren, gesehen wird. Woraus dann die Notwendigkeit staatlicher Interventionen zum angeblichen Schutz dieser Kinder abgeleitet wird.

3. TRENNUNG UND JUSTIZ I: »PROBLEMLÖSER« SORGERECHT

ZUR QUADRATUR DES KREISES

Daß Eltern getrennt leben – und dies möglicherweise bereits schon seit langem – erfährt der Staat bei verheirateten Paaren im Regelfall erst, wenn einer von beiden einen Antrag auf Ehescheidung stellt. Lebten sie dagegen vorher in nichtehelicher Lebensgemeinschaft oder auch gar nicht zusammen, bleibt ihm der Trennungsschritt so lange verborgen, bis der Vater wegen Schwierigkeiten bei der Gestaltung des Kontakts mit seinem Kind eine gerichtliche Regelung des Umgangs beantragt. Da die unverheiratete Mutter ohnehin regelmäßig alleinsorgeberechtigt ist (§ 1705 BGB), gibt es, so gesehen, bei einer Trennung natürlich auch nichts zu regeln. Doch das betrifft lediglich die formaljuristische Seite. Bezogen auf den staatlichen Wächter hingegen, der einen Unterschied zwischen ehelichen und nichtehelichen Kindern überhaupt nicht kennt, läßt sich feststellen, daß ihn die tatsächliche seelische Gefährdungssituation von Kindern – und die wird durch die Trennung und nicht durch den Rechtsakt Scheidung ausgelöst – grundsätzlich überhaupt nicht interessiert. Jedenfalls so lange nicht, wie er nicht ausdrücklich bereits zum vorzeitigen Eingreifen aufgefordert wird.

Spätestens mit dem Scheidungsantrag wird dagegen für alle verheirateten Eltern ein – wie ich gezeigt habe – zuerst psychologisches Problem, das Zerbrechen von Partnerschaft und Lebensgemeinschaft, zum aktenmäßig erfaßten Fall, wobei aus Mutter und Vater nunmehr Antragsteller und Antragsgegner geworden sind.

Allein diese Terminologie läßt bereits Schlimmes ahnen. Was sich übrigens im österreichischen Familienrecht noch sehr viel drastischer dokumentiert, denn dort haben Eltern mit der Bezeichnung

Streitteile in Sachen humane Sprache auch noch den Rest bekommen und sind in diesem Sinne tatsächlich nur noch Objekte staatlicher Verwaltung.

Doch vor allem der Anlaß, der den staatlichen Schutzapparat zum Handeln zwingt, macht deutlich, daß eine juristische »Behandlung« der Scheidungsfamilie unmöglich gelingen kann. Nicht, was den Rechtsakt Scheidung angeht, denn der ist ja in der Tat im Prinzip nichts anderes als ein in vieler Hinsicht der Heirat durchaus vergleichbarer behördlicher Verwaltungsakt und insofern – vom diametralen Richtungswechsel der Emotionen abgesehen – rechtstechnisch eher eine Routineaufgabe.

Für die Kinder sieht das anders aus. Für sie geht es nicht um die rechtsverbindliche Beendigung eines Beziehungsverhältnisses, sondern um Weichenstellungen für ihr zukünftiges Leben, um die Gestaltung des gesamten psychologischen und sozialen Raumes, in dem sie Identität und Selbstwertgefühl, ihre Persönlichkeit entwickeln.

Das aber ist eine grundlegend andere und dem juristischen Wesen weitgehend fremde Aufgabe. Denn hierbei ist nicht länger die rechtliche Würdigung eines zeitlich zurückliegenden Sachverhalts oder die rechtsverbindliche Herstellung »klarer Verhältnisse« durch eine – nach Ausschöpfung des Instanzenweges – endgültige und unumstößliche Gerichtsentscheidung gefragt. Statt dessen geht es jetzt um die Gestaltung eines auf die Zukunft gerichteten, zudem auch noch prozeßhaften und in allen seinen Veränderungen unmöglich kalkulierbaren Geschehens, für das sich höchstens die Richtung bestimmen läßt.

Da der Justiz für diesen zukunftsorientierten, auf Dynamik statt Statik ausgerichteten Gestaltungsprozeß jedoch lediglich dieselben »Instrumente« zur Verfügung stehen wie für alle anderen Rechtsregelungen auch – Beschlüsse, Anordnungen, Vergleiche, Sanktionsandrohungen und Verurteilungen – ist auch ohne größere Kenntnisse der Rechtswirklichkeit bereits klar: Das kann gar nicht funktionieren.

Die zwangsläufige Reduktion einer höchst komplexen psychologischen Gestalt auf einen griffigen Rechtstitel ist nicht einmal unverständlich. Denn wenn schon ein Problem von niemand anderem als von Juristen »gelöst« werden soll – und daran hat der Gesetzgeber keinen Zweifel gelassen –, dann muß es natürlich so aufbereitet werden, daß es sich mit den beruflichen Möglichkeiten dieser Disziplin auch »lösen« läßt.

Solange die Überzeugung besteht, daß der Staat mit der Sorgerechtsregelung bei Scheidung nicht nur eine notwendige Aufgabe – den Schutz des trennungsbedingt gefährdeten Kindeswohls – wahrgenommen, sondern diese damit zugleich auch hinreichend erfüllt hat, ergibt sich die juristische Verfahrensweise im Grunde zwangsläufig. Das wahre Unglück besteht insofern weniger in der Behandlung eines Problems, das zu einem rechtlichen erklärt wurde, obwohl es in Wirklichkeit zuallererst ein psychologisches ist. Das eigentliche Dilemma liegt ganz woanders, nämlich in der ursprünglich völlig falschen »Übersetzung« durch den Gesetzgeber.

Doch da auch dabei maßgeblich Juristen beteiligt waren, erklärt sich die schizophrene Spaltung im Verständnis des Kindeswohls vieler professioneller Rechtsanwender – je nachdem, ob sie ihre Amtskleidung tragen oder nicht – vermutlich doch eher durch die ausbildungsbedingte Verinnerlichung eines extrem verzerrten Menschenbildes, so daß sie sich im Gerichtssaal gar nichts anderes mehr vorstellen können als die unkritische Befolgung gesetzlicher Vorschriften.

Anders lassen sich die vielen unbegreiflichen Urteilsbegründungen zum Sorge- und zum Umgangsrecht, die Ungeheuerlichkeiten unzähliger anwaltlicher Schriftsätze und das, was man sonst bei Gerichtsterminen noch alles so von Juristen über das »Wesen« des Kindeswohls lernen kann, nicht verstehen. Juristen müssen – als Juristen – wohl wirklich fest von all dem überzeugt sein. Insofern kann man Berk (1985, S. 9) nur zustimmen: »Die Rechtsprechung selbst ist ein psychologisches Problem, da in der Rechtsprechung sich ein anderes Menschenbild bewegt als in der Psychologie.«

Im Recht wird trotzdem bis heute davon ausgegangen – und da ist so schnell wohl auch keine Änderung zu erwarten –, daß allein Gerichte verpflichtet und in der Lage sind, die Gefährdung von Scheidungskindern abzustellen. Entsprechend heißt es im Gesetz (§ 1671 BGB): »(1) Wird die Ehe der Eltern geschieden, so bestimmt das Familiengericht, welchem Elternteil die elterliche Sorge für ein gemeinschaftliches Kind zustehen soll.«

Damit sind selbst sensible und für die kindliche Psyche aufgeschlossene Richter – wenngleich es davon viel zu wenige gibt – gezwungen, juristisch tätig zu werden. Es ist, als wäre man angetreten, einen Teich mit einem Sieb leerzuschöpfen, nur weil ein anderes Gefäß nicht zur Verfügung steht.

SORGERECHT

Das Recht der elterlichen Sorge ist an sich nichts anderes als ein staatlich erteiltes Zertifikat, das seinem Besitzer eine Reihe exklusiver Befugnisse einräumt. Insofern ist es durchaus einem Kraftfahrzeugbrief vergleichbar, der eine Person als Eigentümer eines Autos ausweist und sie damit berechtigt, ganz nach persönlichem Wunsch und Willen über ihr Fahrzeug zu verfügen. Zwar besteht der grundlegende Unterschied zum Sorgerechtstitel darin, daß das darin ausgesprochene Recht kein Besitzverhältnis begründet, denn das natürliche Elternrecht – so hat es das Bundesverfassungsgericht klargestellt – beinhaltet immer Rechte (am Kind) und Pflichten (gegenüber dem Kind) zugleich, so daß man eigentlich richtiger von Elternverantwortung sprechen sollte. Doch diese Klarstellung gilt nur in bezug auf das Verhältnis zwischen Eltern und Staat. Im elterlichen Binnenverhältnis hingegen verhält sich der einmal zum Sorgeberechtigten ernannte Elternteil häufig tatsächlich so, als wäre er rechtmäßiger Eigentümer einer »Sache Kind«. Das zeigt sich nirgendwo deutlicher als auf dem Feld der Umgangsregelung. Unmittelbar belastet der sorgerechtliche Eingriff damit lediglich diejenigen Kinder, deren Eltern bereits zum Zeitpunkt der Scheidung einen verbissenen Verteilungskampf um diesen Rechtstitel führen. Denn da die Entscheidung über Sieg oder Niederlage maßgeblich davon abhängt, wer von beiden bis dahin die günstigeren Ausgangsbedingungen geschaffen hat – das heißt dem Gericht gegenüber belegen kann, daß er zum Kind in einer engeren und emotional wichtigeren Beziehung steht als der andere –, werden diese Kinder bereits lange vor der Scheidung in einem Ausmaß instrumentalisiert, zu einseitigen Loyalitätsbekenntnissen überredet, genötigt oder sogar gezwungen, daß man in etlichen Fällen durchaus von seelicher Kindesmißhandlung sprechen könnte.

Doch zum Glück gilt dies nur für eine zahlenmäßig nicht genau bekannte Minderheit von Scheidungen. Viel, viel häufiger sind die mittelbaren schädlichen Folgen der Sorgerechtsregelung. Wenn Kinder nach der Aufspaltung ihrer Eltern in einen Privilegierten und einen Rechtlosen in einem psycho-sozialen Spannungsfeld leben müssen, das von der Unversöhnlichkeit zwischen einem mächtigen und einem ohnmächtigen Elternteil gezeichnet ist.

Diese für das Kindeswohl schädlichen mittelbaren Folgen, die, weil sie länger anhalten, sehr viel gravierender sind als die der Trennung selbst, sind es, die mich gegen die Alleinsorge reden lassen. Wenn ich hier so nachdrücklich gegen den sorgerechtlichen Eingriff und für das gemeinsame Sorgerecht plädiere, denke ich nicht an einen Rechtstitel. Statt dessen geht es ausschließlich darum, die zusätzliche Destabilisierung des Elternsystems zu Lasten der Kinder, die in so vielen Fällen erst durch den sorgerechtlichen Eingriff ausgelöst wird, zu verhindern. Wobei eine gerichtliche Entscheidung noch gar nicht getroffen worden sein muß. Es reicht schon die rechtliche Möglichkeit, mit einem einfachen Antrag von manchmal nur wenigen Zeilen nach der elterlichen Exklusivmacht greifen zu können, um den Konflikt eines Ehepaares umgehend auf Kosten des Kindes auf die Elternebene zu verlagern.

Das zeigt sich am deutlichsten, wenn das Gericht bereits kurz nach der Trennung aufgefordert wird, schon für die Zeit des Getrenntlebens einem Elternteil das alleinige Sorgerecht zuzuweisen, weil andernfalls das Kindeswohl gefährdet wäre (§ 1672 BGB). Wozu als Begründung selbst so ein einfacher Satz in einem Anwaltsbrief an das Gericht reicht: »Die Tatsache, daß die Antragstellerin Wert auf eine gerichtliche Regelung des Sorgerechts legt, ist bereits als Indiz für das entsprechende Rechtsschutzbedürfnis zu bewerten.«

Dagegen kann ich die Beispiele nicht mehr zählen, in denen die einzige für mich als Sachverständigen erkennbare Gefährdung darin bestand, daß die Kinder unter bedrückenden Trennungsumständen lebten und zu ihrer Entlastung lediglich eines erforderlich gewesen wäre: die unverzügliche Wiederherstellung ihrer früheren Beziehungen zum Rest der Familie, insbesondere zum nichtbetreuenden Elternteil.

Aber selbst dann, wenn das Gericht diese Einschätzung teilt, sieht es sich gezwungen, über den Sorgerechtsantrag zu entscheiden,

Eltern damit aufzuspalten und den Kindern weitere Belastungen geradezu zu verordnen. Doch damit beendet die vermeintliche Lösung nicht das Problem, »die (rechtliche) Lösung *ist* das Problem« (Watzlawick, Weakland & Fisch, 1979).

Aber das ist Psychologie. Mit der Reduktion der kindlichen Scheidungsgefährdung auf eine reine Rechtsregelung war es jedenfalls gelungen, einen Sachverhalt nunmehr »rechtsgriffig« gemacht zu haben. Allerdings ergab sich mit dem Inkrafttreten des Gesetzes zur Neuregelung der elterlichen Sorge vom 1.1.1980 zunächst ein neues Problem: Das Sorgerecht durfte ausnahmslos nur auf einen Elternteil übertragen werden, was die Frage aufwarf, wer dies denn in den Fällen sein solle, in denen beide Eltern zugleich diesen Rechtsstatus für sich beanspruchten.

Bis 1977 – da wurde das bis dahin geltende Schuldprinzip durch das Zerrüttungsprinzip ersetzt – war die Lösung dieses Problems eher einfach gewesen. Denn man konnte sich, von seltenen Ausnahmen abgesehen, kaum vorstellen, daß ein schuldig geschiedener Ehepartner zugleich geeignet sein sollte, die Alleinverantwortung für die gemeinsamen Kinder zu übernehmen. Diese automatische Entscheidung hatte zwar nichts mit dem Kindeswohl zu tun, war aber juristisch ausgesprochen einfach.

Mit der Eherechtsreform von 1977 wurde nun nicht nur von elterlicher Sorge statt von elterlicher Gewalt gesprochen, auch ihre Zuweisung mußte jetzt, wo es den Schuldlosen nicht mehr gab, neu geregelt werden. Dabei sollte allein das Kindeswohl ausschlaggebend sein, ganz gleich, aus welchen Gründen auch immer die Ehe der Eltern geschieden wurde.[15]

Unter dieser Prämisse stand die Sorgerechtsregelung zwar auch vorher. Doch da war es eben noch kaum vorstellbar, daß das Kindeswohl bei einem schuldig geschiedenen Elternteil gewahrt sein könnte. Was zeigt, daß der Staat damals ganz genau das tat, was er heute den Eltern vorwirft: die Vermengung von Paar- und Elternebene. Und dieser psychologisch schwere Fehler zu Lasten von Scheidungskindern gehört immer noch nicht der Mottenkiste der Rechtsgeschichte an. Heute tarnt er sich nur besser.

Bindungen

Da die Sorgerechtsregelung nicht mehr routinemäßig getroffen werden konnte, stellte sich mit der Reform erstmals das Problem einer Konkretisierung des Kindeswohls. Und das ausgerechnet Juristen, die von ihrer Ausbildung und ihrer gesamten Berufssozialisation her nicht weniger weit vom (dienstlichen) Umgang mit allem Psychischen entfernt waren als Ingenieure oder Physiker.

Als einzigen Hinweis zur begrifflichen Konkretisierung gab der Gesetzgeber den Gerichten folgende Orientierungshilfe (§ 1671 Abs. 2 BGB): »(2) Das Gericht trifft die Regelung, die dem Wohle des Kindes am besten entspricht; hierbei sind die Bindungen des Kindes, insbesondere an seine Eltern und Geschwister, zu berücksichtigen.«

Diese Vorschrift hätte die seelischen Nöte zahlloser Scheidungskinder beträchtlich abmildern können, wenn man sie nur so gelesen und interpretiert hätte, wie sie *auch* verstanden werden kann und aus der Perspektive von Kindern eigentlich nur verstanden werden darf: nämlich als Auflage an die Gerichte, keine Sorgerechtsentscheidung zu treffen, die nicht gleichzeitig mit einer Bestandssicherung des kindlichen Beziehungsnetzwerkes zu allen Angehörigen seiner Familie, allen voran seinen Eltern, im Einklang steht.

Denn »berücksichtigen«, das heißt laut Synonymwörterbuch von Görner & Kempcke (1975) unter anderem: »In sein Planen bzw. Handeln einbeziehen, (vor)bedenken, einkalkulieren, Rücksicht nehmen auf, bedacht sein auf, Rechnung tragen, in Betracht/Erwägung ziehen, im Auge haben, beachten, einbeziehen.« Doch nichts dergleichen geschah. Denn statt als Sicherungsvorschrift für die familiären Beziehungen von Scheidungskindern wurde dieses gesetzliche Gebot von Anfang an als Quantifizierungsformel aufgefaßt und damit zu jenem sorgerechtlichen Suchauftrag nach dem elterlichen »Bindungssieger« umgemünzt, der bis heute das familienrechtliche Verfahren beherrscht: Zu welchem Elternteil hat das Kind die *stärkere* Bindung?

Streng genommen hätte man § 1671 Abs. 2 BGB auch in der Zeit vom 1. 1. 1980 bis zum 3. 11. 1982 – so lange galt der gesetzliche Zwang, bei Scheidung ausnahmslos nur einem Elternteil das Sorgerecht zu übertragen, bis er durch das höchste deutsche Gericht für verfassungswidrig erklärt wurde – so interpretieren können, daß das Gericht verpflichtet sei, in jedem Fall für den Erhalt der kindlichen Bindungen an Eltern und Geschwister Sorge zu tragen, ganz gleich, welchen Elternteil es zum Alleinsorgeberechtigten bestimme. Doch dann hätte man vor der schwierigen Aufgabe gestanden, ein von den Bindungen an seine Eltern unabhängiges Kindeswohl zur Bestimmung des Sorgeberechtigten festlegen zu müssen. Insofern ist die Umdeutung der Bindungsvorschrift zu einer quasiphysikalischen Größe, die – wie die Übersetzung des »Kindeswohls« in den Rechtstitel »Sorgerecht« – »rechtsgriffige« Operationalisierung einer ansonsten eher nebulösen Generalklausel durchaus verständlich.[16]

Zumal ausgerechnet diejenigen, die es eigentlich besser wissen sollten – die Kinderkundler aller einschlägigen Disziplinen –, die Juristen in dieser »Mengenlehre« sogar noch ausdrücklich bestärkten bzw. sogar selbst diejenigen waren, die ihnen rieten, das Bindungspostulat in diese Richtung auszudeuten.

Allen voran ist hier das angloamerikanische Autorentrio Goldstein, Freud und Solnit zu nennen, das mit seiner 1974 in deutscher Übersetzung erschienenen Monographie »Jenseits des Kindeswohls« die Rechtsprechung der 80er Jahre unglücklicherweise nachhaltig beeinflußte.

Wer konnte sich auch entziehen, wenn ein Jurist, ein Kinder- und Jugendpsychiater und eine Psychologin – und beileibe nicht irgendeine, sondern immerhin die Tochter eines weltberühmten Vaters, der wie kein anderer die Psychologie revolutionierte – kategorisch feststellten, für Scheidungskinder gäbe es überhaupt keine »guten« Lösungen, deshalb käme es allein darauf an, von allen schlechten stets nur »die am wenigsten schädliche Alternative« herauszufinden?

Doch trotz dieses mutigen, weil bis dahin nie ausgesprochenen Bekenntnisses zur Mangelverwaltung, trotz dieses erstmaligen Bruches mit der Illusion, daß sich durch die Auswahl eines Elternteils tatsächlich so etwas wie das »Kindeswohl« sichern ließe – in Wirklichkeit war diese auf den ersten Blick so plausible Relativierung, diese »justizbezogene Version der Bindungstheorie«, wie Jutta Limbach (1988 a, S. 156) sie einmal bezeichnete – aller bereitwilligen Zustimmung durch bundesrepublikanische Obergerichte zum

84

Trotz – von Anfang an in höchstem Maße fahrlässig und gefährlich. Ganz abgesehen davon, daß sie in dieser Allgemeinheit auch schlichtweg falsch ist.

Denn faktisch wirkt sie bis heute wie ein Freibrief für den einmal zum Sorgeberechtigten ernannten Elternteil, der – wer hätte von einer traditionellen Psychoanalytikerin etwas anderes erwartet – natürlich in erster Linie in der Mutter gesehen wurde; bis hin zum Abbruch jeglicher Beziehungen des Kindes zu seinem Vater, wenn sie mit diesen Kontakten nicht einverstanden wäre.

Solcher Radikalismus hat sich in unserem Land zum Glück nie vollständig durchsetzen können, weil ihm der in § 1634 BGB verbriefte Kontaktanspruch des nichtsorgeberechtigten Elternteils entgegensteht und wohl auch deshalb nicht, weil gewichtige psychologische Argumente und empirische Befunde dagegen sprechen.

Der – aus beziehungspsychologischer Sicht völlig unhaltbare – »Geist« dieses Trios prägt jedoch die Vorstellungen einer Vielzahl professioneller Scheidungsbegleiter noch heute: Sie sind von der Notwendigkeit des sorgerechtlichen Eingriffs ins Elternsystem so fest überzeugt, als handle es sich dabei um das Bekenntnis zu einem religiösen Dogma.

Auch wenn der Katalog sogenannter Sorgerechtskriterien inzwischen beträchtlich umfangreicher geworden ist – allerdings ohne dem »Kindeswohl« dadurch wesentlich nähergekommen zu sein –, gehören Ausführungen zu quantitativen Bindungsunterschieden zwischen Kind und Eltern sowie zum absoluten Primat des kindlichen »Willens« heute immer noch zum fast selbstverständlichen professionellen Standardrepertoire. Offensichtlich ist die Faszination dieser kindbezogenen »Logik« einfach übermächtig.

Kinder selbst sehen dies meist ganz anders. Denn immer wieder erteilen sie durch ihre Reaktionen in Gesprächen und Psychotests diesem Mythos eine klare Absage und erreichen damit zumindest für ihren persönlichen Fall, was Fthenakis mit seinem inzwischen in die Familienrechtsgeschichte eingegangenen Disput mit dem Kinderpsychiater Lempp unbegreiflicherweise nicht gelang (vgl. Fthenakis, 1985 b; Lempp 1984 c). Denn noch überzeugender konnte man eigentlich nicht mehr nachweisen, daß der Glaube an die Meßbarkeit kindlicher Bindungen eher dem Reich der Ideologie als dem der Wissenschaft entspringt und daß es insofern aus beziehungspsychologischer Sicht einzig und allein Sinn macht, von *qualitativen* Unterschieden in den Beziehungen eines Kindes zu seinen Eltern zu sprechen.

Wenn somit der einzige Hinweis, den der Gesetzgeber den Gerichten zur Sorgerechtsregelung an die Hand gegeben hat, unbrauchbar ist – jedenfalls in der Form, wie ihn die Rechtsanwender heute auslegen –, stellt sich die Frage, inwieweit dann die bereits angesprochenen anderen Kriterien hierfür vielleicht besser geeignet sind.

Kindeswille

Im sorgerechtlichen Kriterienkatalog ganz obenan steht dabei der ausdrückliche Wille des Kindes selbst. Denn natürlich – das leuchtet spontan ein – kann eine Sorgerechtszuweisung schwerlich im Einklang mit dem Kindeswohl stehen, die nicht zugleich auch seinem persönlichen Wunsch entspricht. Doch was logisch so plausibel klingt, erweist sich bereits im nächsten Augenblick als voller Tücken.

Schuld daran ist eine Vorstellung vom kindlichen Willen, die der vom bewußten und vorsätzlichen Willens eines Erwachsenen entspricht. Allerdings mit einem Unterschied: Da Kinder – und gerade solche Kinder, die in den Sog elterlicher Sorgerechtsstreitigkeiten hineingeraten sind – noch nachhaltig beeinflußbar und in ihren verbalen Äußerungen steuerbar sind, kann man nicht sicher sein, daß sich ihre konkrete Willensbekundung auch tatsächlich mit ihrem »wahren Willen« deckt.

Da andererseits jede Zuweisung des Kindes zu einem Elternteil, die diesem »wahren Willen« widerspräche, auf eine Mißachtung des Kindeswohls hinausliefe, kommt es entscheidend darauf an, diesen häufig unbewußten Kindeswillen unter Einsatz von in die Tiefenschichten der kindlichen Persönlichkeit eindringenden Testverfahren »auszugraben«, um die »richtige« Entscheidung zu finden. Keinesfalls darf man jedoch annehmen, daß das Kind auch tatsächlich immer das meint, was es sagt.

Diese beiden miteinander verknüpften Annahmen bilden den Kern des professionellen Umgangs mit kindlichen Willensäußerungen im Familienrecht. Der Entdecker – richtiger: Erfinder – dieser anson-

sten gänzlich unbekannten »Psychologie des kindlichen Willens«
ist der Kinder- und Jugendpsychiater Lempp. Doch wie ich später
noch zeigen werde (Kapitel 5), hat sich dieses Konglomerat aus
Wahrem und Mystischem längst auch in den Köpfen zahlloser
anderer Scheidungsexperten, insbesondere Gutachtern, festgesetzt.
Wobei eigentlich nur eines an dieser Vorstellung keine Spekulation
ist: In der Tat erlebt man es oft, daß vor allem jüngere Kinder
entweder jede Aussage über die Präferenz eines Elternteils strikt
verweigern, sich in Gegenwart der Mutter zu ihr, anschließend
beim Vater wiederum zu ihm bekennen oder daß sie sich mit solcher
Absolutheit für den Verbleib bei einem Elternteil aussprechen, daß
sich der Eindruck, dies sei ihm so eingeimpft worden, förmlich
aufdrängt. Doch was soll man daraus folgern? Verweigert das Kind
jede Parteinahme, oder entscheidet es sich heute so und morgen so
lediglich deshalb, weil es Angst hat, andernfalls einen Elternteil zu
verletzen? Ist es Ausdruck eines tatsächlichen Gesinnungswandels?
Immerhin führt unverhüllte Demonstration elterlicher Gefühle im
Regelfall zur einseitigen Parteinahme des Kindes, weil kaum ein
Kind es aushält, wenn ein Elternteil unter dem Getrenntsein von
ihm seelisch zu zerbrechen droht.
Und wenn es tatsächlich seine Angst ist, sonst einem Elternteil
wehzutun: Ist das nicht ein höchst menschliches und verständliches
Motiv von Kindern ihren Eltern gegenüber? Und ist dieses bela-
stende Gefühl wirklich verschwunden, wenn man das Kind dann
demjenigen zuspricht, dessen emotionalem Druck es sich beugte?
Fragen über Fragen, die eines deutlich machen: Aus der Sicht von
Kindern ist es völlig bedeutungslos, ob ihre (Un)Willensbekundung
das Ergebnis von Hilflosigkeit, subtiler oder offener, bewußter oder
unbewußter Beeinflussung oder von was sonst auch immer ist.
Denn für sie ist eine Entscheidung zwischen ihren Eltern weder eine
rein rationale noch emotionale Aufgabe. Alle in diesem Zusammenhang stehenden Aussagen sind vielmehr nur aus ihrem Kontext
heraus zu verstehen: einer Mischung aus zuallererst Gefühlen, eingebunden in einem eher unbedeutsamen kindlichen Verstand.
Deshalb gilt für Kinder, was logisch unmöglich erscheint: Was
immer sie sagen oder nicht sagen, ihre vermeintlichen Widersprüche, ihre »Meinungsänderungen« – all das ist Ausdruck ihrer »lo-
kalen Wahrheit«, ihrer in diesem Augenblick bestehenden Gedan-

ken und Empfindungen, die nur der in Frage stellen kann, der den grundlegenden Unterschied zwischen der Erwachsenenwelt und der psychologischen Welt von Kindern entweder nicht kennt oder nicht wahrhaben will (vgl. Jopt, 1991a).

Das heißt keineswegs, daß Kinder generell nicht fähig wären, sich für das Zusammenleben mit einem Elternteil entscheiden zu können. Das geschieht vermutlich häufiger als das Gegenteil. Stets hat es in diesen Fällen jedoch mit einer Vielzahl von Gründen und Motiven zu tun, die alle möglichen Ursachen haben können, nur – von seltenen Ausnahmen abgesehen – nicht diese: Ihre Wahl ist kein Ausdruck irgendwelcher stärkeren Bindungen oder größerer Liebe.

In diesem Sinne hat es heute oft schlimme oder groteske Züge angenommen, wie Familiengerichte vielfach mit kindlichen Willensbekundungen umgehen. Und wirklich sicher ist eigentlich nur dies eine: Ob die Aussage eines Kindes ernstgenommen wird oder nicht, das hängt nicht vom Eindruck seiner »Glaubwürdigkeit« ab und schon gar nicht von einer ernsthaften Beschäftigung mit seinen Gefühlen, ausschlaggebend ist allein die oft von Vorurteilen und anderen Irrationalismen gefärbte Überzeugung der »Experten« von dem, was für das Kind das Richtige sei.

Davon abgesehen: Ich bin noch niemals einem Kind, gleich welchen Alters, begegnet, das mit seinem Wunsch, bei Mutter oder Vater leben zu wollen, zugleich auch nur den Gedanken einer korrespondierenden Sorgerechtsregelung verband. Ich habe ausnahmslos nur Kinder erlebt, die dieses Wort überhaupt nicht kannten oder ohne jede Einsicht »nachplapperten«, weil verantwortungslose Elternteile ihnen dies so aufgetragen hatten.

Kontinuität

Insbesondere bei jüngeren Kindern ist die Berufung auf das sogenannte Kontinuitäts-Prinzip, die Aufrechterhaltung eines Maximums an Konstanz für das Kind, heute der »Renner« im Begründungskatalog für Sorgerechtsentscheidungen. Denn es gibt nichts, aber auch gar nichts, was sich nicht hiermit begründen ließe.

Ist ein Elternteil mit den Kindern ausgezogen, ist es die emotionale Kontinuität; ist er in der Wohnung verblieben, greift die soziale

Kontinuität; will er sich weiterhin wie bisher um die Kinder kümmern, gilt die Betreuungskontinuität; will nur eines der Kinder bei ihm bleiben, muß die geschwisterliche Kontinuität herhalten; ist er ins eigene Elternhaus zurückgekehrt, läßt sich die verwandtschaftliche Kontinuität heranziehen; usw., usw.

Es drängt sich geradezu der Eindruck auf, daß kein Scheidungsbegleiter auch nur die geringste Vorstellung von der psychologischen Bedeutung dieses Konzeptes hat. In jugendamtlichen Stellungnahmen, in Gutachten und in Beschlußbegründungen wird es im nachhinein vollkommen willkürlich eingestreut, um einer von ganz anderen Überlegungen geleiteten Sorgerechtsvorstellung den Anschein von Fachlichkeit und psychologischem Tiefgang zu verleihen. Und wenn sorgeberechtigte Elternteile den Umgang des Kindes mit dem anderen massiv behindern oder sogar verhindern und dafür immer wieder auch noch mit einem gerichtlichen Aussetzungsbeschluß »belohnt« werden – nach dem Motto: es ist zwar schlimm, was da geschieht, aber was sollen wir dagegen unternehmen? –, ist die nie fehlende Berufung auf das Kontinuitätsprinzip das nur notdürftig getarnte Eingeständnis völliger Hilflosigkeit im Umgang mit solchen Eltern.

Dabei ist der Erhaltungsgedanke auf den ersten Blick sehr plausibel. Wenn das Kind schon unvermeidbar »Federn lassen« und eine ganze Reihe trennungsbedingter Veränderungen in Kauf nehmen muß, dann sollte man versuchen, die Menge dieser Veränderungen so klein wie möglich zu halten. Doch schon auf den zweiten Blick müßte man eigentlich erkennen, daß man damit auch nicht viel klüger geworden ist. Denn einerseits gibt es Veränderungen, die ausgesprochen wünschenswert wären, wie z. B. den Auszug aus einer viel zu kleinen Wohnung, die Herausnahme des Kindes aus anhaltenden, vielleicht sogar gewalttätigen Ehestreitigkeiten, den Wechsel auf eine andere Schule mit Lehrern, zu denen das Kind ein besseres Verhältnis entwickeln kann oder auch Distanz zu einer symbiotisch klammernden Mutter.

Zum anderen sind alle dieser Facetten der kindlichen Lebenswelt nicht gleichwertig. Vielmehr gilt eine Hierarchie, an deren Spitze wiederum Beziehungen stehen. Und zwar keine isolierten zu Mutter, Vater, Bruder und Schwester. Familie aus Sicht der Kinder ist im Regelfall eine Ganzheit, eine Qualität, die durch jeden Versuch, sie in einzelne Elemente aufzulösen, zerstört oder zumindest deformiert werden kann.

Dann jedoch kann Sicherung von Kontinuität im Grunde nur eines bedeuten: mit allen Mitteln für die Aufrechterhaltung von *Beziehungskontinuität* zu sorgen. Auf alle anderen »Kontinuitäten« dagegen kann verzichtet werden. Denn um lediglich die Zuweisung zu einem bestimmten Elternteil zu rechtfertigen, braucht man diesen ganzen fachfremden Wirrwarr überhaupt nicht. Zudem ist er gefährlich, und zwar zweifach. Zum einen suggeriert er den Sorgerechtsentscheidern, nur mit einem einfachen Rechtsakt dennoch psychologisch begründet zur Kindeswohlsicherung beigetragen zu haben. Zum anderen wird mit falsch verstandenen Kontinuitätsargumenten aber auch der Willkür des betreuenden Elternteils Tür und Tor geöffnet; bis hin zum Versuch, das Kind mit Gewalt an sich zu bringen, gemeinsam einige Zeit »unterzutauchen« und dann mit Verweis auf die dadurch entstandene »Kontinuität« die rechtliche Besiegelung dieses Verhältnisses zu fordern.

So hat beispielsweise ein in Aachen lebender Vater seit nunmehr fast sechs Jahren seine drei – inzwischen ins Teenageralter gekommenen – Töchter nicht mehr gesehen. Rigoros lehnen sie heute jede Begegnung mit ihm ab und solidarisieren sich bedingungslos mit ihrer Mutter, die vom Tag der Trennung an jeden Kontakt zwischen Töchtern und Vater kategorisch ablehnte und verhinderte.

Zwar sah man die kindesschädliche Haltung der Mutter durchaus. Doch aus Respekt vor der Kontinuität unternahm niemand etwas, um den Kindern aus ihrer »Beziehungsfalle« rauszuhelfen. Heute – nachdem die Kontinuität »gegriffen« hat, braucht man sie nicht mehr. Jetzt ist der »Kindeswille« an ihre Stelle getreten. Entsprechend sieht das Gericht auch keinen Handlungsbedarf. Wie die späteren Frauen wahrscheinlich einmal über diese zu ihrem Wohl verordnete Kontinuität denken werden, wissen wir. Doch dann wird es zu spät sein.

Der einzige Fall, in dem eine Sorgerechtsregelung wirklich und zu Recht mit dem Kontinuitätsargument begründet wird, betrifft die von beiden Eltern gewollte fortbestehende Verantwortungsgemeinschaft für ihr Kind. Denn psychologisch noch treffender als mit dem Verweis auf ein Maximum aufrechterhaltener Beziehungskontinuität läßt sich der Verzicht auf eine rechtliche Elternaufspaltung nicht mehr begründen.

Die – vom Gericht uneingeschränkt aufgegriffene – Empfehlung eines Gutachters, dem wiederholt und unmißverständlich vorgetragenen Wunsch eines neunjährigen Jungen, bei seinem Vater leben zu wollen, wegen des »Kontinuitätsprinzips« nicht zu entsprechen, denn die Mutter sei erst 31, der Vater hingegen bereits 62 Jahre alt, ist nur noch zynisch und menschenverachtend.[17]

Erziehungseignung der Eltern

Wer wüßte es nicht, über Kindererziehung, laut Umfrage Konfliktthema Nr. 1 in deutschen Familien, läßt sich vortrefflich streiten. Doch ob zu streng oder nicht streng genug, ob konsequent oder widersprüchlich, ob großzügig oder zu großzügig, ob liebevoll oder mit Liebe erstickend: alle diese Dauerbrenner elterlicher Auseinandersetzungen bleiben nicht auf die vier Wände derer beschränkt, die es allein anginge. Sobald Scheidung ansteht, interessieren sich hierfür auch die Familiengerichte oder – als Delegierte – ihre Helfer: Sozialarbeiter der Jugendämter und Sachverständige.

Das ist deshalb zunächst schwer begreiflich, weil es überhaupt keine zwei Eltern auf der Welt gibt, die ihre Kinder rundum auf gleiche Weise erzögen. Woran bis zum Zeitpunkt der Sorgerechtsregelung auch niemand Anstoß nahm. Vielmehr: Das erzieherische Anderssein von Mutter und Vater ist nicht etwas, zwischen dem abzuwägen wäre, sondern macht im Regelfall gerade den Reichtum für den eigenen Charakter- und Persönlichkeitsaufbau eines jeden Kindes aus.

Gerade vor diesem Hintergrund einer im Erziehungsprozeß unvermeidlichen Begegnung zwischen der noch unfertigen kindlichen Persönlichkeit und dem schon gefestigten, oftmals eher rigiden, Sosein seiner Eltern kann man jedem Kind die Möglichkeit zur Kompensation insbesondere belastender Begegnungen mit einem Elternteil, aber auch das Angebot von Komplementarität durch ausgleichende Erziehungserfahrungen mit beiden nur nachdrücklich wünschen.

Kritisch im Zusammenhang mit Unterschieden in der elterlichen Erziehungsfähigkeit ist jedenfalls weniger der sehr andere Umgang von Mutter und Vater *mit dem Kind*. Bedeutsamer wäre allenfalls: Welche Funktionen hat das Kind *für seine Eltern*? Wobei es hier eine große Bandbreite des Normalen gibt, denn man kann sein Kind gar nicht *nicht* instrumentalisieren, das heißt, in irgendeinen stützenden oder sinnstiftenden Bezug zur eigenen Person stellen.

Andererseits macht es aber natürlich einen großen Unterschied, ob das Kind zu einem zentralen Element der eigenen Identität geworden ist – was man jedem Elternteil nur wünschen kann – oder ob es einem Elternteil das Gefühl von Wichtigkeit, Unverzichtbarkeit und damit letztlich Liebenswertigkeit gibt. Denn dann braucht der Erwachsene das Kind mindestens ebenso sehr wie es ihn. Mit der Folge: Er hat größte Probleme mit dem Loslassen, mit der lediglichen Begleitung seines Kindes auf dem Weg ins eigene Erwachsenwerden, weil er Angst hat, ohne es erleben zu müssen, für niemanden wichtig und unersetzlich zu sein.[18]

Ich habe es bisher jedoch so gut wie noch nie erlebt, daß dieser Aspekt von Erziehungsfähigkeit – die Unfähigkeit, das Recht des Kindes auf Autonomie und Eigenständigkeit trotz emotionaler Abhängigkeit zu respektieren bzw. zu garantieren – für die erzieherische Eignungsdiskussion von Bedeutung gewesen wäre. Statt dessen wird mit einer erschreckenden Unbekümmertheit der elterliche Erziehungsstil »ertestet« oder aus kurzen Beobachtungen im Umgang mit dem Kind erschlossen und – je nach persönlichem Maßstab des Beurteilers – bedenkenlos auf- oder abgewertet, als verfügte allein er über ein Wissen von der »richtigen« Erziehung, an dem jeder Elternteil sich zu messen hätte. Im Grund sagt diese ganze Beurteilung der elterlichen Erziehungseignung jedoch lediglich etwas über die persönlichen Maßstäbe des Beurteilers aus. Doch wen interessieren die schon?

Deshalb sollte dieses Kriterium schnellstens wieder dorthin zurückkehren, wo es – im Zusammenhang mit dem Kindeswohl – ausschließlich hingehört: in den vormundschaftlichen Gerichtsbereich, wo Kinder durch geeignete staatliche Maßnahmen im Sinne der §§ 1666 und 1666a BGB in der Tat vor schädlichen Erziehungsmängeln und -fehlern ihrer Eltern geschützt werden müssen.

Andernfalls werden solche, unverhüllt chauvinistischen Begründungen wie diese des OLG Köln aus dem Jahre 1990 weiterhin zur Tagesordnung gehören:

»Was die Willensentscheidung der betroffenen Kinder selbst angeht, so hat zumindest Andrea (Andrea ist 7 Jahre alt!) sich in letzter Zeit wiederholt dahin geäußert, bei ihrer Mutter bleiben zu wollen. Hierauf aber kann es nicht ankommen... In Hinsicht auf die äußere Versorgung der beiden Kinder spräche gegenwärtig, sofern allein auf sie abgestellt wird, mehr dafür, die elterliche Sorge auf die Antragstellerin zu übertragen. Sie ist derzeit nicht erwerbstätig..., könnte sich derzeit also uneingeschränkt den Belangen ihrer Kinder widmen.

Demgegenüber ist der Antragsgegner auf die Inanspruchnahme von Hilfskräften angewiesen. Wegen seiner beruflichen Tätigkeit vermag er selbst sich nur in begrenztem Umfang um seine Kinder zu kümmern. ... Es steht aber fest, daß der Antragsgegner die Versorgung der Kinder nicht, wie es in einer rein arbeitsteiligen Ehe üblich ist, ausschließlich der Antragstellerin überlassen hat. ... Zudem steht eine Haushaltshilfe zur Verfügung...

Schon hiernach ergibt sich bei der Beantwortung der Frage, welche Regelung dem Wohle der Kinder am besten entspricht, kein Vorrang für die Antragstellerin. Im Gegenteil: ...

Wichtiger ist die Prognose auf die Entwicklung, welche sich nach den bisher möglichen Feststellungen erwarten läßt. Unter diesem Gesichtspunkt läßt sich die elterliche Sorge über die beiden Kindern in deren wohlverstandenem Interesse nur auf den Antragsgegner übertragen. Bei ihm werden die Kinder voraussichtlich in einer gewissen Kontinuität leben können. ...

Bei Andrea werden sich möglicherweise in der Grundschule zunächst wieder Schwierigkeiten ergeben. ... Derartige Schwierigkeiten aber sind nichts Ungewöhnliches, sie werden sich, notfalls mit geeigneter Hilfestellung, beheben lassen. Demgegenüber ist die zukünftige Entwicklung auf Seiten der Antragstellerin sehr ungewiß. ...

Allein im Hinblick hierauf (die Mutter hat noch ein drittes Kind aus ihrer neuen Beziehung), ist es kaum vorstellbar, daß die Antragstellerin, auf längere Sicht gesehen, der Versorgung der beiden betroffenen Kinder gewachsen wäre. ... Einerseits hat sie... Übertragung der elterlichen Sorge auf sich betrieben. Andererseits hat sie aber schon längere Zeit vor der Trennung der Parteien eine zweite Berufsausbildung... begonnen.

Das alles zeigt, daß sie allein in der Versorgung der Kinder augenscheinlich nicht ihr Genügen fand, daß sie diese nicht als ihren alleinigen oder doch bestimmenden Lebensinhalt betrachten konnte. Es ist davon auszugehen, daß auch sie selbst letztlich danach strebt, ein ihren Bedürfnissen entsprechendes, nicht allein oder überwiegend auf die Versorgung der Kinder der Parteien gerichtetes Leben führen zu können.«

Oder auch dieses Beispiel des OLG Bamberg:

»Was den vorgeworfenen energischen Erziehungsstil anbetrifft, so hat sich dieser seiner Art nach als durchaus berechtigt herausgestellt. Wenn, wie der Senat der Mutter glaubt, deren Kinder einfache Befehle, wie etwa das Herbeiholen einer Milchkanne, schreiend mit dem Hinweis verweigern, sie hätte ihnen gar nichts zu sagen, da sie – die Kinder – sowieso bald zum Vater kämen, dann ist ein von bloßem Zureden über lauteres Tadeln zu leichter körperlicher Züchtigung übergehender Erziehungsstil nicht nur berechtigt, sondern sogar erforderlich, will man die Kinder nicht undiszipliniert und ohne sie auf das spätere Leben in und mit einer Gemeinschaft vorzubereiten, heranwachsen lassen.«[19]

Förderungsmöglichkeiten

Auch dieses letzte Kriterium steht den anderen an Schwammigkeit und Offenheit für Interpretationswillkür in nichts nach. Denn natürlich sollen Eltern ihre Kinder fördern. Aber wohin?

Ist der der bessere Förderer, der mit allem Nachdruck und ohne Rücksicht auf die kindliche Psyche danach strebt, daß sein Kind aufs Gymnasium geht, später studiert, danach vielleicht noch seinen »Doktor« macht? Oder der, der großen Wert auf soziale Kompetenzen legt und darüber hinaus seinem Kind möglichst lange eine von Leistungsdruck und Mißerfolgsangst unbelastete Kindheit bieten möchte?

Wird ein Kind dadurch stärker gefördert, wenn ihm der eine Elternteil einen »Game Boy« schenkt, damit es einfach nur Spaß am Spielen hat? Oder profitiert es mehr von den unter pädagogischen Gesichtspunkten ausgewählten Büchern des anderen? Ist vielleicht derjenige der bessere Entwicklungsförderer, der sein Kind ganz bewußt eigene Erfahrungen machen läßt und dabei immer wieder auch Risiken in Kauf nimmt (beispielsweise, daß es vom Baum fallen könnte), weil er weiß, daß nur eigene Erfahrungen zu einer realistischen Einschätzung der persönlichen Fähigkeiten und Grenzen führen? Oder ist der vorzuziehen, der das Kind aus lauter Sorge und Angst, es könne ihm etwas zustoßen, keinen Augenblick aus den Augen läßt?

Folgte man nur streng dem Gesetz, fiele die Antwort nicht schwer. Denn dort heißt es im § 1626 (2) BGB: »Bei der Pflege und Erziehung berücksichtigen die Eltern die wachsende Fähigkeit und das wachsende Bedürfnis des Kindes zu selbständigem verantwortungsbewußtem Handeln.«

Dann müßte man eigentlich umgehend zahllosen alleinerziehenden Elternteilen ihr Kind sofort wegnehmen. Insbesondere den mit ihren Kindern symbiotisch verwobenen Müttern, die mit ihrem Festhalten und Klammern ganz sicher nicht dazu beitragen, daß ihre Kinder einmal einen von Autonomie und Verantwortungsbewußtsein geprägten Platz in der Gesellschaft einnehmen werden.

Oder noch ein weiterer Aspekt: In einer Hinsicht kann natürlich derjenige sein Kind besser fördern, der die besseren finanziellen Voraussetzungen besitzt. Klavierstunden, Tennis, Reitunterricht, Feriensprachkurse im Ausland – all das kostet eine Menge Geld. Sollte deshalb die Einkommensbescheinigung den Gerichten bei der Sorgerechtsregelung behilflich sein?

Selbstverständlich sollen Kinder nach Kräften gefördert werden, und das geschieht auch. Dabei wird die Richtung in erster Linie von den Ziel- und Wertvorstellungen ihrer Eltern bestimmt, das garantiert ihnen die Verfassung. Und das gilt in Ehezeiten nicht anders als bei Trennung. Wenn es also darauf ankommt, dieses Potential im Interesse der Kinder zu erhalten, darf es nicht darum gehen, zwischen den Qualitäten von Mutter und Vater auszuwählen – mit der wahrscheinlichen Folge, daß eine Förderseite für das Kind zukünftig wegfällt oder nur noch als Karikatur im Rahmen knapp dosierter Umgangskontakte fortlebt. Es muß allein darauf ankommen, ihm alle potentiell zur Verfügung stehenden Ressourcen bestmöglich zu erhalten. Dann ist das Förderprinzip allerdings kein Selektionskriterium für die sorgerechtliche Tauglichkeit von Eltern. Dann steht es für den Anspruch eines jeden Kindes, die Förderung von seiner Familie zu bekommen, die die Verfassung ihm garantiert. Dafür wären fortbestehende gemeinsame Elternrechte geradezu eine Voraussetzung.

Zum Katalog sorgerechtlicher Selektionskriterien läßt sich zusammenfassend anmerken, daß sich natürlich innerhalb jedes durch sie abgesteckten Bereiches Dinge benennen ließen, die aus psychologischer oder aus pädagogischer Sicht mehr oder weniger wünschenswert wären. Doch um die Orientierung an solchen, notwendigerweise allgemeinen Leitbildern kann es überhaupt nicht gehen, denn die erfüllt ohnehin niemand – auch nicht Jugendamtsmitarbeiter, Gutachter oder Richter. Zum anderen sind es auch immer künstliche Extraktionen. Die Entwicklung eines Einzelschicksals kann jedoch kein Mensch vorhersagen – von extremen Rahmenbedingungen abgesehen.

Das hat im Familienrecht zur Folge, daß jeder Beurteiler nicht nur in der Gewichtung dieser Sorgerechtskriterien jeweils seine ganz persönliche, durch die eigene Biographie und seine Eigenproblematik geprägte Einstellung zum Ausdruck bringt. Auch die Auswahl selbst – dazu braucht man lediglich zwei Gerichtsbeschlüsse oder fachliche Stellungnahmen zu einer ähnlichen Fallstruktur miteinander zu vergleichen – kann nur zum Potpourri geraten, das in den meisten Fällen mehr über den Autor aussagt als über die von ihm beurteilten Eltern.

Dazu abschließend ein bedrückend-anschauliches Beispiel des Amtsgerichts Leverkusen:

»Die von der Antragstellerin geäußerten Bedenken gegen die Qualifikation des Gutachters bzw. die Fachgerechtheit seines Gutachtens teilt das Gericht nicht. Der Gutachter ist dem Gericht seit vielen Jahren als äußerst umsichtiger und fachkundiger Sachverständiger auf dem Gebiet der Kinderpsychologie bekannt. In zahlreichen Verfahren hat er Gutachten erstellt. In allen dem Gericht erinnerlichen Verfahren endeten diese entsprechend dem Vorschlag des Gutachters. ...

Entscheidend für das Ergebnis des Gutachters sind nach dessen Erklärung bei der mündlichen Anhörung im Termin vom 27. 3. 1990 insbesondere die wiederholten und eindeutigen Äußerungen der Kinder im Bezug auf die Elternteile gewesen. ... Insbesondere die Äußerung von Peter, beim Zusammenspiel mit der Mutter in den Aufenthaltsräumen des Sachverständigen sei er so allein, da die Mutter nicht spielen könne, dokumentiert innerste und unverfälschte Gefühle des Kindes. ... Das Gericht hegt deshalb ebenso wie der Sachverständige keinen Zweifel daran, daß die inneren Bindungen zwischen dem Antragsgegner und den Kindern fester sind als die zur Kindesmutter.

Daran ändert auch nichts, daß die Kindesmutter Erziehungspsychologie studiert hat. ... Die Antragstellerin hat zudem selbst erklärt, daß sie eine Anstellung als Lehrerin zu keiner Zeit mehr ins Auge faßt, daß ihr dieser Beruf nicht liege; sie wolle deshalb umschulen.

Dies bestätigt, daß die Antragstellerin sich selbst nicht als besonders qualifiziert auf dem Gebiet der Erziehungspsychologie einordnet. ...

Da nach dem übereinstimmenden Vorbringen der Parteien der Kindesvater in der Vergangenheit sehr häufig mit den Kindern gespielt, diese auch zu Bett gebracht hat, basiert hierauf eine enge körperliche Bindung, die durchaus geeignet ist, die frühere körperliche Bindung zur Mutter aufgrund des Stillens zu kompensieren.«

FUNKTIONEN DES SORGERECHTS

Aus einer ganzen Reihe von Gründen ist der Sorgerechtstitel in höchstem Maße attraktiv und erstrebenswert. Wobei sich seine unterschiedlichen Funktionen im Einzelfall durchaus so stark miteinander vermischen können, daß eine eindeutige Zuordnung unmöglich ist. Nur ausgerechnet die eine, die das Gesetz allein ihm zuschreibt, die hat dieser Rechtstitel so gut wie nie – er schützt nicht das Kindeswohl.

Zwar ist im Regelfall spätestens mit der Entscheidung durch das OLG der elterliche »Kampf *ums* Kind« vorerst beendet. Doch damit hat sich lediglich der Schauplatz verlagert. Denn danach wird in zahllosen Fällen nicht nur weitergestritten, nicht selten schwelt der Konflikt jetzt noch heftiger – als »Kampf *übers* Kind«.

Dabei macht es aus Sicht der Kinder keinen grundlegenden Unterschied, ob der nichtsorgeberechtigte Elternteil sich anschließend – aus welchen Gründen auch immer – aus ihrem Leben völlig zurückzieht oder ob sie mit Kontaktdosierungen leben müssen, die mit der Intimität einer Liebesbeziehung so viel zu tun haben wie früher der Besuch einer Großtante. In beiden Fällen wird ihnen gleichermaßen schwerer seelischer Schaden zugefügt. Und mag es sicherlich auch manche Fälle geben, bei denen auch der Verzicht auf einen Sorgerechtseingriff den kindlichen Mißbrauch nicht verhindern würde. Eine Maßnahme, die vorhersagbar das Kind mehr belastet als entlastet, kann unmöglich taugen, um das verfassungsrechtliche Schutzgebot zu erfüllen.

Warum ist das Sorgerecht ein so begehrtes Gut?

I. Funktion: Umkehr der ehelichen Machtverhältnisse

Dies ist vermutlich einer der häufigsten »heimlichen« Gründe, insbesondere für Frauen. Denn wenn man sich vergegenwärtigt, daß heute zwei Drittel aller Scheidungen von ihnen beantragt werden, und sie zuvor oft über Jahre unter der ehelichen Machtasymmetrie zugunsten der Männer gelitten haben und alle ihre Appelle für mehr Partnerschaftlichkeit und Emotionalität ungehört blieben, dann ist es durchaus verständlich, wenn sie jedes Angebot, das ihnen eine Umkehr dieser Rollenverteilung verspricht, bereitwillig aufgreifen.

Kinder sind in Ehezeiten zwar eher selten die »Festmacher« für männliche Dominanz in der Beziehung, auch wenn sie in der Hierarchie ehelicher Streitthemen ganz obenan stehen. Trotzdem wird die Vorrangigkeit mütterlicher Betreuungs- und Erziehungseinflüsse meist nie in Frage gestellt. Abhängigkeit, Nichtgeachtetwerden oder Ohnmacht erleben die Frauen an ganz anderen – auf die Partnerschaft, und weniger auf die Elternschaft bezogenen – Stellen: in Sachen Unterstützung, Toleranz, Akzeptanz, Gefühl und Sexualität.

Sofern die Partner nur faktisch getrennt oder nur rechtlich geschieden sind, nicht aber auch emotional bzw. psychisch, entsteht leicht der Wunsch, die noch immer offenen Wunden dadurch vernarben zu lassen, daß man nun endlich auch einmal über jene Macht verfügt, der man sich bis dahin immer nur relativ hilflos ausgesetzt fühlte. Das muß gar nicht einmal mit dem Gedanken verbunden sein, die früheren Verhältnisse umzukehren und jetzt den Partner einmal spüren zu lassen, was es heißt, ohnmächtig zu sein.

Potentiell ist diese Komponente und damit der Mißbrauch des Kindes allerdings immer angelegt. Denn wer Macht hat, der benutzt sie spätestens dann, wenn er sich bedroht fühlt und meint, sich schützen zu müssen. Bedrohungsgefühle wiederum begleiten ein Trennungspaar mindestens anfangs nahezu rund um die Uhr, manchmal auch viele Jahre lang. Um sich gegen die vermeintliche

Gefahr durch den Partner zu schützen, gibt es keine schärfere Waffe als die Verfügungsmacht über die gemeinsamen Kinder.

2. Funktion: Abgrenzung

Jemand, der sich – meist in großer Enttäuschung und Verbitterung – vom Partner getrennt hat, möchte verständlicherweise so viel Distanz wie möglich zu ihm haben, ihm am liebsten niemals wieder begegnen. Doch Kinder vereiteln diesen Wunsch, indem sie allein durch ihre physische Existenz stets daran erinnern, daß es trotz der räumlichen Trennung dennoch eine Verbindung, eine ständig gegenwärtige Erinnerung an Gemeinsames und Verbindendes gibt. Von ihren Kontaktbedürfnissen zum anderen Elternteil ganz abgesehen.

Damit bleibt die ersehnte klare und endgültige Zäsur so lange unvollkommen, wie nicht auch eine verbindliche Zuordnung der Kinder besteht. Auch dazu kann, jedenfalls im Bewußtsein, das Sorgerecht verhelfen. Denn indem es sozusagen ein »Eigentumsverhältnis« rechtsverbindlich festschreibt, bekommt die nacheheliche Beziehungsregelung zwischen Kind und Nichtsorgeberechtigtem eher den Charakter eines – mehr oder minder erzwungenen – »Ausleihens«, als den einer natürlichen Aufrechterhaltung kindlicher Bindungen. Auch mein Auto bleibt immer noch »mein« Auto, selbst wenn ich meinem Nachbarn erlaubt habe, es jederzeit mitbenutzen zu können.

3. Funktion: Verletztheit

Diesem Motiv begegnet man am häufigsten bei den Verlassenen, für die der Trennungsschritt ganz besonders tief verletzend und demütigend war. Beispielsweise, wenn ein neuer Partner oder eine neue Partnerin als Visionen alternativen Liebes- und Lebensglücks im Spiel waren. Oft basiert es auf einer diffusen Mischung aus Schmerz, Trauer, Rache und Haß. Einerseits »klammert« man sich an die Kinder als einzig Verbliebenem, andererseits weiß man aber auch, wie sehr man den abtrünnigen Partner durch ihren Entzug treffen und damit ebenfalls verletzen kann.

Hier finden sich die schlimmsten Instrumentalisierungen von Kindern überhaupt. Ich erinnere mich nur mit Schrecken an etliche Fälle, in denen es ihnen über Nacht verboten wurde, die ein Stockwerk höher gelegene Wohnung der Großeltern zu betreten, weil sich der Verlassende dort vorübergehend einquartiert hatte; wie sie gezwungen wurden, den Balkon nicht mehr zu betreten, weil der andere Elternteil nur wenige Meter weiter stehen und winken könnte. Oder – wovor ich alle Trennungspaare nur warnen kann – wenn die Eltern trotz Trennung weiterhin unter einem Dach lebten und die Kinder zwischen dem »Leidbild« des einen und dem »Feindbild« des anderen hilflos hin und her pendelten.

Fast immer wird aus dieser Motivation heraus auch versucht, gleich für die Zeit des Getrenntlebens schon das Sorgerecht zugesprochen zu bekommen. Ich kann allerdings allen Gerichten, allen Jugendämtern von diesem Schritt nur nachdrücklich abraten, denn damit wird so gut wie nie das Kind »geschützt«, meist ist es vielmehr die Verschreibung einer anhaltenden Beziehungsstörung, eines seelischen Dauerleids in beide Richtungen, ganz gleich, ob das Kind bei der Mutter oder beim Vater lebt.

4. Funktion: Angst vor Verlust der Kinder

Eltern, fast alle, lieben ihre Kinder. Und dies gleichermaßen, wenngleich jeder seine Liebe auch auf seine Weise, wie er es kann und gelernt hat, ausdrückt. Insofern hat jeder mit der Trennung zunächst auch beträchtliche Angst, seine Kinder zu verlieren. Vielleicht gar nicht mal im Sinne eines »Totalverlustes« – solche Sorgen mögen sich allenfalls dort ausbreiten, wo der die Kinder betreuende Elternteil signalisiert, den anderen auslöschen zu wollen, um mit einem neuen Partner auch eine »neue Familie« gründen zu können. Eine kindesschädliche Fiktion, der sich im Grunde jedes Gericht aufs deutlichste entgegenstellen müßte.

Viel häufiger besteht die Angst jedoch davor, daß sich die Beziehungen zu den eigenen Kindern extrem verschlechtern könnten, wenn man jede rechtliche Mitbestimmung erst einmal verloren hat. Insofern findet sich dieses Motiv verstärkt bei Vätern, die im Prinzip durchaus damit einverstanden wären, daß ihre Kinder zukünftig bei ihrer Mutter leben, häufig dies sogar ausdrücklich befürworten und wirtschaftlich auch unterstützen würden. Das Gesetz läßt ihnen jedoch gar keine andere Wahl, als selbst als Sorgerechtsaspiranten aufzutreten, sofern die andere Seite auf einer Alleinsorge beharrt.

Meist steckt dahinter jedoch in erster Linie die Angst, von den Kindern dauerhaft getrennt zu werden, weil man befürchtet, dies wäre das letztliche Ziel des Partners. Beide Ängste sind verständlich, denn für die meisten Menschen ist der Status »Eltern« weniger Ausdruck dafür, daß man Kinder »hat«, sondern ein zentrales Element der eigenen Identität. Mit den Worten der Bundestagspräsidentin (Süssmuth, 1990, S. 59): »Elternschaft begreife ich als Ausdruck eines allgemeinen, im Menschen angelegten Bedürfnisses. . . . daß Kinder erst die Ausprägung und Gestaltung bestimmter Formen der menschlichen Existenz – in Gestalt der Elternschaft – ermöglichen, wird heute deutlicher als früher gesehen und anerkannt, bejaht und genossen.«

Wo immer man auf diese Motivation trifft, bestehen somit gute Chancen, die Eltern zu einer sorgerechtlichen Einigung zu führen, sobald es gelingt, im Rahmen von gemeinsamen Gesprächen und vertrauensbildenden Maßnahmen (z. B. der Einigung auf einen jederzeit ansprechbaren außergerichtlichen Vermittler) ihre verständlichen Befürchtungen abzubauen.

Jedenfalls ist es bei dieser Fallkonstellation selbst mir in der Rolle des – ja nur im Streitfall überhaupt gerufenen – Sachverständigen bereits zahllose Male gelungen, Elternangst durch Elternkooperation und aufspaltende Gutachten durch Sicherheit gebende Absprachen bzw. Verabredungen zu ersetzen.

5. Funktion: Unterhalt

Wie häufig das Interesse an Unterhaltsleistungen als »isoliertes« Motiv überhaupt vorkommt, weiß ich nicht. Doch vermutlich seltener als angenommen. Zwar dreht es sich bei weit über 90 Prozent aller Beschwerdesachen vor den Oberlandesgerichten ums Geld, und daß das alleinige Sorgerecht die entscheidende Voraussetzung ist, um insbesondere auch eigene Unterhaltsansprüche geltend zu machen, steht außer Frage. Es wird auch niemand in Abrede stellen, daß sich über Unterhaltsklagen der immer noch nicht abgeschlossene eheliche Beziehungskonflikt vortrefflich weiterführen läßt, unter bestimmten Voraussetzungen und wenn man dies will, sogar »lebenslänglich« (vgl. Willutzki, 1989).

Doch wenn man einmal bedenkt, daß es in der überwiegenden Zahl der Fälle nicht um die Sicherung eines attraktiven Salärs zum Erhalt eines gehobenen Lebensstandards geht, sondern eher ums Überleben am Rande der Armutsgrenze; wenn man bedenkt, daß fast ein Drittel der geschiedenen Frauen – Unterhaltsansprüche von Männern gehören zur ganz seltenen Ausnahme – gezwungen ist, neben der Kinderbetreuung zu arbeiten oder Sozialhilfe in Anspruch zu nehmen, dann wird schnell deutlich, daß es hier häufig weniger um Gehässigkeiten als um schlichte Notwendigkeiten geht. Zumal der Gesetzgeber Frauen geradezu dazu zwingt, Unterhaltsprozesse selbst dann zu führen, wenn sie selbst dies eigentlich gar nicht wollen. Der Staat verlangt von ihnen, zunächst ihre Ansprüche gegenüber dem geschiedenen Ehemann geltend zu machen, bevor er selbst unterstützend tätig wird.

Das heißt allerdings nicht, daß der zur Zahlung verpflichtete Mann es ebenso sieht. Denn insbesondere, wenn es um Unterhaltsleistungen für die Ehefrau geht, ist natürlich das absolut gesehen Wenige für ihn durchaus erheblich. Mit der Folge, daß immer wieder der Gedanke, die Kinder selbst zu betreuen, bzw. preiswerter unter Einbeziehung der Verwandtschaft mitbetreuen zu lassen, durchaus naheliegt.

Wie wollte man auch begründen, daß es dem »Wohl« des Kindes eher diene, wenn es beispielsweise den Tag in einer Kindertagesstätte verbringt, bis die von ihrer Arbeit gestreßte Mutter es am Spätnachmittag dort abholt, als wenn es im Anschluß an Kindergarten oder Schule von seiner Verwandtschaft betreut würde? Zumal, wenn die Eltern möglicherweise genau dieses Modell bis zur Trennung noch einvernehmlich praktiziert haben?

Ich will diese Gedanken hier nicht vertiefen. Dies mag deutlich geworden sein: Bei Trennung sind Kinder und Geld häufig eng miteinander verknüpft. Das ist nichts Unehrenhaftes, das ist so normal, wie es in früheren Zeiten normal war, möglichst viele Kinder zu haben, um sich für den Lebensabend abzusichern. »Unnormal«, weil völlig lebensfern, ist vielmehr die strikte Trennung zwischen »Kindeswohl« und Geld, wie sie die deutsche Justiz praktiziert. Oder auch die polemisch-einseitige Sichtweise dieser Problematik durch die feministische Anwaltsbrille (z. B. Heinke, 1989, S. 83/84):

»Unsere tägliche Erfahrung ist, daß das Scheitern einer Ehe jedenfalls Frauen und Kinder in der Mehrzahl der Fälle in wirtschaftliche Bedrängnis, oftmals existentielle Not stürzt...
Es wundert uns daher nicht, daß Väter immer häufiger beantragen, daß ihnen die elterliche Sorge für eheliche Kinder übertragen wird. Denn immer wieder findet sich in der Laiensphäre die Auffassung, daß die Naturalversorgung der Kinder billiger ist als der Barunterhalt, zumal, wenn Freundin, Schwester oder Mutter sie umsonst erledigt. Derartige Sorgerechtsanträge sparen bares Geld, nämlich den Unterhalt für die Ehefrau. Es erstaunt uns daher auch nicht, daß die ›neuen Väter‹ im Vormarsch sind und alle Welt darüber diskutiert, wie man(n) ihnen zu ihrem Recht verhelfen kann. Männer versuchen hier wieder einmal, Frauen mit Gefühl um Geld zu bringen. Kaum haben sie entdeckt, daß auch Väter als Bezugspersonen für Kleinkinder in Betracht kommen, wird dies allenthalben als bemerkenswerte und überaus berücksichtigenswerte Tatsache dargestellt und nach Möglichkeit hervorgehoben. Männer, die traditionell weibliche Aufgaben übernehmen, machen dies natürlich viel professioneller, besser, wissenschaftlich fundierter und gründlicher als Frauen in ihrer amateurhaften Art.
Diese Konzentration auf die gefühlsmäßigen Bindungen der Kinder auch an die Väter läßt die Sparschweinfunktion dieser Beziehung – absichtsvoll – in den Hintergrund treten.«

Kein Wort darf im gerichtlichen Umgangsstreit darüber fallen, daß ein Vater etwa seit Jahr und Tag für Kind und Mutter mitsorgt. Und ebenso darf kein Wort im Unterhaltsstreit darüber fallen, daß ein Vater sein Kind seit Monaten nicht mehr zu sehen bekam und unter diesem Entzug schmerzhaft leidet. Das ist nicht nur künstlich und unwirklich. Das begünstigt auch Mißtrauen und Unversöhnlichkeit zwischen den Eltern und schadet damit in erster Linie denen, um die es zuerst in diesen Fällen geht.
Letztlich macht gerade dieser verfahrensrechtliche Schnitt unmißverständlich deutlich, in welche Sackgasse die Vorstellung von einem isoliert verstandenen Kindeswohl, das sich selbst seine eigene Definition ist, führt und wie recht der Schweizer Familienrechtsex-

perte und -therapeut Duss-von Werdt(1984 a, b) hatte, als er behauptete, daß es ein Kindeswohl ohne ein gleichzeitiges »Familienwohl« überhaupt nicht geben könne.

Es möge mich niemand so verstehen, daß ich für den nachehelichen Verbleib von Kindern bei ihren Vätern plädiere, weil das eventuell billiger sei. Kinder sollen dort wohnen, wo der Alltagsverzicht auf den fehlenden anderen Elternteil für sie am aushaltbarsten ist, und die Kosten dafür haben beide Eltern gemeinsam zu tragen. Wer sonst? Mir geht es hier allein um Offenheit. Denn wäre Unterhalt nichts anderes, als lediglich der unbedingt notwendige Beitrag zur Kostendeckung für die Betreuung eines Kindes, dann könnte es hier oder dort leben. Doch die Beziehung zu einem Kind hat mit Gefühlen zu tun, ganz gleich, ob man mit ihm unter einem Dach wohnt oder nicht.

Deshalb verschleiert eine ausschließlich am Kindeswohl festgemachte Auseinandersetzung um Unterhalt lediglich, worum es in Wahrheit geht: nämlich um die Aufrechterhaltung eines durch die Trennung schwieriger, auch kostspieliger gewordenen Beziehungslebens in einer veränderten Familienlandschaft mit – wie in Ehezeiten auch – emotionalen Elternbedürfnissen und emotionalen Kindbedürfnissen, aber auch mit materiellen Erwachseneninteressen und – mit dem Alter zunehmenden – materiellen Interessen der Kinder selbst.

Jede künstliche Reduktion dieser vielschichtigen Vernetzungen durch den Staat bringt das Blut nur zusätzlich in Wallung – zu weiteren Lasten der Trennungskinder.

6. Funktion: Symbiose

Hier geht es nicht um »Bestrafung« des anderen Elternteils oder um irgendwelche wirtschaftlichen Interessen, die symbiotische Form der Verklammerung zwischen einem Elternteil – überwiegend sind es Mütter – und dem Kind trägt eindeutig psychopathogene Züge. Mit einer nachvollziehbaren Form des Sorgerechtswunsches hat dies nichts mehr zu tun. Entsprechend sind die meisten Gerichte im Umgang mit solchen schwer gestörten Elternpersönlichkeiten auch weitgehend hilflos.

Konkret drückt sich dieses krankhafte Beziehungsmuster darin aus, daß die Mutter bedingungslos jeden Kontakt des Kindes zum Vater ablehnt und meist auch erfolgreich bereits für lange Zeit abzuwehren verstanden hat. Dabei ist sie weder für logische noch psychologische Argumente erreichbar. Doch diese Verschlossenheit ist nicht etwa Ausdruck von Überheblichkeit oder der Selbstsicherheit, als tatsächliche oder außer Frage stehende Sorgerechtsinhaberin von niemandem ernsthaft gehindert werden zu können.

Diese Frauen geraten selbst bei dem Gedanken, es könnte zu einer Begegnung zwischen Kind und Vater kommen, in helle Panik, bekommen hysterische Schreianfälle und suchen umgehend in den Armen ihres Rechtsbeistandes Schutz. Meine sämtlichen Befangenheitsanträge als Sachverständiger erhielt ich ausschließlich von ihnen (bzw. – in ganz wenigen Ausnahmefällen – von entsprechenden Vaterpersönlichkeiten).

Lernt man diese Menschen näher kennen, so stellt sich schnell heraus, daß sie ausnahmslos ein zumindest auffälliges Verhältnis zu ihrem eigenen Elternhaus haben, so daß im Augenblick ihrer schwersten Verletzung als Erwachsene – der Trennung – die notdürftig vernarbten Kindheitstraumata wieder aufbrechen und sie umgehend jene Suche nach Geborgenheit reinszenieren, die auch schon ihr Kindheitsleben bestimmt hat. Ich habe bereits im 2. Kapitel (S. 71) einige psychologische Erklärungen für diese Verhaltensmuster gegeben.

Es ist ein großes Unglück für Kinder, daß gerade in diesen Fällen die mit psychologischem Wissen ohnehin nicht eben gesegneten Gerichte immer wieder hergehen und sie nicht nur sorgerechtlich einem psychisch schwer geschädigten Elternteil zuordnen, sondern darüber hinaus auch noch auf dessen Antrag hin jegliche Umgangskontakte mit dem anderen aussetzen. Damit zwingen sie diese Kinder regelrecht, die eigene Persönlichkeitsentwicklung ausschließlich an einem Elternmodell zu orientieren, dessen psychische Beschränktheit außer Frage steht.

Zugleich nehmen sie ihnen durch den Radikalentzug an Beziehungen aber auch jegliche Chance, sich der mütterlichen Problematik und ihrer symbiotischen Umklammerung wenigstens ein Stück weit zu entziehen. Denn aus eigener Kraft heraus schafft das ein Kind allenfalls dann, wenn es älter ist. Doch dann ist es fast immer viel zu spät. Einen anderen Helfer als den staatlichen Wächter gibt es aber nicht. Wenn man sich dies bewußt macht, dann wird die wahre psychologische Tragweite forsch verordneter Kontaktabbrüche erst richtig deutlich.

Es gehört nicht viel Phantasie dazu, um sich vorzustellen, wie erfolgreich diese Kinder auf ihrem Weg zu Autonomie, Selbständigkeit, vor allem aber auch Selbstwertgefühl und Beziehungsfähigkeit einmal sein werden. Denn was die Kinderpsychologin Tägert bereits vor 25 Jahren erkannte, das gilt auch heute noch (1967, S. 620): »Wenn man allerdings weiß, wie häufig sich hinter solch ›ruhigem‹ Zusammenleben alleinstehender Geschiedener mit ihren Kindern neurotische Rollenfixierungen – z. B. in Richtung Partnerersatz oder Ablehnung des anderen Geschlechts – verbergen, wird man der Forderung, diese Ruhe nicht zu stören, etwas skeptisch gegenüberstehen. ... Zu eigener Meinungsbildung, zur Auseinandersetzung mit den Geschlechtsrollen im allgemeinen und besonderen wird der junge Mensch aber viel eher kommen, wenn ihm der Weg zu beiden Eltern offensteht.«

ANHÖRUNG

An keiner anderen Stelle erweist sich die Unfähigkeit des staatlichen Wächters, dem Kind – so das Verfassungsgericht – als »Wesen mit eigener Menschenwürde« angemessen (!) zu begegnen, deutlicher, als bei dessen Einbeziehung ins rechtliche Scheidungsverfahren. Denn obwohl es selbst kein direkter Beteiligter bei der Suche nach dem nachehelichen Kindeswohl und somit eher Objekt »seines« eigenen Verfahrens ist, hat es der Gesetzgeber geschafft, zumindest die Illusion zu erzeugen, daß auch ihm ein Grundrecht auf »rechtliches Gehör« (Art. 103 GG) gewährt wird.

Tatsächlich ist dieses von allen scheidungsbeteiligten Professionen ausnahmslos gepriesene Indiz für Rechtsstaatlichkeit im Prinzip jedoch ein einziger Etikettenschwindel. Dies bestätigen nicht nur die zahlreichen beschämenden und würdelosen staatlichen »Schutzmaßnahmen«, von denen noch die Rede sein wird – wie gewaltsame Herausnahmen, Heimunterbringungen oder Kontaktverbote zum nichtsorgeberechtigten Elternteil, bei denen sämtliche

»Anhörungen« von Kindern keinen Pfifferling wert sind. Der faktische kindliche Objektstatus korrespondiert mit der Stellung eines »Rechtssubjekts für 15 Minuten« (nur 18 Prozent aller Anhörungen dauern länger als zehn bis zwanzig Minuten; Lempp u. a., 1987). Doch darum geht es im Grunde gar nicht. Denn Kinder wollen nicht »Rechtssubjekte«, sondern »menschliche Subjekte« sein, sie wollen nicht »angehört«, sondern »erhört« werden. Kinder ernst nehmen hat weniger mit einer Rechtsposition zu tun, sondern zuallererst mit Achtung und Menschenwürde. Der Gedanke, ein Kind auch nur vorübergehend zur »Partei« im Rahmen eines rechtlichen Streitmodells zu machen, mag sich vielleicht plausibel aus einem juristischen Bild sozialer Gemeinschaften ableiten lassen, mit der psychischen Realität eines Kindes hat er jedoch so gut wie gar nichts zu tun.

Die Vorstellung vom Kind als seinem »eigenen Gutachter« ist einfach absurd. Und das gilt auch für die meist älteren Kinder, die durchaus sehr klare Wünsche hinsichtlich ihres zukünftigen Wohnsitzes haben. Doch warum begreift niemand, daß alle diese Aussagen allein vor dem Hintergrund eines durch die Trennung bedingten Wahlzwanges erfolgen und insofern zwar immer auch eine Entscheidung »für« sind, damit jedoch noch lange keine »gegen«? Welcher Richter käme als Vater jemals auf den Gedanken, seine Tochter habe sich »gegen ihn« entschieden, weil sie sein Angebot, mit ihm auf Angeltour zu gehen, ausschlug und lieber mit der Mutter backen wollte?

Insofern ist Prestien nur uneingeschränkt zuzustimmen, wenn er die gängige Form der Kindesanhörung scharf attackiert (1988, S. 437; Hervorh. von mir):

»Mit der Intention des Grundgesetzes, wie sie das Bundesverfassungsgericht näher umrissen hat, hat eine solche Anhörungspraxis aus meiner Sicht nichts gemein. Darüber hinaus liegt die Gefahr einer zusätzlichen Schädigung des Kindes allein durch die Anhörung auf der Hand: Befand sich das Kind bisher schon aufgrund des Elternkonflikts in erheblichen Loyalitätskonflikten, werden diese verstärkt. Das Kind muß nun aus seiner Sicht *Farbe bekennen und sich für den einen oder anderen Elternteil entscheiden. Die Entscheidung ist jedoch zugleich bewußt oder unbewußt aus der Sicht des Kindes auch eine Entscheidung gegen den anderen Elternteil.*

Ein Erwachsener in einer vergleichbaren Position würde einer Antwort auswei-
chen. Das Kind ist hierzu nicht in der Lage. Es weiß nicht um die Bedeutung
seiner Worte. Seine Entscheidung belastet das Kind unausweichlich. Für sein
gesamtpersönliches Wachstum benötigt es Mutter und Vater und die ständige
lebhafte Auseinandersetzung mit beiden. Mutter und Vater gehören zu ihm.
Beide spiegeln eigene Anteile des Kindes wieder. So gesehen hat das Kind
gegen sich selbst Stellung genommen, ob es wollte oder nicht.«

Nun heißt es zwar in der entsprechenden Vorschrift des § 50b FGG,
daß das Gericht ein Kind dann persönlich anhört, »wenn die Neigungen, Bindungen oder der Wille des Kindes für die Entscheidung
von Bedeutung sind oder wenn es zur Feststellung des Sachverhalts
angezeigt erscheint, daß sich das Gericht von dem Kind einen
unmittelbaren Eindruck verschafft«.

Von einer Entscheidung des Kindes zwischen seinen Eltern ist da
keine Rede. Doch dieser Eindruck täuscht, vermittelt wird er lediglich durch die sprachlichen Rösselsprünge des Gesetzes. Denn:
Sollte es in der Tat Fälle geben, bei denen »die Neigungen, Bindungen oder der Wille des Kindes« nicht »für die Entscheidung von
Bedeutung« sind? Und was ist dann »von Bedeutung«? Was macht
das Jugendamt, was machen Sachverständige für teures Geld anderes, als mit allen möglichen und unmöglichen Methoden nach
diesen Bedeutungsträgern zu forschen?

Und da sich zumindest das Jugendamt – dabei bleibe seine Kompetenz einmal dahingestellt – bereits regelmäßig einen Eindruck von
der psychischen Lage des Kindes gemacht hat – so sollte (!) es sein,
wenn das Gesetz ernstgenommen würde –, was soll dann noch die
fallweise Anhörung durch den Richter als zumeist psychologischen
Laien? Verständlich ist das nur dann, wenn das Gericht der jugendamtlichen Urteilsbildung mißtraut und sich deshalb ein eigenes Bild
machen möchte.

Ein solches Mißtrauen wäre zwar alles anderes als unberechtigt.
Doch was der Jurist mit seiner Nachkontrolle völlig verkennt: Seine
Anhörung ist in zahllosen Fällen überhaupt keine Kontrolle. Durch
den hochgradig veränderten Kontext, in den er das Kind stellt –
selbst wenn der Psychoterror der Anhörung einer Siebenjährigen
vor dem erhöht sitzenden und berobten Senat, wie ich ihn einmal
am OLG Oldenburg erlebte, zur Ausnahme gehören mag –, beweist

es ihm allenfalls seine Fähigkeit zum Umgang mit angsteinflößenden Streßsituationen.

Und was das Kind unter solchen Bedingungen von sich gibt, wenn es denn überhaupt etwas sagt, das hat mit allem Möglichen zu tun, nur nichts mit irgendeinem – psychologisch verstandenem – Kindeswillen. Insofern verkehrt sich die gängige Form der Anhörung, deren Versäumnis jedem Oberlandesgericht unverzüglich reicht, um einer Beschwerde stattzugeben, in ihr genaues Gegenteil: Sie gerät zumindest an die Grenze einer seelischen Mißhandlung. Und oft genug wird sie auch überschritten. Und was den zweiten Halbsatz – »wenn es zur Feststellung des Sachverhalts angezeigt erscheint, daß sich das Gericht von dem Kind einen unmittelbaren Eindruck verschafft« – angeht: Es gehört wohl nicht viel Phantasie dazu, sich vorzustellen, was damit gemeint ist. Mit der »Feststellung des Sachverhalts« ist natürlich nichts anderes als die zu treffende Sorgerechtsentscheidung gemeint. Und den »Eindruck«, den das Gericht hierfür noch benötigt – damit ist ganz sicher nicht die stille Verhaltensbeobachtung des Kindes gemeint.

Solche Eindrucksbildung liest sich dann beispielsweise so:

»Auf die Frage, ob die Kinder lieber bei der Mama oder bei dem Papa wären, senkten beide verschämt den Kopf und antworteten nicht. Auch durch wiederholtes Nachfragen waren sie zu keiner Willensäußerung zu bewegen. Daraufhin brach das Gericht die Anhörung ab.«

Oder auch so:

»Bei der Anhörung der Kinder stellte sich heraus, daß der Antragsteller zuvor schon mit den Kindern gesprochen hatte.
Die Testfrage mit der guten Fee, die jedem Kind drei Wünsche erfüllen sollte, wurde von Karin dahin beantwortet, daß sie wieder zum Schwimmen gehen möchte und einen Wellensittich haben möchte. Auch Petra wollte wieder am Schwimmunterricht teilnehmen und wünschte sich eine Katze. Die Kinder gaben auf Befragen an, sie dürften nicht mehr am Schwimmen in der Schule teilnehmen, weil der Vater einmal im Schwimmunterricht erschienen sei und mitgeschwommen sei. Petra wünschte sich zudem mehr Taschengeld. Silvia schließlich wünschte sich eine Katze, ein Kaninchen und ein Streifenhörnchen.

Die zweite Testfrage mit der Weltreise, auf die die Kinder jeweils drei Personen ihrer Wahl mitnehmen könnten, wurde von allen drei Kindern dahin beantwortet, daß sie ihre Mutter mitnehmen wollten und jeweils ihre beiden Schwestern. Als sie gefragt wurden, wen sie als vierte Person mitnehmen würden, wenn dies möglich sei, erwiderten alle, sie würden ihre Freundin mitnehmen.

Karin wurde sodann konkret gefragt, ob sie den Vater denn nicht mitnehmen wolle. Sie erwiderte: ›Nein‹. Der Vater würde immer schimpfen. Dies wurde dann von den beiden anderen Mädchen bestätigt.

Soweit erinnerlich, wurde auch die Frage gestellt, ob sie sich nicht wünschten, daß die Eltern zusammenkämen. Dies wurde glaublich verneint. Die Mädchen betonten immer wieder, der Vater schimpfe.«

Seitdem hat der Vater nunmehr bereits fünf Jahre keinen Kontakt mehr zu seinen Töchtern.

Und das ungekürzte Anhörungsprotokoll eines fünfjährigen »Rechtssubjekts«:

»Jan sagte, daß er heute nicht im Kindergarten gewesen sei, weil er ausgeschlafen habe. Auf die Frage, ob der Vater ihn mal wieder besuchen solle, sagte er, er habe keinen Vater. Und warum nicht? Weil der Vater mit seiner Mutter geschimpft habe. Dann sagte er: Wenn Udo mich mal wieder abholt, gehen wir irgendwohin. Letztes Mal waren wir auf dem Spielplatz, da bin ich auf eine Burg geklettert. Wenn er mich mal wieder abholt, will ich wohl ganz gerne mitgehen.

Das Protokoll wurde Jan vorgespielt.

Auf die Frage, ob ich alles richtig diktiert habe, sagte er: Ja, aber ohne Punkt.«

Es fällt nicht leicht, dieses manchmal zwischen Unfug und Karikatur angesiedelte Szenario mit den hehren Worten des Bundesverfassungsgerichts zur Deckung zu bringen:

»§ 50b FGG entspricht dem verfassungsrechtlichen Gebot, bei Sorgerechtsentscheidungen den Willen des Kindes zu berücksichtigen, soweit dies mit seinem Wohl vereinbar ist. Eine Entscheidung, die den Belangen des Kindes gerecht wird, kann in der Regel nur ergehen, wenn das Kind in dem gerichtlichen Verfahren die Möglichkeit erhalten hat, seine persönlichen Beziehungen zu den übrigen Mitgliedern erkennbar werden zu lassen. … Das Ergebnis und der Erfolg einer persönlichen Anhörung des Kindes durch das Gericht werden allerdings entscheidend davon abhängen, in welchem Maß der Richter die Fähigkeit zur Einfühlung in die besondere psychologische Situation des Kindes besitzt und ob es ihm gelingt, mit dem Kind ins Gespräch zu kommen.«[20]

So sehr mir ansonsten die Entscheidungen des höchsten deutschen Gerichts im Hinblick auf ihren psychologischen Gehalt auch imponieren, der Gedanke, ein Kind müsse ausgerechnet vor Gericht die Gelegenheit bekommen, »seine Beziehungen zu den übrigen Mitgliedern« (der Familie) erkennbar werden zu lassen, darauf muß man wirklich erst einmal kommen. Zumal dasselbe Gericht nur kurze Zeit später zu erkennen gab, daß es durchaus wußte, worauf es Kindern – und zwar allen – ankommt, daß nämlich ihr »zentrales Interesse auf eine kindheitslange unauflösliche Eltern-Kind-Beziehung gerichtet ist«.[21] Wozu es also nochmal persönlich anhören? Dem läßt sich zwar nicht ganz zu Unrecht entgegenhalten, daß vor allem manche älteren Kinder über die Möglichkeit, dem Gericht ihre Meinung vortragen zu können, ausgesprochen froh sind (vgl. Felder, 1989). Doch das beweist noch lange nicht den Wert, schon gar nicht den rechtsstaatlichen, der Anhörung. Denn bei genauerer Betrachtung verbinden diese Kinder damit lediglich die Hoffnung, das Gericht durch den persönlichen Kontakt verbindlich davon überzeugen zu können, ihrem Aufenthaltswunsch auch wirklich stattzugeben. Weil sie befürchten, es könnte sich andernfalls vielleicht doch darüber hinwegsetzen. Denn bekannt ist dem Richter zu diesem Zeitpunkt ohnehin meist längst, was sie sagen werden (Freund; 1982). Jedenfalls dann, wenn das Jugendamt zuvor psychologisch verantwortungsbewußt gearbeitet hat.

Insofern sollte es zwar selbstverständlich sein, Kindern bei der Entscheidung über ihren weiteren Aufenthalt ein Mitspracherecht einzuräumen. Doch das hat zuallererst mit dem Respekt vor einem *menschlichen* und nicht einem rechtlichen Subjekt zu tun. Entsprechend käme es darauf an, die Meinung dieser Kinder im außergerichtlichen Raum, gemeinsam mit ihren Eltern, in die Zukunftsüberlegungen mit einzubeziehen und nicht, wie es der § 50b FGG (2) für über Vierzehnjährige vorsieht, im Gerichtssaal.[22]

Denn auch bei älteren Kindern geht jede Verrechtlichung ihrer Problematik, in die sie unfreiwillig hineingeraten sind, an der wahren Natur ihres Dilemmas vollkommen vorbei. Sich in der aufgeheizten, spannungsgeladenen Luft eines kontradiktorisch angelegten Verfahrens gegen einen Elternteil aussprechen, das wollen auch sie nicht – es sei denn, sie sind durch die Verantwortungslosigkeit eines Elternteils rücksichtslos vereinnahmt worden. Doch um diesen Mißbrauch abzustellen, hilft ganz sicherlich keine Anhörung weiter.

Insofern war auch der vieldiskutierte Beschluß des Amtsgerichts Mönchengladbach von 1985 – der bisher allerdings kaum Folgebeschlüsse zeitigte –, mit dem einem über 14 Jahre altem Kind ein eigener Rechtsbeistand beigeordnet wurde, sicherlich gut gemeint. Im Grunde jedoch war es eine »Lösung 1. Ordnung« nach dem Muster »mehr desselben« (Watzlawick, Weakland & Fisch. 1979), die von vornherein keinen Erfolg haben konnte. Weil ein Gericht den vom »Anwalt des Kindes« vorgebrachten Wunsch nach Befriedung zwischen seinen Eltern zwar zur Kenntnis nehmen (den kennt es allerdings regelmäßig auch ohne anwaltliche Beschwörungen), nicht jedoch »umsetzen« kann.[23]

Die vermeintliche »Verstärkung« der kindlichen Position durch ein eigenes anwaltliches Sprachrohr war deshalb nichts anderes als der untaugliche, weil im juristischen Menschenbild verhaftet bleibende Versuch, das Scheidungsverfahren unter Beibehaltung des Streitmodells kinderfreundlicher zu gestalten (vgl. auch Salgo, 1985). Ein Unding, solange dabei der grundlegende Unterschied zwischen den psychischen Bedürfnissen – die immer nur herstellbar und nicht einklagbar sind – und den Rechtspositionen von Kindern unberücksichtigt bleibt.

Selbstverständlich mag es insbesondere in sorgerechtsstreitigen Fällen – solange das kinderfeindliche Verbundverfahren und der amtliche Regelungszwang weiterbestehen – guten Sinn machen, daß ein Richter das Kind, für das er anschließend Lebensweichen stellt, zuvor auch persönlich einmal »kennengelernt« hat. Doch Kennenlernen, ein Kind in seiner seelischen Zerrissenheit oder in seiner psychischen Instrumentalisierung zu erleben, das ist etwas ganz anderes als es durch einen holprigen, oft verkrampften Dialogversuch im Dienstzimmer, im Gerichtssaal oder sogar – man mag es kaum fassen – in Gegenwart seiner Eltern und deren Anwälten, nach Wartezeiten auf dem Gerichtsflur von bis zu drei Stunden, anzuhören und mehr oder weniger gut getarnt »auszuhorchen«. Oder es als selbsternannte richterliche Mini-Gutachter mit Albernheiten wie dem »Feetest« zu traktieren, um seine Bindungen und Neigungen auszukundschaften.

Deshalb: Möchte ein Richter ein Kind kennenlernen, ihm wirklich »begegnen«, dann sollte er sich dahin begeben, wo dieses Kind lebt. Nicht nur örtlich, sondern psycho-sozial. Das heißt, er sollte gemeinsam mit dem Kind auch dessen anderen Elternteil aufsuchen – ganz, wie es das bedauerlicherweise längst wieder eingeschlafene »Bielefelder Modell« einmal vorsah (Prestien, 1982). Dabei könnte allerdings herauskommen, daß etlichen Richtern nach einer solchen »Anhörung« die Lust auf jede anschließende »Kindeszuteilung« (Duss-von Werdt, 1985) gründlich vergeht.

Doch solange Mediziner wie der heute wieder in der Expertenkommission zur Reform des Nichtehelichenrechts sitzende Kinder- und Jugendpsychiater Reinhard Lempp (Lempp, von Braunbehrens, Eichner & Röcker, 1987) dem Justizministerium in einer Auftragsarbeit – nach deren Studium eigentlich niemand nicht betroffen sein dürfte und der ich diese Beispiele entnommen habe – abschließend dennoch bescheinigen, daß die mit der Anhörung verbundenen Belastungen für Kinder »nicht unzumutbar« seien (»Wir haben nur sehr wenige Kinder angetroffen, die durch die Anhörung in so starke Mitleidenschaft gerieten, daß ihre Bewältigungsmöglichkeiten nicht ausreichten und sie in starkes Weinen oder Panik gerieten.« S. 104) – ganz im Gegensatz zur Ansicht einer ganzen Reihe sensibler Familienrichter, wie dort ebenfalls berichtet wird –; solange sich Gerichte aller Instanzen weiterhin von der Idee betören lassen, jedes Kind habe letztlich einen »wahren Willen« im Hinblick auf die Präferenz für einen Elternteil, und wenn der sich nicht in der Anhörung zu erkennen gibt, dann muß er halt auf andere Weise gefunden werden, dann komme man eben »um eine Exploration mit psychologischen Hilfsmitteln, d. h. mit projektiven Testverfahren und ihre allerdings kritische (?) Anwendung nicht herum« (Lempp, 1974, S. 132); solange wird sicherlich niemand über eine Reform der Anhörungsvorschrift auch nur ernsthaft nachdenken.

Dem erfahrenen Praktiker und ungewöhnlich engagierten Senats-vorsitzenden Eschweiler (1988, S. 443) ist zwar grundsätzlich zuzustimmen, wenn er meint, der Richter habe eine Chance, im Interesse des Kindes auf eine Befriedung seiner Eltern hinzuwirken: »Die Kindesanhörung kann einen Weg darstellen, aus diesem Dilemma (daß das Verfahren den Elternkonflikt zu Lasten des Kindes verschärft) herauszufinden: Indem der Familienrichter seine Wahrnehmungen des Kindes den Positionen der Erwachsenen gegenüberstellt. So kann er den Eltern helfen, über ihren eigenen Problemen wieder ein Stück mehr von den Bedürfnissen ihres Kindes in den Blick zu bekommen, dessen Wohl sie ja eigentlich auch wollen. Einer am Kindeswohl orientierten Familiengerichtsbarkeit eröffnet die Kindesanhörung daher eine wichtige Chance. Es ist dringend zu wünschen, daß sie ihre Kompetenzen erweitert und diese Chance nutzt.«

Doch warum sollen Richter Kinder erst vorladen, um im günstigsten Fall von ihnen zu hören, was sie ohnehin längst wissen? Solange der Kontakt zum Kind nicht auf andere, humanere Weise hergestellt wird, bleibt deshalb das »rechtliche Gehör« für unzählige Scheidungskinder weiterhin das, was es von Anfang an war: ein die Illusion vom »Grundrechtsträger Kind« notdürftig verschleierndes Potemkinsches Dorf, dessen Fassade Angst und Schrecken auszulösen vermag. Ein allein der Zufriedenheit des Justizapparats dienendes Verfahrenselement.

FEMINISTISCHE IRRTÜMER

Kinder, deren geschiedene Mütter feministischen Ratschlägen folgen, können sich ihre Wünsche nach einer möglichst unbeschwerten fortbestehenden Elternschaft meist abschminken. Denn die ohnehin schwere Kooperation zwischen den Erwachsenen wird von dieser Position her gar nicht erst in Betracht gezogen, alles dreht sich fast ausschließlich ums Recht: ums Sorgerecht. Was muß ich tun, um in den Besitz dieses exklusiven Titels zu kommen? Und wenn ich ihn habe, wozu bin ich dann »verpflichtet«, bzw. wozu kann mich keiner zwingen? (Vgl. Bechler-Minack u. a., 1987; 1992).

Keine Frage: Mütter, denen selbst der letzte Rest an Einfühlungsvermögen in die Seelenlage ihres Kindes verlorengegangen ist, sind bei den Feministinnen bestens aufgehoben. Nirgendwo werden sie gründlicher, nirgendwo aber auch einseitiger beraten als bei ihnen. Doch wenn aus den sinnlichen »Beziehungen« von Kindern mit spitzer Feder zugeteilte »Besuchszeiten« werden, wenn Kinder ihren Vätern (notgedrungen) »zur Verfügung« gestellt werden, dann geht es nicht länger um ein wie auch immer verstandenes Kindeswohl, dann ist das Kind lediglich »Objekt«, eine faustpfandgleiche Trophäe für seine »rechtmäßige« Besitzerin.

Der hinter diesem seelischen Mißbrauch liegende Irrtum ist mindestens ein doppelter. Zum einen wird eine semantisch zwar naheliegende, psychologisch jedoch unsinnige Gleichsetzung zwischen dem Rechtstitel »Sorge«-Recht und der alltäglichen Erbringung von Versorgungs- und Betreuungsleistungen vorgenommen, wobei natürlich heute immer noch für die Mehrzahl aller Familien gilt, daß diese Leistungen während der Ehezeit überwiegend von Müttern erbracht werden. Wie sollte es bei dem immer noch vorherrschenden Familienmodell – Frauen als Hausfrau und Mutter, Männer verdienen den Lebensunterhalt – auch anders sein?

Doch was folgt daraus schon? Ich bin sicher, jede Mutter würde sich dem Ansinnen ihres Mannes, aufgrund ihres Primates an der Kinderbetreuung noch in Ehezeiten das Sorgerecht an sie abzutreten, vehement mit dem Hinweis widersetzen, das Sorgerecht sei nicht der Rechtsrahmen für ein Betreuungsverhältnis, sondern für ein – einzigartiges – Beziehungsverhältnis, der Name für eine elterliche Verantwortungsgemeinschaft, unabhängig von der Aufgabenverteilung zwischen Mutter und Vater. Wobei sie sich sogar auf die Auslegung des Bundesverfassungsgerichts berufen könnte.

Wie unzutreffend die willkürliche Gleichsetzung von Sorgerecht mit dem mütterlichen Beitrag zur Elternverantwortung ist, zeigt sich aber auch unverzüglich bei diesem Gedankenspiel: Man stelle sich nur einmal vor, die elterliche »Sorge« würde nicht minder einseitig allein mit einer wirtschaftlich-materiellen Versorgung in Verbindung gebracht werden. Wobei niemand bezweifeln wird, daß dies selbstverständlich auch ein gewichtiger Aspekt elterlicher Sorge ist. Umgehend wären Väter die bevorzugten Aspiranten für das alleinige Sorgerecht, weil sie diese Leistung doch schon in

Ehezeiten erbrachten. Und Mütter, die in der Mitverantwortung für ihr Kind bleiben wollten, müßten sich dann dasselbe sagen lassen, was die Feministin Flügge (1991, S. 15) heute Vätern entgegenhält: »Damit wird verschleiert, daß sie nach wie vor die (materielle) Versorgung der Kinder den (Vätern) überlassen.«

Man kann die von vielen Frauen als benachteiligend empfundene Rollenaufteilung zu Recht beklagen; ihre Veränderung ist jedoch in erster Linie kein elterliches, sondern ein gesellschaftliches Problem, bei dessen Lösung es darauf ankäme, durch Schaffung von Teilzeitarbeitsplätzen für Männer erst einmal die Voraussetzungen für eine stärkere Beteiligung an der Kinderbetreuung zu schaffen (Busch, Hess-Diebäcker & Stein-Hilbers, 1988).

Dabei darf allerdings nicht übersehen werden, daß das oft erst mit der Scheidung so beklagte Modell ehelicher Aufgabenteilung anfangs noch eine ganz andere Wertschätzung erfuhr. Denn niemand hat die Frau zu Haushalt und Kinderbetreuung »gezwungen«, zwischen den meisten Ehepaaren herrschte diesbezüglich vielmehr vollkommene Übereinstimmung und die mütterliche Entscheidung glich alles anderem als einem »Biß in den sauren Apfel«. Das ist vielfach auch heute nicht anders.

Insofern verkennt die Frauenrechtlerin Stein-Hilbers (1992, S. 65; Hervorh. von mir) die ganze Realität, wenn sie aus der unvermeidlichen Konfliktgeladenheit des Trennungsprozesses und der zwangsläufig damit einhergehenden Täter-Opfer-Polarisierung folgert: »Zu sehr haben dann vor allem Frauen das Gefühl, daß sie *schon immer* die Pflichten für Kinder allein übernehmen mußten und dies auch *weiterhin müssen*, während Rechte geteilt werden sollen und damit dem früheren Ehemann hohe Einflußmöglichkeiten auf die eigene Lebensgestaltung eingeräumt wird.« Die meisten Mütter »mußten« keine Pflichten übernehmen, sondern »wollten« dies ausdrücklich. Und auch von einem »weiterhin müssen« kann zumindest bei immer mehr Müttern überhaupt nicht die Rede sein.

Dazu brauchte Stein-Hilbers nur zur Kenntnis zu nehmen, daß ihre anwaltliche Kampfgefährtin Jutta Bahr-Jendges (1983, S. 19) berichtete, sie kenne aus ihrer Praxis »keine einzige Frau«, die jemals von sich aus mit dem Anliegen an sie herangetreten wäre, sich durch eine stärkere Mitbeteiligung des Vaters an der Kinderbetreuung entlasten zu wollen. Und Sibylla Flügge, eine andere Kollegin, mutmaßte (1991, S. 15; Hervorh. von mir): »Geht es am Ende den Frauen gar nicht um eine stärkere Beteiligung der Väter an der Erziehung? Fürchten sie, mit dem Einfluß auf die Erziehung das letzte Gewicht zu verlieren? In der Tat: Solange Frauen auf die *Bestätigung durch die Kinder* angewiesen sind, weil sie sich selbst nur als Mutter akzeptieren können und/oder weil sie sonst nicht genügend Bestätigung erhielten, stellt der ›neue Vater‹, der um die emotionale Abhängigkeit der Kinder konkurriert (?), eine *existentielle Bedrohung* dar.«

Solange ein Paar nicht in der Krise steckt, ist für beide jedenfalls völlig klar, daß Kinderbetreuung und Berufsarbeit zwei Seiten einer Medaille sind. Und genauso, wie man jedem Berufstätigen nur wünschen kann, daß seine Arbeit auch zur Stärkung von Identität und Selbstwert führt, genauso wird auch der alltägliche Umgang mit Kindern für all die Mütter den gleichen Effekt haben, die diese Rolle unter Zurückstellung eigener Berufstätigkeit wahrnehmen wollen. Bedenklich wird es lediglich dann, wenn im Sinne der Flüggeschen Gedanken die Kinder zum einzigen Identitätsstifter werden. Dann werden sie von ihren Müttern mehr gebraucht als umgekehrt.

Insofern ist der feministische Kampf für die gesellschaftliche Gleichstellung von Frau und Mann nur allzu berechtigt. Weil Kinder bestenfalls für eine begrenzte Zeit die wichtigste Anerkennungsquelle für ihre Mütter sein dürfen und weil – umgekehrt – Väter endlich die Gelegenheit bekommen müssen, ihren Selbstwert nicht allein im Beruf zu finden, sondern auch in der Betreuung ihrer Kinder. Ich stimme ihnen auch zu, daß mit dieser über Jahrhunderte tradierten Schieflage häufig eine Machtasymmetrie zugunsten von Männern einhergeht, unter der manche Frauen schmerzlich zu leiden haben. Schließlich kommt es nicht von ungefähr, daß zwei Drittel aller Scheidungen heute von ihnen beantragt werden.

Doch das darf man redlicherweise nicht pauschal »den Männern« anlasten. Denn diese Männer sind in einer Gesellschaft aufgewachsen und damit zu einem Rollenverständnis geführt worden, das ihnen später kaum größere Chancen läßt, ihren Platz in der eigenen Familie wesentlich anders auszugestalten, als sie es an den elterlichen Modellen von Vater (aber auch von Mutter!) gelernt und verinnerlicht haben. Und daß dieses (Selbst)Verständnis zumindest anfangs auch von vielen Frauen geteilt wird, das zeigt sich nicht zuletzt darin, daß diese Männer ja durchaus eine Partnerin gefunden haben.

Dennoch kann natürlich niemand eine in den Geschlechterrollen sozial angelegte Ungleichverteilung von Macht gutheißen. Denn die »muß« zwar kein Mann ausnutzen; doch dabei ist es so ähnlich wie auf dem Feld des nachehelichen Sorgerechts: Sobald der Rückzug auf eine Machtposition einmal möglich ist, erfolgt er spätestens in dem Augenblick, in dem für einen Konflikt in der Partnerschaft – ob zutreffend oder nicht – der andere, schwächere verantwortlich gemacht wird. Das ist, wie bereits dargestellt, ein Elementarmechanismus der Interpunktion.

Das eigentliche und allgemeine Problem besteht weniger in der tatsächlichen Machtausübung eines einzelnen. Selbstverständlich kann es in einem solchen konkreten Fall von Gewalt nur darum gehen, sich mit fachkundiger Unterstützung davor zu schützen, gegebenenfalls auch die Kinder. Doch die – unzulässige – Verallgemeinerung von einem gewalttätigen Ehemann auf »die Männer« ist etwas grundlegend anderes als das Erkennen eines allgemeinen Problems. Dort kommt es zuallererst darauf an, den Zugriff auf Machtmittel innerhalb eines sozialen Systems überhaupt zu verhindern, zumindest zu erschweren, aber auf keinen Fall sollten sie noch ausdrücklich angeboten werden.

Insofern würden mit einem ausschließlichen Austausch der Träger der Macht zwar die Gewichte auf der Waagschale der Geschlechter neu verteilt, doch die Ungerechtigkeiten würden nicht beseitigt, sondern nur von Männern auf Frauen verlagert.

Deshalb macht es sich Stein-Hilbers (1991, S. 200) entschieden zu einfach, wenn sie lediglich lapidar feststellt: »Sorgerechte für Kinder waren und sind immer auch ein Machtinstrument über den anderen Elternteil – ob man das nun wahrhaben will oder nicht.« Denn sie übersieht hierbei, daß dieser Wechsel von der »ökonomischen« Macht des Mannes zur »rechtlichen« Macht der Frau keine Binnenangelegenheit der Erwachsenen mehr ist, sondern diesmal zu Lasten eines Dritten, des Kindes, geht.

Daß dieser Wechsel in der Tat mit Macht zu tun hat, steht zwar auch für Feministinnen außer Frage: »Der Vorteil, den sich Mütter von der faktischen Alleinverantwortung versprechen können, ist die Liebe des Kindes, aber auch die daraus resultierende Kontroll- und Herrschaftsgewalt.« (Flügge, 1991, S. 12) Doch dabei wird vollkommen ignoriert, daß diese »Kontroll- und Herrschaftsgewalt« nur über das Kind ausgeübt werden kann, über das Spektrum von Eingriffen in seine Beziehung zum Vater, von knapp dosierten Umgangskontakten bis hin zu deren Verweigerung.

Das ist dann auch der weitere und meines Erachtens folgenschwerste Irrtum der Feministinnen: Mit der selbstverständlichen Einbeziehung von Trennungskindern in den Erwachsenenkonflikt begehen sie denselben Fehler, den der Staat deren Eltern vorwirft, sie vermischen willkürlich die beiden Ebenen von Elternschaft und Partnerschaft miteinander. Mit den Worten von Jutta Bahr-Jendges (1988, S. 19; Hervorh. von mir): »Ich kann kaum vertrauen – trotz großen Wunsches auch meinerseits –, daß just in dem Moment eines neuen *Frauenverständnisses* sich die Männer auf ein neues *Vaterverständnis* besinnen.«

Der gänzliche Verzicht auf jegliche Differenzierung zwischen der unauflöslichen Personalunion von Geschlechter- und Elternrolle, die automatische Gleichsetzung von Frau mit Mutter bzw. Mann mit Vater (»Schutz allerdings brauchen immer noch mehr die Frauen/Mütter als die Männer/Väter«; Bahr-Jendges, 1988, S. 18) ist es dann auch, der das im Kern eigentlich nur vorbehaltlos zu unterstützende Engagement in Sachen Frauenemanzipation zugleich mit dem Ruch der Kinderfeindlichkeit belastet. Denn das Ergebnis ist regelmäßig eine unzulässige Instrumentalisierung, ein Mißbrauch des Kindes.

Mit dem Bewußtsein, ihrem Kind seelisch Schaden zuzufügen, könnte aber natürlich keine Mutter leben. Deshalb wird jeder Hinweis darauf entweder verharmlost: »Auch wenn in Einzelfällen die mangelnde Einsicht von Frauen in das Bedürfnis ihrer Kinder nach (weiterbestehendem) Kontakt zum Vater *bedauert* werden mag...« (Stein-Hilbers, 1991, S. 203, Hervorh. von mir). Oder die Wirklichkeit wird willkürlich so zurechtgestutzt, daß sie zum Feindbild vom männlichen Wolf selbst im väterlichen Schafspelz paßt. So wird zwar einerseits behauptet, »keine Frau hätte etwas dagegen, wenn der Mann, der Vater der Kinder, mit ihr sich verantwortlich fühlen würde für ihre gemeinsame Geschichte, ihre gemeinsamen Kinder: solidarisch.« (Bahr-Jendges, 1988, S. 19) Doch sobald Väter, die ihre Kinder betreuen, tatsächlich elterliche Solidarität wünschen und deshalb die Mütter über das gemeinsame Sorgerecht in die Mitverantwortung einbeziehen möchten – was sehr viel häufiger vorkommt, als umgekehrt (Limbach, 1989) –, dann steckt auch dahinter nur Verwerfliches: »Die Erklärung ist doch denkbar einfach: In der BRD gibt es nahezu keine Männer, die alleine Kinder erziehen, schon gar nicht schulpflichtige Kinder. Das Leben dieser Kinder im väterlichen Haushalt heißt, daß sie auch dort zumindest von einer Frau versorgt und betreut werden.«

Und der wahre Hintergrund für diese »Großzügigkeit« (so heißt es, wenn die betreuende *Mutter* für das gemeinsame Sorgerecht einsteht): »...ein Instrument väterlicher Kontrolle und Berechtigung...« (Bahr-Jendges, 1991, S. 20) Also alles nur Taktik, wie auch immer Väter sich verhalten mögen? Das hat schon wahnhafte Züge.

Das einzige, wobei ich den Feministinnen nur voll zustimmen kann, ist die Feststellung, daß eine »rein juristisch/rechtliche Behandlung der Sorgerechtspositionen für Kinder die... Probleme kaum entschärfen (kann)« (Stein-Hilbers, 1992, S. 65) und daß sich deshalb »jede Form von rechtlichem Zwang im Eltern-Kind-Verhältnis in der Regel fatal auswirkt« (Stein-Hilbers, 1991, S. 203). Ganz genauso ist es!

Doch wer dies einerseits zutreffend erkennt, gleichzeitig jedoch mit allen Mitteln auf eine Rechtsregelung in seinem Sinne pocht, verspielt seine Glaubwürdigkeit. Und wie sich in der Praxis die Kehrseite der feministischen Faszination vom »Machtinstrument« Sorgerecht, der tagtäglich gegen den Willen von Vätern angeordnete Sorgerechtsentzug, ohne »rechtlichen Zwang« vorstellen läßt, das bleibt ein feministisches Geheimnis.

Fazit: Wo immer ich im Rahmen meiner familiengerichtlichen Arbeit Müttern begegnete, die unverkennbar feministische Positionen vertraten, traf ich auf eine Verhärtung, die beängstigend war. Trotzdem war das eher eine Minderheit. Daneben habe ich inzwischen zahllose verzweifelte Frauen kennengelernt, die sich zwar nicht anders der psychischen Macht, manchmal auch Gewalt ihrer Männer zu erwehren wußten, als durch Trennung bzw. Scheidung. Nahezu immer waren diese Menschen jedoch zuallererst tief enttäuscht darüber, daß es ihnen nicht gelungen war, ihren Partner noch in Ehezeiten davon zu überzeugen, daß sie sich nichts mehr wünschten als einen veränderten, von Gleichwertigkeit und zwischenmenschlicher Achtung bestimmten Umgang miteinander. Und hätte er sich erreichen lassen, liebend gern hätten sie weiter mit ihm als Mann zusammen- und mit ihm als Vater Familie leben wollen.

Wer diesen »beziehungspsychologischen Hintergrund« einfach ausblendet, der mag sich als Frauenanwältin noch so stark und erfolgreich in Sachen Unterhalt ins Zeug legen – dem *Menschen* wird sie damit nicht gerecht. Im Gegenteil: Weil sie ihn im Grunde überhaupt nicht »verstanden« hat, schadet sie ihm mit all ihrem Engagement letztlich mehr, als daß sie ihm wirkliche Hilfe ist. Und das sind nicht nur meine Phantasien. Dafür kenne ich inzwischen einfach zu viele Frauen, denen der kämpferische Geist »ihrer Anwältin« einstmals viel Beruhigung und Sicherheit gab, Jahre später mußten sie jedoch nicht nur damit fertigwerden, daß ihnen ihre Kinder bittere Vorwürfe über die Beziehungsbehinderungen zum Vater machten, auch das Bewußtsein, von Unterhaltsleistungen des früheren Mannes oder Sozialhilfe für den Rest des Lebens abhängig zu sein, stürzte sie in schwerste Persönlichkeitskrisen.

Mit einem solchen Verständnis von Interessenvertretung, wie es die feministische Rechtsanwältin Heinke (1989, S. 78) einmal offenbarte, wird man der wahren Problematik des Trennungsgeschehens und damit des Zerbrechens einer Liebesbeziehung eben bestenfalls für die vorübergehende Phase der familiären Umstrukturierung nach einer Trennung gerecht. Darüber hinaus jedoch weder den Frauen, noch den Kindern. Die kommen allerdings in diesem beruflichen Credo zur ausschließlichen Interessenvertretung von Frauen ohnehin nicht vor.

»Für diese Entscheidung gibt es im wesentlichen einen Grund, der in verschiedenen Formen erscheinen mag: Inhalt anwaltlicher Arbeit ist wesentlich parteiliche Interessenvertretung. Bis zu einem gewissen Grade setzt sie Identifikationsmöglichkeiten voraus. Wir leben in einer Gesellschaft, in der Frauen strukturell benachteiligt sind. Diese Situation setzt sich in rechtlichen Auseinandersetzungen zwischen Frauen und Männern fort. Jede Vertretung eines Mannes in seiner Auseinandersetzung mit einer Frau bedeutet für eine Rechtsanwältin, gegen die ohnehin Benachteiligte zu arbeiten, gegen die eigene weibliche Identität und letztlich auch gegen die Interessen des männlichen Mandanten, weil die Selbstverleugnung Grenzen hat. Nur Frauen können Frauen parteilich vertreten. Männer können sich allenfalls um Objektivität bemühen, und das wiederum widerspricht (?) einerseits den Notwendigkeiten einer gezielten Interessenwahrnehmung, andererseits verbirgt sich hinter angeblich objektiven Maßstäben in aller Regel die männliche Subjektivität. Während weibliche Subjektivität weithin eben die von dieser Regel abweichende – und zu beweisende – Ausnahme darstellt.«

Aber auch umgekehrt: Ich weiß nicht, wie viele Männer mir als Sachverständigem schon hohe »Belohnungen« angeboten haben, wenn ich es schaffen würde, sie mit ihrer Frau wieder zusammenzubringen. Und inzwischen habe ich auch unzählige andere Männer kennengelernt, die erst nach dem endgültigen Schritt ihrer Frau überhaupt erstmals begriffen, wie sehr diese in der Vergangenheit gelitten und wie viele Signale nach Veränderung sie gesetzt hatte. Eine (zu) späte Erkenntnis, die diese Männer manchmal in tiefe psychische Krisen stürzte.

Daneben gibt es ganz gewiß auch jene gewalttätigen und machthungrigen, ihre Frauen mißhandelnden Männer, von denen in der feministischen Literatur die Rede ist (Bahr-Jendges' Interpretation der Eherechtsreform von 1976): »Die Frauen sollten gestärkt werden, die im Patriarchat riskieren, geschlagen und vergewaltigt, gedemütigt und ohne irgendeine wirtschaftliche Sicherung sitzengelassen zu werden.« (1988, S. 18). Doch daß damit ein zutreffendes Bild von »den Männern« gezeichnet würde, wie sie bei Scheidungen fast ausnahmslos anzutreffen wären, das halte ich schlichtweg für falsch. Nicht jede Flucht ins Frauenhaus ist Schutzsuche vor männlicher Gewalt; manchmal ist es auch lediglich die Durchgangsstation für einen ganz »normalen« Trennungsprozeß.

Wenn Männer vor dem Hintergrund steigender Scheidungs- und Wiederscheidungszahlen zu abschreckenden Monstern, zur Horrorvision vom »Mehrfachherrscher über mehrere Familien« (Bahr-Jendges, 1988, S. 19) verklärt werden – dann ist das nicht nur Unfug, das ist auch verantwortungslos. Und zwar vor allem im Hinblick auf die Kinder. Denn wer wollte einer Frau ihren Vorsatz, sie durch bedingungslose Abschottung vor ihrem Vater schützen zu müssen, verdenken, wenn sie davon überzeugt wurde, daß alle ihre trennungsbedingten Affekte und Emotionen allein auf die Machtgier, Gewalttätigkeit, Brutalität und Gefühllosigkeit dieses Mannes zurückzuführen sind?

Ich wüßte nur zu gerne, welche Vorstellungen die häufig alleinerziehenden Frauenrechtlerinnen – die meist das Glück hatten, ihre eigene Identität und Sinnstiftung nicht allein aus der Mutterrolle ziehen zu müssen (weniger aufgrund eigener »Erkenntnis«, dahinter stand eher die Gunst ihres persönlichen Familienschicksals), – von der späteren Männerrolle ihrer eigenen Söhne haben. Welchen Platz sie sich einmal als Großmütter erhoffen, wenn die Familie des eigenen Sohnes gescheitert sein und die Schwiegertochter mit den Enkeln so umgehen wird, wie sie es von den Feministinnen gelernt hat.

Jedenfalls schadet ihre undifferenzierte Panikmache nicht nur den Kindern beträchtlich. Zugleich ist sie auch absolut anti-emanzipatorisch, weil sie das frauenfeindliche Bild von der Mutter als Alleinverantwortliche für die Aufzucht und Erziehung von Kinder weiter hofiert und damit die berechtigten Forderungen nach Autonomie und gesellschaftlicher Gleichstellung der Frau konterkariert. Auch das ist ein feministischer Irrtum.

GEMEINSAMES SORGERECHT

Ein spät erkannter Fehler

Obwohl ich mit meiner damals recht provokanten Forderung vom »gemeinsamen Sorgerecht als Regelfall« selbst zu der bis heute anhaltenden Diskussion über die dem Kindeswohl angemessenste Sorgerechtsregelung beigetragen habe (vgl. Jopt, 1987), bin ich heute der Überzeugung, daß die ganze Auseinandersetzung in der Sache selbst zwar absolut richtig, das Sich-Einlassen auf die juristische Diktion jedoch in eine Sackgasse geführt hat, aus der ohne Neubesinnung auf das Eigentliche keiner mehr rauskommt. Dadurch, daß der – oft emotionale – Expertenstreit um das Für und Wider eines gemeinsamen Sorgerechts vorrangig ein Streit um einen

Rechtsbegriff ist, verhandeln Gegner wie Befürworter in erster Linie um unterschiedliche juristische Sorgerechtsmodelle. Das ist natürlich so lange, wie der Staat weiterhin an seiner sorgerechtlichen Regelungskompetenz festhält, auch nicht völlig falsch. Dennoch wird diese Form der Diskussion mit Sicherheit nie zu einem Abschluß führen.

Tatsächlich geht es im Familienrecht nämlich nicht um die Auflistung der Vor- und Nachteile dieser gegenüber jener Sorgerechtsalternative. Denn darin sind sich heute nahezu alle Scheidungsexperten einig: Nichts entlastet Trennungskinder stärker, nichts ist ihrem Wohl dienlicher als eine fortbestehende intakte Elternschaft trotz Scheidung. Völlig zutreffend verweisen sie lediglich darauf, daß die Herstellung dieses für Kinder idealen Zustandes in den weitaus meisten Fällen am »Faktor Mensch«, ihren verbittert und unnachgiebig streitenden Eltern, scheitere.

Das aber ist genau der Punkt. Solange lediglich Zustände miteinander verglichen werden, haben immer beide Seiten recht. Sowohl die, die auf die unverkennbare Zufriedenheit aller – Kinder wie Eltern – verweisen, wenn es den Erwachsenen gelungen ist, die Elternebene möglichst umfassend von ihren Beziehungskonflikten freizuhalten. Als auch die anderen, die betonen, daß diese Voraussetzung – leider – bei der überwiegenden Mehrzahl von Trennungseltern nicht besteht. Dabei muß es in dieser Diskussion ausschließlich ums Kind, um die Herstellung nachehelicher Lebensverhältnisse gehen, die ihm ein Optimum an fortbestehender Familienqualität sichern.

Im Grunde haben wir die Auseinandersetzung nicht als kinderkundige Fachleute, sondern als selbsternannte Minijuristen geführt, die sich so selbstverständlich innerhalb der juristischen Vorgaben bewegten, als wäre die Legislative ein einziges Gremium von hochkarätigen Psychologen, Pädagogen und anderen Kinderexperten, das mit seinen Sorgerechtsvorschriften lediglich den aktuellsten Stand der Entwicklungspsychologie gesetzlich dingfest gemacht hätte.

Während jeder vom Rechtsausschuß zur Anhörung gebetene Mediziner das zur Diskussion stehende Problem allein aus seiner medizinischen Sicht analysieren und kommentieren würde, präsentierten sich die meisten Nichtjuristen im Familienrecht eher als Sorgerechts- denn als Kinderexperten.

Durch dieses Verharren auf der Ebene von Rechtsverhältnissen, durch die ewige Neuauflage eines ebenso schlichten wie psychologisch unsinnigen Zuordnungsspiels zwischen der Konfliktstruktur einer Trennungsfamilie und dem dazu »passenden« Rechtsmodell, kamen – das mache ich mir heute selbst zum Vorwurf – unsere Argumente als Kinderkundler von Anfang an zu kurz. Wir hätten nicht müde werden dürfen, Juristen wie Politikern gegenüber immer wieder darauf hinzuweisen, daß das einzige zentrale Problem für alle Trennungskinder darin besteht, daß der Konflikt zwischen ihren Eltern weitestmöglich abgebaut wird. Und daß sich alle staatlichen Interventionen zum Wohle des Kindes ausschließlich daran messen lassen müssen, inwieweit sie zu diesem Ziel beitragen. Dann hätte die Diskussion um das gemeinsame Sorgerecht von vornherein eine ganz andere Richtung genommen. Dann wäre es nicht in erster Linie um die Frage gegangen, unter welchen familiären Bedingungen diese Rechtsform paßt und unter welchen nicht. Wir hätten deutlich machen können, daß *alle* Sorgerechtsmodelle – alleiniges wie gemeinsames – nicht rechtliche Absegnungen bestehender Verhältnisse sein sollten, sondern Vehikel, Steuerungshilfen für die Entwicklung eines psycho-dynamischen Prozesses, dessen konkreten Verlauf zwar niemand vorhersagen kann, über dessen zu wünschende Richtung jedoch für alle Fachleute kein Zweifel besteht.

Denn auch das muß man sich einmal vor Augen führen: Die Sprachfigur »gemeinsame elterliche Sorge« gibt es im Grunde nur, weil staatlicherseits eine Regelung getroffen werden *muß*. Wäre dies nicht der Fall – wie in all den Ländern, die eine Sorgerechtsentscheidung nur als Antrags- und nicht als Amtsverfahren kennen[24] –, käme vermutlich kaum jemand auf den Gedanken, im Zusammenhang mit einer Scheidung das Adjektiv »gemeinsam« überhaupt zu verwenden. Denn dann wäre es natürlich viel naheliegender, etwa von der »Beibehaltung«, dem »Fortbestand« oder der »Fortsetzung« der bisherigen Sorgerechtsverhältnisse zu sprechen.

Deshalb geht es in Wahrheit gar nicht um die Frage alleiniges oder gemeinsames Sorgerecht. Denn daß mit der Auswahl nur eines Elternteils der elterliche Streit beendet wäre, ist genauso ein Mythos wie die Vorstellung, daß alle Eltern, die sich für den gemeinsamen Rechtsweg entschieden haben, zukünftig konflikt- und spannungsfrei miteinander kooperierten (vgl. Wilde, 1989). Insofern kann man dem früheren Bundesrichter Simon (1984, S. 17) nur zustimmen: »Daher ist vor der Illusion zu warnen, ein gemeinsames Sorgerecht sei ein geeignetes Mittel, den Kindern das Schicksal von Scheidungskindern weitgehend zu ersparen.«

Die ganze Sorgerechtsdiskussion hätte also zentral mit der Frage des (staatlichen) Eingriffs verbunden sein müssen. Ist Trennungskindern im Hinblick auf einen Abbau elterlicher Spannungen mehr damit geholfen, wenn sie rechtlich einem Elternteil zugeordnet werden, sobald sich beide nicht einig sind? Oder sind ihre Chancen größer, wenn nur im nachgewiesenen Bedarfsfall einer anders nicht abzuwendenden Kindeswohlgefährdung interveniert wird?

Ein so verstandenes gemeinsames Sorgerecht wäre von Anfang an nie lediglich als eine von im Prinzip zwei staatlichen Interventionsmöglichkeiten verstanden worden. Statt dessen wäre es in erster Linie nichts anderes gewesen, als der juristische Name für den *Verzicht auf den Regeleingriff.* Und umgekehrt: Die Alleinsorge hätte gleichfalls zuallererst nur als Name für die *Notwendigkeit eines Eingriffs* gestanden.

Dann hätte schon viel früher das eigentliche Problem auf dem Tisch gelegen: Wie tauglich ist das Verbundverfahren bei Scheidung zur Abwehr eines trennungsbedingt gefährdeten Kindeswohls? Und soll die Sorgerechtsregelung ein Amtsverfahren bleiben oder besser nur noch auf ausdrücklichen Antrag durchgeführt werden?

Tatsächlich wurde mit der vorschnellen Bereitschaft zur Vernachlässigung kinder- und beziehungspsychologischen Know-hows zugunsten einer viel zu einseitigen und unreflektierten Einlassung auf juristische Denkvorgaben der kollegiale Disput vollkommen unnötig hochgepuscht. So weit, daß die Fachwelt heute in zwei unversöhnliche, emotional nicht weniger als Trennungseltern polarisierte, Lager von Befürwortern und Gegnern des gemeinsamen Sorgerechts aufgespalten ist (erst kürzlich handelte ich mir bei einer Diskussionsrunde im ZDF die wenig kollegiale Disqualifizierung »Schwachsinn« ein) – nach meiner Meinung ebenso sinnlos wie zu Unrecht.

Kurioserweise – der Senat mag es mir nachsehen – sind ausgerechnet die Richterinnen und Richter des Bundesverfassungsgerichts an
dem verzerrten und verkürzten Verständnis vom gemeinsamen Sorgerecht als lediglich einem von zwei alternativen Sorgerechtsmodel-
len nicht ganz unschuldig. Denn obwohl sie mit ihrer Entscheidung
vom 3. November 1982, mit der die gemeinsame elterliche Sorge
rechtlich (wieder) zugelassen wurde, einen bahnbrechenden und
psychologisch höchst bedeutsamen Schritt unternahmen, haben sie
gleichzeitig dafür gesorgt, daß die ganze Sorgerechtsproblematik
auf der Modellebene verankert blieb und sowohl bei den Rechtsan-
wendern, den Richtern, als auch in den einschlägigen Fachkreisen
eine im Prinzip fruchtlose Pro-Contra-Diskussion in Gang gesetzt
wurde (vgl. z. B. Luthin, 1987).
Es leuchtet mir zwar ein, daß das Verfassungsgericht nur dazu
Stellung nehmen kann, inwieweit eine Rechtsvorschrift mit verfassungsrechtlichen Grundnormen im Einklang steht oder nicht. Doch
gerade im Kindschaftsrecht ist eine solche Würdigung ohne Spreng-
ung des engen juristischen Rahmens, ohne Auseinandersetzung
mit den kindbezogenen Nachbarwissenschaften unmöglich. Entsprechend hatte sich der Senat auch gründlich informiert und in
seiner Entscheidung zum Ausdruck gebracht, daß das Interesse des
Kindes »auf eine kindheitslange unauflösliche Eltern-Kind-Bin-
dung gerichtet« (!) sei. Aber danach folgte lediglich ein entsprechender Appell an die Eltern, während das psychologische Terrain
sogleich wieder zugunsten des juristischen verlassen wurde.
Doch mit der Auflistung von Voraussetzungen, die für das gemeinsame Sorgerecht erfüllt sein müßten (gemeinsamer Elternwille und
vorhandene Erziehungseignung, darf dem Kindeswohl nicht entgegenstehen), stellte das Verfassungsgericht – wenn vielleicht auch
unbeabsichtigt, wie Hinz (1984) mit viel Sorgfalt und unverkenn-
barer Anteilnahme nachzuweisen versuchte – anschließend wiederum klar, daß es sich beim gemeinsamen Sorgerecht eben doch
weniger um ein Programm, die optimale Zielstrategie im Interesse
von Trennungskindern handelt, sondern um ein rechtliches Modell, das sich regelmäßig erst einer Tauglichkeitsprüfung durch den
Richter zu unterziehen hat, bevor es zur Anwendung kommt.

Womit sie sofort wieder da war, die rechtsgriffige Vorstellung eines auszulotenden familiären »Zustandes«, die dem Gericht zugewiesene Ermittlung von geeigneten Verhältnissen als Voraussetzung für die »Übertragung« eines gemeinsamen Sorgerechts als Rechtsmittel. Eine Sichtweise, zu der sicherlich auch noch ein eher nebensächlicher, vermutlich zur Ermutigung der Rechtsanwender gedachter, Hinweis auf die Stabilität dieses Sorgerechtsmodells beigetragen hat. Denn im Hinblick auf eine eventuelle Abänderungsnotwendigkeit befanden die Verfassungsrichter:

»Auch in einem solchen Fall kann es jedoch sein, daß gerade der Lebensabschnitt des Kindes, in dem die Eltern noch in der Lage waren, ihre Elternverantwortung gemeinsam weiterhin zu tragen, sich als entscheidend für die Entwicklung des Kindes erweist und daß sich insoweit das gemeinsame Bemühen der Eltern um ihr Kind positiv ausgewirkt hat. Mithin kann auch eine durch gemeinsame Wahrnehmung der elterlichen Sorge gewährleistete elterliche Erziehungskontinuität auf Zeit im Interesse des Kindeswohls liegen.«[25]

Natürlich – auch das war eine durchaus wichtige Anmerkung. Doch vor dem Hintergrund des gesetzlichen Regelungszwanges wurde wiederum der Blick auf die (Rechts)Form gelenkt und nicht auf Entwicklungsbedingungen. Womit dem juristischen Denkschema voll entsprochen wurde. Doch von der lediglichen Ermittlung von »Verhältnissen« zur anschließenden Herstellung »klarer Verhältnisse« ist es gerade für Richter, deren eng geschnürtes juristisches (Denk)Korsett für den verfassungsgerichtlichen interdisziplinären Weitblick keinen Platz bietet, nur ein Katzensprung.
Dazu ein Beispiel aus D. aus dem Jahr 1991 (die beiden Kinder sind 11 und 13 Jahre alt). Beide Eltern hatten das gemeinsame Sorgerecht beantragt und wollten möglichst schnell geschieden werden.

Aus der Stellungnahme des Jugendamtes:

»Was seine Sorge um die eigenen Kinder angeht, darf auch diesbezüglich als sicher angenommen werden, daß Herr B. ein auf fester Grundlage stehendes Vertrauensverhältnis zu seinen Kindern aufgebaut hat, das manchen Anfechtungen zu trotzen vermag.

Frau B. versichert auf Befragen, sie stehe mit ihrem Mann in gutem Einvernehmen, was die Versorgung und die erzieherische Betreuung der Kinder angeht. Hier habe es bisher so gut wie gar keine Probleme bzw. Meinungsverschiedenheiten gegeben. Für sie stellt die Beantragung des gemeinsamen Sorgerechts eine folgerichtige und den Kindern angemessene Lösung dar, die schon seit langem mit ihrem Mann und den Kindern vorbesprochen wurde ...

Beide Kinder wünschen auf Befragen ausdrücklich, daß beide Eltern die elterliche Sorge bekommen ...

Aus den geführten Gesprächen und den Beobachtungen läßt sich aus hiesiger Sicht die Schlußfolgerung ziehen, daß der Entschluß der Eltern in ehrlichem Dialog herangereift ist und daß die Übertragung des Sorgerechts auf beide Eltern für das Wohl und die gesunde Entwicklung der Kinder förderlich sein würde.

Es wird daher vorgeschlagen, dem Wunsch der Eltern entgegenzukommen.«

Trotzdem hatte der Richter gegen eine Übernahme dieses Vorschlags »Bedenken« und signalisierte, daß er ihn nicht aufgreifen wolle. Worauf sich die verärgerten Eltern darauf verständigten, nunmehr zunächst eine Sorgerechtsübertragung auf die Mutter zu beantragen, damit das Scheidungsverfahren ohne Verzögerung abgeschlossen werden konnte, um anschließend – was sie natürlich nicht laut sagten – umgehend einen Abänderungsantrag zu stellen. Das gefiel jetzt auch dem Richter.

Doch Richterwillkür kann eine harte Nuß sein. Denn als sie ein halbes Jahr nach Scheidung ihren – staatlich erzwungenen – strategischen Plan ausführen wollten, mußten sich die Eltern belehren lassen:

»Es trifft zwar zu, daß die Eltern ursprünglich beabsichtigten, gemeinsam in der Zeit nach der Scheidung ihrer Ehe die elterliche Sorge auszuüben. Vor einer Erörterung der Bedenken ... haben die Eltern offenbar nach Kenntnis von den Bedenken des Gerichts ihre Meinung geändert und übereinstimmend beantragt, die Mutter mit der elterlichen Sorge zu betrauen ...

Wenn die Antragstellerin nunmehr vortragen läßt, zu dem gemeinsamen Vorschlag in dem Ehescheidungsverfahren überhaupt nur gekommen zu sein, um auf prozeßrechtlichen Überlegungen eine schnellere Scheidung herbeiführen zu können, erscheint dieser Umstand keineswegs geeignet, anzunehmen, daß die getroffene Entscheidung über die elterliche Sorge dem Kindeswohl nicht entspricht. Da in keiner Weise vorgetragen ist, daß sich die Umstände seit der Entscheidung vom 26. Juli 1990 in der einen oder anderen Richtung zuungunsten der Kinder geändert haben, erscheinen die Voraussetzungen für eine erneute Überprüfung nicht gegeben und die Voraussetzung für die Abänderung nach § 1696 BGB nicht vorzuliegen.

Die Entscheidung vom 26. Juli 1990 entspricht eindeutig dem gemeinsamen Vorschlag der Eltern, so daß der nunmehrige Antrag auf Abänderung zurückzuweisen war.«

Daran hatte seinerzeit das Justizministerium mit seinen Bedenken gegen eine Zulassung des gemeinsamen Sorgerechts nun wahrhaftig nicht gedacht. Denn damals begründete es seine ablehnende Haltung noch damit, daß die Einigung weniger am Interesse des Kindes, sondern dem der Eltern orientiert sein könnte – sozusagen als abgetrotzter Zoll für eine schnelle Scheidung. Hoffentlich beschämt es heute den Referenten, wenn er liest, mit welcher unglaublichen Anmaßung nicht die Eltern, sondern der Staat selbst zu dieser pervertierten Form von »Scheidungskosten« nötigen kann.

Jedenfalls gingen die Eltern, die sich mit diesen Ablehnungsbegründungen nicht zufriedengeben wollten, umgehend in die Beschwerde. Natürlich mit Erfolg – ohne größere Erörterungen wurde der Beschluß des Amtsgerichts aufgehoben und den Eltern das gemeinsame Sorgerecht zugesprochen, wie sie es von Anfang an immer gewünscht hatten.

Umsonst gab es diesen vollkommen unnötigen Kampf um den Fortbestand einer Nachscheidungsfamilie allerdings nicht. Die durch die anmaßende Selbstgerechtigkeit eines Einzelrichters entstandenen zusätzlichen Anwaltskosten als »Preis« für das gemeinsame Sorgerecht hatte nicht er, sondern die zu Bittstellern degradierten Antragsteller zu tragen. Denn – so das OLG Hamm: »Für die beantragte Überbürdung der außergerichtlichen Kosten auf die Landeskasse fehlt es an einer gesetzlichen Grundlage.«

Das hätte der Senat durch eine Klarstellung, daß das gemeinsame Sorgerecht nicht nur eine Modellvariante ist, meines Erachtens doch vielleicht verhindern können: das Mißverständnis mancher Amtsrichter, bei ihrem *Hoheitsakt* handle es sich um einen *Gnadenakt*.[26]

Nach rein marktwirtschaftlichen Kriterien scheint das gemeinsame Sorgerecht – jedenfalls in der Bundesrepublik – kein sonderlich attraktives Produkt zu sein, und jeder Hersteller hätte bei einem vergleichbaren Marktanteil die Produktion vermutlich längst eingestellt. Selbst drei Jahre nach seiner Einführung am 3. November 1982 belief sich die Nachfrage auf nicht einmal zwei Prozent (Limbach, 1989).[27]

Diese Quote dürfte inzwischen zwar deutlich höher liegen, sich vielleicht verdoppelt oder sogar verdreifacht haben, aber mehr auch nicht. Das heißt, immer noch ist die Übertragung des Sorgerechts auf einen Elternteil – zu 85 bis 90 Prozent auf die Mutter – der Regelfall. Das führt zwangsläufig dazu, daß sich jemand, der sich wie ich für eine fortbestehende elterliche Verantwortungsgemeinschaft einsetzt, dem Verdacht aussetzt, er wäre ein Interessenvertreter von Männern und machte sich dafür stark, daß Frauen Rechte genommen werden sollten.

Doch aus der Perspektive von Kindern – und die allein ist entscheidend – geht es weder um Rechtstitel noch um Geschlechtsrollen, sondern ausschließlich um ihre Mütter als die eine Seite ihrer Eltern. Es stimmt natürlich, daß mit dem gemeinsamen Sorgerecht Frauen etwas weggenommen und Männern etwas gegeben wird. Ich wüßte allerdings auch nicht, wie sich die Problematik sonst lösen ließe. Jedenfalls heute nicht mehr. Denn nirgendwo hat sich der unglückliche Verzicht des Bundesverfassungsgerichts auf eine Klarstellung, daß es beim gemeinsamen Sorgerecht weniger um einen Rechtstitel, sondern in erster Linie um eine programmatische Grundeinstellung – um ein »Projekt« (Suess, 1990, S. 281) bzw. »um ein psychologisches Konzept jenseits aller denkbaren juristischen Sorgerechtsmodelle« (Fthenakis, 1988, S. 580) – gehe, nachteiliger ausgewirkt als auf das Verhalten von Müttern. Nahezu ausnahmslos sind sie es, die sich dem Wunsch des Vaters, für die gemeinsamen Kinder auch rechtlich weiterhin mitverantwortlich bleiben zu wollen, meist ohne weitere Begründung widersetzen und darauf bestehen, daß nur ihnen allein das Sorgerecht zugesprochen werden soll.

Vor dem Hintergrund der zahlreichen Funktionen, die mit diesem

Titel verbunden sein können (vgl. 3. Kapitel), ist dieser Wunsch zwar nachvollziehbar, doch im Hinblick auf die Bedürfnisse des Kindes – und allein darum geht es – ist der saloppe Einschnitt ins Elternrecht nach einem schlichten mütterlichen »Nein« in den weitaus meisten Fällen schädlich, ja gefährlich. Ganz abgesehen davon, daß mit dem Modell »Kopfschütteln genügt« regelmäßig gegen die Rechtsvorschriften des auch von der Bundesrepublik anerkannten und damit rechtlich verbindlichen UN-Zivilpaktes (IPBPR) verstoßen wird (Koeppel & Reeken, 1992; Brötel, 1991 a; Ullmann, 1986; 1988).[28]

Das hat ursprünglich auch das Verfassungsgericht so gesehen. Denn in seiner Entscheidung vom November 1982 hat es mit sehr deutlichen Worten klargestellt: »Es ist daher in erster Linie das Kind, das durch die Verweigerung eines gemeinsamen Sorgerechts seiner geschiedenen Eltern in diesen Fällen getroffen wird.«

Doch über diese Feststellung ging der Senat – leider – nicht hinaus. Insbesondere unterblieb jeder Hinweis darauf, wie die Gerichte mit dem »Verweigerer«, mit dem Elternteil, der sein Kind vorsätzlich »trifft« – heute wissen wir, daß dies der Regelfall ist, aber das hätte man sich eigentlich auch damals schon denken können – umgehen sollen.

Das hat die Konsequenz, daß unter Berufung auf das Kindeswohl in den weitaus meisten Fällen gerade dem Elternteil das alleinige Sorgerecht zugesprochen wird, der durch sein Veto zuvor unmißverständlich dokumentiert hat, wie wenig ihm daran gelegen ist, zur seelischen Entlastung seines Kindes beizutragen. Das ist schon mehr als grotesk.

Dazu als Beispiel die wesentlichen Aussagen der vom Gericht anschließend übernommenen Begründung eines Gutachters in einem der wenigen mir bekannten Abänderungsverfahren – nachdem die Eltern bis dahin zweieinhalb Jahre lang das gemeinsame Sorgerecht praktiziert hatten:

Frau P. wolle sich, offenbar um ihr Selbstwertgefühl zu stabilisieren, konsequent von ihrem ehemaligen Ehemann abgrenzen. Die Tochter leide sehr darunter, daß sie sich zwischen ihren Eltern für die Mutter entscheiden *muß*, denn sie hat zu beiden Eltern außerordentlich gute Beziehungen. Doch weil das neunjährige Mädchen in jedem Fall auch weiterhin bei seiner Mutter wohnen möchte, steht das Ergebnis fest: Wegen der unterschiedlichen Einstellungen von Vater und Mutter ist eine gemeinsame Ausübung des Sorgerechts nicht mehr möglich. Rein faktisch übt Frau P. das Sorgerecht für Anke aus. Sowohl vom Kontinuitätsprinzip her als auch von den Beziehungen Ankes her und schließlich auch dem Willen des Kindes entsprechend (?) ist eine Sorgerechtsübertragung auf die Mutter auch aus psychologischer Sicht am ehesten mit dem Kindeswohl zu vereinbaren.

Wobei ich ja noch verstehen kann, wenn diese Absurdität zu Lasten des Kindes von Frauenrechtlerinnen – bis hin zu einschlägigen politischen Gruppierungen[29] – freudig begrüßt und als wertvolle Errungenschaft erbittert verteidigt wird. Sie behaupten ja – gottlob – auch nicht, die Interessen von Kindern zu vertreten. Wenngleich sich auch in Anbetracht der parteipolitischen Dimensionen, die dieser »Kampf« inzwischen bekommen hat, zumindest Väter schon gründlich überlegen sollten, wem sie bei der nächsten Wahl ihre Stimme geben. Zumindest sollten sie nicht versäumen, die Bundes- und Landtagskandidaten vorher nach ihrem Standpunkt in Sachen »Trennungskinder« gründlich zu befragen.

Was ich jedoch nicht verstehe, ist die Blauäugigkeit, mit der ein ausdrücklich durch die gesamte Trennungsproblematik überhaupt erst ins Leben gerufener Verband, der »Verband alleinerziehender Mütter und Väter« (VAMV), in das gleiche Horn bläst. So liest man von seiner Geschäftsführerin Edith Weiser, die es als das gemeinsame Sorgerecht praktizierende Mutter eigentlich besser wissen müßte:[30]

»Der VAMV fordert daher, daß es kein gemeinsames Sorgerecht als Regelfall nach der Scheidung gibt. Eine juristische Entscheidung kann eine Problematik, die in der Beziehung zweier Menschen liegt, nicht lösen ... Der Begriff ›gemeinsame elterliche Verantwortung‹ wird häufig dem gemeinsamen Sorgerecht gleichgesetzt. Dies ist aber falsch. Die ›gemeinsame elterliche Verantwortung‹ drückt aus, daß Eltern auch nach der Trennung Entscheidungen zum Wohle des Kindes treffen, daß auf beiden Seiten ein Interesse am Kind bestehen bleibt. Auch die Frage des Sorgerechts, die Intensität der Kontakte des Elternteils, der nicht mit dem Kind lebt, gehört zu dem Themenkomplex.

Das gemeinsame Sorgerecht dagegen ist ein juristischer Tatbestand, das heißt, beide Eltern sind vertretungsberechtigt, müssen ihre Einwilligung zum Beispiel bei Operationen geben, entscheiden über die Schule, die Lehrstelle etc. Selbstverständlich ist auch damit gemeint, daß beide Sorge um das Kind behalten...«

Es folgen Ausführungen aus der therapeutischen Praxis der Geschäftsführerin, die aufzeigen sollen, wie sehr vornehmlich Mädchen unter der Abwesenheit ihrer Väter, die sich nach der Trennung zurückgezogen haben, bis ins später Alter hinein leiden. Woraus die Konsequenz gezogen wird:

»Dieses Beispiel macht meiner Meinung nach die Gefahren eines gemeinsamen Sorgerechts (das von der Mutter nicht gewollt ist) sehr deutlich.«

Das ist alles etwas verwirrend und – jedenfalls für mich – ziemlich unklar ausgedrückt. Denn wenn vollkommen zutreffend festgestellt wird, daß »eine juristische Entscheidung« keine zwischenmenschlichen Probleme lösen kann, dann bliebe eigentlich nur noch zu sagen: Eben! Und auch die Unterscheidung zwischen gemeinsamer Sorge und gemeinsamer Verantwortung läßt nicht erkennen, daß der VAMV verstanden hat, wie sehr Inhalt (nacheheliche Elternschaft) und Form bzw. Rahmen (gemeinsames Elternrecht) miteinander zusammenhängen. Und wie hilfreich gerade die Nichtentlassung von Vätern aus der rechtlichen Mitverantwortung für das gemeinsame Kind sein könnte, um sie auf diese Weise in die Pflicht zu nehmen, ihre Rolle auszufüllen, und damit zu verhindern, daß ihre Kinder später viel Geld zum Therapeuten tragen müssen. Doch der Grundposition – ausschlaggebend ist der Wille der Mutter –, der fehlt es an Deutlichkeit nicht. Ich frage mich wirklich, was das für Väter (s. Verbandsname) sein mögen, die sich mit ihrer Mitgliedschaft zu einer Ideologie bekennen, deren Opfer sie selbst sind.
Dabei – dies nur am Rande – waren zumindest die Kinderkundler so froh, daß mit der noch bis 1953 geltenden Sorgerechtsexklusivität des Vaters endlich Schluß gemacht wurde. Allein wegen der Kinder.
Ich denke jedenfalls, daß sich die Justiz auf Dauer absolut unglaub-

würdig macht, wenn sie sich weiterhin von Menschen, die Gefangene ihrer eigenen seelischen Defizite sind, die Entscheidung zum Wohle des Kindes diktieren läßt. Was nicht ausschließt, daß es im Einzelfall durchaus sinnvoll sein kann, dem Verweigerer die Alleinsorge zu übertragen. Nur – das müßte dann schon überzeugend begründet werden. Denn immerhin sind die anschließenden Folgen für das Kind beträchtlich.

Andererseits kann aber natürlich auch niemand einer Mutter das Recht absprechen, mit ihrem Mann nicht reden bzw. kooperieren zu wollen. Schließlich wird auch in so mancher Ehe oft Tage oder sogar Wochen lang geschmollt – zum Leidwesen der Kinder. Doch sobald der Staat ins Spiel kommt, ist das eben keine Privatangelegenheit mehr. Und wenn Erwachsene den fundamentalen Unterschied zwischen einer Trennung ohne und mit Kindern nicht begreifen, dann muß man sie eben aufklären und ihnen Hilfe anbieten. Aber wenn ihnen statt dessen ungeprüft und unverzüglich auch noch das Gütesiegel elterlicher Alleinverantwortlichkeit erteilt und damit staatlicherseits attestiert wird, daß sie im Sinne des Kindeswohls geeigneter sind als der andere, dann ist das mit dem Verstand jedenfalls nicht mehr begreifbar. Und ich kann alle Richter nur ermutigen, sich auf diese Degradierung zu Handlangern von im Grunde hilfebedürftigen Menschen nicht länger einzulassen.

Doch bevor ich darauf eingehe, was sich in solchen Fällen tun läßt, abschließend noch die kurze Darstellung eines ungewöhnlichen – und nach meiner Kenntnis auch beispiellosen – Versuchs eines problembewußten und nachdenklichen Stuttgarter Familienrichters, das »Veto-Problem« auf seine Weise zu lösen (23 F 952/89).[31]

»Es ist keineswegs zwingend, daß die alleinige elterliche Sorge die Regel und die gemeinsame die Ausnahme sein muß. Auch die gegenteilige Meinung läßt sich vertreten und begründen. Im ersteren Falle müßte bei einer Entscheidung geprüft und begründet werden, warum die elterliche Sorge ausnahmsweise beiden Eltern belassen werden kann; im letzteren Falle wäre zu prüfen und zu begründen, warum ausnahmsweise ein Elternteil von der gemeinsamen Verantwortung auszuschließen ist. Die Kriterien könnten die gleichen wie die bisher erörterten bleiben (vgl. hierzu ausführlich Amtsgericht Arnsberg, FamRZ 1986, Seite 1145 ff.). Die Beziehungsprobleme zwischen den Eltern sind noch kein zwingender

Grund, einen Elternteil von der gemeinsamen elterlichen Sorge auszuschließen. Dies ergibt sich daraus, daß in der Mehrzahl der Fälle in der Zeit der Trennung bis zur Ehescheidung die elterliche Sorge weiterhin von den Eltern gemeinsam ausgeübt wird, wobei häufig auch Regelungen gefunden werden, mit denen alle Beteiligten einigermaßen gedeihlich leben können. Auszuschließen ist die gemeinsame elterliche Sorge wohl jedenfalls in solchen Fällen, in denen die Eltern noch massive Konflikte miteinander austragen, insbesondere dann, wenn sie noch anderweitig gegeneinander prozessieren. Die mangelnde Fähigkeit, sich über Sach- und Rechtsfragen zu verständigen, läßt auf Beziehungsprobleme von solcher Gewichtigkeit schließen, daß von ihnen die Kinder nicht unberührt bleiben können.

Diese Feststellung könnte einen Elternteil, der die elterliche Sorge mit dem anderen nicht ›teilen‹ will, vielleicht veranlassen, anderweitige Konflikte hochzuspielen und sie womöglich vor Gericht streitig auszutragen. Wenn aber die gemeinsame elterliche Sorge einem Elternteil derart gravierende Probleme bereitet, daß er sogar bereit ist, deshalb andere Konflikte hochzuspielen und Rechtsstreitigkeiten zu riskieren, so muß eben festgestellt werden, daß in einem derartigen Fall die Voraussetzungen für die gemeinsame elterliche Sorge tatsächlich nicht gegeben sind.

Anders hingegen ist der Fall zu beurteilen, daß die Eltern die sonstigen Konflikte zufriedenstellend gelöst haben. Hier ist zu fragen, ob es tatsächlich dem Kindeswohl zuträglich ist, wenn ein Elternteil von der gemeinsamen Verantwortung ausgeschlossen wird. Je nach Verlauf und gegenwärtigem Stand des Partnerkonflikts mag es zahlreiche Gründe geben, die es den Eltern auch weiterhin unmöglich machen, die elterliche Sorge gemeinsam auszuüben. Besteht in einem solchen Falle aber auf seiten eines Elternteils die Bereitschaft hierzu, so ist zu prüfen, ob sich aus seiner Beziehung zu dem Kind Einwände hiergegen ergeben oder ob die Beziehung zwischen beiden Elternteilen – noch – so gespannt ist, daß die Prognose gerechtfertigt ist, die gemeinsame elterliche Sorge werde größere Probleme für das Kind mit sich bringen als die Übertragung der elterlichen Sorge auf einen Elternteil. Auch im letzteren Falle würde immerhin das Umgangs- und Auskunftsrecht des anderen Elternteils gemäß § 1634 BGB bestehen bleiben und Anlaß für zahlreiche weitere Auseinandersetzungen bieten können.

Im vorliegenden Falle hat sich der Vater mit dem Verbleib des Kindes bei der Mutter einverstanden erklärt. Mit den Besuchskontakten gibt es gelegentlich Schwierigkeiten; diese allerdings würden sich auch bei einer

Übertragung der elterlichen Sorge auf die Mutter allein nicht ausschließen lassen...

Für die Beziehung zwischen Vater und Kindern kann auch das Bewußtsein von entscheidender Bedeutung sein, daß der Vater nicht nur für den materiellen Unterhaltsbedarf der Kinder aufzukommen hat, sondern auch im übrigen für sie verantwortlich ist und aus dieser Verantwortlichkeit nicht entlassen wird. Dieser Gesichtspunkt ist von solcher Wichtigkeit, daß ihm im Zweifel der Vorrang gebührt.

Sollte sich in der weiteren Entwicklung herausstellen, daß sich aus der gemeinsamen elterlichen Sorge tatsächlich auf Dauer für die Beteiligten unlösbare Konflikte ergeben, die für die Kinder eine nicht zumutbare Belastung darstellen, so bleibt noch immer die Möglichkeit der Abänderung gemäß § 1696 BGB und Übertragung der elterlichen Sorge auf einen Elternteil. Eine möglicherweise gebotene derartige Entscheidung sollte aber dann getroffen werden, wenn die Konfliktsituation dies tatsächlich erfordert, und nicht in dem – gelegentlich eher zufälligen – Zeitpunkt der Ehescheidung.

Hiernach ist die elterliche Sorge für die Kinder A. und B. den Eltern weiterhin gemeinsam zu belassen.«

Doch von langer Dauer war diese Entscheidung natürlich nicht. Drei Monate später hatte das OLG Stuttgart wieder Ordnung in die aus den Fugen geratene familienrechtliche Landschaft gebracht.

»Die Mutter hat bei ihrer Anhörung geäußert, sie sei es müde geworden, immer mit dem Vater diskutieren zu müssen. Sie hat dies zwar nicht wesentlich weiter konkretisieren können. Der Senat hat jedoch im Zusammenhang mit der Schilderung der oben erörterten Gegebenheit durch beide Eltern und der Tatsache, daß der Vater mit seiner Wortgewandtheit der Mutter überlegen ist, den Eindruck gewonnen, daß die Mutter sich bei einem beiden Eltern zustehenden Sorgerecht nicht als im gleichen Maße Erziehungsberechtigte empfindet und sich dem Vater nicht gewachsen fühlt...

Nach alledem kann im vorliegenden Fall keine gemeinsame elterliche Sorge nach der Scheidung angeordnet werden. Die Parteien sind sich darüber einig, daß die Kinder weiterhin in ihrer bisherigen Umgebung und ihrem bisherigen Umfeld, somit bei der Mutter bleiben sollen... Als allein Sorgeberechtigte kommt hier somit die Mutter in Betracht.«

Mit den vorangegangenen Ausführungen ging es mir nicht darum, dem Staat jede Regelungskompetenz absprechen zu wollen. Die ist im konkreten Einzelfall im wohlverstandenen Interesse des Kindes unverzichtbar, ganz unabhängig davon, ob seine Eltern sich scheiden lassen oder nicht. Denn wer sonst wollte es etwa vor Mißhandlungen, vor sexuellem Mißbrauch, vor allen Formen körperlicher und seelischer Gewalt schützen, wenn nicht der Staat?

Doch all das ist es im Regelfall eben nicht, wovor ein Scheidungskind in Schutz genommen werden müßte. Sein zentrales Problem sind fast immer nur seine Eltern, denen es nicht oder nur höchst unvollkommen gelingt, ihre auf der Paarebene angesiedelten Affekte bestmöglich von ihm fernzuhalten. Deshalb ist jeder Gedanke, das durch die emotionale Egozentrik seiner Eltern belastete Kind durch irgendeinen Rechtsgriff zugunsten von Mutter oder Vater vor diesem konfliktbedingten Mißbrauch bewahren zu können, schlichtweg Illusion. Insofern sind die zahlreichen Studien, in denen immer wieder von der Konflikthaftigkeit der Elternbeziehung auch bei Praktizierung des gemeinsamen Sorgerechts berichtet wird (jüngst erst wieder von Cherlin u. a. 1991; Furstenberg & Cherlin 1991; Wallerstein & Blakeslee 1989), keine »Beweise« für die Beschränktheit dieses Modells; statt dessen sind sie zuallererst nichts anderes als Bestätigungen dafür, daß sich der Bruch in den Liebesbeziehungen Erwachsener fast unmöglich – sozusagen zum emotionalen Nulltarif und unbemerkt – an den Kindern vorbei vollziehen läßt. So sehr man ihnen aus entwicklungspsychologischer und aus pädagogischer Sicht eine solche Leichtigkeit auch immer wünschen und von ihren Eltern fordern mag.

Deshalb kommt es allein darauf an, nach geeigneten Wegen zu suchen, um die Beziehungen zwischen geschiedenen Eltern zu entlasten, anstatt sie noch zusätzlich zu be-lasten. Dann kann auch wieder das »gemeinsame Sorgerecht« ins Spiel kommen. Jedoch nicht als ein (auch) mögliches Sorgerechtsmodell, sondern – solange die Sorgerechtsregelung noch ein Amtsverfahren ist – allein als rechtlicher Name für Gestalt wie Gestaltung der *Nachscheidungsfamilie* (vgl. Jopt, 1992 c).

Diese Nachscheidungsfamilie sieht natürlich in vielerlei Hinsicht gründlich anders aus als das, was man ansonsten unter einer Familie versteht. Man lebt nicht mehr mit Mutter und Vater unter einem Dach, sieht – meist jedenfalls – einen Elternteil nicht mehr täglich, ist eventuell sogar, aufgrund von Wiederheirat, zugleich in eine weitere – rechtliche – Familie eingebunden. Doch alle diese äußeren Merkmale mögen die notwendige Reorganisation (Fthenakis, 1986) der Ursprungsfamilie zwar belasten und erschweren, sie dürfen sie jedoch nicht verhindern, wenn man dem kindlichen Bedürfnis nach »Beziehungskontinuität« Rechnung tragen will. Nachscheidungsfamilie – das ist insofern der Name für ein Bündel exklusiver, nicht austauschbarer, Beziehungen zwischen Kindern, ihren Eltern und ihren Großeltern. Damit gründet die Nachscheidungsfamilie weniger auf konkreten Lebensverhältnissen, sondern zuallererst auf Einstellungen, auf den Grundüberzeugungen von Eltern, daß das Netzwerk gewachsener Liebesbeziehungen ihrer gemeinsamen Kinder fortbestehen und gepflegt werden soll, auch wenn sie beide für sich andere Wege gehen.

Das heißt, das vorrangige Problem zur Gestaltung der Nachscheidungsfamilie ist ein rein psychologisches. Denn Einstellungen, Haltungen lassen sich nicht verordnen und auch nicht durch schriftliche Vereinbarungen »erzeugen«; wirklichen Bestand haben sie nur dann, wenn sie der Spiegel verinnerlichter Überzeugungen sind. Insofern ist es auch nicht sinnvoll, die »äußere Gestalt« einer Nachscheidungsfamilie – Kontaktgestaltung, Absprachen – in vertraglicher Form zu fixieren (z. B. Fthenakis & Walbiner, 1989). Denn das wäre wiederum der untaugliche Versuch, ein psychologisches Problem mit einem Instrument des Rechts zu lösen. Wobei sich spätestens im nächsten Konfliktfall zeigt, daß all die Mühe umsonst war, weil sich der Vertragspartner – nach »seiner Wahrheit« zu Recht – an die frühere Vereinbarung nicht mehr gebunden fühlt. Willensbekundungen lassen sich – jedenfalls auf diesem Feld – am ehesten dadurch stabilisieren, daß man den Eltern die Sicherheit gibt, im aus eigener Kraft nicht zu bewältigenden Konfliktfall immer einen Ansprechpartner, einen Moderator für den andernfalls zum Stillstand kommenden Dialog zur Verfügung zu haben. Deshalb sind Beratung, Aufklärung, Information und Begleitangebot das A und O auf dem schwierigen Weg zur Nachscheidungsfamilie (vgl. Krabbe, 1991; Textor, 1991; Witte, Sibbert & Kesten, 1992).

Und wenn ein Elternteil die nacheheliche Familie nicht will, sondern am liebsten gemeinsam mit dem Kind ein neues Leben anfangen, vielleicht sogar eine »neue Familie« gründen möchte? Natürlich kann man solche – dem Kind eindeutig schweren Schaden zufügende – Phantasien moralisch verurteilen. Doch was wäre damit gewonnen? Er denkt nun mal so, weil er es nicht besser weiß. Insofern halte ich es für dringend erforderlich, alle Trennungen und Scheidungen gesetzlich mit einer *Beratungspflicht* zu koppeln. Denn der radikal abschottende Elternteil ist ja nur ein Problem. Psychologisches Unverständnis im Hinblick auf Ausgestaltung und eigenes Verhalten selbst im Rahmen bejahter Umgangskontakte ist fast die Regel.

Dieser Vorschlag wird von vielen Kollegen als Plädoyer für eine »Zwangsberatung« entschieden abgelehnt. Diesen Vorwurf halte ich jedoch für ebenso unbegründet wie unberechtigt. Denn es geht hier schließlich um die verfassungsrechtlich geschützten Interessen von Kindern und nicht um das persönliche Interesse eines Elternteils. Insofern kann es auf dem Weg, ihnen zu helfen, überhaupt keinen verwerflichen Zwang geben (siehe dazu ausführlich 6. Kapitel).

Bleibt abschließend nur noch festzuhalten, daß die »passende« Gestalt einer Nachscheidungsfamilie – von der für alle gleichermaßen geltenden Grundeinstellung abgesehen – nicht allein eine Sache der Eltern ist. An dieser »Entwicklungsaufgabe« müßte auch das Kind selbst altersangemessen beteiligt sein. Andernfalls entstehen nur allzu leicht Vereinbarungen, Kompromisse, die zwar den Interessen der Erwachsenen gerecht werden, das Kind jedoch eher außen vor lassen.

So ist beispielsweise das insbesondere in den USA verbreitete, inzwischen aber auch bereits hier anzutreffende »Pendelmodell« – der Aufenthaltswechsel eines Kindes zwischen Mutter und Vater – unter dem Aspekt von Gerechtigkeit ein fairer Deal der Erwachsenen, dem sich das Kind aufgrund seiner emotionalen Gebundenheit fast immer auch fügt, nur fügen kann. Nur sehr selten ist dies jedoch auch der Beweis für die Zufriedenheit mit dieser Form »seiner« Nachscheidungsfamilie; meist ist es eher die kindliche Kapitulation vor der Unfähigkeit seiner Eltern.

Deshalb: Um nicht »am Kind vorbei« nacheheliche Zukunft zu

gestalten, darf es eigentlich nur einen Weg geben: Eltern müssen den Mut haben, »für« ihr Kind zu experimentieren (nicht »mit« ihm, das wäre zynisch), sich gestatten, nicht immer zu wissen, was für ihr Kind richtig ist und was nicht. Häufig weiß es dies selbst nicht, stellt beispielsweise schon bald nach dem Umzug zum Vater fest, daß es im Grunde die ganze Zeit gar nicht »zum Vater«, sondern lediglich »mehr Vater« gewollt hat. Das jedoch kann es nur erkennen, wenn ihm die Eltern dies auch ermöglichen; wenn sie selbst die optimalen Lebensbedingungen für ihr durch die Trennung ohnehin beeinträchtigtes Kind herausfinden wollen (vgl. Jopt, 1992d). Und wenn sie sich eingestehen können, daß das, was heute noch »gestimmt« hat, irgendwann später nicht mehr stimmt.

Was könnte man einem Trennungskind Besseres wünschen, als daß es von seinen Eltern die Möglichkeit bekommt, im Verlauf seines Kinderlebens einmal – aber warum nicht durchaus auch mehrmals – auch die unmittelbare Nähe mit dem anderen Elternteil erleben, mit ihm leben zu können?

Es tut gut zu hören, daß selbst in den Reihen der Ministerialbürokratie – im Justizministerium (!) – heute nachdenkliche Menschen wie z. B. Dieter Strempel sitzen, die sich den Blick über den juristischen Tellerrand hinaus gestatten, weil sie erkannt haben, daß zwischen der rechtlichen Familie und der in einem Kind verinnerlichten psychologischen Familie eine Welt liegt. Bleibt nur zu hoffen, daß ihr Appell auch die erreicht, die ihn hören müßten (Strempel, 1989, S. 18):

»Unser Familienrecht müßte im Umgang mit soziologischen, psychologischen und weiteren humanwissenschaftlichen Erkenntnissen ein neues Konzept einer Nachscheidungsfamilie entwickeln. Ein Konzept, das Scheidung nicht länger als ein punktuelles Geschehen der Konfliktlösung versteht, sondern auf eine konstruktive Weiterentwicklung der Familienbeziehungen nach einer Scheidung baut. Geschieden und gemeinsam würden in einem solchen Konzept kein Paradoxon mehr darstellen.«

NICHTEHELICHE KINDER UND SORGERECHT

Kindern ist das zwischen Mutter und Vater bestehende Rechtsverhältnis entweder überhaupt nicht bewußt, oder es ist ihnen vollkommen gleichgültig. Allein ausschlaggebend ist für sie das emotionale Band, die von Gefühlen bestimmte Liebesbeziehung, die sie mit diesen beiden Menschen verbindet.

Das gilt grundsätzlich auch für nichteheliche Kinder, unabhängig davon, ob die Eltern vorher zusammenlebten oder nicht. Insofern macht es aus der Perspektive eines Kindes überhaupt keinen Unterschied, ob seine nie verheiratet gewesenen Eltern ihre Partnerschaft beenden oder ob Trennung der erste Schritt auf dem Weg zur Scheidung ist.

Deutliche Unterschiede bestehen hingegen im Ausmaß der Einbeziehung in den trennungsbedingten Elternkonflikt. Denn zum einen schreibt das Gesetz vor, daß das Sorgerecht für ein nichteheliches Kind regelmäßig allein der Mutter zusteht (§ 1705 BGB). Und zum anderen: Während dem geschiedenen Nichtsorgeberechtigten grundsätzlich das Recht auf Umgangskontakt mit seinem Kind auch nach Trennung und Scheidung zugestanden wird (§ 1634 BGB) – in das der Staat nur dann einschränkend eingreifen darf, wenn dies zum Wohle des Kindes erforderlich ist –, gilt für nichteheliche Väter bis heute eine Vorschrift, die aus Sicht der Betroffenen nur als menschenverachtend und aus Sicht zahlloser Kinder als staatlich verordnete Zweitklassigkeit angesehen werden kann. Denn im § 1711 BGB heißt es:

»(1) Derjenige, dem die Personsorge für das Kind zusteht, bestimmt den Umgang des Kindes mit dem Vater. § 1634 Abs. 1 Satz 2 gilt entsprechend.

(2) Wenn ein persönlicher Umgang mit dem Vater dem Wohle des Kindes dient, kann das Vormundschaftsgericht entscheiden, daß dem Vater die Befugnis zum persönlichen Umgang zusteht. § 1634 Abs. 2 gilt entsprechend. Das Vormundschaftsgericht kann seine Entscheidung jederzeit ändern...

(3) In geeigneten Fällen soll das Jugendamt zwischen dem Vater und dem Sorgeberechtigten vermitteln.«

Doch wenn ein Vater erst beweisen muß, daß die Aufrechterhaltung seiner Beziehung zum Kind dessen Wohl ausdrücklich »dient«, dann ist die Gefahr seiner Aussperrung durch die Mutter natürlich ganz erheblich größer als bei einem nichtsorgeberechtigten geschiedenen Vater. Für die Mehrzahl der Fälle ist sie geradezu vorhersagbar.

Die Uhr für diese kinderfeindlichen Rechtsnormen, mit denen Deutschland als trauriges »Schlußlicht der Rechtsentwicklung in Europa« (Salgo, 1991) dasteht und damit »gewissermaßen in einem Stadium stehengeblieben ist, das die anderen Rechtsordnungen in der Entwicklung überwunden haben« (Baer, 1989, S. 344), dürfte allerdings bald abgelaufen sein. Spätestens in der nächsten Legislaturperiode ist eine grundlegende Reform des Nichtehelichenrechts mit dem Ziel einer weitestgehenden Gleichstellung von nichtehelichen mit ehelichen Kindern zu erwarten. Doch auch wenn dann mit einer Vielzahl seelischer Grausamkeiten endgültig Schluß sein wird, einen Grund zum Jubeln wird es nicht geben. Denn während bei geschiedenen Eltern – zumindest theoretisch – das Sorgerecht auch nach der Scheidung jederzeit zur Disposition steht, wird es dieses mögliche Regulativ im Nichtehelichenrecht mit größter Wahrscheinlichkeit auch dann nicht geben.

Doch solange die Sorgerechtsexklusivität der Mutter eines nichtehelichen Kindes – ein Dogma, das nach Ansicht des Familienrechtlers Brötel (1991b) weder mit der Entscheidung des Bundesverfassungsgerichts vom Mai 1991 noch mit der Europäischen Menschenrechtskonvention vereinbar ist – grundsätzlich unangetastet bleibt, fehlt mit der Möglichkeit der Sorgerechtsänderung die letzte und schärfste Sanktionsmöglichkeit, um einer zu Lasten des Kindes betriebenen Verhinderung von Umgangskontakten entschlossen entgegentreten zu können.

All das ist im Grunde eigentlich bereits schlimm genug und beweist, wie weit wir vom verfassungsrechtlichen Gebot, nichtehelichen Kindern »durch die Gesetzgebung die gleichen Bedingungen für ihre leibliche und seelische Entwicklung und ihre Stellung in der Gesellschaft zu schaffen wie den ehelichen Kindern« (Art. 6 (5) GG), noch entfernt sind. Darüber hinaus dokumentiert gerade die Umgangsregelung für nichteheliche Kinder überdeutlich, wie sehr in unserem Land die Pflege von Beziehungen zwischen Kindern und ihren Eltern zuallererst – und hier sogar ausschließlich – als ein Recht der Erwachsenen verstanden wird und nicht als eigenständiges Grundrecht eines jeden Kindes.

Doch der schlimmste Beweis für die Würdelosigkeit, mit der gerade nichteheliche Kinder in diesem Land behandelt werden, liegt nicht einmal auf dem Feld der gerichtlichen Umgangsregelung. Wenngleich es einem da, wie ich noch zeigen werde, durchaus den Atem verschlagen kann. Nur noch als menschenverachtend lassen sich die nur im Nichtehelichenrecht möglichen »Zwangsadoptionen« bezeichnen, die ich schlichtweg für unmöglich gehalten hätte, wenn ich nicht selbst vor dem Amtsgericht Bad Oeynhausen in einem solchen Fall dabeigewesen wäre.

Als sich die Mutter von dem nichtehelichen Vater ihrer Tochter trennte, war das Kind gerade drei Jahre alt. Also einerseits noch sehr jung, andererseits jedoch längst nicht mehr jung genug, um sich nicht bis dahin an seinen »Papa« als – neben seiner Mutter – wichtigste Bezugsperson emotional fest gebunden zu haben. Die nächsten dreieinhalb Jahre hatte es weiterhin zwar unregelmäßige, immer wieder auch für mehrere Monate unterbrochene, jedoch nie völlig ausgesetzte Kontakte zu ihm.

Nachdem die Mutter bald nach der Trennung einen neuen Partner gefunden hatte, hätte sie am liebsten die Kontakte zwischen Tochter und Vater ganz unterbunden, um eine neue und von außen unbelastete »Vater«-Tochter-Beziehung aufzubauen. Dadurch war der leibliche Vater wiederholt gezwungen, den Umgang gerichtlich festlegen zu lassen. Was auch geschah, da sich das Gericht bei einer Anhörung selbst davon überzeugt hatte, daß zwischen ihm und seiner Tochter eine vertrauensvolle und emotionale Beziehung bestand.

Nachdem die Mutter ihren neuen Partner geheiratet und auch ein weiteres gemeinsames Kind mit ihm hatte – das Mädchen war inzwischen sieben Jahre alt –, beschloß man, sich der als »Belästigung« empfundenen Kontaktsuche des Vaters dadurch zu entziehen, daß der neue Vater einen Antrag auf Adoption des Mädchens stellte.

Wie bei den meisten Kindern, so hatte sich inzwischen auch hier eine herzliche und vertrauensvolle Beziehung zum Ehemann der Mutter entwickelt und – weil die Mutter dies wünschte und gleichzeitig den Kontakt zum Vater für längere Zeit verhindert hatte – sprach das Mädchen ihn schließlich sogar mit »Papa« an.

Beim entscheidenden Gerichtstermin appellierten zwei Psychologieprofessoren unter ausführlicher Darlegung etlicher kinderpsychologischer Erkenntnisse mit Nachdruck an den Richter – ein Kollege, der ausdrücklich als Sachverständiger geladen worden war, sowie ich selbst als vom Vater bestellter Beistand –, vor einer Entscheidung in jedem Fall zunächst gründlich prüfen zu lassen, ob die Adoption wirklich im Interesse des Kindes erforderlich sei oder vielleicht sogar eher schade. Doch ohne den geringsten Erfolg.

Mit der Bemerkung, er habe in solchen Fällen mit Adoptionen stets nur gute Erfahrungen gemacht, stimmte er gegen den gebündelten kinderkundlichen Sachverstand dem Antrag des Stiefvaters zu. Zumal auch der Jugendamtvertreter dies empfohlen hatte.

Davon hatte ihn auch mein Zitat aus dem Protokoll der wenige Monate zuvor erfolgten Anhörung wegen einer vom Vater beantragten Umgangsregelung nicht abbringen können, in dem zum Ausdruck kam, daß das Mädchen spontan auf ihren Vater zugegangen sei und sich zu ihm auf den Schoß gesetzt habe. Sein einziger Kommentar: So freundlich und zugewandt sei das Kind auch zu anderen Menschen.

Noch im Gerichtssaal hätte ich vor ohnmächtiger Wut und Empörung laut losheulen können über so viel staatliche Willkür und anmaßende Selbstgerechtigkeit eines ebenso arroganten wie inkompetenten Einzelrichters. Zurück hielt mich lediglich die feste Überzeugung, daß dieser Gewaltakt von der nächsten Instanz unverzüglich wieder aufgehoben werden würde. Doch da hatte ich mich gründlich getäuscht, denn noch auf dem Flur machte mir der väterliche Anwalt klar, daß die eben erfolgte Adoption rechtskräftig und unabänderlich sei, da das Gesetz für diesen Fall jedes weitere Rechtsmittel ausschließt. Ich war wie vor den Kopf geschlagen.

Das muß man sich einmal vorstellen: Während in diesem Land drei Gerichtsinstanzen angerufen werden können, um darüber entscheiden zu lassen, ob im Vorgarten eines Hauses mit mehreren Eigentumswohnungen Gartenzwerge stehen dürfen – zuletzt entschied das OLG Hamburg 1988: sie dürfen nicht –, spielt ein einziger Mensch, ein Einzelrichter, Schicksal und stellt Weichen für das gesamte weitere Leben eines Kindes. Doch nicht nur das. Denn was dieser selbsternannte Gralshüter des Kindeswohls darüber hinaus auch noch dem Vater dieses Kindes angetan hat, der ja nicht unverzüglich mit dem Totalverlust seiner väterlichen Rechte auch seine väterliche Identität ablegen kann, darüber darf man zwar laut nicht sprechen – weil im gesamten Kindschaftsrecht einzig und allein das Kind zählt, nicht die Gefühle seines Vaters und nicht die seiner Mutter –, doch für mich ist das einfach ein menschliches Verbrechen (vgl. auch Brötel, 1991a).

Und wenn ich nicht eine ganze Reihe sensibler und nachdenklicher Richter kennen würde, mit manchen sogar freundschaftlich verbunden wäre, ich hätte mich vermutlich – wenn auch wohl zur Freude mancher Kollegen – bereits längst verbittert und resigniert aus dem Familienrecht zurückgezogen.

Inzwischen weiß ich allerdings, daß mein Horrorerlebnis kein Einzelfall war; daß der Richter dem Antrag sogar hätte stattgeben können, ohne den Vater überhaupt angehört zu haben.

Als bald nach der Vereinigung Deutschlands publik wurde, daß in der ehemaligen DDR zahllose politisch motivierte Zwangsadoptionen erfolgt seien, gab es keinen Politiker, der sich über diese Greueltaten nicht maßlos entsetzte. Für den damaligen Justizminister Kinkel war dies ein »besonders perverser Akt der Behördenwillkür« und auch den Bundeskanzler erfüllten diese »perversen und menschenrechtswidrigen Handlungen« mit tiefer Abscheu. Doch wer wollte begründen – und wie? –, daß die im Nichtehelichenrecht erlaubte Zwangsadoption und damit die endgültige Ausschaltung »nur« eines Elternteils ein weniger »perverser Akt der Behördenwillkür« wäre als das, was Kindern mit brutaler staatlicher Gewalt anderswo angetan wurde? Auch nachdem das ZDF meinen Vorschlag aufgriff und in seiner 100. Sendung der Reihe »Wie würden Sie entscheiden?« am 15. 4. 1992 diese Problematik in die Öffentlichkeit brachte, schrie danach nicht ein einziger Politiker so empört auf wie bei den Verbrechen der früheren DDR-Machthaber. Zumindest ist mir davon nichts bekannt.

Das Bundesverfassungsgericht hat am 17. 5. 1991 mit einer bahnbrechenden Entscheidung die bis dahin geltende Vorschrift, wonach unverheiratete Eltern das Sorgerecht nicht gemeinsam ausüben können, für verfassungswidrig erklärt[32], und den Gesetzgeber damit unter Druck gesetzt, die Reform des Nichtehelichenrechts endlich anzugehen.

Aufgrund dieses Verbots gab es bis dahin für einen nichtehelichen Vater nur zwei Möglichkeiten, für sein Kind sorgeberechtigt zu werden. Dazu mußte er es entweder für ehelich erklären lassen oder adoptieren. Beide Rechtswege setzten jedoch nicht nur die Zustimmung der Mutter voraus, stets verlor sie in diesem Fall zugleich selbst ihr Sorgerecht. Der Rechtstitel konnte also nur von der Mutter auf den Vater als Alleinsorgeberechtigten übergehen.

Zwar konnte der Präsident des BGH an dieser absurden Regelung nichts Ungewöhnliches finden und sah in der rechtlichen Gleichstellung von Mutter und Vater selbstgefällig und gönnerhaft allenfalls eine »Rechtswohltat, die durch Art. 6 V GG nicht unbedingt geboten sein dürfte. Schon deshalb erscheine die Auffassung, die Ehelicherklärung müsse von Verfassungs wegen zusätzlich so ausgestaltet werden, daß für das Kind beide Eltern sorgeberechtigt seien, wenig überzeugend.«(430) Doch gottlob waren da die Verfassungsrichter anderer Ansicht. Wobei sie die Zulässigkeit des gemeinsamen Sorgerechts auch für unverheiratete Eltern mit psychologischen Argumenten begründeten, wie man sie zuvor noch nie gehört hatte, schon gar nicht von den Kinderexperten der psychologischen Zunft. Ihre zentralen Aussagen über die Beziehung zwischen Kindern und Eltern:

»Das Kind, das in der nichtehelichen Lebensgemeinschaft seiner Eltern aufwächst, entwickelt Beziehungen zu beiden Elternteilen. Der Gesichtspunkt der Stetigkeit in der Entwicklung und Erziehung des Kindes gebietet es, seine gefühlsmäßigen Bindungen bei einer Trennung der Eltern zu berücksichtigen...

Kommt es bei der Auflösung einer nichtehelichen Lebensgemeinschaft zu einem Konflikt zwischen den Eltern über die Beziehungen zu dem gemeinsamen Kind, so muß die Lösung dieses Konfliktes unabhängig von der bisherigen rechtlichen Zuordnung des Kindes auf dessen Wohl ausgerichtet sein und das Kind in seiner Individualität als Grundrechtsträger berücksichtigen...

Der generelle Ausschluß des gemeinsamen Sorgerechts für Eltern ne. Kinder ist nicht aus Gründen des Kindeswohls geboten; die zwingende Zuordnung zu nur einem Elternteil kann im Gegenteil das Kindeswohl erheblich beeinträchtigen.

Ein gemeinsames Sorgerecht ist darüber hinaus geeignet, den Eltern ihre gemeinsame Verantwortung für das Kind deutlich zu machen und zur Stetigkeit der Beziehungen beizutragen.

Gerade für den Fall der Trennung der Eltern kann vielmehr der rechtlichen Absicherung der gemeinsamen elterlichen Sorge besondere Bedeutung zukommen...

Der Gesichtspunkt der Stetigkeit in der Entwicklung und Erziehung des Kindes... gebietet es, seine gefühlsmäßigen Bindungen bei einer Trennung der Eltern zu berücksichtigen. Deshalb kann sich eine gemeinsame Sorge der Eltern über die Trennung hinaus für das Wohl des ne. Kindes als ebenso entscheidend erweisen, wie für das Wohl des ehelichen Kindes nach der Scheidung seiner Eltern.«

Der einzige »Schönheitsfehler« dieser Entscheidung besteht darin, daß die zukünftige Übertragung des Sorgerechts auf beide Eltern an die Voraussetzung ihres häuslichen Zusammenlebens gebunden bleibt. Was das mit den Bindungen und Beziehungen eines Kindes zu tun haben soll, was die persönliche Lebensgestaltung eines Paares den Staat überhaupt angeht, darüber kann man nur rätseln. Und auf den Gedanken, daß die gemeinsame Willensbekundung eines Elternpaares – und das ist ja die unabdingbare Voraussetzung für den Rechtsakt – erst dadurch ihre Seriosität erhält, daß sie durch einen dem Gericht vorgelegten Mietvertrag »validiert« wird, darauf muß man wirklich erst mal kommen.

Ich selbst kenne jedenfalls eine ganze Anzahl von verheirateten Paaren, bei denen meist der Vater nur höchst selten zu Hause ist. Wie sollte das bei einem Montagearbeiter, einem Fernfahrer oder gar einem Seemann, der die Ostasien-Route fährt, auch anders sein? Und ich kenne sogar einige Eheleute mit Kindern, die von Anfang an getrennt wohnen, weil sie dies so wollen. Aber das kann sich vermutlich die Generation, der unsere Bundesrichter angehören, gar nicht vorstellen.

SORGERECHTSOPFER KIND: DER FALL B.

Wo immer Sorgeberechtigte den Umgang zwischen Kind und dem anderen Elternteil behindern oder gar zu unterbinden versuchen, werden sie vor allem seitens der Gerichte häufig mahnend daran erinnert, auch einmal daran zu denken, daß sie durch Tod oder schwere Erkrankung unerwartet ausfallen könnten und in diesem Fall das Kind plötzlich mit einem Elternteil konfrontiert würde, der ihm dann weitgehend fremd wäre.

Ich habe allerdings noch nie erlebt, daß dieser durchaus richtige Hinweis den berechtigten Elternteil jemals erreicht oder auch nur nachdenklich gestimmt hätte. Dafür ist der Gedanke, sein Kind nicht mehr betreuen zu können, wohl einfach zu theoretisch und zu weit weg. Was aber, wenn dieser Fall tatsächlich einmal eintritt? Der nachfolgende Fall gehört mit zu dem Bedrückendsten, was ich in meiner Arbeit als Sachverständiger je erlebt habe.

Als Frau B. ihren Mann im Juni 1980 verläßt und zusammen mit ihrer Tochter 350 Kilometer weiter weg in die Großstadt H. zieht, war Maria gerade 16 Monate alt. Kurz danach dann das bekannte Spiel: Die tief verletzte und gekränkte Mutter will sich am liebsten vollständig von ihrem Mann abgrenzen; der wiederum weigert sich, zusätzlich zum Verlust der Frau nun auch noch sein Kind zu verlieren. Ein wenig kompetentes Jugendamt und ein noch inkompetenteres Gericht können nicht verhindern, daß die Mutter ihr Interesse an einem dauerhaften Kontaktabbruch letztlich mit Erfolg durchsetzt.

Wiederholt fährt der Vater vergeblich die weite Strecke nach H., um sein Kind zu sehen. Entweder ist es gerade krank, oder die Mutter öffnet nicht, oder sie ist gar nicht zu Hause. Nachdem er seine Tochter gut ein Dreivierteljahr später doch endlich erstmals wiedersieht, bringt er sie anschließend nicht, wie vereinbart, wieder zur Mutter zurück, sondern nimmt sie mit zu sich nach Hause, wo sie zwei Tage später von der Polizei wieder abgeholt wird.

Kindesentführung! Und was für den »Täter« in den allermeisten Fällen nichts anderes als Ausdruck von Leid und Betroffenheit ist; was vom Kind her gesehen sicherlich nicht richtig war, aber in den allermeisten Fällen auch nicht gerade zum lebenslangen Trauma gerät; das ist nun mit dem Stempel der Kriminalität gebrandmarkt. Und wenn er dann nicht auf Richter und Jugendamtsmitarbeiter trifft, die die in erster Linie menschlich-tragische Dimension dieser Aktion verstehen, dann hat er fortan eigentlich so gut wie keine Chancen mehr.

So auch hier. Alle weiteren Umgangskontakte werden erst mal eingestellt, und Herr B. sieht seine Tochter viele Jahre lang nicht mehr. Bis zu ihrem zehnten Geburtstag im Februar 1989. Da hält er es einfach nicht mehr aus und sucht das Kind unerwartet und ohne »Erlaubnis« auf, um ihm zu gratulieren. Doch das hatte natürlich bis dahin durchaus ein »Bild« von seinem bewußt nie erlebten Vater. Durch die Schilderungen seiner Mutter war »Vater« längst mit Vorstellungen von Gewalt und Angst verbunden, so daß es auf den plötzlichen Besucher vor seiner Tür verständlicherweise reichlich verwirrt und irritiert reagierte.

Tragischerweise litt die Mutter bereits zu diesem Zeitpunkt unheilbar an Krebs, und da sie wußte, daß sie bald sterben würde, hatte sie schon zu dieser Zeit als »letzten Willen« verfügt, daß Maria nach ihrem Tod bei ihrer Halbschwester leben und der deshalb die Vormundschaft übertragen werden sollte – als ginge es um ein Erbstück.

Nach dem unwillkommenen Geburtstagsbesuch berichtete das Jugendamt.

»Seit März '81 hat Herr B. sich ca. 4 × in dieser Form seiner Tochter genähert, wobei Marie nur an das Ereignis in diesem Jahr eine Erinnerung hat.

Zur jetzigen Situation ist zu sagen, daß Maria ihren Vater auf gar keinen Fall sehen möchte. Sie war dermaßen verängstigt, daß es sehr lange gedauert hat, mit ihr darüber ins Gespräch zu kommen. Der Vater ist für sie eine völlig fremde Person und ruft in ihr, wenn überhaupt, sehr unangenehme Erinnerungen wach. Maria muß, wie viele Scheidungskinder, damit leben, nur von der Mutter erzogen zu werden. Sie hat jedoch auch männliche Bezugspersonen, die für ihre Entwicklung wichtig geworden sind. Bereits aus Kindergartentagen ist sie mit einem gleichaltrigen Mädchen befreundet, in deren Familie sie sich häufig aufhält. Sie fährt mit dieser Familie in Urlaub und hat auch zu dem Vater dieser Freundin eine stabile Beziehung aufgebaut.

Im Beschluß des Amtsgerichts H. vom 19. 2. 82 wurde ebenfalls festgestellt, daß man damals den persönlichen Verkehr von Herrn B. mit Maria als mit dem Kindeswohl nicht vereinbar angesehen hat. Nach meinem Eindruck hat sich an dieser Situation bis heute nichts geändert. Maria selbst ist ein selbstbewußtes, fröhliches Kind, das jedoch große Angst bekommen hat, daß sie gezwungen werden könnte, den Vater zu sehen.

Um dieses festzustellen, ist meiner Meinung nach auch kein psychologisches Gutachten erforderlich.

Frau B. ist eine verantwortungsvolle und liebevolle Mutter. Maria ist altersgemäß entwickelt, sehr phantasievoll und intelligent. Ihr Verhalten läßt in keiner Weise darauf schließen, daß der Vater ihr bis jetzt als Identifikationsmöglichkeit gefehlt hat. Nach meiner Einschätzung wäre es im Gegenteil nicht zum Wohle des Kindes, wenn Maria jetzt zu Kontakten zu einer ihr völlig fremden Person gezwungen wird.

Im Rahmen der Gespräche, die ich für diese Stellungnahme mit Frau B. geführt habe, hat sie mir mitgeteilt, daß sie inzwischen bei der Kriminalpolizei eine Anzeige gegen ihren geschiedenen Ehemann gestellt hat. Nach der finanziellen Aufstellung, die Frau B. für sich selbst gemacht hat, schuldet Herr B. ihr bis 23. 06. 88 DM 69 129,– Unterhalt für Maria.

Aus den o. g. Gründen halte ich es in diesem Falle für erforderlich, Besuchskontakte zwischen Herrn B. und seiner Tochter Maria auszuschließen.«

Gleichzeitig weiß es sich mit diesem Bericht in einem starken Verbund mit einem psychologisch absolut inkompetenten Amtsrichter:

»Die beabsichtigte Rechtsverfolgung bietet keine hinreichende Erfolgsaussicht, denn der Umgang des Vaters mit der Tochter widerspricht dem Wohl des Kindes. Die Tochter hat sich sowohl bei ihrer Anhörung durch das Amt für Soziale Dienste als auch in ihrer richterlichen Anhörung dagegen ausgesprochen, den Vater zu sehen. Auf Befragen hat sie einen Grund dafür, ihn nicht sehen zu wollen, nicht angegeben. Da sie ihn jedoch zuvor bewußt nie gesehen, sondern nur von ihrer Mutter und ihren Geschwistern von ihm – wahrscheinlich Negatives – erfahren hat, ist diese Ablehnung verständlich. Ein Identifikationsbedürfnis mit dem Vater besteht bei Maria offenbar nicht. Nach ihrer Schilderung sagt sie zu dem Vater ihrer Freundin »Vati« und hat somit in diesem eine männliche Person gefunden, mit der sie sich zu identifizieren vermag.

Es ist gleichgültig, worauf letztlich die Ablehnung Marias beruht, den Vater kennenlernen zu wollen. Würde man die Beachtlichkeit der Weigerung des Kindes von seinen Gründen abhängig machen, so würde das Kind zum Objekt der Beziehungen zwischen Eltern und Kind.

Dies widerspricht dem Wesen des Verhältnisses von Kind und Eltern (teil), das auf der Anerkennung auch des Kindes als Person beruht und damit die Freiwilligkeit der Beziehungen voraussetzt. Daher gibt es kein Kindeswohl gegen den Kindeswillen (Ell, DAmtsVormund 1986, S. 751).

Zudem würde bei erzwungenem Umgang Maria, die durch die Erkrankung der Mutter bereits belastet ist, noch mehr belastet werden; denn ihr würde nicht verborgen bleiben, wie die Mutter unter dem unerwünschten Umgang des Kindes mit dem Vater leidet. In diesem Falle wäre die Gefahr nicht von der Hand zu weisen, daß sich die Erkrankung der Mutter verschlimmern würde. Eine solche Entwicklung wäre mit Sicherheit nicht zum Wohle des Kindes.

Entgegen der Meinung des Vaters sprechen auch keine objektiven Gründe im Hinblick auf eine mögliche spätere Sorgerechtsänderung für ein Umgangsrecht des Vaters mit der Tochter. Die Mutter hat erklärt, daß Maria für den Fall, daß ihr etwas zustoßen würde, von ihrer Halbschwester Birgit aufgezogen werden würde. Nach Aussage Marias hält sie sich bisweilen bei ihrer Schwester auf und ist dort sogar während eines längeren Krankenhausaufenthaltes der Mutter zur Schule gegangen. Es stände damit eine dem Kind vertraute Bezugsperson im Falle einer notwendigen Sorgerechtsänderung zur Verfügung.

Entgegen der Meinung des Vaters ist es nicht Aufgabe des Familiengerichts – jedenfalls bei einem Fall wie dem vorliegenden – in dem die Entfremdung zwischen Vater und Tochter auf dem Verhalten des Vaters beruht –, das Kind für den Umgang mit dem Vater durch psychologische Betreuung fit zu machen. Eine solche Aufgabe des Gerichtes kann dem § 12 FGG nicht entnommen werden.

Schließlich erscheint ein echtes Interesse des Vaters an der Tochter zweifelhaft. Er hat sich seit 1981 nicht in ernsthafter Weise um die Tochter bemüht. Seine einmal jährlich vorgenommenen Fahrten nach H., um Maria zu sehen, sind in Anbetracht seines Verhaltens gegenüber dem Kind während des Scheidungsverfahrens belanglos. Im Scheidungsurteil ist der Vater darauf hingewiesen worden, daß Kontakte zu Maria nach der Entführung durch ihn nur behutsam über das Jugendamt wieder angebahnt werden können. Im Urteil vom 20. Januar 1982 heißt es, daß ein Besuchskontakt ganz vorsichtig und einfühlsam vorbereitet werden müßte. Der einzige Weg für den Vater zu einem Besuchskontakt müsse über das Jugendamt H. vorbereitet werden. Wenn dem Vater wirklich an dem Kind liege, möge er diesen allein möglichen Weg beschreiten. Ohne diesen Weg je beschritten zu haben, ist der Vater dagegen am Geburtstag der Tochter ohne Vorankündigung, und ohne auch nur ein Geschenk mitzubringen, bei der Tochter erschienen. Es ist schwer zu glauben, daß ein Elternteil, dem wirklich am Kind gelegen ist, auf diese plumpe und rücksichtslose Weise den Kontakt zu seinem Kind anzubahnen versucht.

Angesichts der geschilderten Umstände ist der Umgang des Vaters mit der Tochter erst dann wünschenswert, wenn die Tochter von sich aus den Wunsch äußert, mit dem Vater Kontakt aufzunehmen.«

Der verständliche Befangenheitsantrag des Vaters gegen diesen Richter bleibt ohne Erfolg. Auszüge aus der Begründung des OLG:

»Die von dem Antragsteller beanstandeten Ausführungen des Familienrichters ... (Es ist schwer zu glauben, daß ein Elternteil, dem wirklich am Kind gelegen ist, auf diese plumpe und rücksichtslose Weise den Kontakt zu seinem Kind anzubahnen versucht) ergeben keinen Ablehnungsgrund. Der Antragsteller muß sich vielmehr entgegenhalten lassen, daß er der Empfehlung des Familiengerichts H., er möge sich zunächst an das Jugendamt H. wenden, damit in persönlichen Gesprächen der Boden für Kontakte mit Maria vorbereitet werde, nicht gefolgt, sondern wiederholt – zuletzt am 6. Februar 1988 (Geburtstag von Maria) – unangemeldet an der Wohnungstür seiner geschiedenen Ehefrau erschienen ist, um seine Tochter zu besuchen. Sein ungeschicktes Verhalten hat zur Folge gehabt, daß in Maria eine Abwehrreaktion hervorgerufen worden ist, die zu überwinden schwer sein wird. Daß er mit seinem Anliegen bei der zuständigen Jugendbehörde auf taube Ohren gestoßen sei und man ihn lediglich vertröstet habe, hat der Antragsteller nicht substantiiert dargelegt. Die Äußerung des Familienrichters, der Antragsteller habe am Geburtstag seiner Tochter auf plumpe und rücksichtslose Weise den Kontakt zu seinem Kind anzubahnen versucht, beruht somit auf sachlichen Erwägungen und kann schon deshalb die Besorgnis der Befangenheit nicht begründen ... Es ist kein vernünftiger Grund ersichtlich, der den Antragsteller von seinem Standpunkt aus befürchten lassen könnte, der Richter werde nicht unparteiisch sachlich entscheiden.«

Kurz darauf stirbt die Mutter, und das Gericht ernennt Marias Halbschwester als Pflegerin mit dem Wirkungskreis Aufenthaltsbestimmungs- und Erziehungsrecht sowie Recht der gesundheitlichen Betreuung des Kindes zum faktischen Vormund. Doch obwohl diese selbst ebenfalls ohne jeden Kontakt zu ihrem eigenen Vater aufgewachsen war und insofern die Wichtigkeit einer Beziehung zu beiden Eltern gut hätte einschätzen können müssen, führt sie die Tradition ihrer Mutter wie selbstverständlich fort, obgleich sie nur wenige Kilometer von Herrn B. entfernt lebt, wird von

Anfang an kein Kontakt zwischen Maria und ihrem Vater gesucht oder hergestellt. Wochenlang weiß Herr B. überhaupt nicht, daß seine Tochter als Halbwaisin in seiner unmittelbaren Nähe lebt. Erst auf einen eher zufälligen Hinweis hin fragt er bei Gericht nach, wo Maria derzeit wohne, wer die Kindesvertretung innehabe und ... warum er keinerlei Informationen bekomme. Nach entsprechender Aufklärung empört er sich vollkommen zu Recht, daß dieses Verfahren mit rechtsstaatlichen Grundsätzen nicht zu vereinbaren sei.

Mit dem durch Marias Umzug zur Halbschwester bedingten Zuständigkeitswechsel des Gerichts werden diese Grundsätze jedoch endlich wiederhergestellt: Ein Sachverständiger wird mit der Überprüfung beauftragt, ob eine Übersiedlung des Mädchens zu ihrem bis dahin völlig unbekannten Vater mit dem Kindeswohl in Einklang zu bringen sei. Sein Resümee:

Wegen des klaren Bindungswunsches der Elfjährigen an ihren Vater müssen nach seinem Dafürhalten die Bedenken gegenüber Herrn B. zunächst zurückgestellt werden. Denn sollte Maria jetzt nicht mit ihm zusammenleben können, werde sie sich nicht günstig entwickeln können, da sie sich mit ihrem Vater identifizieren möchte. Entsprechend würde sie sich von ihm eine Idealvorstellung machen und dabei vielleicht den Bezug zur Realität verlieren. Und auch Maria selbst erklärt nach einigen Wochen »Probewohnen« bei ihrem Vater, daß sie es sich durchaus vorstellen könne, ganz zu ihm zu ziehen.

So kommt es dann auch. Im April 1990 – nach zehneinhalb Monaten Aufenthalt bei der Halbschwester – wechselt das Mädchen ins Haus des zuvor zum Alleinsorgeberechtigten ernannten Vaters über, der dort mit seiner Lebensgefährtin und derem volljährigen Sohn zusammenlebt. Zu einem im Grunde fremden Menschen, zu dem sie keinerlei emotionale Bindungen entwickeln konnte und mit dem sie damals im Alter von elf Jahren nicht mehr verband als das Wissen, daß dieser Mann ihr Vater ist. Gut ein Jahr dauert die neue Gemeinschaft. Doch nachdem Maria eines Tages eine ebenso heftige wie häßliche und gewalttätige Auseinandersetzung zwischen Vater und Freundin miterlebt, flüchtet sie voller Entsetzen und in Panik zurück zur Halbschwester. Von dort bringt man sie vorübergehend in ein Heim, um eventuellen Beeinflussungen vorzubeugen. Das Gericht beauftragt mich als erneuten Sachverständigen. Ich sorge erst mal umgehend dafür, daß das Kind unverzüglich wieder in den Haushalt ihrer Halbschwester zurückkehren kann. Doch das war es dann auch. Darüber hinaus ist Maria nicht zu bewegen, auch nur ein Wort mit ihrem Vater zu wechseln, geschweige zu ihm zurückzukehren. Bis heute nicht.

Mit großer Anstrengung gelingt es mir, bei Herrn B. psychologisches Verständnis für die Lage seiner Tochter zu wecken und ihn dazu zu bewegen, sich ihren eindeutigen Willensbekundungen nicht in den Weg zu stellen. Wir verabreden, im Rahmen einer Begleitung durch regelmäßige Gespräche mit dem Mädchen und allen anderen Beteiligten auf eine Veränderung ihrer augenblicklichen Einstellung hinzuwirken.

Vorläufiges Ende dieser Tragödie: Herr B., der sich auf meinen Vorschlag hin mit der Errichtung eines Amtspflegschaft einverstanden erklärt, wird bald darauf aufgefordert, die für diesen Amtsakt anfallenden Gebühren zu entrichten, die Hälfte der Sachverständigenkosten zu zahlen sowie – auf Klage des Jugendamtes – zur Rückerstattung mehrerer tausend Mark Unterhaltsrückstände für die Fremdunterbringung seiner Tochter in Heim und Pflegefamilie (Haushalt der Halbschwester) verurteilt. Die zukünftig von ihm aufzubringenden Dauerkosten werden sich nach seinem Einkommen richten.

Nun könnte man vielleicht froh sein, daß es gelungen ist, zum »Wohl« Marias eine von allen Beteiligten mitgetragene einvernehmliche Lösung zu finden. Doch auch wenn die Akten – vermutlich endgültig – geschlossen wurden, die persönliche Tragödie sowohl für Maria als auch für ihren Vater wird damit kaum beendet sein. Beide Menschen werden vielmehr mit den psychischen Folgen von Eingriffen in ihr Leben, die Dritte – aufgrund ihrer Inkompetenz – veranlaßt haben, zukünftig leben müssen. Vordergründig mag es zwar so scheinen, als habe lediglich Herr B. die Belastung, für sein Kind materiell verantwortlich zu sein und dennoch keinen Kontakt zu ihm zu haben, allein auszuhalten, als »eigene Schuld« sich selbst zuzuschreiben, während es Maria, vom Verlust ihrer Mutter abgesehen, eigentlich nicht schlecht gehen würde. Doch dieser Anschein trügt. Es ist zwar richtig, daß Herr B. heute sozusagen zum zweiten Mal die Zeche bezahlen und – nach dem jahrelangen Kontaktverlust – nun auch noch die Folgen einer dadurch bedingten Bindungslosigkeit aushalten muß. Und es ist ebenso richtig, daß in dem einen Jahr des Zusammenlebens ganz offensichtlich »die Integration des Kindes beim Vater nicht geglückt ist«, wie es das Jugendamt formulierte. Denn andernfalls hätte das

Erlebnis eines Vaters, der zeitweilig jede Selbstkontrolle verliert, dem Mädchen ganz gewiß ebenfalls – wie jedem anderen Kind auch – große Angst bereitet, mit Sicherheit jedoch nie Reaktionen dieses Ausmaßes bewirkt.

Doch das darf nicht darüber hinwegtäuschen, daß letztlich heute und auch zukünftig Maria selbst – weil noch Kind – wohl den höchsten Preis für die emotionale Isolation, die ihr aufgezwungen wurde, bezahlen muß. Denn sie hat zwar – Gott sei Dank wenigstens das, möchte man sagen – eine herzliche und warme Beziehung zu ihrer Halbschwester, doch mit der Qualität einer Bindung hat das natürlich nichts zu tun. Dieses, für jede gesunde seelische Entwicklung eines Kindes unverzichtbare Band bestand allein zur Mutter.

Insofern wächst Maria heute bindungslos auf und ist damit potentiell ein »Risikokind«. Man denke nur an die zahlreichen Probleme, die sich schon sehr bald aus den entwicklungsbedingt völlig normalen Auseinandersetzungen zwischen einer pubertierenden bzw. jugendlichen Maria und ihrer Halbschwester ergeben werden. Damit sind nicht selten ja bereits Eltern überfordert. Was, wenn das Mädchen solche Konflikte demnächst nicht aushält, sondern sich statt dessen – »meine Schwester hat mir gar nichts zu sagen« – in die »Heile Welt«-Versprechungen eines jungen Mannes oder der Drogenszene zurückzieht? Spätestens dann wird der Staat erneut antreten, um »zum Wohle des Kindes« an Schäden herumzulaborieren, die er zuvor selbst erst (mit)geschaffen hat.

STAATLICH LEGALISIERTE KINDESMISSHANDLUNG

Zeigte sich in diesem Beispiel die verheerende kindesschädliche Wirkung, die das Alleinsorgerecht – in Verbindung mit einem zum Schutz der seelischen Belange von Trennungskindern völlig unfähigen staatlichen Wächter – bewirken kann, eher indirekt, so will ich jetzt auf Fälle eingehen, die in wirklich nicht mehr zu überbietender Deutlichkeit zeigen, wie allein der Sorgerechtstitel selbst bereits ausreichen kann, um das radikale Gegenteil dessen zu bewirken, wofür er eigentlich gedacht ist.

Immer wieder kommt es vor – einmal war ich sogar selbst hilfloser Zeuge –, daß schreiende und sich verzweifelt zur Wehr setzende Kinder, gleich welchen Alters, gegen ihren ausdrücklichen Willen unter Einsatz von Gerichtsvollzieher, Polizei oder Jugendamt mit Gewalt von einem Elternteil weggerissen werden – nur deshalb, weil zuvor ein Gericht zu ihrem Wohl dem anderen Elternteil das alleinige Sorgerecht übertragen hat. Dieser Wahnsinn, diese staatlich legalisierte Kindesmißhandlung ist das mit Abstand Schlimmste und Abscheulichste, was ich im deutschen Familienrecht kenne. Doch obwohl ich mich bereits im Januar 1991, nachdem ich von dieser legalen Menschenrechtsverletzung erstmals hörte, an die Kinderkommission des Deutschen Bundestages wandte und um Unterstützung für die schnelle Schaffung eines Gesetzes bat, das diesen Psychoterror verbietet, ist bis heute – trotz unverzüglich signalisierter Bereitschaft – nicht einmal ein erster Schritt in diese Richtung in Gang gekommen.

So muß ich gerade erneut ohnmächtig miterleben, wie in Regensburg ein neunjähriger Junge gleich mehrfach mit Gewalt von seinem Vater, zu dem er anschließend immer wieder zurücklief, abgeholt wurde. Weder seine verbalen noch seine – sich als epileptische Anfälle äußernden – nonverbalen Aufschreie vermochten dies zu verhindern. Beispiele wie die folgenden, gehören somit zur bitteren Gegenwart, die sich täglich in diesem Land wiederholen können (aus Jopt, 1991a, S. 94).

Beispiel 1
Im April 1990 erschien eines Abends auf dem Hof des Landwirtes B. ein Gerichtsvollzieher in Begleitung von zwei Polizisten, um aufgrund eines wenige Tage zuvor ausgestellten Herausgabebeschlusses des Amtsgerichts D. die beiden vier und sechs Jahre alten Kinder abzuholen. Am Tag der Ausstellung hatte das Gericht aufgrund eines psychologischen Gutachtens ohne Anhörung der Eltern erst noch das Sorgerecht geändert und vom bis dahin alleinsorgeberechtigten Vater auf die Mutter übertragen. Doch darüber war B. niemals informiert worden. Da die Tür zum Hof offenstand, drangen alle drei Vollstrecker einfach ins Haus ein, weckten die bereits schlafenden Kinder und nahmen sie unverzüglich mit.
Unglaublichkeit am Rande: Herausgeholt wurden die völlig irritierten Kinder gleich an Ort und Stelle nicht etwa von der Mutter, sondern von

ihrem Liebhaber, dessentwegen sie Monate zuvor die Familie verlassen hatte.

Der ganze Spuk dauerte keine 15 Minuten.

Beispiel 2

Hierzu zitiere ich einfach nur auszugsweise aus dem Protokoll der hinzugezogenen Funkstreife:

»Frank (8½ Jahre, U. J.) saß spielend im Wohnzimmer, und wir erklärten ihm, daß er doch jetzt nach Hause zu seiner Mutter müßte. Frank sagte jedoch wörtlich: ›Nein ich will nicht, die schlägt mich‹. . . . Wir versuchten dann, den Jungen zu überreden, mit zu seiner Mutter zu gehen, und der Vater sagte ihm ebenfalls, er müsse jetzt mitgehen.

Frau X. wurde von mir in Kenntnis gesetzt, daß Frank nicht zu ihr kommen wolle. . . . Wir baten dann Frank, doch wenigstens mit seiner Mutter zu sprechen, doch auch dies wollte er nicht. Ich versprach ihm darauf hin, bei ihm zu bleiben, und er brauche nur mit seiner Mutter zu sprechen. Frank kam dann mit zur Haustür, Herr X. und seine Schwester Angelika blieben im Wohnzimmer. Frank versteckte sich hinter mir und zitterte am ganzen Körper, und wir hatten deutlich den Eindruck, daß Frank Angst vor seiner Mutter hatte.

Frau X. nahm Frank dann in den Arm und fragte ihn, was das denn solle. Frank fing an zu weinen und sagte zu ihr, du schlägst mich, worauf sie erwiderte, das ist doch gar nicht wahr. Der Junge wehrte sich dann gegen die Umarmung und stieß seine Mutter zurück und lief ins Wohnzimmer.

Ich machte dann den Vorschlag, doch den Jungen noch die eine Nacht beim Vater zu lassen, damit er sich beruhigen konnte und von dort am nächsten Morgen zur Schule geht und anschließend nach Hause zu seiner Mutter.

Darauf ging Frau X. nicht ein, sie wollte ihr Sorgerecht durchsetzen. Daraufhin telefonierte ich mit dem richterlichen Eildienst, Richter . . ., AG Y. und schilderte ihm kurz den Sachverhalt. Er erklärte mir, daß bei den Sorgerechtsstreitigkeiten Frau X. ihr Sorgerecht geltend machen kann und notfalls das Kind mit Gewalt zu sich holen kann. Frank wurde nochmals gesagt, daß er doch jetzt zu seiner Mutter gehen müsse, doch er weigerte sich weiterhin.

Frank wurde dann von POM . . . zur Tür getragen, dabei begann er sich zu wehren und schrie: Ich will nicht, ich will nicht. Er fing dann an zu weinen und klammerte sich an seine Schwester, wobei wir dann versuchten, ihn zu beruhigen. An der Haustür wurde Frank dann schreiend an seine Mutter übergeben, und Frau X. umklammerte den Brustkorb von hinten, um Frank zu tragen. Sie zerrte dann Frank vom Haus weg, wobei Frank sich heftig wehrte, weinte, sich fest an seine Schwester klammerte, hierbei zerriß auch leicht das T-Shirt seiner Schwester.

Frau X. zerrte dann Frank in Rtg. Fahrzeug, doch der Junge strampelte heftig. Frau X. versuchte dann, Frank in das Fahrzeug zu setzen, was ihr nicht gelang, da Frank sich mit Händen und Füßen gegen den Einstieg stemmte. Er versuchte, sich am Einstieg abzustützen, um nicht in das Fahrzeug zu müssen. Frau X. gelang es nur, den Jungen ins Fahrzeug zu bekommen, indem sie sich selbst auf die Rückbank setzte und Frank hinter sich her weiter umklammernd in den Wagen zog. Frank versuchte, sich weiter am Einstieg festzuhalten, Frau X. konnte jedoch durch ihre körperliche Überlegenheit den Widerstand von Frank brechen...

Am 21. 5. 1990 rief dann Frau X. nochmals beim Polizeirevier... an, um mir mitzuteilen, daß Frank sich während der Fahrt, die ja nur ca. 3 Minuten dauert, bereits wieder beruhigt hatte und nicht mehr mit seiner Schwester sprechen wollte. Sie erklärte, daß sie nicht wie eine Rabenmutter wirken wollte, jedoch ist sie immer noch der Meinung, das richtige getan zu haben. Die gesamte Lage des Vortags empfand auch sie als schlimm, aber sie mußte ihrer Meinung nach schnellstens den Jungen vom negativen Einfluß ihres Exehemannes wegholen.«

Beispiel 3

Fast ein Jahr hat die neunjährige Julia mit Zustimmung ihrer sorgeberechtigten Mutter bei ihrem Vater und dessen neuer Partnerin gelebt. Dann möchte sie ihre Tochter wieder zurückholen, Julia weigert sich jedoch, weil sie – laut eigener Aussage – Angst hat, dann wieder von ihr geschlagen zu werden. Der daraufhin hinzugezogene Psychologische Sachverständige kommt zu dem Ergebnis, daß das Kind auf keinen Fall länger dem Einfluß seines Vaters ausgesetzt bleiben darf und deshalb, da ja die Rückführung zur Mutter an seinem eigenen Widerstand scheitert, zunächst in einem Heim untergebracht werden soll, damit es aus der Distanz heraus eine neue positive Beziehung zu ihr aufbauen kann.

Entsprechend setzt das Amtsgericht Braunschweig das Jugendamt als Pfleger ein, das kurz darauf die Einweisung des Mädchens veranlaßt. Gleichzeitig wird auf seinen Antrag hin der Kontakt zwischen Julia und ihrem Vater, also dessen Umgangsrecht, für ein Jahr ausgesetzt – weil das

Mädchen zur Ruhe kommen soll. In einem heimlich geführten Telefonat erzählt Julia später ihrem Vater, daß sie *für mindestens drei Jahre* in diesem Heim bleiben soll.[33]

Beispiel 4
Auch die zwölfjährige (!) Petra war lange Zeit nicht bereit, dem Sorgerechtsbeschluß gemäß im Haushalt ihrer Mutter zu leben. Entsprechend versteckte sie sich regelmäßig in den Wäldern der Umgebung, sobald die Polizei an der Haustüre ihres Vaters klingelte. Denn natürlich wußte sie ganz genau, daß das Amtsgericht Krefeld dem Gerichtsvollzieher mit Beschluß vom 6. 9. 90 ausdrücklich gestattet hatte, »zur Durchsetzung des Beschlusses vom 5. 9. 90 *auch körperliche Gewalt gegenüber dem Kind Petra* anzuwenden«. (Hervorhebung von mir)
Und welchem jungen Mädchen würde eine solche Drohung wohl nicht panische Angst bereiten? Letztlich genützt haben all ihre Fluchten allerdings nichts, denn z. Zt. befindet sie sich – von der Außenwelt gut abgeschottet – nun doch beim sorgeberechtigten Elternteil.

Die allen diesen Unglaublichkeiten zugrunde liegende, sie überhaupt erst möglich machende rechtliche Basis ist eine noch aus der Nazizeit stammende und erst im April 1990 noch weiter verschärfte Vorschrift: § 33 (2) FGG, die mit ihrer bedingungslosen Gleichsetzung von Menschen und Sachen nur noch als zynisch bezeichnet werden kann (Hervorhebung von mir):

»Soll *eine Sache oder eine Person* herausgegeben oder eine Sache vorgelegt werden, oder ist eine Anordnung ohne Gewalt nicht durchzuführen, so kann auf Grund einer besonderen Verfügung des Gerichts auch Gewalt gebraucht werden. Der Vollstreckungsbeamte ist befugt, erforderlichenfalls die Unterstützung der polizeilichen Vollzugsorgane nachzusuchen.«

Daß Sachen, die ein Gericht jemandem rechtskräftig zugesprochen hat, ggf. auch unter Einsatz von Gewalt ihrem rechtmäßigen Eigentümer zugeführt werden können, das entspricht einem gesunden Rechtsempfinden. Und sofern Kinder gegen ihren Willen gewaltsam von einem Elternteil festgehalten und damit zumindest seelisch gefährdet werden, ließe sich selbst in diesen Fällen ein massives Vorgehen noch verstehen, diente es doch schließlich unverkennbar der kindlichen Sicherheit und damit seinem Wohl. Doch davon kann, wenn das Kind selbst die Rückkehr zum sorgeberechtigten Elternteil verweigert, natürlich überhaupt keine Rede sein. Das Kindeswohl ist keine Eigenschaft, kein Merkmal, das – sofern es einmal »festgestellt« wurde – anschließend auch mit allen zu Gebote stehenden Mitteln hergestellt werden muß. Diese psychologisch absurde Vorstellung kann nur entstehen, weil mit der durch die sorgerechtliche Titelzuweisung »zum Wohle des Kindes« einmal ausgesprochenen Zuordnung eine anschließende Kindeswohlgefährdung überhaupt nicht mehr vorstellbar erscheint.

Noch deutlicher läßt sich die Pervertierung einer seelischen und emotionalen menschlichen Qualität zum nackten Rechtstitel nicht mehr entlarven. Und mindestens in diesen Fällen offenbart sich die ganze Bandbreite des Fehlers, den Umgang mit kindlichen Seelen ausgerechnet in die Hände von Juristen zu legen. Denn bisher ist die von einem Familienrichter (!) in einer Kommentierung meiner Veröffentlichung geäußerte Forderung, man solle diese Fälle »dem allenfalls zu Lernzwecken gereichenden Horrorwachsfigurenkabinett der Jurisprudenz zuweisen«, immer noch eine Einzelstimme (Dickmeis, 1992a).

Der Bundesgerichtshof hat schon 1976 entschieden, daß Gewalt gegen Kinder nur als äußerstes Mittel – wenn alles andere erfolglos geblieben, aber ein rasches Einschreiten unumgänglich sei – angewandt werden dürfe.[34] Und gottlob gibt es seitdem auch einzelne Gerichte, denen die Gefühle von Kindern wichtiger sind als ein abstraktes Prinzip von »Recht und Ordnung«.[35] Doch Gerichte sind keine Weisungsempfänger, andernfalls würde es weder die berichteten Fälle geben, noch folgende Groteske: Noch 1991 war das OLG Hamm offensichtlich von seiner »Erkenntnis« des Kindeswohlgemäßen so beeindruckt, daß es der fachlichen Öffentlichkeit diesen Leitsatz nicht vorenthalten wollte:

»1. Im Verhältnis verheirateter Eltern zueinander entscheidet über die Rückgabe des Kindes allein dessen Wohl.
2. Eine Überprüfung ist aber nur noch eingeschränkt erforderlich, wenn dem die Herausgabe begehrenden Elternteil kurz vorher bereits die elterliche Sorge übertragen worden ist und in diesem Zusammenhang die Belange des Kindeswohls ausgiebig erörtert worden sind.«[36]

Was diese psychologische Verantwortungslosigkeit jedoch gleichzeitig zur rechtlichen Absurdität machte: Zum Zeitpunkt der Veröffentlichung hatten sich die Eltern längst mit meiner Unterstützung – gleich nach der OLG-Entscheidung hatte mich das zuständige Amtsgericht als zweiten Sachverständigen (der erste hatte, wie üblich, nur gegutachtet) beauftragt zu versuchen, eine Einigung zwischen den Eltern herbeizuführen – darauf verständigt, die gemeinsame Elternverantwortung wiederherzustellen und dem beharrlichen Wunsch ihres Sohnes, um jeden Preis bei seinem Vater wohnen zu wollen, zu entsprechen. Beschämt über das Vergangene, konnten sie über die Beachtung, die das OLG »ihrem« Fall geschenkt hatte, nicht einmal schmunzeln.

Schlimmer noch als die psychologische Unbedarftheit eines einzelnen Gerichtes ist jedoch, wie auf politischer Ebene über diesen »strukturellen Wahnsinn« gedacht wird, zumindest gedacht wurde. In der Stellungnahme des Justizministeriums zu einer an den Deutschen Bundestag gerichteten Petition des – ansonsten im Familienrecht ziemlich unsichtbar gewordenen – Deutschen Kinderschutzbundes, den »Gewaltparagraphen« § 33 (2) FGG ersatzlos zu streichen, hieß es 1982 (alle Hervorhebungen von mir):

»Das Vormundschaftsgericht wird – regelmäßig unter Einschaltung des Jugendamtes (§ 48c JWG) – *zunächst gütlich* auf das Kind einzuwirken versuchen. *Erst wenn dies versagt, kommt eine Gewaltanwendung in Betracht*; hierbei kann wiederum das Jugendamt eingeschaltet werden...

Bei dem *Vollzug von Sorgerechtsentscheidungen* kommen danach *Zwangsmittel in erster Linie gegen die Betreuungsperson* in Betracht; soweit gegenüber *dem Kind* als schutzbedürftigeren Teil eine *Anwendung von Gewalt* überhaupt möglich ist, müssen zusätzliche Maßnahmen ergriffen werden, die im Ergebnis *Erziehungsmaßnahmen* entsprechen. ...

Wäre es nicht möglich, solche Entscheidungen im äußersten Fall auch mit Gewalt durchzusetzen, so müßte darauf verzichtet werden, das für eine zwangsweise Durchsetzung der Entscheidung *stets erneut bejahte Kindeswohl* zu verwirklichen. Dies wäre nicht zum Vorteil des Kindes, sondern, wie gerade Maßnahmen nach §§ 1666, 1666a BGB deutlich machen, zu dessen Nachteil. Von hier aus wird auch der *unbestritten negative Eindruck*, der von dem Einsatz von Zwangsmitteln auf das Kind ausgehen kann, *hinnehmbar*. Insbesondere wenn das Kind längerfristig oder sogar dauernd in eine *harmonische Umgebung* kommt, wird es zudem gelingen können, solche *Eindrücke im Laufe der Zeit abzubauen.* ...

die ohnehin beschränktere *Gewaltanwendung gegen das Kind muß erhalten bleiben, weil es nicht der Entscheidung des Kindes überlassen werden kann, ob ein gerichtliches Erkenntnis durchgesetzt werden darf, das seinem Wohl dient und das einem entscheidungserheblichen Willen des Kindes Rechnung tragen muß.* ...

Da die *Anwendung von Gewalt gegenüber dem Kind letztlich einer Erziehungsmaßnahme* entspricht, müßte andernfalls auch bei der Ausübung des Sorgerechts auf jegliche Gewaltanwendung verzichtet werden. Das ist bei den gesetzgeberischen Beratungen zum Sorgerechtsgesetz nach eingehender Prüfung abgelehnt worden (Bericht des Rechtsausschusses des Bundestages, Bundestagsdrucksache 8/2788, Seite 35 f.)«[37]

Hinter Äußerungen wie diesen und auch hinter allen gerichtlichen Entscheidungen verbirgt sich letztlich die – im Einzelfall möglicherweise nicht einmal falsche – Überzeugung, daß die Weigerung des Kindes, zum sorgeberechtigten Elternteil überzuwechseln, nicht Ausdruck seines eindeutigen Wunsch und Willens sei, sondern das Ergebnis einer nachhaltigen Beeinflussung durch den anderen Elternteil.

In der Regel ist jedoch selbst der Verdacht einer »Beeinflussung« nicht annähernd ein Grund, mit Gewalt gegen das Kind vorzugehen. Denn aus seiner Erlebniswelt – und die darf einfach nicht ohne Not ignoriert werden – ist »Beeinflussung« nichts anderes als ein Name für die vermeintlichen Ursachen seiner emotionalen und kognitiven Befindlichkeit. Doch diese *ist seine Welt.* In diesem psychologischen Raum denkt und fühlt es. Deshalb muß jeder gewaltsame Eingriff bei einem Kind zwangsläufig zunächst höchstbedrohliche Ängste auslösen, bis hin zu vielleicht lebenslang anhaltenden seelischen Traumata (vgl. Jopt, 1992a).

Wenn also der Staat von einer unzulässigen Beeinflussung durch den Nichtsorgeberechtigten überzeugt ist – was in den meisten Fällen allerdings falsch ist –, dann darf sich seine Abwehr nicht gegen das Kind richten, sondern ausschließlich auf die Beseitigung dieser Ursachen. Das aber geht nur mit Gesprächen und nicht mit irgendwelchen Gewaltmaßnahmen. Das gilt auch für die »milderen« Vorstufen – die Androhung von Zwangsgeld oder die Inhaftierung des nichtsorgeberechtigten Elternteils –, sie sind genauso untauglich wie der Einsatz von Polizei und Gerichtsvollzieher.

Denn Eltern können ihr Kind vielleicht »zwingen«, seine Schularbeiten zu machen, obwohl es gerade keine Lust hat. Doch wenn sie ihm sagen, es müsse umgehend die Wohnung verlassen, weil sie andernfalls Strafe zahlen müßten oder sogar ins Gefängnis kämen – gehört wirklich so viel Phantasie dazu, um sich vorzustellen, daß in diesem Fall die eine (körperliche) Gewalt lediglich durch eine andere – psychische – ersetzt worden ist?

In jedem Fall sind jedoch Richter, die so agieren wie in den geschilderten Beispielen, nicht nur absolut ungeeignet für eine Tätigkeit im Kindschaftsrecht. Für Kinder sind sie regelmäßig auch eine ganz unmittelbare Gefahr, weil sie ihnen mit ihren Erlaubnisscheinen zur Ausübung staatlicher Gewalt schwerste seelische Dauerschädigungen zufügen können. Wer schützt diese Kinder vor solchen »Beschützern«?

Mit den Beschützern sind jedoch nicht nur Gerichte gemeint. Häufig sind an derartigen Mißhandlungen auch die Jugendämter beteiligt. Und *immer* sind sie in dem Sinne Mittäter, daß sie nichts unternommen haben, um diesen Psychoterror zu verhindern. Was jedes Jugendamt durchaus könnte, denn vom Gesetz her ist es schließlich ein eigenständiger und damit nur sich selbst – seinem (Ge)Wissen – verantwortlicher Verfahrensbeteiligter. Ein Kontrolleur des Gerichtes, der darauf zu achten hat, daß niemals etwas geschieht, was mit Wohl und Würde eines Kindes unvereinbar ist. Dafür hat ihm der Gesetzgeber ausdrücklich ein eigenes Beschwerderecht eingeräumt. Und dafür werden seine Mitarbeiter auch bezahlt. Das scheinen allerdings manche Sozialarbeiter vergessen zu haben.

Nicht weniger gefährlich ist schließlich aber auch jeder Sorgeberechtigte, der mit seiner Beantragung eines Herausgabebeschlusses die Gerichte überhaupt erst veranlaßt, die rechtliche Voraussetzung zur Kindesmißhandlung zu schaffen. Noch eindeutiger kann er eigentlich kaum mehr dokumentieren, wie gleichgültig ihm die seelischen Belastungen seines Kindes sind und wie wenig deshalb gerade er geeignet ist, zum Wohle dieses Kindes Verantwortung zu tragen. Insofern ist es wirklich zu bedauern, daß in diesen Fällen meines Wissens noch nie ein Gericht die uralte Anregung aus dem genannten BGH-Urteil aufgegriffen und, statt dem Antrag stattzugeben, umgehend zunächst erst einmal von Amts wegen eine Sorgerechtsüberprüfung im Sinne von § 1696 (1) BGB eingeleitet hat (vgl. auch Dickmeis, 1992a). Jedenfalls gäbe es damit auch heute schon einen direkten Weg für die Gerichte, den »psychologischen Straftatbestand« staatlicher Gewalt gegen Kinder ersatzlos abzustellen, ohne erst konkrete Vorgaben des Gesetzgebers – die ohnehin nicht einmal in Sicht sind – abzuwarten.

Andernfalls müssen etliche Kinder nicht nur auch zukünftig immer wieder Panik, Angst und Schrecken durchleiden. Auch mir selbst schnürt es regelrecht den Hals zu, wenn ich mir vorstelle, daß der Kommentar eines Rechtswissenschaftlers und juristischen Praktikers zu meiner öffentlichen Anprangerung dieses Mißstandes stellvertretend die Meinung der schweigenden Mehrheit unserer Rechtsanwender wiedergeben sollte (Finger, 1991, S. 172): »Besonders ärgerlich, aber letztlich wohl bezeichnend erscheinen mir schließlich die von *Jopt* breit ausgemalten Beispiele. Das gilt für ihre Auswahl ebenso wie für ihre offensichtlich ganz selektive Darstellung. Schon auf den ersten Blick fällt auf, daß sämtliche Kinder von ihren *Vätern* weggenommen (!) und zu ihren durchweg hartherzigen und vollständig kalten *Müttern* gebracht werden. Wirken sich dabei eigene, unverarbeitete Lebensschicksale aus? ... Tant de Bruit?« Auf gut Deutsch: Viel Lärm um nichts? Was soll man da noch sagen?

DER WIDERSPENSTIGEN ZÄHMUNG: WIE DER STAAT KINDESWILLEN BRICHT

Die gewaltsame Herausnahme eines Kindes unter Einsatz von Polizei und Gerichtsvollzieher ist nicht die einzige Menschenrechtsverletzung, die im Horrorarsenal des staatlichen Wächters anzutreffen ist. Denn sofern ein Kind anschließend bei der nächstgünstigen Gelegenheit erneut zum Nichtsorgeberechtigten zurückkehrt oder dies auch nur ankündigt, muß sich der Staat etwas anderes einfallen lassen, als den »Schutz des Kindeswohls« mit ständiger Polizeibereitschaft zu gewährleisten.

Die staatliche Lösung dieser Fälle, in denen das Kind nicht bleiben will, wo es hin soll und nicht bleiben darf, wo es hin will, ist der sozusagen »logische« dritte Weg: Das Kind kommt in ein Heim. Dort soll es sich – entweder mit therapeutischer Unterstützung oder auch einfach nur durch den Willensbrecher »Zeit« – darauf besinnen, wie sehr die vom Gericht getroffene Sorgerechtsentscheidung allein von der Anteilnahme an seinem wirklichen Wohl bestimmt war.

Das ist im Prinzip nichts anderes als der Versuch, einen Menschen mittels Gehirnwäsche umzupolen, auch wenn die Zwangsunterbringung zum – auch noch pädagogischen Wert suggerierenden – »Internatsaufenthalt« geschönt wird (vgl. Schütz & Jopt, 1988).

Tatsache ist, daß in diesen Fällen ein Mensch gegen seinen Willen fremduntergebracht und zur Isolation von seinen Eltern gezwungen wird. Von Menschen, die das Kind beide liebt, von denen es geliebt wird und die sich lediglich darin unterscheiden, daß ihr Kind gegenwärtig – aus welchen Gründen auch immer – den Wohnsitz beim einen dem beim anderen vorzieht. Nur daß diese Vorliebe nicht den Vorstellungen des Staates entspricht.

Insofern dürfte – auch wenn der Vergleich makaber klingen mag – der angerichtete seelische Dauerschaden bei einer solchen Zwangsunterbringung noch erheblich größer sein als im Falle der gewaltsamen Herausnahme. Denn hier beschränkt sich das Trauma nicht auf ein lokales Geschehen; hier werden durch die möglicherweise jahrelange Entfremdung des Kindes von seinen Eltern vorsätzlich massive Beziehungsdeformationen und schwere Persönlichkeitsstörungen in Kauf genommen. Hinzu kommt noch, daß das Kind seine Isolierung bis zum letzten Tag natürlich nur als »Bestrafung« empfinden kann, da es ja nicht nur weiß, warum es fremduntergebracht wurde, sondern auch die allein von ihm selbst abhängenden »Bedingungen« kennt, unter denen es wieder freikommt. Dieses Kind befindet sich in einer grundlegend anderen, nicht vergleichbaren Situation als eines, das zu seinem ausdrücklichen Schutz vor seelischen und/oder körperlichen Mißhandlungen aus seiner Familie herausgenommen wird. Es ist mir wirklich vollkommen unbegreiflich, wie ausgerechnet mein eigener Berufsstand – daß eine solche Maßnahme ohne gutachterliche Empfehlung erfolgt, habe ich noch nie erlebt und kann ich mir auch nicht vorstellen – Kinder in eine Lage zwingen kann, die sie in völlige Orientierungslosigkeit stürzen muß, und dies auch noch mit so viel Selbstgerechtigkeit, daß jeder Zweifler mit Aggression, Hohn und Spott überschüttet wird (Balloff, 1989).

Selbst wenn die Gehirnwäsche »erfolgreich« war: Ist es wirklich so schwer vorstellbar, unter welchen erheblichen Belastungen zukünftig das Elternteil-Kind-Verhältnis stehen muß? Auf der einen Seite ein Sorgeberechtigter, der »weiß«, daß sein Kind eigentlich etwas anderes wollte; und auf der anderen Seite ein Kind, das ganz genau weiß, daß der Sorgeberechtigte dies »weiß« ... Und wie wird sich das Kind nach seiner Läuterung seinem nichtsorgeberechtigten Elternteil gegenüber verhalten?

Zwei Beispiele für das Machtkartell zwischen Justiz und Psychologie, das sich kein zweites Mal im Familienrecht unverhüllter zur Schau stellt als hier.

Beispiel I

Dieser Fall betrifft ein zehnjähriges Mädchen, das inzwischen, nach anderthalb Jahren Heimaufenthalt, zu seiner sorgeberechtigten Mutter zurückgekehrt ist. Da es immer noch beim nichtsorgeberechtigten Vater leben möchte, vor einer erneuten »Abstimmung mit den Füßen« jedoch aus verständlichen Gründen zurückschreckt, ist zur Zeit ein weiterer Gutachter mit der Untersuchung des Kindeswohls beschäftigt. Damals (das Mädchen hielt sich schon seit einigen Wochen rechtswidrig beim Vater auf) hieß es in der Empfehlung des Sachverständigen:

Aufgrund der zur Zeit verhärteten Haltung des Kindes sei eine unmittelbare Rückkehr in den Haushalt der Mutter nicht angezeigt. Deshalb wurde empfohlen, das Kind beim Vater rauszunehmen und für eine begrenzte Zeit in einer Einrichtung unterzubringen, in der mit ihm therapeutisch gearbeitet würde. Mit dem Ziel, seine verhärtete Haltung der Mutter gegenüber aufzubrechen und schließlich zu revidieren. Auf diese Weise sollte es lernen, seine Mutter wieder mit eigenen Augen und nicht durch die verzerrende Brille des Vaters zu sehen. Zwar bekannte der Gutachter gleich selbst, daß diese Maßnahme für das Kind eine gewisse Härte bedeutete, die sei jedoch in Kauf zu nehmen, um letztlich seine Beziehung zu beiden Eltern wiederherzustellen.

Darauf das Amtsgericht Braunschweig:

»Da die Übersiedlung in und der Verbleib im Haushalt der Mutter aufgrund der derzeit starr ablehnenden Haltung des Kindes nicht möglich erscheint, ist es auf Vorschlag des Sachverständigen übergangsweise in einer geeigneten Pflegestelle, wo auch die notwendigen therapeutischen Maßnahmen durchgeführt werden können, unterzubringen.«

Und um die »heilige Kuh« Rechtsstaatlichkeit nicht aus den Augen zu verlieren, ergänzte das OLG Braunschweig:

»Der Senat schließt sich der Beurteilung des Amtsgerichts grundsätzlich an. In rechtlicher Hinsicht war allerdings zu berücksichtigen, daß der – wenn auch nur für eine Übergangszeit erforderliche – Eingriff in das Elternrecht nur insoweit zulässig ist, als das Wohl des Kindes dies gebietet. Aus diesem Grunde mußte die Anordnung einer Vormundschaft ausscheiden. Die elterliche Sorge der Mutter war allerdings – vorübergehend – um die Personsorge zu verkürzen, weil andernfalls eine Gefährdung des Kindeswohls zu besorgen wäre.«

Beispiel 2
Hier kam es zum Glück nicht zur Umsetzung der gerichtlichen Anordnung, da es in der Beschwerde gelang, den Senat für die Hinzuziehung eines weiteren Sachverständigen zu gewinnen, der dann den Verbleib des Kindes, eines damals ebenfalls zehnjährigen Jungen, beim Vater empfahl. Zunächst die Auffassung der Gutachterin: Obwohl Jens bereits mehrfach zu seinem Vater »geflüchtet« sei, sei seine sofortige Herausnahme dennoch erforderlich und auch vertretbar, da er die schädlichen Folgen eines Verbleibs bei ihm aufgrund seines Alters noch nicht erkennen könne. Da eine sofortige Rückkehr in den Haushalt der Mutter nur zu weiteren Konflikten führen würde, empfiehlt sie, den Vorschlag des Jugendamtes aufzugreifen und Jens vorübergehend, für mindestens zwei Jahre, in eine »neutrale« Umgebung, beispielsweise ein Internat, zu verbringen, damit er sein Beziehungsgefüge neu strukturieren könne. Die Mutter sei mit einer solchen Maßnahme einverstanden. Besuche von ihr sollten davon abhängig gemacht werden, wie gut sich Jens mit seiner neuen Situation zurechtfinde. Dagegen sollten Besuche des Vaters für diese Zeit stark eingeschränkt und gemeinsame Ferienzeiten sogar völlig verboten werden.

Darauf beschloß das Amtsgericht Neuss:

»Das Gericht muß aus eigener Kenntnis von der Willensstärke des Jungen, die bei seiner Anhörung sehr deutlich ... zu erkennen war, der Gutachterin darin folgen, daß der Junge derzeit von keiner Partei oder dem Gericht zu überzeugen ist ...

Das Gericht ist ... auch der Überzeugung, daß die Beteuerungen des Vaters, Jens könne jederzeit zu seiner Mutter zurückkehren oder habe in der Vergangenheit jederzeit zu seiner Mutter zurückkehren können, nicht der Realität entspricht. Wäre dem nämlich so, hätte der Vater unverkennbar dem geäußerten Willen des Kindes, bei ihm zu bleiben, widersprechen müssen und das Kind notfalls auch gegen seinen Willen bis zur Entscheidung durch das Gericht entsprechend der Beschlußfassung des Gerichts der sorgeberechtigten Mutter zuführen müssen. Statt dessen geht dem Vater der Wille des Kindes über alles. ...

Allein aufgrund der Erkenntnis, der Vater sei zur Erziehung des Kindes ungeeignet, war jedoch sein Antrag nicht zurückzuweisen, sondern gleichzeitig deutlich zu machen, daß eine Rückkehr in den Haushalt der bisher sorgeberechtigten Mutter derzeit jedenfalls nicht dem Kindeswohl dient. ... Die rechtlichen Möglichkeiten, Jens aus dem Haushalt des Vaters rauszuholen, waren ihr durch die gerichtlichen Beschlüsse vom 11. und 18. Juli 1986 ... gegeben worden. Diese sind von der Mutter, aus Gründen wie immer, jedoch nicht durchgesetzt worden (d. h., sie hatte auf den Einsatz von Polizei und Gerichtsvollzieher verzichtet, U.-J. J.), so daß nicht erwartet werden kann, daß in absehbarer Zeit die tatsächliche Ausübung der elterlichen Sorge durch die Mutter zu realisieren sein wird.«

Dazu noch eine Anmerkung, die man, wenn sie nicht so ernst wäre, fast als Scherz nehmen könnte. Ein Grund für die mangelnde Erziehungseignung des Vaters bestand für das Gericht u. a. auch darin: »So bestärkt er den immerhin erst 10 Jahre alten Jens in dessen irriger Ansicht, daß die Gerichte ihm nichts zu sagen hätten und daß Vorschläge oder Anordnungen des Gerichtes schlecht seien.«

Heute hat der inzwischen Fünfzehnjährige – das weiß ich von ihm selbst – seinen Irrtum nicht nur immer noch nicht eingesehen. Im Gegenteil: Heute ist er von der Richtigkeit seiner damaligen Ansicht überzeugter denn je.

4. TRENNUNG UND JUSTIZ II: UMGANGSRECHT

SORGERECHT UND UMGANGSRECHT

Da das Interesse von Trennungskindern nicht auf stabile Rechtsbe-
ziehungen, sondern ausschließlich auf den Fortbestand ihrer emotionalen Beziehungen gerichtet ist, kann der sorgerechtliche Eingriff niemals »Selbstzweck«, sondern immer nur Mittel sein, ein
Zugangsweg sozusagen, um sich diesen Wünschen so weit wie
möglich anzunähern. Insofern ist die Ausgestaltung der Kontakte
zwischen Kindern und ihren nichtsorgeberechtigten Elternteilen
der Prüfstein schlechthin für die Tauglichkeit des staatlichen Eingriffs.

Auch ohne die Praxis näher zu kennen, stellen sich allerdings sofort
erhebliche Zweifel ein. Denn wenn die Notwendigkeit einer einseitigen Sorgerechtsregelung unter anderem damit begründet wird,
daß andernfalls das Kind im Beziehungskonflikt seiner Eltern zerrieben zu werden droht, dann gibt es eigentlich von vornherein
wenig Grund zu der Hoffnung, dies würde dadurch verhindert, daß
man die Eltern noch stärker polarisiert, als sie es ohnehin bereits
sind. Zumindest in einer Vielzahl von Fällen läßt sich fast vorhersagen, daß auf diese Weise ein Brand mit Öl gelöscht werden soll.

Andererseits sind dem Gericht zur Regelung vorgelegte Kontakt-
probleme – das muß man auch sehen – nicht immer nur das
Resultat eines vorangegangenen Rechtseingriffs. Gerade in den
nach § 1672 BGB zu treffenden Entscheidungen, die sich auf die
Zeit des Getrenntlebens beziehen, sind elterliche Uneinigkeiten
über Art und Weise der Kontaktgestaltung überhaupt erst der
Anlaß für ihr Tätigwerden.

Und es gibt ja in der Tat immer wieder auch Fälle, in denen sich nach einer Sorgerechtsregelung für die Zeit des Getrenntlebens die Gemüter wieder merklich beruhigen, so daß es vor dem Hintergrund »klarer rechtlicher Verhältnisse« zu – aus Sicht der Kinder – akzeptablen Kontaktgestaltungen zum anderen Elternteil kommt. Da war dann das Sorgerecht wirklich jenes Mittel zum Zweck, als das allein es einen Sinn macht. Jedenfalls so lange, wie der Staat keine anderen »Beruhigungsmittel« anzubieten hat bzw. sich scheut, über den auf Mutter oder Vater eingeengten Blick hinaus Wege zu gehen, die nicht nur einseitig zu Lasten eines Elternteils ausfallen: beispielsweise durch die Einrichtung einer Amtspflegschaft, die noch viel nachhaltiger als jedes Alleinsorgerecht sowohl den Aufenthalt des Kindes beim einen als auch seine Kontakte zum anderen Elternteil garantieren könnte.

Doch letztlich dreht es sich gar nicht um diese »erfolgreichen« Fälle. Denn sie sind ohnehin eher selten; und vor allem: Ob sich die mit dem Eingriff erhoffte positive Veränderung im Interesse des Kindes auch tatsächlich einstellt, das weiß man immer erst im nachhinein. Denn die rechtliche Stärkung des betreuenden Elternteils kann auch das genaue Gegenteil zur Folge haben: eine zusätzliche Erschwernis der Kontakte zum Nichtsorgeberechtigten, bis hin zur totalen Verhinderung. Und das ist nicht nur der wesentlich häufigere, sondern oft auch der schon bei Antragstellung geradezu sicher voraussagbare Fall, was das eigentlich Fatale an jeder schematisch vollzogenen Sorgerechtsregelung ist, ganz gleich, ob sie »nur« für die Trennungszeit oder dauerhaft bei Scheidung erfolgt. Natürlich gibt es auch eine unbekannte Anzahl von Eltern, die sich von Anfang an oder doch sehr bald nach ihrer Trennung darüber im klaren sind, daß der größte Beitrag zur Schadensbegrenzung für ihr Kind darin besteht, ihm die Einbeziehung in ihre unbewältigten Erwachsenenkonflikte bestmöglich zu ersparen. Doch solche Eltern beantragen weder einstweilige Anordnungen, noch lassen sie sich von fremden Dritten (Richtern), denen ihre Kinder persönlich vollkommen egal sind, vorschreiben, wie sie das zukünftige Beziehungsnetz für die veränderte Familie ausgestalten sollen.

Dies scheint sogar die überwiegende Mehrheit zu sein, denn im Vergleich zur Gesamtzahl jährlicher Trennungen und Scheidungen sind ausdrückliche Anträge, den Umgang gerichtlich zu regeln, relativ selten. Doch ein Grund zur Beruhigung ist dies nicht. Denn niemand weiß, wie es in diesen gerichtlich unauffälligen Fällen um die nacheheliche Lebens- und Beziehungswirklichkeit bestellt ist. Keiner weiß, wie viele Nichtsorgeberechtigte sich durch die Kontaktrestriktionen des anderen Elternteils zwar erheblich eingeschränkt fühlen, das Gericht aber nicht anrufen. Entweder, weil sie sich davon keine Hilfe versprechen oder weil sie befürchten, daß damit alles nur noch schlimmer kommen könnte. Dies gilt vor allem für die nichtehelichen Väter. In jedem Fall läßt die bedrückende Kontaktabbruchquote von gut 50 Prozent bereits ein Jahr nach Scheidung eher Schlimmes befürchten (Napp-Peters, 1988).

Daneben gibt es aber auch noch einen anderen Grund für die relative Rechtsruhe auf dem Feld der Eltern-Kind-Beziehungen. Denn das *Umgangsrecht* – so das Wort für die Pflege von menschlichen Fundamentalbeziehungen in der Sprache der Juristen, bis zur Sorgerechtsreform vom 1. 1. 1980 hieß es sogar ganz technisch »Verkehrsrecht« – ist, jedenfalls vom Gesetz her, nicht irgendeine Gunst, die das Gericht gewähren kann oder auch nicht. Umgangskontakte sind jedem Nichtsorgeberechtigten ausdrücklich gesetzlich zugesichert; wobei sich die Juristen lediglich lange Zeit darüber stritten, ob sich dieses Recht unmittelbar aus dem in der Verfassung garantierten natürlichen Elternrecht ableiten lasse oder ob es sich dabei um einen Restbestandteil des Personensorgerechts handle. (Peschel-Gutzeit, 1989).

Kindern ist diese Frage der rechtlichen Legitimation natürlich völlig gleichgültig, für sie zählt allein die Beziehungswirklichkeit. Doch ein ausdrückliches Recht jedes Kindes auf die Pflege von Liebesbeziehungen kennt das deutsche Familienrecht nicht. Ausgerechnet den elementarsten Kern von Kindeswohl überhaupt formuliert das Gesetz allein als Anspruch des nichtsorgeberechtigten Elternteils; sozusagen als dessen »Recht am Kind« (§ 1634 BGB):

»(1) Ein Elternteil, dem die Personensorge nicht zusteht, behält die Befugnis zum persönlichen Umgang mit dem Kinde. Der Elternteil, dem die Personensorge nicht zusteht, und der Personensorgeberechtigte haben alles zu unterlassen, was das Verhältnis des Kindes zum anderen beeinträchtigt oder die Erziehung erschwert.
(2) Das Familiengericht kann über den Umfang der Befugnis entscheiden und ihre Ausübung, auch gegenüber Dritten, näher regeln.«

Entsprechend besteht der wesentliche Sinn dieser Vorschrift darin – so der Bundesgerichtshof bereits in einer Entscheidung aus dem Jahr 1969 –, es dem »Nichtsorgeberechtigten« »zu ermöglichen, sich von dem körperlichen und geistigen Befinden seines Kindes und seiner Entwicklung *durch Augenschein und gegenseitige Aussprache* fortlaufend zu überzeugen, die verwandtschaftlichen Beziehungen aufrecht zu erhalten, einer Entfremdung vorzubeugen sowie dem *gegenseitigen Liebesbedürfnis* Rechnung zu tragen.«[38] Da ist zwar – neben der personalen »Ortsbesichtigung« – auch von wechselseitigen Gefühlen die Rede, und das Bundesverfassungsgericht ging 1983 sogar noch einen deutlichen Schritt weiter, indem es erstmals klarstellte, daß das Umgangsrecht »einer vom Kind gewünschten Aufrechterhaltung der Beziehungen zu beiden Eltern (dient), weil die gefühlsmäßigen Bindungen des Kindes an Mutter und Vater... unabhängig von der Trennung und Ehescheidung seiner Eltern (fortbestehen) können«(?).[39] Dasselbe Gericht führte nur einen Absatz zuvor aber auch aus, daß bei Umgangsstreitigkeiten der Eltern der Staat berufen sei, »unter Berücksichtigung *ihrer beiderseitigen Grundrechtspositionen* zu entscheiden«. (Hervorhebungen von mir)

Doch Worte wie »Augenschein«, gegenseitige »Aussprache«, elterliche »Grundrechtspositionen«, selbst die sprachliche Verpackung von Liebe in Verwaltungsdeutsch: »dem gegenseitigen Liebesbedürfnis Rechnung tragen« – das alles macht zwar deutlich, daß der Staat das Umgangsrecht sehr ernst nimmt und nicht leichtfertig zur Disposition stellt. Womit sich die relativ seltenen Versuche, es dem Nichtsorgeberechtigten streitig zu machen, erklären mögen. Zugleich vermittelt eine solche Sprache aber auch schon eine Ahnung davon, was auf Kinder zukommt, wenn ihre Eltern das Gericht anrufen sollten, um deren Gefühlsbindungen durch den Staat regeln zu lassen.

WENN DER STAAT LIEBESBEZIEHUNGEN REGELT

Wo immer Gerichte aufgefordert werden, im Interessenkonflikt von um Umgangskontakte streitenden Eltern zum Wohle des Kindes regelnd einzugreifen, wird umgehend Qualität zur Quantität. Unbegreiflich ist vor allem, wie sie dabei mit dem Faktor »Zeit« umgehen. Denn obwohl das Zeitgefühl von Kindern eine psychologische und keine physikalische Dimension ist, wird ihnen von den Gerichten ein Maßstab aufgedrückt, wie er in der Erwachsenenwelt gilt. Das zeigt sich vor allem bei der Bemessung von Kontaktzeiten, dem eigentlichen »Umgangsrecht«.

Hier findet sich alles, was man sich nur vorstellen kann. Gerichte gehen mit diesem wichtigsten Element kindlichen Seelenlebens immer wieder mit einer Kaltschnäuzigkeit und Gefühllosigkeit um, daß es einem die Sprache verschlägt; und das nicht nur bei nichtehelichen Kindern, den Parias auf dem Feld gerichtlicher Umgangsregelung. So denken sich viele Familiengerichte nicht das Geringste dabei, wenn sie Kinder dazu verurteilen – rechtlich trifft es natürlich den Nichtsorgeberechtigten, doch worin besteht da aus ihrer Sicht schon der Unterschied – ihren nichtbetreuenden Elternteil lediglich eine oder mehrere Stunden – pro Monat (!) – »sehen«, besichtigen zu dürfen. Und sie können überhaupt nicht verstehen, wenn ihre nach reiflichen Überlegungen gefundende Kontingentierung vom betroffenen Elternteil, der die Gefühlsbeziehungen zu seinen Kindern völlig zu Recht mit ganz anderen zeitlichen Maßstäben verbindet, empört zurückgewiesen wird. Wie in diesem Beispiel des Amtsgerichts Ulm:

»Nachdem bereits während des Scheidungsverfahrens verschiedene Umgangsregelungen getroffen werden mußten, war auch für den Fall der Scheidung eine solche Regelung zu treffen, obwohl der Vater derzeit einen Umgang mit den Kindern bei einer zeitlichen Beschränkung auf ein Wochenende im Monat ablehnt, denn es steht zu hoffen, daß er sich nach Abschluß des Scheidungsverfahrens fängt und mit der neuen Situation zurechtfindet. Ein Umgangsrecht war dem Vorschlag der Sachverständigen entsprechend auf einmal im Monat zu beschränken, weil bisher die Spannungen zwischen den Eltern für die Kinder derart belastend sind, daß zwischen den Umgangswochenenden beim Vater eine längere Zeit der

Ruhe erforderlich ist, um die Belastung für die beiden kleinen Mädchen nicht zu groß werden zu lassen.«

Diese Begründung taucht bei allen gerichtlich verordneten Kontaktausdünnungen geradezu schematisch und gebetsmühlenhaft immer wieder auf: Weil die Spannungen »zwischen den Eltern« so groß seien, benötigten die Kinder nach einem Aufenthalt beim Nichtsorgeberechtigten jeweils zunächst eine »längere Zeit der Ruhe«, um sich wieder zu normalisieren und einzugewöhnen. Weshalb man sie mit häufigeren Kontakten nur über Gebühr belasten würde.

Diese Argumentationsfigur ist logisch wie psychologisch grundlegend falsch, wie ich noch zeigen werde, und sie macht verständlich, weshalb im Familienrecht so häufig vom »Besuchsrecht« und von »Besuchen« beim nichtsorgeberechtigten Elternteil die Rede ist. Ein makabres Wort, denn Kinder können Freunde besuchen, vielleicht auch noch Oma und Opa, aber natürlich nicht ihre Eltern. Mit ihrem Vater oder ihrer Mutter leben sie für eine Zeit zusammen, teilen mit ihnen Intimität und Nähe. Das alles zwar innerhalb eines zeitlichen Rahmens, doch der ist lediglich eine von ihnen selbst nicht gewählte Folge der Trennung, die mit der Qualität dessen, was während des Zusammenseins geschieht, im Prinzip nichts zu tun hat. Jedenfalls aus der Perspektive eines Kindes nicht.

Kinder wie diese haben noch »Glück« gehabt. Denn wenn der sorgeberechtigte Elternteil am liebsten alle Kontakte zwischen dem Kind und dem anderen Elternteil völlig abgebrochen sehen möchte und sich dieser dagegen verständlicherweise massiv zur Wehr setzt, entsteht bei den richterlichen Laienpsychologen der absolut unzutreffende Eindruck, »die Eltern« stritten miteinander und das ginge zu Lasten des Kindes. Da fackeln dann viele erst gar nicht lange. Doch nicht etwa, indem sie das Kind vor dem schädigenden Ansinnen des Sorgeberechtigten beschützten. Mit einer Selbstverständlichkeit, der auch jeder Hauch psychologischer Sensibilität abgeht, verordnen sie statt dessen einfach erst einmal einen Beziehungsabbruch.

Wobei ich oft nicht weiß, ob sie sich mit der Unterstellung von einem »gemeinsam« streitenden Elternpaar lediglich eine sie selbst beruhigende Rechtfertigung für den Kontaktabbruch liefern oder ob sie wirklich nicht erkannt haben, daß in diesen Fällen nicht Beidseitigkeit, sondern Kausalität herrscht, daß der sorgerechtlich Mächtige mit seinen Wünschen nach Ausschaltung des anderen Elternteils diesen erst zur Reaktion, zum Widerstand zwingt.

Was für das Kindeswohl gut ist – Kindeswunsch hin oder her –, das befinden jedenfalls allein Juristen. Und insbesondere Familiensenate machen aus ihrer Allmacht auch oft genug überhaupt kein Hehl. Denn nach ihnen kommt im Regelfall ohnehin nur noch der Himmel.

So beschied beispielsweise das OLG Celle 1987 kurz und bündig:

»Der angebliche Wunsch von Rolf (6 J.) nach Besuchen und Spielen mit dem Vater ändert nichts daran, daß es das wohlverstandene Interesse von Rolf erfordert, das Umgangsrecht mit dem Vater auszuschließen.«

Und das OLG Frankfurt erkannte 1987 »wegen der Beziehungsstrukturen der Eltern und der sie prägenden Verhaltensmuster«:

»Steht zur Überzeugung des Gerichts fest, daß der Umgang des Vaters mit seinem Kind aus geschiedener Ehe weitere dem Kindeswohl abträgliche Streitigkeiten zwischen den Kindeseltern eröffnen würde, so kann das Recht des Vaters zum persönlichen Umgang mit dem Kind für eine längere Frist ausgeschlossen werden, auch wenn das Kind dem Vater noch versteckte Sympathien entgegenbringt.«[40]

Fünf Jahre sollte hier die längere Frist betragen.

Wie ich bereits gezeigt habe, gibt es zwar noch entschieden schlimmere Berufungen auf die Leerformel vom Kindeswohl. Doch rein quantitativ wird dieses Wort – von der Sorgerechtsregelung bei Scheidung abgesehen – nirgendwo häufiger gebraucht und zugleich mißbraucht als im Rahmen gerichtlicher Umgangsbeschlüsse. Und wenngleich sich die Justiz auch in den meisten Fällen auf entsprechende Empfehlungen meines Berufsstandes berufen kann – mit Psychologie, gar mit dem Kindeswohl, hat das, was hier geschieht, nichts, aber auch gar nichts zu tun.

Statt dessen ist es nichts anderes, als unter Beachtung der – mit den Worten des Verfassungsgerichts – »beiderseitigen Grundrechtspositionen« (wohlgemerkt: der Erwachsenen) einen mehr oder weniger faulen Kompromiß herzustellen. Einen Kompromiß zwischen dem Wunsch des Sorgeberechtigten nach so wenig Kontakt wie möglich und dem des anderen Elternteils nach intensiveren Begegnungen mit seinem Kind. Womit es regelmäßig ausnahmslos um Erwachseneninteressen geht.

Weil dies wiederum im Kindschaftsrecht nicht sein darf, wird der Beschluß ausschließlich damit begründet, daß er dem »Kindeswohl« entspreche. Längst ist das Kindeswohl damit in einem ganz anderen als dem juristischen Sinn zur Generalklausel geworden: Es ist die abstrakte Generallegitimation, die Superformel für alles, was immer ein Richter im Umgangsbereich für richtig und angemessen hält.

Mit dem Kindeswohl läßt sich begründen, warum Umgangskontakte abgebrochen werden müssen; warum sie für ein Jahr oder noch länger ausgesetzt werden müssen; warum sie nur ohne Übernachtung stattfinden dürfen; warum stets ein Dritter dabeisein muß; warum eine halbe Stunde pro Monat ausreicht; warum es mindestens acht sein müssen; warum gemeinsame Urlaube noch verfrüht sind; warum Telefonate außerhalb der »Besuchszeiten« verboten sind; warum selbst zwei lange Wochenenden monatlich noch zu wenig sind – alles, alles wird allein damit begründet, daß das »Kindeswohl« es so und nicht anders gebiete.

Ich habe mich schon oft gefragt, was in den Köpfen eines Einzelrichters oder eines »das letzte Wort« sprechenden Senates wohl vorgehen mag, wenn er nach einem harten Kampf um Stunden und Minuten anschließend in seine eigene Familie zurückkehrt, um dort mit den eigenen Kindern zu schmusen, zu plaudern, zu spielen oder gemeinsame Unternehmungen zu verabreden. Verbitterte Gedanken, die mir immer wieder insbesondere im Zusammenhang mit der Regelung von Umgangskontakten zu Geburtstagen oder für Festtage wie Weihnachten in den Sinn kommen.

Vor diesem Hintergrund kann man Peter Eschweiler (1988, S. 440), dem nachdenklichen Vorsitzenden eines Familiensenates, nur uneingeschränkt zustimmen: »Unter Richtern ist die Vorstellung verbreitet, persönliche Gefühlsbeteiligung beeinträchtige die Entscheidungsfähigkeit und gefährde die richterliche Objektivität.«

Für mich hat es inzwischen wirklich etwas Perverses an sich, wie es diesem Staat gelungen ist, den Kern menschlichen Lebens, von

Menschsein überhaupt und erst recht von Kindsein in ein Korsett zu schnüren, dessen Enge jede Sinnlichkeit erstickt.

Natürlich gibt es auch Sachzwänge, denen Gerichte unterworfen sein können: große Entfernungen zwischen den Wohnorten der Eltern, Berufstätigkeit, Terminkollisionen zwischen Mutter und Vater, andere wichtige Interessen von Kindern, wie Sport, Musik, Freunde, manchmal auch einfach keine Lust, u. a. m. Doch all das ist klar benennbar. Die vorschnelle und unnötige Berufung auf das Kindeswohl täuscht dagegen eine Interessenkollision vor – nämlich zwischen Kind und Nichtsorgeberechtigtem –, die tatsächlich, wo immer sie im Hintergrund steht, auf einer ganz anderen Ebene – zwischen den Erwachsenen – angesiedelt ist. Wird die Regelung dann auch noch in eine Sprache verpackt – das Ergebnis sei als »großzügiges« Umgangsrecht zu würdigen –, die dem Wortschatz von Feudalherren entstammt und damit unmißverständlich dokumentiert, daß es hier allein um Macht geht (nur wer Macht über andere Menschen hat, kann großzügig sein), dann ist schließlich auch die letzte Illusion, das alles könnte wirklich etwas mit dem »Kindeswohl« zu tun haben, endgültig dahin.

Dem läßt sich zwar entgegenhalten, daß es schließlich Auffälligkeiten bei Kindern gebe, die fast immer nur nach Umgangskontakten aufträten. Und Kinder davor zu schützen, das habe ja wohl eindeutig mit dem Kindeswohl zu tun.

Das ist natürlich grundsätzlich richtig. Tatsächlich reagieren insbesondere Vor- und Grundschulkinder nach Rückkehr zum sorgeberechtigten Elternteil immer wieder verstört, verängstigt, nässen die nächste Nacht ein oder reagieren mit allen möglichen anderen Symptomen. Und finden daraufhin keine oder nur noch seltenere Begegnungen statt, verschwinden diese Auffälligkeiten wieder. Womit außer Frage steht: Die besorgniserregenden Reaktionen der Kinder stehen eindeutig im direkten Zusammenhang mit ihren Umgangskontakten.

Aber in welchem? Denn das ist mit der Feststellung eines »Zusammenhangs« allein noch keineswegs klar. Auch die Migräne einer von anhaltenden Ehestreitigkeiten genervten Frau klingt schlagartig ab, wenn ihr Mann beispielsweise auf einer längeren Dienstreise ist und somit keine Auseinandersetzungen stattfinden können. Sollte man ihr deshalb empfehlen, umgehend zum Medikament

»Scheidung« zu greifen? Oder: Viele Kinder bekommen bei Konflikten zwischen ihren Eltern, die sie wie nah auch immer »mitbekommen«, umgehend heftige Bauchschmerzen oder andere psychosomatische Beschwerden, die sofort wieder abklingen, wenn die Mutter etwa für einige Zeit ins Krankenhaus muß. Also am besten die Mutter von ihnen fernhalten?

Der entscheidende Fehler, der hier von vielen Kinderhelfern begangen wird, liegt darin, daß sie aus der Parallelität zweier Ereignisse umgehend auf eine Kausalität zwischen beiden schließen. Ein Fehler, der jedem Psychologiestudenten spätestens nach dem dritten Semester, wenn er den Begriff der »Korrelation« kennengelernt hat, nicht mehr passiert. Leicht könnte sich jeder, der es nur wissen wollte, davon überzeugen: Solange sich Kinder beim nichtbetreuenden Elternteil aufhalten, treten die Symptome so gut wie nie auf. Womit sie schon rein logisch keine aversiven Reaktionen auf diese Person sein können. Da dasselbe auch in Bezug auf den Sorgeberechtigten gilt, könnte damit eigentlich eines sofort ausgeschlossen werden: Die Kinder reagieren überhaupt nicht auf Personen, sie reagieren auf den *Kontext*, auf das von Spannung, Ablehnung, Abwertung und Feindseligkeit geprägte Beziehungsklima zwischen ihren Eltern. Und das wird für sie eben immer dann am deutlichsten, aber auch am schmerzhaftesten spürbar, wenn sie von der einen – für sich betrachtet meist durchaus heilen und harmonischen – Lebenswelt in die andere überwechseln.

Die häufigeren Auffälligkeiten nach der Rückkehr vom Nichtsorgeberechtigten erklären sich schlicht dadurch, daß sie diesen Elternteil meist erheblich weniger erleben als den anderen und insofern oft viel zu früh wieder von ihm wegmüssen. Wie sollten sie auch »verstehen«, daß sie zu einer ganz bestimmten Uhrzeit ihre Beziehung schlagartig abbrechen müssen, selbst wenn dies weder für ihr Bedürfnis noch für ihre »innere Uhr« in diesem Augenblick stimmt? Oder, sofern der Nichtsorgeberechtigte solche Plötzlichkeit bewußt vermeiden möchte und deshalb schon Stunden vorher den bevorstehenden Abschied ankündigt: Wie sollen Kinder diese »Notwendigkeit« begreifen? Dann brauchen nur noch jene kinderverachtenden »Übergabesituationen« hinzuzukommen, bei denen sie vor ihrer Haustür oder noch auf der Straße abgesetzt werden, um einem schweigenden und grimmig-verbittert dreinschauenden Sorgeberechtigten in die Arme zu laufen: Wie soll ein sensibles Kind alle diese unbegreiflichen Brüche und klimatischen Vergiftungen anders verkraften, unter diesen psychischen Vergewaltigungen anders aufschreien, wenn nicht mit der Sprache von Körper und Seele?

Selbst wenn die Kinder es könnten, würden sie nicht wagen, über die extremem Belastungen zu sprechen – wohlwissend, wie sehr dies Mutter oder Vater verletzen würde. Das alles sind Strukturen, die nur als schizophren bezeichnet werden können. Nicht minder verrückt(krank)machend, wie wenn der Sorgeberechtigte ausdrücklich versichert, nichts gegen Umgangskontakte zu haben (»Du kannst ja deine Mutter besuchen, *wenn du willst.*«) – durch Mimik und Stimmlage jedoch gleichzeitig das genaue Gegenteil zum Ausdruck bringt.

Insofern wären nicht Umgangszeiten *zu verknappen*, sondern das genaue Gegenteil. Denn andernfalls wird das Kind lediglich gezwungen, statt des einen seelischen Belastungszustands einen anderen, noch entschieden größeren, auszuhalten. Zwar sind die Reaktionen auf Kontaktreduzierung oder gar -aussetzung vordergründig meist weniger spektakulär als die nach der Rückkehr zum betreuenden Elternteil. Doch auch Erwachsene reagieren auf jeden unausgesprochenen zwischenmenschlichen Konflikt mit ihrem Partner intensiver als auf dessen Abwesenheit. Aber was heißt das schon?

Hier mag man sich nur die Feststellungen des im Familienrecht nicht unbekannten Ernst Ell (1986) vergegenwärtigen, dann müßte eigentlich jedem umgehend klar sein, daß die seelischen, stillen Schmerzen wegen des Verlustes eines Elternteils körperlichen Aufschreien nicht nachstehen:[41] »Die Entwicklung der Liebesfähigkeit in Kindheit und Jugendalter wird entscheidend zum späteren Lebensglück beitragen. ... Wo vorher Beziehungen bestanden, darf ein Kind nicht mit ›Gefühlsstümpfen‹ in sein weiteres Leben müssen. Auch hier gibt es psychische ›Phantomschmerzen‹ an den psychischen Narben.« (S. 745/746)

Statt Umgangskontakte auszudünnen, käme es im wirklichen Interesse des Kindes darauf an, den kontakt- und beziehungsbeeinträchtigenden Elternkonflikt abzubauen. Das geht natürlich selten nur mit guten Worten, und das entzieht sich auch regelmäßig der Kompetenz der Richtenden. Doch deshalb zu »passen« brauchten sie noch lange nicht. Denn bei genauerem Hinsehen stellt sich bei den meisten Umgangsstreitigkeiten heraus, daß sie nicht symmetrischen Ursprungs sind, sondern daß es in erster Linie der Sorgeberechtigte ist, der den Kontakt einschränken möchte oder ihn nachhaltig be- bzw. verhindert, während der rechtlose Elternteil lediglich einen verzweifelten Abwehrkampf führt. Und wo immer diese Kausalität besteht – und die läßt sich in den meisten Fällen auch ohne zusätzliche Experten leicht feststellen –, da hat der Konflikt mittelbar eben doch mit den Eingriffsmöglichkeiten des Gerichts zu tun. Denn wie allein Gerichte das Sorgerecht zuteilen, so steht auch nur ihnen das Recht zu, diese einmal getroffene Entscheidung wieder rückgängig zu machen, wenn sich herausstellt, daß der Berechtigte seine Rechtsmacht zum erkennbaren Schaden des Kindes mißbraucht.

Das ist nicht nur Theorie. Daß vor dem Hintergrund eines solchen Verständnisses zumindest ein ganz entscheidend günstigerer »Rahmen« für die Sinnlichkeit und Intimität einer »Lebensqualität Kindeswohl« geschaffen werden kann, das beweise ich in Kooperation mit nachdenklichen, um ihre Grenzen, aber auch ihre – nur ihre (!) – Möglichkeiten wissenden Gerichten, seitdem ich im Familienrecht arbeite.

Dagegen sind die meisten gerichtlichen Umgangsentscheidungen im Sinne von Kompromissen bzw. kleinsten gemeinsamen Nennern und erst recht jene Ergebenheitsadressen gegenüber psychisch schwer gestörten Elternpersönlichkeiten, die von der geradezu wahnhaften Idee einer bedingungslosen Abschottung vom früheren Partner beherrscht werden, Maßnahmen, die den Elternkonflikt entweder weiter stabilisieren oder sogar noch zusätzlich verschärfen.

Manchmal weiß man nicht, ob sich ein Richter dieser Absurdität sehr wohl bewußt ist und deshalb krampfhaft nach Worten eines fragwürdigen »Trostes« für den Nichtsorgeberechtigten sucht oder ob es sich in Wahrheit ganz einfach um einen Zyniker handelt. Wie bei diesem Beschluß des Amtsgerichts Köln aus dem Jahr 1990:

»Der Besuch ohne Übernachtung dürfte zudem dazu dienen, Vorbehalte der Mutter weiter auszuräumen und dadurch eine positive Einstellung der Mutter zu den Besuchen des Kindes beim Vater zu erreichen, was sich letztlich positiv auf das Kind und auf seine Einstellung zum Vater auswirken wird. Dadurch muß dem Vater mehr gedient sein als durch die Übernachtung des Kindes bei ihm, *von der er ohnehin nicht viel hat, da das Kind dann ja schläft.*«

Doch Zynismus – wie zum Beispiel die richterliche Empfehlung an einen nichtsorgeberechtigten Vater, sich um das ausgesprochene Kontaktverbot nicht länger zu grämen, sondern lieber ein neues Kind zu machen – gehört eher zur Ausnahme. Umso häufiger dagegen sind Umgangsentscheidungen, die von so bedingungsloser Selbstsicherheit, ja Selbstgerechtigkeit geprägt sind und nicht mal einen Hauch von Unsicherheit, Unzufriedenheit oder – warum eigentlich nicht? – Hilflosigkeit erkennen lassen, daß man allein bei dem Gedanken, ein solcher Richter könnte einmal die eigene Eltern-Kind-Beziehung »regeln«, Angst bekommen kann.

So manche Richter – und beileibe nicht nur die Mächtigen an den OLGs – haben ihr eigenes Gefühlsleben, ihr eigenes Eltern- oder Großelternsein, so bedingungslos der abstrakten »Würde des Gerichts« untergeordnet, daß sie nicht einmal mehr merken, wenn sie ihre Arbeit der Lächerlichkeit preisgeben. Einer Lächerlichkeit allerdings, die für die Betroffenen am Ernst ihrer Folgen nichts ändert.

So konnte dann auch ein Vater, beide Eltern sind selbst Psychologen, über den folgenden Beschluß des Amtsgerichts Bielefeld vom September 1991 keineswegs lachen. Trotz (oder wegen) einer Weitsichtigkeit, die seinem richterlichen Autor eigentlich einen festen Platz in jedem Lehrbuch für angehende Notare sichern müßte.

Es geht um die Regelung des Umgangs zwischen dem Vater und seinen beiden 2½jährigen Zwillingstöchtern, die die Mutter in einer Nacht-und-Nebel-Aktion mitgenommen hatte und für die ihr anschließend umgehend die Alleinsorge für die Zeit des Getrenntlebens übertragen worden war. Bis zur Trennung hatten sich beide beruflich stark ambitionierten Eltern die Kinderbetreuung geteilt.

»I. Der persönliche Umgang des Vaters mit den Kindern Elsa und Lisa, geboren am 29. 4. 1989, wird wie folgt geregelt:

1. Der Vater ist befugt, an jedem zweiten Samstag des Monats die Zeit von 10.00 Uhr bis 18.30 Uhr und an jedem vierten Wochenende des

Monats die Zeit von Samstag 10.00 Uhr bis Sonntag 16.00 Uhr mit den Kindern zu verbringen.

2. In den Monaten mit fünf Samstagen ist der Vater befugt, am 5. Samstag die Zeit von 10.00 Uhr bis 18.30 Uhr mit den Kindern zu verbringen.

3. Der Vater ist weiter befugt, am 30. April eines jeden Jahres, soweit es sich dabei nicht um den 5. Samstag des Monats handelt, die Zeit von 14.30 Uhr bis 18.30 Uhr mit den Kindern zu verbringen.

4. Wenn ein Samstag oder Sonntag, an dem der Kindesvater nach den Ziffern 1. und 2. zur Ausübung des persönlichen Umgangs befugt ist, mit dem Karsamstag, dem Ostersonntag, dem 24., 25. oder 26. Dezember zusammenfällt, wird der persönliche Umgang auf den 3. Samstag des Monats oder das dritte Wochenende des Monats verlegt.

5. Auf die Befugnis des Vaters zur Ausübung des persönlichen Umgangs gem. Ziffern 1. und 2. ist es ohne Einfluß, wenn die Tage, an denen er den persönlichen Umgang ausübt, mit dem Pfingstsamstag, Pfingstsonntag oder einem anderen gesetzlichen Feiertag außer Ostern oder Weihnachten zusammenfallen (Neujahr, Maifeiertag, Tag der Wiedervereinigung, Allerheiligen).

6. Wenn der Vater an der Ausübung des persönlichen Umgangs aus Gründen, die in seiner Person liegen, verhindert ist, entfällt der persönliche Umgang ersatzlos.

7. Die Mutter ist befugt, durch Urlaubs- oder Erholungsreisen bedingt, zwei Termine zum persönlichen Umgang des Vaters mit den Kindern im Jahr entweder einzeln oder aufeinanderfolgend, ersatzlos ausfallen zu lassen.

II. Der Mutter wird aufgegeben,

1. die Kinder an den Samstagen oder den Wochenenden, an denen der Vater zum persönlichen Umgang befugt ist, zur Wohnung des Vaters zu bringen, so daß sie jeweils um 10.00 Uhr dort eintreffen;

2. die Kinder jeweils am 30.4. eines Jahres, soweit dieser nicht auf einen Samstag fällt, zur Wohnung des Vaters zu bringen, so daß sie dort um 14.30 Uhr eintreffen;

3. wenn sie von ihrer Befugnis Gebrauch macht, gemäß Abschnitt I. Ziffer 7. einen oder zwei aufeinanderfolgende Termine zum persönlichen Umgang ausfallen zu lassen, dem Vater hiervon spätestens zwei Monate vorher Mitteilung zu machen.

III. Der Mutter wird für jeden Fall der Zuwiderhandlung gegen eine der in Abschnitt II. Ziffern 1.–3. getroffenen Anordnungen ein vom Gericht im Einzelfall festzusetzendes Zwangsgeld bis zu 1000,– DM angedroht.

IV. Der Vater ist befugt, den persönlichen Umgang innerhalb der in Abschnitt I. Ziffern 1.–4. festgelegten Zeiten innerhalb oder außerhalb seiner Wohnung frei zu gestalten.

Ihm wird aufgegeben,
1. die Mutter jeweils bei deren Eintreffen in seiner Wohnung gemäß der in Abschnitt II. Ziffern 1. und 2. getroffenen Anordnung über seine Pläne hinsichtlich der Ausgestaltung des persönlichen Umgangs mit den Kindern zu informieren;
2. die Kinder nach Ausübung des persönlichen Umgangs jeweils samstags und am 30. 4. eines jeden Jahres um 18.30 Uhr und sonntags um 16.00 Uhr zur Wohnung der Mutter zurückzubringen;
3. jeglichen Versuch zu unterlassen, die Kindesmutter zu Konzessionen hinsichtlich des persönlichen Umgangs über den in Abschnitt I. Ziffern 1.–4. festgelegten Umfang hinaus zu veranlassen oder außerhalb dieser Zeiten Kontakt zu den Kindern zu suchen;
4. der Mutter bei Verhinderung an der Ausübung des persönlichen Umgangs spätestens bis zum vorhergehenden Donnerstag, 20.00 Uhr, oder (vor dem 30. 4.) bis zum 28. 4., 20.00 Uhr, davon Mitteilung zu machen.

V. Dem Vater wird für den Fall der Zuwiderhandlung gegen die Anordnungen in Abschnitt IV. Ziffern 1.–4. ein vom Gericht festzusetzendes Zwangsgeld bis zur Höhe von 1000,– DM angedroht.«

Das sei allerdings gesagt: So »gründlich« und »sorgfältig« wie hier versuchen deutsche Gerichte nur höchst selten, das Kindeswohl zu »sichern«. Andererseits besticht dieser Beschluß aber auch durch seine »Ehrlichkeit« im Hinblick auf die einseitige Grundlage – die Mutter sähe am liebsten jeden Kontakt ausgesetzt – seiner Entstehung. Die meisten Gerichte schweigen sich hierüber lieber aus und gehen statt dessen gleich zum Kindeswohl über. Insofern zeigt sich die wahre Handlangerrolle des Gerichts selten so eindeutig wie hier. Deshalb – und weniger wegen der laienpsychologischen

»Weisheiten« über Bedürfnisse und Gefühle von kleinen Kindern –
nachfolgend auch noch Auszüge aus der Begründung.

»Nach den Ausführungen des Sachverständigen ... wäre es für die Aufrechterhaltung und Weiterentwicklung einer dem Wohl der Kinder entsprechenden Vater-Kind-Beziehung wünschenswert, daß die Kinder
zweimal monatlich ein Wochenende (mindestens über 24 Stunden) in der
Wohnung oder im Umfeld des Vaters verbringen, um den Vater in seiner
eigenen Welt während eines ganzen Tageskreises mit Einschlafen am
Abend und Erwachen am Morgen zu erleben. Dem ... steht jedoch der
Gesichtspunkt entgegen, daß sie bei jedem persönlichen Umgang mit dem
Vater auch mit dem Konflikt zwischen den Eltern konfrontiert werden,
was wiederum zu einer Belastung der Kinder führt.

Der ideale Weg, den Kindern die Konfrontation mit dem Partnerkonflikt
zwischen den Eltern zu ersparen, wäre eine flankierende Beratung der
Eltern. Da eine solche Maßnahme von der Kindesmutter strikt abgelehnt
wird, muß der Umfang des persönlichen Umgangs zunächst auf ein Maß
eingeschränkt werden, bei dem die Hoffnung besteht, daß Reibungs-
punkte zwischen den Eltern auf ein unvermeidliches Minimum reduziert
werden.

Solange die Kindesmutter aufgrund ihrer ablehnenden Haltung gegen den
Kindesvater nicht in der Lage ist, den Wert einer flankierenden Beratung
durch Dritte zu erkennen und zu akzeptieren, muß der persönliche
Umgang des Vaters mit den Kindern auf ein Maß beschnitten werden, daß
Diskussionen zwischen den Eltern, durch die der Vater (bedingt durch die
ihm immer wieder abverlangten Verzichte) in den von dem Sachverständigen geschilderten Erregungszustand versetzt wird und gegen die Mutter
aggressiv wird, möglichst entbehrlich werden.

Wenn Samstage oder Sonntage des zweiten oder vierten Wochenendes
mit Ostern oder Weihnachten zusammenfallen, entspricht es nicht dem
Wohl der Kinder, daß die Gestaltung dieser Feste durch die Mutter unter
Einbeziehung ihrer Verwandten durch ein starres Festhalten an der getroffenen Umgangsregelung beeinträchtigt wird. Die abwehrende Haltung der Mutter hiergegen würde wiederum nicht dem Wohl der Kinder
entsprechen.

Der Gesichtspunkt, daß die Kinder jeweils einen Teil des Osterfestes oder
des Weihnachtsfestes mit dem Vater verbringen müssen (!), kann bei
dieser Regelung außer Betracht bleiben. Bei Kindern im Alter von Elsa und

Lisa bedeuten Feste wie Ostern und Weihnachten so gut wie gar nichts, so daß sie das Fehlen der Kontakte mit dem Vater zu diesen Festen nicht vermissen. Auf der anderen Seite werden die Kinder auch die Trennung von der Mutter zu Pfingsten nicht als einen schwerwiegenden Eingriff empfinden. Es besteht daher keine Veranlassung, dem Zusammensein der Kinder mit der Mutter den Vorrang einzuräumen, wenn der Pfingstsamstag oder der Pfingstsonntag oder beide mit dem festgelegten Besuchsrhythmus kollidieren.«

Genützt hat allerdings auch dieses umgangsrechtliche monumentale Meisterwerk wenig: Nur wenige Monate später verzog die Mutter in einen anderen Gerichtsbezirk, die Kontakte wurden stetig ausgedünnt, und zur Zeit klagt der Vater erneut vor Gericht, weil er seine Kinder seit Monaten nicht mehr zu sehen bekommt. Grund: Verdacht auf sexuellen Mißbrauch.

»VERTRAUENSVORSCHUSS« SORGERECHT

Im Grunde ist jede gerichtliche Umgangsregelung eine Paradoxie. Denn für das, worum es eigentlich geht, eine zwischenmenschliche Beziehung, kann ein Gericht allenfalls die (zeitlich-räumlichen) Rahmenbedingungen schaffen. Zugleich ist aber jede ausdrückliche Anordnung dieses Rahmens wiederum ein Beitrag zur Erschwerung des eigentlichen Ziels. Denn mit der ausdrücklichen Festlegung, daß beispielsweise Vater und Sohn Kontakte miteinander haben dürfen, ist noch nichts gewonnen. Liebe läßt sich nicht verordnen und gegen den Widerstand des anderen Elternteils bestenfalls bruchstückhaft herstellen. Oder es kommt zur »fragmentierten Intimität«: Kind und nichtsorgeberechtigter Elternteil genießen ihr Zusammensein. Diese Nähe ist jedoch auf den vom Gericht festgelegten zeitlichen Rahmen befristet. Wie ein Kinobesuch, der für zwei Stunden in eine andere Welt entführt, die es danach jedoch nicht mehr gibt. Bis zum nächsten Film.
Solange Sorgeberechtigte ihre Kinder dazu zwingen, ihre Liebe (auch) zum anderen Elternteil nur mit Hilfe des Gerichts leben zu dürfen, sind solche emotionalen Oasen natürlich besser als nichts.

Und man könnte froh sein, daß es in solchen Fällen den Ansprechpartner Gericht überhaupt gibt. Trotzdem gibt es wenig Anlaß zur Zufriedenheit.

Durch die Routine gerichtlicher Umgangsregelungen ist vollkommen aus dem Blick geraten, daß sich hinter den allermeisten Anträgen im Grunde ein Tatbestand seelischer Kindesmißhandlung verbirgt. Ganz gleich, ob der Sorgeberechtigte seinen Besitz Kind soviel wie möglich für sich selbst behalten möchte oder ob der Nichtsorgeberechtigte auf seinen »Mitanteil« erbarmungslos pocht. Beide mißachten die psychische Lage ihres Kindes gleichermaßen.

Wenn also der Antrag an sich bereits als Beweis dafür gelten kann, daß mindestens ein Elternteil sein Kind in seinen Beziehungswünschen beeinträchtigt, zur einseitigen Loyalität oder Parteinahme »gezwungen« oder zur persönlichen Stütze, um mit der eigenen Hilflosigkeit besser zurechtzukommen, degradiert hat, dann müßte eigentlich jedes Gericht umgehend in eine gründliche Untersuchung darüber eintreten, welcher Elternteil für diese Kindesmißhandlung verantwortlich ist. Jede rein technische Regelung im Sinne des Verhandelns, des »Feilschens« um Kontaktzeiten kaschiert nur das wahre Problem. Im Grunde wiederholt sich hier, was ich bereits im Zusammenhang mit der gewaltsamen Verbringung von Kindern zum Sorgeberechtigten ausgeführt habe: Auch Umgangsregelungen stehen nicht isoliert außerhalb einer einmal getroffenen (sorgerechtlichen) Entscheidung zum Wohle des Kindes. Umgangsschwierigkeiten sind, mindestens dann, wenn sie dem Gericht vorgelegt werden, ein untrüglicher Beweis für eine ganz konkrete Kindeswohlgefährdung, die in ihrem Ausmaß meist erheblich über die vom Staat – aufgrund der Scheidung – »anerkannte« hinausragt.

Nun schreibe ich kein Buch gegen das alleinige Sorgerecht, um bei nächstbester Gelegenheit einer Sorgerechtsänderung zugunsten des anderen Elternteils das Wort zu reden. Wenn, dann geht es allenfalls um einen Wechsel des Wohnsitzes. Der ist zwar im deutschen Familienrecht untrennbar mit dem Sorgerecht verknüpft, aber das muß ja nicht so bleiben.

Und eine Herausnahme des Kindes aus dem Haushalt des mißbrauchenden Elternteils? Vormundschaftsgerichte und insbesondere Jugendämter fackeln da selbst bei verheirateten Eltern nicht lange.

Zwar schreibt § 1666a BGB vor, daß dieser Schritt nur und erst dann erfolgen darf, wenn sich herausgestellt hat, daß die Gefährdung und Schädigung des Kindes durch andere, familienerhaltende Maßnahmen nicht zu beseitigen ist. Doch in der Praxis nimmt man es damit selten so genau. Da landen Kinder häufig so schnell im Heim oder in einer Pflegefamilie, daß man den Eindruck haben muß, die Behörden wüßten gar nicht, daß es dieses gesetzliche Stoppsignal für allzu forschen staatlichen Übereifer überhaupt gibt. In Analogie hierzu ist, von Ausnahmen abgesehen, die Herausnahme des Kindes und seine Unterbringung beim anderen Elternteil in den meisten Fällen immer nur die zweitbeste Lösung. Denn seine Lage verbessert sich bestenfalls relativ. Wie sollte es ihnen auch besser gehen, wenn sie mit dem Umzug zwar aus einer schädlichen Instrumentalisierung befreit wurden, emotional aber natürlich trotzdem an diesen Elternteil weiterhin gebunden bleiben? Und man muß sich nur einmal ausmalen, was in Kindern vorgehen mag, wie sie es verkraften mögen, wenn sie beim nächsten Umgangskontakt mit ihrem früheren Betreuer auf einen tief verletzten, traurigen und enttäuschten Elternteil treffen.

Deshalb kann es zunächst immer nur darum gehen, dem Mißbraucher die Schädlichkeit seines Verhaltens zu verdeutlichen und ihm dabei zu helfen, sich anders zu verhalten. Denn oft – ich vermute sogar, daß dies für die weitaus meisten Fälle gilt – ist diesem Elternteil überhaupt nicht bewußt, daß er sein Kind für die Regulation eigener Bedürfnisse und Motive einsetzt.

Diese Unterstützung und Hilfe in Form von Beratung kann natürlich kein Gericht anordnen. Wohl jedoch kann es deutlich machen, daß es darin den einzig sinnvollen Weg sieht, dem Kind aus seiner Mißbrauchslage herauszuhelfen. Ebenso müßte (!) es aber auch unmißverständlich klar machen, daß es anderenfalls absolut nicht bereit ist, der kindlichen Schädigung weiterhin tatenlos zuzusehen, bzw. sich auf die umgangsrechtliche Regelung äußerer Rahmenbedingungen zu beschränken.

Da ist zwar insbesondere von seiten mancher Psychologen schnell von »Zwang« und »Drohung« die Rede, und es wird darauf verwiesen, daß dies ebenso untaugliche wie unzulässige Mittel zur Verhaltensänderung seien. Doch solche Kritik trifft nicht den Kern. Auch das Strafgesetzbuch ist eine Ansammlung von Drohungen für den Fall rechtswidrigen Verhaltens. Und keiner ist darüber unfroh, daß es diesen Normenkatalog gibt. Im Gegenteil: Der juristische Gedanke der »Prävention« spiegelt nichts anderes als die Vorstellung, das frühzeitige Wissen um die Folgen eigenen (Fehl)Verhaltens könne bereits ausreichen, um Menschen von Straftaten abzuhalten.

Auch in anderen Bereichen des Kindschaftsrechts gibt es die Drohung an die Adresse des sorgeberechtigten Elternteils. Denn wenn die bereits erwähnte Klausel des § 1666a BGB den Staat verpflichtet, erst dann ins Elternrecht einzugreifen, wenn andere, auf Stabilisierung des Elternsystems ausgerichtete Maßnahmen erfolglos geblieben sind, dann beinhaltet auch das, daß die Eltern oder der Elternteil wissen, was da auf sie zukommt, wenn sie sich den staatlichen Stützmaßnahmen verweigern. Und im übrigen: Der Staat hat schließlich keinen Auftrag, die zu Lasten Dritter ausgelebten psychischen Defizite Erwachsener zu schützen – und seien sie auch noch so verständlich. Sein Schutzauftrag gilt allein diesen Dritten, den Kindern. Das genügt, um ihn zu berechtigen, für den Fall einer Ablehnung seines Hilfsangebots zur »Selbsthilfe« drastisch in das Hoheitsrecht des Sorgeberechtigten einzugreifen.

Oder anders gesagt: Das Sorgerecht ist stets nichts anderes als ein Vertrauensvorschuß des Staates in das Vermögen eines Elternteils, umfassend zum Wohle des ihm anvertrauten Kindes zu handeln. Und dazu zählt nicht nur auch seine Bereitschaft, ihm sein verwandtschaftliches Beziehungsnetz zu erhalten. Dies ist in psychologischer Sicht der höchste Ausdruck elterlicher Verantwortlichkeit überhaupt. Deshalb: Sobald sich herausstellt, daß er sich diesbezüglich geirrt und einen Elternteil ausgewählt hat, der sich in Wahrheit in diesem Punkt als unfähig erweist und auch nicht bereit ist, die Schädlichkeit seiner Kontaktbehinderungen zu erkennen, geschweige abzustellen, ist jedes ratlose Schulterzucken nicht nur fehl am Platz, spätestens dann *muß* nach »zweitbesten Lösungen« gesucht werden. Denn im Vergleich mit »Nichtstun« sind sie jetzt die relativ besten. Die Übersiedlung zum anderen Elternteil wäre jetzt als erstes zu prüfen.

Dabei kann es zwar passieren – ich habe es bisher zweimal erlebt –, daß der abgebende Elternteil über den Verlust »seines« Kindes dermaßen gekränkt und verletzt ist, daß er daraufhin jeden weiteren Kontakt zu ihm abbricht. Das sind grauenvolle menschliche Tragödien, schwerste Schicksalsschläge für die betroffenen Kinder, denn das haben sie nun wirklich niemals gewollt. Doch was will man da noch machen? Hätte man das Kind besser doch nicht rausnehmen sollen? Rein rational war der Schritt sicherlich richtig. Doch was bedeutet schon Rationalität für das Seelenleben eines Kindes? Zweimal habe ich es erlebt, und zweimal blieb nichts als Betroffenheit und Ratlosigkeit zurück. Da tröstet auch kaum, wenn die Kinder mir sagten, daß es in der Rückschau »so besser« war. Auch der beste staatliche Kinderschutz ist da am Ende, wo der »Faktor Mensch« – der Verlust jeglichen Einfühlungsvermögens in die Psyche Dritter – ihm zeigt, daß es Regeln gibt, die man mit gesundem Menschenverstand nicht mehr versteht.

Für einen Staat, der in Sachen Kinderschutz nicht mit sich handeln läßt, wäre jeder Antrag auf Umgangsregelung jedoch nicht nur automatisch eine Aufforderung, umgehend wegen des Verdachts seelischer Kindesmißhandlung zu ermitteln. Parallel dazu müßte er auch alle Register ziehen, um das Kind aus seinen in diesen Fällen regelmäßig gegebenen Fesselungen zu befreien, und zumindest Rahmenbedingungen schaffen, die dem Kind ein Beziehungsleben mit dem anderen Elternteil erlauben. Das allein reicht zwar nicht. Doch wenn der Staat schon auf die Herstellung von *Voraussetzungen* für gelebte zwischenmenschliche Sinnlichkeit – ganz gleich, ob sie sich darin auch entfalten kann oder nicht – verzichtet, dann werden die Belastungen für zahllose Kinder nur noch schlimmer.

In diesem Zusammenhang eine Anmerkung zu einem neuen Phänomen in der familienrechtlichen Landschaft, das auf dem besten Wege ist, die sorge- und umgangsrechtliche Streitkultur grundlegend zu verändern. Was zu katastrophalen Verhältnissen führen wird, wenn es nicht gelingt, diese Entwicklung schnellstens in den Griff zu kriegen. Ich meine den Vorwurf, der Vater habe sein Kind sexuell mißbraucht.

Natürlich ist jeder sexuelle Mißbrauch eines Kindes ein abscheuliches Verbrechen, und die Täter, die auf solche Weise »seelischen Mord« an ihren Kindern begehen, gehören aufs schwerste bestraft. Doch eben deshalb kann man beim Nachweis einer solchen Tat nicht sorgfältig genug sein. Schließlich stehen hier menschliche Existenzen auf dem Spiel.

Es ist beängstigend mitzuerleben, wie in nur wenigen Jahren der Vorwurf sexuellen Mißbrauchs das Familienrecht regelrecht erobert hat. In dem von mir überschauten Bereich drehen sich bereits 40 Prozent aller Sachverständigenaufträge um dieses Thema, wobei der Verdacht immer häufiger erst im Verlauf der Beratungsarbeit erstmals erhoben wird.

Dafür verantwortlich ist in erster Linie ein dank der Frauenbewegung größeres öffentliches Bewußtsein für dieses früher eher tabuisierte und in seinen wahren Dimensionen von allen unterschätzte Verbrechen. Doch die erhöhte Sensibilität hat auch eine Kehrseite: Befürchtungen und Verdächtigungen, der Vater habe sein Kind mißbraucht, fallen gerade im hochstreitigen Scheidungsklima auf ausgesprochen fruchtbaren Boden. Wo tiefstes Mißtrauen und permanente Gefühle des Bedrohtseins vorherrschen, fügt sich das Bild vom vermeintlichen Kindesschänder nur allzu glatt in die ohnehin bereits vorhandene Überzeugung vom früheren Partner als »Täter«. Da reicht dann leicht eine gerötete Scheide, ein zotiges Wort, das Kinder selbstverständlich heute im Kindergarten oder in der Schule aufschnappen, um einen Verdacht zu begründen, den noch vor wenigen Jahren keine Mutter geäußert hätte, wenn sie nicht ganz klare Hinweise gehabt hätte. Diese Verdächtigungen haben inzwischen geradezu hysterische Züge angenommen (vgl. auch Offe, Offe & Wetzels, 1992).

Daneben gibt es aber auch eine nur noch perfide zu nennende andere Seite: Manchmal habe ich den Eindruck, bei bestimmten Frauen hat es sich »rumgesprochen«, daß allein die dem Gericht gegenüber geäußerte »Vermutung« eines sexuellen Mißbrauchs ein überaus taugliches Mittel sei, um den Vater von den Kindern abzuschotten. Wobei es überhaupt keine Rolle spielt, ob dieser Verdacht begründet ist oder nicht (vgl. Ell, 1992). Es scheint, als seien die »Klassiker« früherer Stigmatisierung eines Elternteils im Scheidungsverfahren – Alkoholmißbrauch und Gewalttätigkeit – ersetzt worden.

Viele Gerichte stehen solchen »Hinweisen« relativ hilflos gegenüber. Da es um ein Offizialdelikt geht, müßten sie eigentlich ausnahmslos jeden an sie herangetragenen Verdacht an die Staatsanwaltschaft weiterleiten. Andererseits erscheint ihnen die Vermutung häufig von vornherein unbegründet. Mit dem Effekt, daß immer wieder eine Situation entsteht, in der nichts bewiesen ist, weder die Tat noch die Nicht-Tat. Aber weil es ja stimmen »könnte«, werden Umgangskontakte verordnet, die den Eindruck erwecken, daß es gleichzeitig »stimmt« und »nicht stimmt«. Groteske Situationen, an denen oft auch Gutachter entscheidend mitbeteiligt sind.

Allen Gerichten sollte jedoch klar sein:

1. Kein Mensch kann »beweisen«, sein Kind *nicht* mißbraucht zu haben. Deshalb müßten Richter ausnahmslos und mit Nachdruck darauf bestehen, daß der Verdächtige an der Beweisfindung mitzuwirken hat.

2. Kinder müssen entweder vor ihrem Mißbraucher geschützt werden oder sie haben das Recht auf unkontrollierten Umgang mit ihrem Vater. Ein »bißchen bewiesen« gibt es nicht.

3. Für Kinder haben die Beziehungsabbrüche bzw. -beschränkungen im Falle eines zu Unrecht unterstellten Mißbrauchs zwar andere, in der psychologischen Wirkung jedoch keine geringeren seelischen und persönlichkeitsschädigenden Auswirkungen als im nachgewiesenen Fall.

4. Deshalb sollten alle Gerichte den allzu durchsichtigen und leichtfertig in den Raum gestellten Verdächtigungen energisch entgegentreten. Eine Mutter, die auf diese Weise mit dem Vorwurf eines Verbrechens umgeht, zerstört unter Umständen nicht nur die Existenz ihres einstmaligen Partners. Sie schadet damit auch nachhaltig ihrem Kind und beweist damit eine Verantwortungslosigkeit, die umgehend sorgerechtliche Konsequenzen haben müßte.

Vor allem denjenigen Müttern, die von tiefer Sorge, ihr Kind könnte vom Vater mißbraucht worden sein, gequält sind, sei schließlich noch gesagt: Suchen Sie nicht allein nach Beweisen, die Ihren Verdacht zur Gewißheit werden lassen könnten. Suchen Sie zugleich – nach meiner Meinung sogar zuallererst – nach Beweisen, die ihn entkräften. Dafür gibt es keinen besseren Weg, als das Kind mit seinem Vater in Kontakt zu bringen und diesen von fachkundigen Personen begleiten und beobachten zu lassen. Sollte sich dabei der Verdacht erhärten, ist immer noch Zeit für die gängigen Untersuchungen des Kindes – sein Verhör durch Polizei, Gutachterin oder Gericht. Im wirklichen Ernstfall kann man Ihrem Kind diese seelische Tortur nicht ersparen. Aber gerade weil diese Verhöre vom Kind als eine extreme psychische Belastung erlebt werden, sollten Sie nichts unversucht lassen, um ihm dieses zu ersparen. Damit komme ich zur Praxis gerichtlicher Umgangsregelungen.

WISSEN IST (OHN)MACHT

Eigentlich wissen es alle am Scheidungsverfahren beteiligten Experten ganz genau:

1. Umgangsstreitigkeiten sind meist nichts anderes als Fortsetzungen des Paarkonfliktes auf dem Rücken des Kindes.

2. Fast immer ist der eigentliche Drahtzieher der Sorgeberechtigte, weil er im rechtlichen »Besitz« der Kinder ist und deshalb nicht zu befürchten braucht, daß ihr Mißbrauch durch Kontaktbehinderung irgendwelche ernsthaften Konsequenzen nach sich zieht.

3. Damit gilt im Grunde für eine unbekannte Anzahl von Sorgeberechtigten mit der Trennung das nackte »Faustrecht«.

4. Um dieser im Prinzip ungeheuerlichen Rechtsbeugung nicht tatenlos zuzusehen, um zumindest nach außen hin als staatlicher Wächter die Fäden in der Hand zu behalten, haben die für die Umgangsgestaltung Verantwortlichen und Mitverantwortlichen eine absurde Methode entwickelt: Sie segnen mit dem Verweis aufs Kindeswohl rechtlich ab, was der Sorgeberechtigte ihnen vorgibt.

5. Dadurch bleibt zwar in der Sache selbst nicht einmal die Illusion der Rechtsstaatlichkeit gewahrt, wohl jedoch für den Verfahrensverlauf.

6. Da es jedoch allein darauf letztlich ankommt und da sich mit Vernunft hiergegen nahezu unmöglich vorgehen läßt, kann man die eigene Rolle eines letztlichen Erfüllungsgehilfen immer wieder durchaus gefahrlos eingestehen.

Das belegt nicht nur das schon vorgestellte Bielefelder Beispiel. Das ist die gängige und verbreitete Praxis. Deshalb zunächst noch einige weitere Beispiele (die Hervorhebungen sind von mir):

»Angesichts dieses Sachverhalts hält das Gericht es für das Kindeswohl am besten, wenn der Umgang des Kindesvaters mit dem Kind in einem Ausmaß stattfindet, der *angesichts der starken Bindungen des Kindes zu ihm* verhältnismäßig gering ist. Ein ausgedehnteres Umgangsrecht würde nach Überzeugung des Gerichts die *Irritationen des Kindes gegenüber der Kindesmutter* fördern.«

Oder ein Gutachter, der die Aussetzung des Besuchsrechts für ein Jahr empfiehlt, damit das Mädchen sich beruhigen könne und nicht ständig den Spannungen zwischen seinen Eltern ausgesetzt sei. Hintergrund ist, daß bei der Mutter allein der Gedanke, ihre Tochter auch nur zeitweise dem Vater überlassen zu müssen, schon tiefste Ängste auslöst. Wenngleich indirekt, so teilt sie dem Kind dennoch recht deutlich mit, daß sie Besuchskontakte beim Vater nicht duldet. Deshalb hoffe der Gutachter, daß es der Mutter nach Ablauf einer Kontaktpause von einem Jahr gelingen werde, endlich auch konstruktiv an der Gestaltung des Umgangsrechts mitzuwirken.

Auch Arntzen (1988, S. 1509), gestützt auf die zahlreichen in seinem Institut erstellten Gutachten, sieht sowohl hinter der Forderung nach einem »neutralen« Treffpunkt als auch hinter der Kontaktverweigerung vieler Kinder als wahren Grund die negative Einstellung der sorgeberechtigten Mutter. Darüber hinaus stellt er auch erstmals einen Zusammenhang zwischen diesen Abschottungsversuchen und der bedrückenden Rückzugsquote nichtsorgeberechtigter Väter her (Hervorhebungen von mir):

»Als Gründe für Besuche des Vaters am neutralen Ort wurden überwiegend im emotionalen Bereich liegende *Schwierigkeiten der Mütter* gesehen, die den Gedanken nicht ertragen konnten, das Kind in das Milieu des Vaters und der neuen Partnerin gehen zu lassen, oder die nicht genügendes Vertrauen aufbrachten, um dem Vater das Kind für Ausgänge zu zweit zu überlassen...
Es war erkennbar, daß in der überwiegenden Zahl dieser Fälle vom bisher *sorgeberechtigten Elternteil*, bei dem die Kinder sich aufhielten, eine *Gegeneinstellung* verursacht worden war. ... *Heimliche* Treffen der Kinder mit dem nicht-sorgeberechtigten Elternteil und vor allem *heimliche Telefonanrufe* kamen in den Fällen, in denen der Umgang nicht toleriert wurde, immer wieder vor...
Man muß in solchen Fällen die Echtheit des Interesses am Kind bezweifeln und andere Motive bei den Antragstellern vermuten. *Nicht selten dürften*

aber auch die anhaltenden Schwierigkeiten, die ein Sorgeberechtigter bei Besuchen gemacht hatte, den Besuchsberechtigten zur Resignation gebracht haben.«

Das soll genügen, um zu belegen, wie hier immer wieder nicht Kindesinteressen vertreten werden, sondern allein eine Erwachsenenposition begünstigt wird. Allerdings ändert sich an der Schädigung von Kindern – das ist auf den ersten Blick vielleicht paradox – auch dann nichts, wenn ein Gericht seine Funktionalisierung durch den Sorgeberechtigten durchschaut, es besser machen will und den Kontakt zum anderen Elternteil einfach verordnet. So drohte das Amtsgericht Alfeld beispielsweise der Mutter eines siebeneinhalbjährigen Kindes ein Ordnungsgeld in Höhe von 500 DM für den Fall an, daß sie es nicht schaffe, ihren Sohn zu Umgangskontakten mit seinem Vater zu bewegen. Denn:

»Ob ein Kind selbst den anderen Elternteil besuchen will oder nicht, darauf kommt es jedoch nicht ohne weiteres an, denn auch die Pflege der Familienbande gehört (für das Kind oft noch nicht nachvollziehbar) zum Wohle des Kindes.«[42]

Ähnlich entschied auch 1986 das OLG Zweibrücken:

»Vielmehr ist der sorgeberechtigte Elternteil … verpflichtet, aufgrund seiner elterlichen Autorität durch geeignete erzieherische Maßnahmen auf die Besuchsverwirklichung hinzuwirken und den entgegenstehenden Widerstand des Kindes zu überwinden.«[43]

So geht es natürlich auch nicht. Zwar hat das Gericht hier die wahren Ursachen für die Verweigerungshaltung des Kindes treffend erkannt, aber eine Mißachtung der gegenwärtigen kindlichen Haltung entspricht nicht weniger einem gewaltsamen Eingriff in seine Persönlichkeit als die Bestätigung des sorgerechtlichen Mißbrauchers.

Und eine sorgeberechtigte Mutter, die ihr Kind mit einer Ordnungsstrafe im Nacken zu Umgangskontakten bewegen soll, hat damit noch lange keine andere Einstellung hierzu. Deshalb bewirkt eine solche gutgemeinte Intervention leicht das genaue Gegenteil: Weil die Mutter dem Kind natürlich erzählt, warum es zum Vater soll und was passieren wird, wenn es nicht geht, kippt die ursprüngliche Angst des Kindes vor einem Loyalitätsbruch jetzt leicht in echte Wut gegen den Vater um. So konnte beispielsweise das OLG Frankfurt nach einer solchen Androhung gegenüber der Mutter nur noch feststellen:

»Sabine will unter keinen Umständen mit dem Vater zusammensein. ... Sie hat als Gründe für ihre Weigerung, zum Vater zu gehen, vor allem angeführt, sie lehne ihn ab, weil er gerichtlich gegen die Mutter vorgehe. Dieser Grund ist – von Sabine aus gesehen – verständlich, ohne daß es hier entscheidend darauf ankäme, wie das Mädchen zu seiner Einstellung gekommen ist. Sabine hat sich diesen Grund nun einmal zu eigen gemacht, und der Vater kann ihn nicht wegen eines ihm vermeintlich zustehenden ›Rechtes‹ beiseite schieben.«

Da trifft jene Entscheidung des OLG Celle den eigentlichen Punkt, auf den es ankommt, schon sehr viel eher:

»Darauf, ob ein Kind diesen Elternteil nicht besuchen will, kommt es insbesondere bei jüngeren Kindern nicht an, weil allein der sorgeberechtigte Elternteil darüber entscheidet, ob etwas dem Kindeswohl entspricht. Er ist in diesem Umfang auch verpflichtet, kraft seiner Autorität auf das Kind entsprechend einzuwirken. Unterläßt er dies, so verletzt er je nach den Umständen seine Erziehungspflicht oder es kommt hierdurch zum Ausdruck, daß die zum Wohl des Kindes gebotene Erziehung vernachlässigt worden ist, so daß ein Anlaß zu einer Änderung der Sorgerechtsregelung gegeben sein kann.«[44]

Sicherlich fällt auf, daß ich ausschließlich Beispiele von sorgeberechtigten Müttern anführe, was den Eindruck erweckt, es gäbe bei Vätern solche Egoismen nicht. Doch das ist falsch. Zwar scheint es tendenziell tatsächlich so, »als ob sorgeberechtigte Väter toleranter gegenüber Besuchen beim anderen Elternteil seien als sorgeberechtigte Mütter« (Arntzen, 1988). Und auch Limbach (1989) berichtet in ihrer Studie zum gemeinsamen Sorgerecht, daß Väter, denen das Alleinsorgerecht zugesprochen würde, erkennbar bereiter seien, die Mütter in die Elternverantwortung mit einzubeziehen als umgekehrt. Doch das ist Statistik. Ich habe inzwischen auch eine Vielzahl von Vätern kennengelernt, die in ihrer Verbitterung, ihrem Haß und der gnadenlosen Instrumentalisierung ihrer Kinder kein Deut weniger radikal waren als Frauen in vergleichbaren Situationen. Wobei meist noch hinzukam, daß manche – das gilt vor allem für von ihren Frauen verlassene Männer – ihren Kindern mit einer solchen Brutalität und Rücksichtslosigkeit das Mutterbild zerstörten und zum Inbegriff für Unmoral, Selbstsüchtigkeit und Minderwertigkeit abwerteten, daß derartige Fälle – neben den staatlichen Gewaltaktionen – mit zu dem Schlimmsten gehören, was ich im Familienrecht erlebt habe. Doch das sind gottlob Ausnahmen.

Die mehr von neurotischen Ängsten als von offenem Haß bestimmten kindlichen Vereinnahmungen durch sorgeberechtigte Mütter sind ganz entschieden häufiger. Was die notwendigen Schutzmaßnahmen angeht, so gilt jedoch alles, was ich hier dazu sage, grundsätzlich für beide Elternteile. Denn das Sorgerecht mag wohl zu geschlechtsspezifischen Unterschieden in der Ausgestaltung der mit ihm verbundenen Macht führen, als potentielles Machtinstrument zu Lasten der Kinder ist es jedoch geschlechtsneutral.

GROSSELTERN

Wenn die Lebensgemeinschaft ihrer erwachsenen Kinder scheitert, ist das für die meisten Großeltern zunächst eine ebenso bedrückende wie schmerzhafte Erfahrung. Doch vielen von ihnen gelingt anfangs, was kaum ein anderer kann: Statt beide »Kinder« in Täter und Opfer aufzuspalten, bleiben sie »neutral«, verweisen auf den Anteil beider – eigenem und Schwiegerkind – am Scheitern und beklagen in erster Linie eine familiäre Tragödie, als deren Hauptleidtragende sie die Enkelkinder sehen. An sich selbst als Verwandte, die diese Kinder ebenfalls tief ins Herz geschlossen haben, an eine Bedrohung auch ihrer eigenen Liebesbeziehung zu den Enkeln, denken sie zunächst noch wenig.

Das ändert sich meist sehr schnell, wenn sie miterleben müssen, wie nicht nur das eigene Kind, als Elternteil, in der Beziehung zu seinen Kindern behindert wird, sondern auch sie selbst. Denn fast immer richten sich die gleichen Aversionen, die dem Partner gelten, auch gegen dessen Eltern. Zwar gibt es immer wieder auch Fälle, in denen die Beziehungen zu den Großeltern für die Enkelkinder unbeschwert weiterbestehen, während sie zum entsprechenden Elternteil schwer gestört sind, doch das sind die Ausnahmen.

Psychologisch gesehen ist diese Gleichsetzung gar nicht unverständlich. Denn häufig befinden sich Großeltern in einer ähnlichen Situation wie Anwälte: Sie kennen nur die eine Seite, die subjektive Wahrheit ihres Kindes, und die ist stets so plausibel, daß sie nur allzu verständlich dessen Empörung und Opferposition teilen. Und dies natürlich erst recht, weil es schließlich – Blut ist dicker als Wasser – das eigene Kind ist. Als zwangsläufige Folge werden sie vom Schwiegerkind zu Mittätern abgestempelt, die mit dem ehemaligen Partner gemeinsame Sache machen. Doch das bestärkt die Schwiegereltern in ihrer Parteinahme für das eigene Kind ungewollt nur noch weiter. Schließlich waren sie bis zur Trennung vielleicht noch höchst willkommen, haben durch regelmäßige Betreuung der Enkelkinder die Eltern möglicherweise oft entlastet und müssen nun plötzlich auf oftmals wirklich brutale Art und Weise erleben, daß es sie schlichtweg nicht mehr geben soll. Denn da wird oft genug beantragt, der Nichtsorgeberechtigte dürfe die Kinder nicht zu seinen Eltern mitnehmen, auf keinen Fall dürften sie bei den Großeltern übernachten oder gar ein Wochenende nur bei ihnen verbringen. Kontakte, über die die Eltern früher ausgesprochen froh waren, weil sie dann endlich einmal »kinderfrei« hatten.

Hier zeigt sich erneut der ganze psychologische Widersinn eines auf äußerliche Zuordnung reduzierten staatlichen Verständnisses vom Kindeswohl. Natürlich schützt die Verfassung die Position von Eltern, und nicht von Großeltern. Das ist auch gut so. Doch dieselbe Verfassung schützt auch die fundamentalen Bedürfnisse von Kindern, das heißt ihre seelische Gesundheit. Deren Zentrum aber besteht aus Gefühlsbeziehungen. Und diese gelten – wenn auch diesen zuallererst – nicht allein den Eltern; emotionale Bande bestehen ebenso zu den Großeltern oder auch anderen Verwandten.

Zwar läßt sich die Rechtsprechung vielfach auf eine verordnete Ausgrenzung von Großeltern nicht ein, sofern das Enkelkind zuvor eine Beziehung zu diesen Menschen aufgebaut hat.[45] Doch wenn sich die Großeltern nachweislich in den Paarkonflikt parteilich eingeklinkt haben, entscheiden die Gerichte immer wieder auch gegen sie.[46]

Solche Entscheidungen beruhen fast immer auf dem Vortrag des Sorgeberechtigten, die ehemaligen Schwiegereltern würden die Kontakte mit dem Enkelkind dazu mißbrauchen, um es gegen ihn zu beeinflussen. Und immer wieder ist da auch tatsächlich etwas dran. Man denke nur an die Eltern eines von seiner Frau verlassenen Mannes, die danach mit einem anderen Mann zusammengezogen ist. Großeltern sind keine Psychotherapeuten, und deshalb ist die Versuchung verständlicherweise groß, sich mit dem verlassenen Sohn vorbehaltlos zu solidarisieren und mit ihm zusammen gegen die abtrünnige Mutter zu wettern. Das gleiche funktioniert natürlich auch umgekehrt: Der Trutz- und Schutzbund, den manche Frauen nach der Trennung mit den Eltern – insbesondere ihrer Mutter – eingehen, ist immer wieder beängstigend.

Doch ob Solidarität mit dem Sohn oder mit der Tochter: Ich kann – hier spreche ich als Paartherapeut – allen Großeltern nur mit Nachdruck empfehlen, sich aus den Beziehungsproblemen ihrer Kinder bedingungslos herauszuhalten und – sofern sie wirklich helfen wollen – ihnen lieber die Kosten für einen guten Therapeuten zu bezahlen, nie zu vergessen, daß sich ihre Kinder einmal geliebt haben und beide über den ursprünglich von keinem gewollten Gang der Dinge tief betroffen und enttäuscht sind, statt einseitig Partei zu ergreifen. Zumal sich nicht selten im Trennungskonflikt des erwachsenen Kindes dessen eigener alter Eltern-Kind-Konflikt widerspiegelt (vgl. Reich, 1986; Reich & Bauers, 1988).

Sicher ist es selbstverständlich, daß sie ihrem Kind nach einer Trennung vorübergehend Unterschlupf gewähren. Doch alles, was darüber hinausgeht – die engagierte emotionale Dauerparteinahme, der Ausbau des Dachgeschosses zum neuen Domizil »für das Kind« sind letztlich keine wirklichen Hilfen, sondern das genaue Gegenteil: sehr wirksame Beiträge, um das »Kind« in Abhängigkeit und Unselbständigkeit zu halten. Also allenfalls Hilfen, um die Wahrscheinlichkeit für dessen nächstes Scheitern nur noch zu vergrößern.

In diesem Zusammenhang sollten manche Großeltern auch erkennen, daß ihre vermeintliche Selbstlosigkeit als Eltern oftmals so selbstlos auch wieder nicht ist. Damit meine ich vor allem jene älteren Ehepaare, deren Leben relativ leer und langweilig geworden ist und die sich deshalb von einem Zusammenleben mit ihrem Enkelkind eine neue Lebendigkeit versprechen. In Wirklichkeit wäre ihnen mit dem Bau eines neuen »Beziehungshauses« mit dem Ehepartner mehr geholfen als mit dem Ausbau des Heimes zur Drei-Generationen-Großfamilie mit total schwammigen Grenzen. Ängste auf der Schwiegerseite abbauen helfen – das ist im Grunde der beste Beitrag, den Großeltern, insbesondere im Interesse ihrer Enkelkinder, leisten könnten, sollten, müßten … Mehr aber auch nicht.

Und was die Sorgeberechtigten angeht: Sie vergessen nicht nur allzu schnell, daß ihre Gegner »Schwiegereltern« für die Kinder »Oma« und »Opa« sind, zwei in einzigartiger Gefühlsbeziehung zu ihnen stehende Menschen, die sich durch niemand anderen ersetzen lassen. Sie vergessen auch, daß die Zeit für ihre Kinder, diese ganz besondere Emotionalität zu erleben, die eine Großelternbeziehung ausmacht, endlich ist. Und wer einmal miterlebt hat, mit wieviel Wehmut Kinder, deren Großeltern sehr früh verstorben sind, den Erzählungen ihrer Eltern über sie lauschen, der kann eigentlich nur froh sein, wenn diese Beziehung im Leben seiner Kinder verankert ist. Und last not least: Alle Eltern bzw. Sorgeberechtigten sollten sich nur immer wieder vergegenwärtigen, daß sie selbst die Großeltern von morgen sein werden.

Insofern ist es vielleicht ermutigend, wenn der ehemalige Bundesjustizminister Kinkel noch im Oktober 1991 im Hinblick auf die anstehende Reform des Nichtehelichenrechts vor dem 9. Deutschen Familiengerichtstag erklärte (Kinkel, 1992b, S. 103):

»Nichteheliche Kinder leben nicht selten in häuslicher Gemeinschaft mit ihren Großeltern und werden von ihnen betreut. Ich halte es für eine problematische Regelung, wenn die Großeltern dann, wenn sich die Lebensverhältnisse der Mutter oder der Eltern der Kinder verändern, den Umgang mit den von ihnen geliebten Enkelkindern abrupt verlieren.«

Hoffentlich ist dies nicht nur ein Hoffnungsschimmer für die Großeltern nichtehelicher Kinder.

NICHTEHELICHE KINDER: DIE DEUTSCHE APARTHEID

Daß das bundesrepublikanische Nichtehelichenrecht eine einzige Katastrophe ist, habe ich bereits im Zusammenhang mit der Sorgerechtsregelung ausgeführt. Doch was auf dem Feld der Umgangsregelung heute tagtäglich geschieht, das ist nur noch zynisch und menschenverachtend. Nichteheliche Kinder, das steht für mich vollkommen außer Zweifel, sind in Deutschland Menschen 2. Klasse. Und wie der staatliche Wächter mit ihnen umgeht, das grenzt nicht nur an, das ist unsere nationale Apartheid, der längst zur Selbstverständlichkeit gewordene, alltägliche Verfassungsbruch.

Das sind schwere Geschütze. Tatsächlich reicht der Wortschatz jedoch nicht mal annähernd, um die Brutalität auszudrücken, der nichteheliche Kinder, aber auch ihre Väter, in diesem Land ausgesetzt sein können. Deshalb reihe ich einfach einige Entscheidungen neueren Datums unkommentiert aneinander (Hervorhebungen jeweils von mir). Was wollte man da auch noch erläutern?

Beispiel I
Amtsgericht Tempelhof-Kreuzberg 1988 (das Kind ist 4 J. alt)
»Dem Vater wird verboten, in irgendeiner Form Kontakt zu dem Kind aufzunehmen und sich auf *weniger als 500 m* dem Kind zu nähern.
Für jeden Fall der Zuwiderhandlung gegen das vorstehende Verbot wird dem Vater hiermit ein Zwangsgeld in Höhe von fünfhundert Deutschen Mark angedroht.
Gründe
Der Antrag des Vaters vom 8. 3. 1988, seinen Umgang mit seinem nichtehelichen Kind zu regeln, wird hiermit abgelehnt.
Durch Beschluß vom 7. 10. 1986, der vom Landgericht Berlin durch Beschluß vom 5. 6. 1987 bestätigt worden ist, ist schon einmal dem Vater ein Umgangsrecht bezüglich seines nichtehelichen Kindes versagt worden. Die Gründe, die seinerzeit zur Versagung des Umgangsrechts geführt haben, liegen unverändert vor.
Wie insbesondere die persönliche Anhörung der Eltern am 30. 9. 88 gezeigt hat, bestehen nach wie vor *zwischen den Eltern erhebliche Spannungen.* Unter diesen Umständen widerspricht ein Umgang des Vaters mit dem Kind aus den eingehend vom Landgericht dargelegten Gründen dem

Wohl des Kindes, so daß dem Vater kein Umgangsrecht eingeräumt werden kann.

... Dem Vater war nicht nur jeglicher Umgang mit dem Kind zu verbieten, ihm war auch zu untersagen, sich dem Kind auf weniger als 500 m zu nähern. Zugleich war dem Vater gem. § 33 FGG für den Fall der Zuwiderhandlung gegen diese Verbote ein Zwangsgeld anzudrohen. Diese Anordnungen waren notwendig, da der Vater sich wiederholt über das gerichtliche Verbot vom 7. 10. 86 hinweggesetzt und *immer wieder die Nähe des Kindes gesucht* hat. Mit diesem Verhalten hat der Vater u. a. das *Wohl des Kindes insoweit gefährdet*, als sich die *Betreuer* des Kindes *im Kindergarten* durch ihn *gestört fühlen* und der Mutter den Kindergartenplatz bei Fortsetzung des Verhaltens des Vaters kündigen wollen. Dadurch besteht die Gefahr, daß die Mutter mangels einer Betreuungsmöglichkeit für das Kind ihre Arbeitsstelle verliert. Es bedarf keiner Begründung, daß dies zum Nachteil des Kindes wäre.

Jedoch konnte dem Vater nicht verboten werden, Kontakt zu Erziehern und Begleitpersonen aufzunehmen, da es hierfür an einer gesetzlichen Grundlage fehlt.

Dem Vater waren zugleich die gerichtlichen und außergerichtlichen Kosten des Verfahrens aufzuerlegen. Der Vater hat die Entscheidung über das Umgangsverbot, durch das gerichtliche Kosten entstanden sind, allein durch sein Verhalten notwendig gemacht.

Somit ist es gerechtfertigt, daß er allein diese Kosten trägt. Es entspricht auch der Billigkeit, dem Vater gem. § 13 a FGG aufzuerlegen, der Mutter die ihr entstandenen außergerichtlichen Kosten zu erstatten, da keinerlei Anhaltspunkte für die Annahme vorlagen, daß ein Antrag auf Umgangsregelung Erfolg haben könnte.«

Beispiel 2
Amtsgericht Riedlingen 1991 (das Kind ist 7 J. alt)
»Der Antrag des nichtehelichen Vaters X., seiner Tochter Karin zum Geburtstag, zu Weihnachten, zu Neujahr, zu Ostern oder herausragendem Urlaub eine *Grußkarte mit 3 Sätzen handschriftlichem Text* zu schikken, wird zurückgewiesen.
Gründe
Durch Beschluß des Gerichts vom 2. Januar 1990 wurde der Antrag des Antragstellers X., ihm ein Umgangsrecht mit seinen nichtehelich geborenen Kindern Karin und Julia (5 Jahre) einzuräumen, zurückgewiesen...

Mit Antrag vom 4. 9. 1991 begehrt nunmehr der Antragsteller, ihm zu gestatten, seiner Tochter Karin, die im August/September 1991 eingeschult wurde, zum Geburtstag, zu herausragenden Urlauben und zu den Hochfeiertagen Grußkarten mit handschriftlichem individuellem Gruß von maximal 3 Sätzen zu schicken, im wesentlichen um Kontakte mit dem Kind zu halten und ihm zu signalisieren, daß er ihm offen gegenübersteht, des weiteren, um das noch vorhandene Wissen um den Vater nicht verlorengehen zu lassen. *Jugendamt* und Mutter wurden zu dem Antrag schriftlich angehört. Sie stehen ihm *ablehnend* gegenüber ...

Karin ist derzeit 7 Jahre alt und noch nicht in der Lage, emotionale Eindrücke, die sie im Umgang mit ihren Eltern gewinnt und verarbeiten muß, in ausreichendem Maße zu artikulieren, insbesondere nicht ihre Ängste und ihr Bedürfnis, zumindest von der Mutter akzeptiert zu werden. *In diesem Zusammenhang können auch Grußkarten einfacher Art ein störendes Element in der kontinuierlichen Entwicklung des Kindes darstellen*, denn zumindest die Antragsgegnerin wird auf derartige, sich jährlich häufiger wiederholende, wenn auch einseitige Kontaktaufnahmen des Vaters negativ reagieren, was nach Ansicht des Gerichts das Kind gefühlsmäßig mitbekommt und worauf es nach Ansicht des Gerichts nicht positiv reagieren kann. *Es mag sein, daß durch die Haltung der Mutter das Kind in seiner späteren Entwicklung beeinträchtigt werden wird*, es ist aber nicht ersichtlich, daß die Einstellung des Vaters, unbedingt in irgendeiner Form Kontakte zu seinem Kind zu bekommen, dem *Wohle von Karin* mehr entspräche.«

Beispiel 3
Da hatte dieser Vater mit dem Landgericht München 1991 (das Kind ist 5 J. alt) mehr »Glück«.
»I. Die Beschwerde gegen den Beschluß des Amtsgerichts Münchens vom 17. 4. 1990 wird mit der Maßgabe zurückgewiesen, das dem Vater die *Befugnis eingeräumt* wird, *dreimal im Jahr einen Brief an seinen Sohn Bastian zu schreiben*, der ihm vorzulesen und auszuhändigen ist.
II. Die Mutter ist verpflichtet, dem Vater dreimal im Jahr im Abstand von 4 Monaten über die Entwicklung von Bastian schriftlich zu berichten und im jährlichen Abstand eine *Fotografie* des Kindes beizulegen, beides erstmals am 1. 12. 1991.
III. Der Beschwerdeführer hat die der Kindesmutter im Beschwerdeverfahren erwachsenen außergerichtlichen Kosten zu ersetzen ...

Gründe

Die Eltern haben etwa 2 Jahre mit B. als eine Familie zusammengelebt und auch in der Zeit nach der Trennung hatten häufige Kontakte untereinander stattgefunden, *bis die Mutter im Oktober 1987 dem Vater die Besuche untersagte.* Vater und Sohn hatten … bis Ende September 1988 persönlichen Umgang. *Die daraus gewachsene Beziehung rechtfertigt grundsätzlich die Bejahung eines Umgangsrechts.*

Wie in dem … kinderpsychiatrischen Gutachten … festgestellt werden konnte, verlief die Beziehungsaufnahme *beidseitig vertraut und herzlich. Aus ihr entwickelte sich ein intensiver verbaler Dialog sowie der Austausch von Zärtlichkeiten …* B. erklärte, für den Vater keine Zuneigung zu empfinden, während er andererseits den Körperkontakt zu ihm suchte … Die Kammer hat jedoch bei der Anhörung des Kindes den Eindruck gewonnen, daß es positive Erlebnisse und Gefühle in Richtung auf den Vater *aufgrund massiver Einflußnahme der familiären Umgebung* (vor allem der Mutter und der Großeltern) … Offen gab er bekannt, daß er von Oma und Mutter dazu *veranlaßt* worden sei auszusagen, nicht zum Vater zu wollen …

Der Loyalitätskonflikt … war Auslöser der *heftigen psychosomatischen Reaktionen* des Kindes, die … nicht in einem Bedingungszusammenhang mit der Person des Vaters, sondern *mit der zunehmend ablehnenden Bewertung des Vaters durch die nächsten Familienangehörigen,* wodurch das Kind hin und hergerissen wird zwischen dem *Bedürfnis* nach regelmäßigem Kontakt zum Vater und der *Angst,* dafür von den von ihm geliebten Menschen, Mutter und Großeltern, bestraft zu werden. … Die Kammer ist jedoch der Auffassung, daß *aufgrund der guten Beziehung,* die zwischen Vater und Sohn bestand, der *Kontakt nicht völlig unterbrochen* werden darf; dem Vater ist daher *ausdrücklich* die Befugnis einzuräumen, dreimal im Jahr an seinen Sohn zu schreiben, wobei vornehmlich an Gegebenheiten gedacht ist wie Weihnachten, Geburtstag und Namenstag, die im Leben eines Kindes im Alter von B. besonders wichtig sind. … die Briefe sind dem noch nicht lesekundigen Kind vorzulesen und auszuhändigen … unter *Abwägung einer möglichen Gefährdung der weiteren Kindesentwicklung* aufgrund der sonst mit großer Wahrscheinlichkeit praktizierten totalen Unterdrückung der Existenz des leiblichen Vaters. … Allerdings kann der Beschwerdeführer derzeit und bis auf weiteres nicht erwarten, daß er von seinem Sohn eine Antwort auf die Briefe erhält. *Er hat nur die Chance, sich selbst bei ihm in Erinnerung zu halten.* …

Es ist *zu hoffen,* daß die Mutter nach einiger Zeit diese Gelegenheiten nutzt und Bastian persönlich mit einbezieht in ihre Mitteilungen, um ihm einen Minimalkontakt zu seinem Vater zu ermöglichen, in dem er z. B. ein selbstgemaltes Bild beifügt oder Teile des Berichts diktiert, solange er noch nicht selbst über ausreichende Schreibfähigkeiten verfügt.«

Beispiel 4
Amtsgericht Bonn 1991 (Vater ist 77 J. (!), das Kind 6 J. alt)
»Es wird festgestellt, daß dem Vater derzeit (!) keine Befugnis zum Umgang mit dem Kinde zusteht.
Gründe
Das Kind sei von beiden gewünscht gewesen. . . . In einer psychologischen Untersuchung erklärte Inge, daß sie nicht wolle, daß er (der Vater) sie besuche, das ergebe immer Unruhe und Aufregung. Nach Auffassung der Gutachterin X. wirken sich die massiven Störungen der Beziehung zwischen den Eltern beeinträchtigend auf Inges Wohlbefinden aus. Hierzu gehört, hat der Vater am 12. 3. 1992 erklärt, er wolle, daß das Kind beide Eltern habe. Es müßten Mittel und Wege gefunden werden, das Kind dem Vater zuzuführen. Es gebe genug Methoden, die Mutter zu zwingen. Es solle eine Zwangstherapie angeordnet werden. Auf Vorhalt, ohne Zurückhaltung des Vaters sei ein Kontakt ausgeschlossen, erklärte der Vater, er könne sein Heimweh zum Kind jetzt nicht mehr bezwingen. . . .
Nach dem Vorstehenden kommt eine Befugnis des Vaters zum persönlichen Umgang mit dem Kind nicht in Betracht. Nach § 1711 Abs. 1 BGB bestimmt die allein sorgeberechtigte nichteheliche Mutter den Umgang des Kindes mit dem Vater. Da diese sich gegen einen weiteren Kontakt zwischen beiden ausgesprochen hat, kann das Vormundschaftsgericht nach § 1711 Abs. 2 BGB nur dann eine andere Entscheidung treffen, wenn dies dem Wohl des Kindes dient. Das ist hier offensichtlich nicht der Fall. Inge hat sich sowohl in der gelösten Atmosphäre bei der Gutachterin als auch gegenüber dem Vater deutlich dahin geäußert, daß sie derzeit keinen Kontakt zum Vater wolle. Auch wenn dies für den Vater bitter ist, so muß ihm als erwachsenen Menschen zugemutet werden, durch Zurückhaltung diese Entscheidung zu respektieren und dadurch später (!) eine eigene Hinwendung des Kindes zu ermöglichen. Wenn der Vater selbst erklärt, er könne sein Heimweh zum Kind nicht mehr bezwingen, muß er erfahren, daß er damit das Kind zum *Objekt seiner Zwanghaftigkeit* macht und das Gegenteil von dem erzielt, was er erreichen möchte. . . .
Auf ein schuldhaftes Verhalten einer der Partner kommt es hier nicht an.

Jedenfalls ist die Situation derzeit so verfahren, daß nur eine absolute Trennung zwischen Vater und Kind eine gedeihliche Entwicklung erwarten läßt.«

Auszug aus der anschließenden Petition des Vaters an den Justizminister: »Angesichts meines Alters empfinde ich meinen Fall insofern besonders tragisch, als mein Kind seinen Vater vielleicht nur noch für kurze Zeit erleben kann. Ich wünsche meiner Tochter so sehr, daß sie bald wieder die gelebte Nähe zu Mutter *und Vater* hat, worauf das Kind menschlich, verfassungsrechtlich und auch nach internationalem Recht, wie der Europäischen Menschenrechtskonvention und der UN-Übereinkunft über die Rechte des Kindes, Anspruch hat.«

Beispiel 5
Das Besondere dieses letzten Beispiels ist, daß es zur Zeit immer noch nicht abgeschlossen ist – während ich, im Juli 1992, dieses Kapitel schreibe. Opfer ist ein zehnjähriger nichtehelicher Junge, der unbedingt bei seinem Vater und seinem auch dort lebenden älteren Bruder wohnen wollte. Nachdem er das erste Mal nach einem Umgangswochenende nicht zur Mutter zurückkehrt, wird er umgehend mit Hilfe von Gerichtsvollzieher und Polizei dort abgeholt. Nur kurze Zeit später flüchtet er jedoch erneut zu Vater und Bruder. Diesmal weigert sich der Gerichtsvollzieher, erneut Gewalt anzuwenden.
In dieser Phase erfährt meine als Trennungsberaterin arbeitende Frau von der Sache, nimmt Kontakt mit dem zuständigen Gericht auf, spricht mit dem Jugendamt – alles erfolgt per Telefon, da sich der Fall weitab in Regensburg abspielt – und erreicht, daß eine vorübergehende Pflegschaft eingerichtet wird, um dem Kind auf jeden Fall erst einmal weitere gewaltsame Rückführungen zu ersparen. Die beste aller Interventionen des staatlichen Wächters, die es in solchen Fällen gibt.
Jedenfalls hatte ich dies bisher immer geglaubt. Ungewollt hatte das Gericht mit seinem Beschluß jedoch den Bock zum Gärtner gemacht. Denn zur Pflegerin wurde eine Mitarbeiterin des Katholischen Familienbundes bestellt, und die entschied, daß der Junge unverzüglich in ein Heim zu verbringen sei. Weder Jugendamt noch Gericht widersetzten sich diesem ebenso unsinnigen (was sollte damit erreicht werden?) wie menschenverachtenden (das Kind hatte bereits zuvor mit schwersten Krampfanfällen auf die gewaltsamen Trennungen reagiert) Vorhaben.

Folglich holte man den Jungen noch während des Unterrichts aus dem Klassenzimmer: Pflegerin, Gerichtsvollzieher und eine Vertreterin vom Kinderschutzbund (!). Doch schon am nächsten Tag riß Michael wieder aus, trampte nach München und meldete sich von dort bei seinem Vater. Der brachte ihn umgehend erst einmal bei einer weit entfernt lebenden Verwandten »in Sicherheit« – und machte sich der »Kindesentziehung« schuldig. Danach folgte ein Beschluß, das Kind zum Zwecke eines »Vorgutachtens« (ein Unikum in der deutschen Gutachterpraxis) zwei Wochen an einem neutralen Ort, sprich: »Heim« unterzubringen, damit von der Vorgutachterin festgestellt werden könne, wo das Kind während des Hauptgutachtens leben soll (Heim, Vater oder Mutter).

Während des Heimaufenthaltes leidet das Kind erneut unter massivsten, epilepsieähnlichen Krampfanfällen, die während des etwa dreimonatigen Aufenthaltes beim Vater, trotz Absetzens der Antiepileptika, vollkommen abgeklungen waren. Auch die Gutachterin bescheinigt, daß der Junge dort unter höchsten psychischen und physischen Belastungen steht. Die nunmehr für das »Wohl« des Kindes alleinverantwortliche Pflegerin der katholischen Familienfürsorge entscheidet, das Kind in eine Münchener Klinik zu bringen. (Mutter und Vater haben darauf keinerlei Einfluß und auch nicht das Recht auf ärztliche Auskunft!) Es wird ihnen sogar untersagt, das Kind im Krankenhaus zu besuchen. Hier wird nun versucht, das Kind mit Tranquilizern ruhig zu halten. Gleichzeitig wird es mit verschiedenen Antiepileptika behandelt, die jedoch nicht anschlagen. Der Zustand des Kindes verschlechtert sich, wen wundert das, von Tag zu Tag. Anstatt das Kind in seine gewohnte Umgebung zu entlassen und zu überprüfen, ob es dort genesen kann, verstärkt dieser Aufenthalt seine Krampfanfälle weiter. Niemand weiß zur Zeit, welches Martyrium, wie viele Beschlüsse, Kliniken, Gutachter etc. dieses Kind noch ertragen muß, bis sein Wunsch, bei seinem Vater leben zu können, ernstgenommen wird?

Zwar hatte der ehemalige Justizminister Kinkel grundsätzlich schon Recht, wenn er anläßlich der beschämenden Ratifizierung der UN-Kinderrechtekonvention am 14. 11. 1991 vor dem Deutschen Bundestag darauf hinwies: »Die Situation von Kindern in Deutschland ist mit den Lebensumständen von Kindern in der dritten Welt nicht vergleichbar. Kein Kind wird hier gezwungen, ab dem fünften oder sechsten Lebensjahr zu arbeiten. Kein Kind wird hier von den Eltern weggegeben, weil sie es nicht ernähren können.

Unsere Defizite liegen woanders – wir vernachlässigen unsere Kinder. ... Auf die Bedürfnisse der Kinder achten wir zu wenig.« (Kinkel, 1992a, S. 146)

Doch dieser richtige Hinweis auf den hohen Lebensstandard unserer Kinder kann für zahllose nichteheliche Kinder dieses Landes nur einen ähnlichen Beruhigungseffekt haben, wie der für einen Einbeinigen wenig hilfreiche Trost, daß es auch noch Menschen gebe, denen beide Beine fehlten.

Denn Kinder denken nun mal nicht in statistischen Dimensionen, sondern leben einzig und allein aus und in den Gefühlen und Empfindungen ihrer seelischen Welt! Und da ist Leid Leid, da ist Angst Angst – ganz gleich, welche konkreten Ursachen dafür verantwortlich sind.

Dabei sind die genannten Beispiele nicht nur eklatante Verstöße gegen internationales (Menschen)Recht (vgl. Brötel, 1991a). Auch innerhalb unseres nationalen Rechtsrahmens ist keine einzige dieser Entscheidungen in dem Sinne zwingend, daß den Gerichten die Hände gebunden wären und sie somit gar keine andere Wahl hätten. Denn über dem § 1711 (2) BGB, der allein der Mutter eines nichtehelichen Kindes das Recht zugesteht, über dessen Vaterkontakte zu bestimmen, steht immer noch die Verfassung. Und die garantiert nicht dieses Erwachsenenrecht, sondern ausschließlich das Kindeswohl. Und zwar für jedes Kind, vollkommen unabhängig von seinem familialen Status.

Kein Gericht hat auch nur die geringsten Hemmungen, ins Elternrecht einzugreifen, sofern das Kindeswohl – beispielsweise bei Mißhandlungen – dies gebietet. Doch was sind die Wünsche nach bedingungslosem Abbruch der Vaterbeziehung, die Mißachtung von Michaels »Abstimmung mit den Füßen« durch die Regensburger Pflegerin anderes als seelische Kindesmißhandlungen? Dieser blinde Respekt vor der Rechtsposition der Mutter eines nichtehelichen Kindes hat nichts mit Psychologie und nichts mit (Kindes-) Recht zu tun, sondern ist reine menschenverachtende Ideologie.

Insofern kann man zwar nur sehnlichst wünschen, daß mit der anstehenden Reform des Nichtehelichenrechts die Diskriminierung nichtehelicher Kinder und ihrer Väter schnellstens beseitigt und richterlichen Entscheidungen, wie den geschilderten, dauerhaft ein Riegel vorgeschoben wird. Doch allzu großen Optimismus sollte damit niemand verbinden. Denn mit einer Angleichung der Umgangsregelung an die Vorschriften für Scheidungskinder sind noch lange keine Einstellungen verändert. Weder bei den Sorgeberechtigten noch beim staatlichen Wächter.

Wobei sogar diese Selbstverständlichkeit nicht nur bei nichtehelichen Müttern, sondern unbegreiflicherweise auch bei den Fachleuten noch auf erhebliche Widerstände stößt. So argumentierte, richtiger fabulierte der Deutsche Richterbund am 11. 5. 1990 vor dem Rechtsausschuß des Bundestages: »Einem direkten, im Gesetz verankerten Zugangsrecht des Vaters zum Kind müßte zum einen rechtstechnisch eine Umgangsverpflichtung des Vater korrespondieren. Eine solche Verpflichtung ist indessen aus Gründen der Wahrung des Persönlichkeitsrechts des Vaters nicht erzwingbar, ebensowenig wie es die Herstellung des ehelichen Lebens ist (§ 888 Abs. 2 ZPO). Zum anderen wäre Verfahrensgegner des Kindes die Mutter, gegen deren Willen das Umgangsrecht durchgesetzt werden müßte. Das Kind bedürfte hier eines Prozeßpflegers. Es bedarf wohl keiner weiteren Ausführungen, daß eine solche Regelung nicht im Kindesinteresse liegt.«

Unwillkürlich muß ich bei solchen Gedanken an die kinderfeindlichen Lehren des katholischen Moraltheologen Häring (1955, S. 941) denken: »Der uneheliche Vater verwirkt durch die Unverantwortlichkeit, die in der Weckung eines Lebens außerhalb des schützenden Geheges der Familie liegt, grundsätzlich jedes Recht auf die Erziehung und die besondere Liebe des Kindes. Er ist sogar verpflichtet, sich fern zu halten, falls regelmäßige Beziehungen zu seinem unehelichen Kinde für dieses oder für die uneheliche Mutter eine Beeinträchtigung des Friedens oder eine Gefährdung der Sittlichkeit bedeuten könnten. Anders liegen die Rechte und Pflichten des unehelichen Vaters, wenn er die uneheliche Mutter seines Kindes heiraten kann und will. Wenn er frei ist und Aussicht auf eine glückliche Gestaltung einer Ehe besteht, ist er gewöhnlich verpflichtet, seinem Kinde durch Heirat der Mutter die naturgemäße Familie zu geben.«

Wenn es auch nach der Reform in erster Linie um die Anpassung eines Verwaltungsbegriffs »Kindeswohl« an Erwachsenenrechte geht, wird das »Neue« lediglich darin bestehen, daß auf die Gerichte noch mehr Streitigkeiten ums Umgangs- und dann vielleicht auch ums Sorgerecht zukommen werden als bisher. Und dieser Pessimismus ist begründet. Denn wenn man sich nur einmal vergegenwärtigt, daß in der Expertenkommission für die Reform des Nichtehelichenrechts, deren Empfehlungen den Gesetzgeber sicherlich nicht unbeeinflußt lassen werden, kein einziger der im Kindschaftsrecht exponierten Juristen sitzt – wie beispielsweise der Rechtswissenschaftler Hinz, der durch zahllose Publikationen ausgewiesene Familienrichter Dickmeis oder der heutige Anwalt in Kindschaftssachen Prestien, einer der »Väter« des gemeinsamen Sorgerechts; daß die wohl renommierteste Persönlichkeit aus dem psychologischen Bereich, der seinerzeit vom Bundesverfassungsgericht als Experte zu Rate gezogene Münchener Direktor des Staatsinstituts für Frühpädagogik und Familienforschung Fthenakis fehlt, daß der Kommission kein einziger Psychologe angehört und daß auch keiner der in Fachkreisen bekannten Jugendamtsvertreter wie Matthey, Kaufmann oder Knappert dabei ist, dann wird man wohl kaum erwarten dürfen, daß die verantwortlichen Politiker zum Nachdenken über einen längst unhaltbar gewordenen Kindeswohl-Begriff auch nur angeregt werden.

Eher im Gegenteil. Der einzige Vertreter aus der Gutachter-Szene, der Tübinger Kinder- und Jugendpsychiater und Emeritus Reinhart Lempp, wird sich zwar sicherlich nicht zurückhalten, um die anderen – auf diesem Feld – Kommissionslaien davon zu überzeugen: »Die Feststellung des Kindeswohles ist daher nicht möglich ohne die Anerkennung eines Kindesrechts.« (Lempp, 1974, S. 137)

Im Vorfeld um die groteske Verabschiedung der UN-Kinderrechtekonvention haben sich bis zum letzten Augenblick in der Tat zahlreiche Streiter mit ungeheurem Engagement für das Kinderrecht eingesetzt (vgl. DIALOG, 1992; Wolf, 1991; Jopt, 1991 b). Doch Lempp hat vom Recht des Kindes eine sehr eigenwillige und psychologisch eher exotische Vorstellung. Denn das ist für ihn rundum synonym mit seinem »wahren Willen«, nach dem man nur gründlich genug – ggf. unter Einsatz psychologischer Testverfahren – suchen muß, um letztlich in jedem Fall fündig zu werden.

Natürlich ist es jedermann unbenommen, an ein solches Axiom, dem jede wissenschaftliche Grundlage fehlt, persönlich zu glauben. Doch wenn ein solches Glaubensbekenntnis droht rechtspolitisch umgesetzt zu werden, dann wird es heikel. Insofern hätte ich der

Kommission, vor allem den von ihren Ergebnissen vielleicht einmal sehr abhängigen Kindern, schon gewünscht, daß sie ihren gebündelten Sachverstand noch mit zumindest einem anderen Vertreter der Psychologie des kindlichen Willens bereichert hätte.

Denn wenn man nur ein einziges Mal gesehen hat, was etwa von dem konkreten Wunsch eines Trennungskindes, keinen Kontakt zum nicht-betreuenden Elternteil zu haben, übrig bleibt, sobald man ihm nur die Möglichkeit gegeben hat, diesem Elternteil in einer relativ entspannten und angstfreien Atmosphäre zu begegnen, dann wird man umgehend sehr nachdenklich im Hinblick auf die – zugegeben – logisch so naheliegende Gleichsetzung von Erwachsenem- und Kindeswillen. Allerdings: Um das zu erfahren, darf man eben nicht gleich nach der ersten Aussage die Weichen stellen. Und erst recht nicht aufgrund einer phantasiereichen, dem sprichwörtlichen Kaffeesatzlesen gleichenden »Deutung« von Testbefunden.[47]

Dazu noch dieser Hinweis: Familienrichter und therapeutisch tätige Psychologen wissen, wie instabil und wenig »ernstgemeint« selbst der Erwachsenenwille sein kann. Mancher Scheidungsantrag ist eher ein Schrei nach Veränderung als ein »Scheidungsantrag«. Insofern kommt das Trennungsjahr nicht von ungefähr. Leider gibt es keine Statistik über nicht weiterverfolgte Scheidungsanträge, aber mich würde es nicht überraschen, wenn jeder erfahrene Richter zahllose solcher Fälle kennen würde. Ich selbst habe jedenfalls erst im letzten Jahr als Sachverständiger – und da trifft man regelmäßig erst sehr spät, meist viel zu spät auf die Menschen – zwei Paare aus dem Gerichtssaal wieder rausgeholt. Ihnen war bewußt geworden, daß sie im Grunde etwas ganz anderes brauchten als den »Problemlöser Scheidung«. Was war da ihr »Wille«?

Doch ich sorge mich auch noch aus einem ganz anderen Grund, ob das qua Profession der kindlichen Seele am nächsten stehende Kommissionsmitglied Lempp wirklich eine Lanze für nichteheliche Kinder brechen kann. Denn ganz im Sinne mancher höchst bedenklicher früherer Äußerungen (der nichteheliche Vater sei auf die Mutter-Kind-Kontakte nur »neidisch«, seine Unterhaltszahlungen glichen einem »Schadensersatz«) geht Lempp auch heute noch davon aus, daß im Hinblick auf die Beziehung des nichtehelichen Kindes zum Vater letztlich die Einstellung der Mutter ausschlaggebend sein müsse. Was ja genau die heutige Praxis ist (§ 1711 BGB).

»Aber ist das Interesse der Erwachsenen, mit denen das Kind ständig zusammenlebt, das Interesse seiner Mutter, nicht auch bis zu einem gewissen Grad das Interesse des Kindes? Es kann nicht im Interesse des Kindes sein, ständig mit einer unzufriedenen, sich vergeblich mit ihren eigenen Konflikten auseinandersetzenden Mutter zusammenzuleben. Aber es kann weder von der Mutter eine veränderte Einstellung, noch ihre psychotherapeutische Behandlung gerichtlicherseits verlangt, geschweige denn durchgesetzt werden. Vor allem kleinere Kinder werden dadurch zunehmend belastet, und wenn das Verfahren nur lange genug dauert, wird sich schließlich auch beim Kind ein solcher Leidensdruck einstellen, der es psychisch schädigt und eine Namensänderung dann endlich doch erforderlich macht.« (Lempp, 1991, S. 491)

Es beruhigt, daß solche Einstellungen nicht nur bei mir auf größte Skepsis stoßen. Denn mit dem Verweis auf einen fachinternen »Schulenstreit«, der sie selbst nichts anginge, haben es die Juristen in der Vergangenheit zwar immer gut verstanden, alle kritischen Ansichten, die sich als Sand im Getriebe ihrer bewährten Rechtsroutine erweisen könnten, elegant auszublenden, um auf diese Weise ungehindert am Althergebrachten, u. a. solchen Ansichten, festzuhalten. Überraschend war für mich deshalb die für einen Rechtswissenschaftler zumindest ungewöhnliche Schärfe, mit der hiergegen selbst aus den eigenen Reihen Stellung bezogen wurde. Wenngleich dies auch eine der ganz seltenen Ausnahmen ist:

»Die Übergänge vom Vorverständnis zum offenen Vorurteil sind demnach fließend. . . . So erscheint es, vorsichtig ausgedrückt, höchst befremdlich, wenn Psychologen mit führender Rolle in der Gutachtenpraxis bei Sorgerechtsstreiten literarisch ihre generelle Präferenz für die Mutter aussprechen, sofern nicht bei dieser grobe Defizite wie Prostitution, Trunksucht o. ä. vorliegen. Die Einholung von Gutachten dieser Experten, etwa von Lempp oder Arntzen, erübrigt sich für den Familienrichter. Die erwähnten Defizite erkennt er auch allein, und bei ihrem Fehlen bekommt er nur das generelle Vorurteil in wissenschaftlicher Verbrämung präsentiert.« (Coester, 1986, S. 224)

KINDESENTZUG

Seit der Trennung gab es Schwierigkeiten bei der Gestaltung der Umgangskontakte zwischen der fünfjährigen Sonja und ihrem Vater. Denn obwohl zwischen beiden eine sehr innige Beziehung bestand (über einen längeren Zeitraum hatte hauptsächlich der Vater das Mädchen versorgt und betreut, damit sich die Mutter ungestört ihrem Studium widmen konnte), sah er nach einer kurzen Phase anfänglich noch einvernehmlicher Absprachen bald danach sein Kind nur noch unter Einschaltung des Gerichtes.

Auch ein zweiwöchiger Urlaub war anders nicht durchsetzbar. Doch obwohl Tochter und Vater diesem Zusammensein mit Spannung entgegenfieberten und sich riesig auf diese gemeinsamen Wochen freuten, fand die Mutter im letzten Augenblick doch noch einen Weg, das Unternehmen platzen zu lassen. Sonja sei plötzlich erkrankt. Während ein zusammenlebendes Paar niemals den lange geplanten Urlaub nur deshalb aufgeben würde, weil sich ihr Kind unerwartet erkältet hat, reichen solche gesundheitlichen Bagatellen bei Getrenntlebenden immer wieder aus, um das Beziehungsleben zum nichtbetreuenden Elternteil nachhaltig zu stören.

So auch hier. Als sich Wochen später ein bitter enttäuschter Vater und eine nicht weniger betrübte Tochter zum – gerichtlich festgelegten – Umgangswochenende wiederbegegnen, hat der deshalb längst beschlossen, die ausgefallenen Ferien nachzuholen und – statt das Kind, wie vorgesehen, am Sonntagabend zur Mutter zurückzubringen – mit ihm zusammen wegzufahren.

Tagelang sind sie wie vom Erdboden verschwunden. Auch die von der verzweifelten und der Panik nahen Mutter umgehend eingeschaltete Polizei weiß nicht zu helfen. Dann ein erstes Lebenszeichen. Telefonisch läßt der Vater wissen, daß es der Tochter ausgezeichnet gehe, daß sie mit einem Wohnmobil unterwegs seien und daß er das Kind nach dem Urlaub selbstverständlich wieder zur Mutter zurückbringen würde. Wo sie sich gerade aufhalten, das sagt er allerdings nicht.

Vier Wochen später, zum Geburtstag der Tochter, sind beide wieder zu Hause. Doch statt, wie vom Vater vorgeschlagen, dort das Fest erst noch mit dem Kind zusammen zu feiern, erwartet sie schon die Polizei. Keine Feier, kein harmonischer Abschied. Umgehend wird ein erst jetzt völlig verschrecktes und verängstigtes Kind seiner Mutter wieder »zugeführt«.

Der gegen den Vater erlassene Haftbefehl wird wieder aufgehoben. Ein gerichtliches Nachspiel bleibt aus, weil ein »öffentliches Interesse« an der strafrechtlichen Verfolgung dieser Familiengeschichte nicht besteht. Seitdem, das ist jetzt fast zwei Jahre her, haben Vater und Tochter sich nicht mehr gesehen.

Ein »klassischer« Fall von Kindesentzug (die Mutter hatte das Aufenthaltsbestimmungsrecht), der fortan alle weiteren Auseinandersetzungen um Umgangskontakte ausschlaggebend prägt. Denn jedem zukünftigen Antrag wird die Mutter immer nur eines entgegenhalten – ihre Angst, daß sich ein solcher Vorfall wiederholen könnte. Deshalb dürfe es am besten bis auf weiteres überhaupt keine Kontakte mehr geben – so wie hier – oder, wenn sie schon sein müssen, dann zumindest in Gegenwart einer dritten Person, damit gegebenenfalls unverzüglich zum »Schutz« des Kindes eingegriffen werden könne.

Ich will hier nun solche Aktionen nicht bagatellisieren, denn in die von Angst, Verzweiflung und schlaflosen Nächten geplagte Mutter, deren Kind plötzlich verschwunden, in ihren Augen vom Vater »entführt« worden ist, kann ich mich durchaus hineinversetzen. Ich würde – aber nicht nur deshalb – nie einem Vater zu diesem Schritt raten.

Doch das ist nur die eine Seite. Denn wenn man einmal genau hinschaut, dann hat das in den allermeisten Fällen – ich selbst habe jedenfalls noch nie das Gegenteil erlebt – in erster Linie mit Verzweiflung und Sehnsucht eines Menschen zu tun, der unter der Trennung von seinem Kind zutiefst leidet. Insofern ist jede Kriminalisierung solcher Aktionen, die Einschaltung von Polizei und Staatsanwaltschaft, die Suche des »Entziehers« per Haftbefehl, der ganzen Problematik so gut wie nie angemessen. Fast immer steht die erst dadurch erzeugte Dramatik in keinem Verhältnis dazu, wie diese ganze Aktion aus Sicht des Kindes erlebt wurde. Denn für das Kind ist jedes Zusammensein mit seinem Vater im Regelfall natürlich alles andere als bedrohlich, gefährlich oder schädlich. Und das erst recht nicht, wenn beide zusammen Urlaub machen. Natürlich spürt es die Unnatürlichkeit des Rahmens, innerhalb dessen alles abläuft, möglicherweise weiß es sogar, daß hier etwas Verbotenes geschieht. Doch solches Wissen kann kein Kind, das eine intime und vertrauensvolle Beziehung zum Vater hat, sonderlich berühren oder gar verwirren. Zumal es häufig die gleiche »Unnatürlichkeit« aus der Vergangenheit – durch die behinderten Umgangskontakte – längst schmerzhaft kennt.

Denn davon kann man ziemlich sicher ausgehen: Wo der betreuende bzw. sorgeberechtigte Elternteil zuvor nie versucht hat, die Beziehung des Kindes zum anderen zu stören, einzuschränken oder sogar abzubrechen, da wird es auch niemals zum Kindesentzug kommen. Warum auch? Insofern gibt es für den Entzug so gut wie immer eine einschlägige Vorgeschichte.

Und insofern erlebt die Mutter in der Zeit, in der ihr Kind verschwunden ist, auf der Gefühlsebene im Prinzip lediglich ähnliches, wie der Vater zuvor viele Male auch: die mutwillige Trennung vom eigenen Kind aufgrund der Willkür eines Erwachsenen.

Der entscheidende Unterschied im Verhalten von Sorge- und Nichtsorgeberechtigten ist damit letztlich in erster Linie ein juristischer. Der entziehende Vater verstößt gegen geltendes Recht. Nichts anderes hat die Mutter zuvor zwar auch getan, doch da das Familienrecht Verstöße gegen das »Recht von Kindern« nicht kennt, ist lediglich die väterliche Mißachtung des mütterlichen »Erwachsenenrechts« justiziabel.

Kennten wir, ähnlich wie in einigen skandinavischen Ländern, ein ausdrückliches Recht des Kindes auf Beziehungen zum nichtbetreuenden Elternteil, dann stände in solchen Fällen zumindest ein Recht gegen das andere, und die Gerichte hätten stets zunächst abzuwägen, ob durch den Entzug »nur« das mütterliche oder auch das – vorrangige – Kindesrecht mißachtet wurde.

Diese Abwägung könnten deutsche Gerichte allerdings durchaus auch heute schon, ohne eine eigene kindliche Rechtsposition, vornehmen. Dazu müßten sie sich nur von einem Kindeswohlverständnis leiten lassen, wie ich es hier vertrete. Daß ein Kind nach einem gemeinsamen Urlaub seinen Vater jahrelang nicht wiedersieht, so etwas wäre dann jedenfalls mit Sicherheit ausgeschlossen.

Wohlgemerkt: Es geht hier nicht um jene Form des sich in den letzten Jahren häufenden gewaltsamen Entzugs von Kindern aus gescheiterten binationalen Ehen. Was da geschieht, wenn etwa Väter Umgangskontakte dazu mißbrauchen, um ihr Kind in aller Heimlichkeit in ihr Heimatland zu bringen, um es in einer ihnen

völlig fremden Kultur und dauerhaft von der Mutter getrennt groß-
zuziehen, das ist wirklich kriminell. Hier geht es nicht um das
gnadenlose »du oder ich«. Hier geht es im Grunde immer um
»beide«. Und jede Rechtsanwendung, die diese eigentliche psychologische Basis des Kindesentzugs aus den Augen verliert und sich
nach dem »glücklichen Ende« des Entzugs als Strafjustiz gebährdet,
fügt den Kindern erst jene seelischen Schädigungen zu, die bis dahin
allein der Phantasie des Sorgeberechtigten angehörten.

STIEFFAMILIEN

Mit der Vielzahl ganz spezieller Probleme, die sich aus dieser immer
häufigeren neuen Familienform ergeben, ließe sich leicht ein eigenes
Buch füllen. Denn dadurch, daß zumindest einer, immer öfter aber
auch beide neuen Partner durch Kinder aus der Erstfamilie noch mit
einem weiteren Beziehungssystem in Verbindung stehen, bilden
Stieffamilien leicht eine Dynamik aus, deren Komplexität wir heute
noch nicht annähernd verstanden haben. Aus Platzgründen will
deshalb auch ich mich lediglich auf einige Anmerkungen in bezug
auf die Kinder beschränken (Näheres bei Krähenbühl, Jellouschek,
Kohaus-Jellouschek & Weber, 1986; Giesecke, 1987).
Eine Auffälligkeit steht ganz obenan: Selbst wenn Getrennte oder
Geschiedene es bis dahin, manchmal über Jahre, gut verstanden
haben, die Umgangskontakte mit dem gemeinsamen Kind zu aller
Zufriedenheit einvernehmlich und ohne Einschaltung des Gerichts
zu regeln, wird dies schlagartig anders, wenn einer von beiden eine
neue Beziehung eingeht. Ganz gleich, ob das Kind bei ihm lebt oder
nicht.
Hat der Nichtbetreuende, meist der Vater, eine neue Partnerschaft
begonnen, entsteht auf der anderen Seite umgehend die Angst, das
Kind könnte sich mit der neuen Frau nicht nur gut verstehen,
sondern sie auch quasi als neue »Mutter« akzeptieren. Eine Vorstellung, die noch umso bedrohlicher wirkt, wenn die – begründete
oder unbegründete – Phantasie hinzukommt, der geschiedene Partner könnte es darauf angelegt haben, seinem Kind das Bild einer
neuen vollständigen »Familie« schmackhaft zu machen, und ent-

sprechend auf es einwirken. Was sich umso schneller zur Gewißheit verdichtet, je mehr dabei die finanzielle Seite ins Bewußtsein gerät. Denn gelänge es dem Vater, das Kind auf seine Seite »zu ziehen«, entfielen nicht nur Kindes- und ggf. Betreuungsunterhalt, dann kehrte sich zumindest für das Kind die Unterhaltslast sogar um. Ein zugegeben Angst machender Gedanke, völlig unabhängig von irgendwelchen anderen Bedrohungsgefühlen, die durch das Auftauchen einer »Nebenbuhlerin« – die nicht selten selbst dann noch als solche empfunden wird, wenn das Paar längst geschieden ist – geweckt werden können.

Und umgekehrt: Auch zahlreichen Männern ist die neue Beziehung ihrer geschiedenen Frau alles andere als gleichgültig. Und selbst dann, wenn es sie emotional nicht mehr berührt, eine Angst steht stets schnell im Raum: die Sorge, sie könnten zukünftig ausgesperrt werden, weil die Mutter mit ihrem neuen Partner – vielleicht auch bereits mit einem gemeinsamen Kind – in Ruhe und ungestört ihre »neue Familie« leben will. Eine Befürchtung, die nicht weniger begründet ist als die der Mutter auch.

Insofern beweist gerade die Stieffamilie wie keine andere Beziehungskonstellation sonst, von welch großer Wichtigkeit es wäre, daß im Konfliktfall alle Beteiligten – also selbstverständlich auch die Stiefelternteile – miteinander ins Gespräch kämen, um wechselseitige Befürchtungen und Mißtrauen abzubauen und zu erkennen, daß die neuen Familien von Anfang an »andere« Familien sind und dies auch immer bleiben werden.

Denn fast immer haben die betroffenen Kinder selbst die geringsten Probleme, sich auf einen neuen Partner von Mutter oder Vater einzustellen. Fast immer erleben sie ihn durchaus als eine Bereicherung für ihre ohnehin veränderte Familienwelt, auch als »Miterzieher« natürlich – das geht gar nicht anders –, doch nie als Ersatz für Vater oder Mutter.

Wo immer Kinder einen Stiefelternteil ablehnen, verbergen sich deshalb regelmäßig ganz erhebliche Spannungen zwischen den Erwachsenen dahinter. Was nicht ausschließt, daß Kinder auch von sich aus das neue Verhältnis von Mutter oder Vater als bedrohlich erleben können und entsprechend aggressiv darauf reagieren. Doch das findet sich meist nur dort, wo schon die Trennung mit einem anderen Mann oder einer anderen Frau verbunden war. Denn dann haben die Kinder natürlich oft nicht nur Schmerz und Empörung des verlassenen Elternteils hautnah mitbekommen, es ist auch verständlich, daß sie in den neuen Partnern zuallererst Eindringlinge und Zerstörer ihrer Familie sehen, ohne die sie mit ihren Eltern immer noch zusammenleben würden.

Letztlich läßt sich gerade an der Stieffamilie zeigen, was mit nachehelicher Elternschaft gemeint ist: ein alle Partnerschaftsformen der Eltern überdauerndes, darin jeweils einfließendes Beziehungsband, das es dem Kind ermöglicht, sowohl mit den Veränderungen der von seinen Eltern hergestellten, sich unter Umständen mehrfach wandelnden, Partnerschaftsformen zu leben, und trotzdem zugleich die Konstanz einer identitätsstiftenden und ohne Not nicht austauschbaren Kernbeziehung zu erleben.

Und was die immer wieder bei sorgeberechtigten Müttern zu beobachtende Verlockung angeht, ihren Kindern den Vater durch den neuen Lebenspartner ersetzen zu wollen, auch hier gilt, was ich im Zusammenhang mit der Zwangsadoption bei nichtehelichen Kindern bereits gesagt habe: Diese Mütter müßten sich nur einmal vorstellen, man tauschte ihr Kind durch ein in Alter, Geschlecht, vielleicht auch noch Wesensmerkmalen vergleichbares anderes aus, gäbe ihm denselben Namen und forderte sie dann auf, dieses Kind zukünftig ebenso zu lieben wie zuvor das eigene.

Ein zynisches Gedankenspiel? Eben – und das nicht nur für Eltern!

5. DIE PROFESSIONELLEN SCHEIDUNGSBEGLEITER

RICHTER ZWISCHEN MACHT UND OHNMACHT

Selbstverständlich gibt es auch viele ausgesprochen sensible, sich der menschlichen Dimension des ganzen Psychodramas Scheidung bewußte und deshalb mehr um Zugang zu, als Umgang mit den betroffenen Menschen bemühte Richter. Richter, die erkannt haben, daß Scheidung für die Betroffenen nahezu immer einem »kleinen Tod« gleichkommt und die sich deshalb nicht scheuen, mit für den Durchschnittsjuristen eher ungewohnten Worten auf die psychologische Seite dieser Tragödie hinzuweisen. Wie beispielsweise den Familienrichter Thalmann (1984, S. 638): »Diesen psychisch besonders stark Betroffenen hat unser ganzes Herz, unser intellektuelles Mitempfinden, unsere Wärme an Gefühl und unser – die Jurisprudenz übergreifendes – Verständnis zu gehören.« Oder seinen Berufskollegen Weidermann, der die steigenden Scheidungsraten so kommentierte (1982, S. 528): »Hinter all diesen statistischen Mitteilungen verbergen sich soziale Dramatik, Gegenbilder des mündigen Bürgers, Hilferufe, Sprachlosigkeit und Sehnsüchte.«
Doch nach meinen Erfahrungen sind Richter wie diese immer noch eine Minderheit. Für die meisten gilt, was Weidermann (1982, S. 530) schon vor langer Zeit selbstkritisch beklagte: »Ausbildungsgang und Normdenken haben ihn ohnehin nicht unbedingt befähigt, soziale und psychische Notlagen zu verkraften, geschweige denn einer Lösung zuzuführen.«
Das ist durchaus nicht anklagend gemeint. Denn was wollte man von einem Menschen, der während seines Studiums nichts anderes gelernt hat, als sämtliche Probleme – auch psychische – so umzuformulieren, daß sie sich mit der Logik und den Mitteln des Rechts

»lösen« lassen, anderes erwarten? Das wahre Dilemma ist weniger die völlig »mangelhafte« (Thalmann, 1984, S. 634) Qualifikation unserer Familienrichter für den angemessenen Umgang mit Beziehungsstörungen, die den eigentlichen Kern von Trennung und Scheidung ausmachen, denn die ließe sich über Fort- und Weiterbildungsmaßnahmen ja durchaus nachholen. Viel gravierender schlägt zu Buche, daß sich so viele Richter dieses Defizits überhaupt nicht bewußt sind, weil sie es entweder – vielleicht aus Angst vor Autoritätsverlust – einfach nicht wahrnehmen wollen oder weil sie die mit der Richterrolle verknüpfte Macht – die absolute Selbstverständlichkeit des »letzten Wortes« – so vollkommen verinnerlicht haben, daß sie sich irgendwelche Kompetenzmängel unmöglich eingestehen können.

Man hört zwar immer wieder durchaus auch von Richtern – insbesondere auf Fachtagungen, wenn der Raum für den »richtenden Menschen« größer geworden ist –, daß es ihnen insbesondere an psychologischen, sozialwissenschaftlichen und pädagogischen Kenntnissen mangele, um gerade im Familienrecht den Problemen gerecht werden zu können. Doch ich habe es mir inzwischen abgewöhnt, solche Eingeständnisse sonderlich ernstzunehmen. Denn die Bereitschaft, etwas Neues dazuzulernen, ist eher bescheiden. Das zeigt sich etwa bei Fortbildungsveranstaltungen wie z. B. den Tagungen in Bad Boll, wo es fast immer dieselben sind, die ihre Freizeit opfern. (Und das sind überwiegend auch noch gerade die, die es eigentlich am wenigsten nötig hätten.) Und ich habe es wiederholt selbst erfahren: Stets waren die von mir angebotenen Workshops zur Vermittlung eines systemischen Verständnisses der Scheidungsfamilie ausgebucht, manche Jugendamtsmitarbeiter hatten sich sogar unbezahlten Urlaub genommen, doch eine Berufsgruppe fehlte – die Richter.[48] Kollegen von mir können Ähnliches berichten.

Dieses dominierende Desinteresse ist noch umso verwunderlicher, als es heute zumindest den frischgebackenen Familienrichtern im Prinzip nicht anders ergehen kann als ihren Kollegen »der ersten Stunde« damals, nach der Reform des Scheidungsrechts, auch. Dazu der inzwischen resigniert ausgeschiedene Familienrichter Prestien (1990, S. 25):

»Mit dem Inkrafttreten des Eherechtsreformgesetzes wurde ich 1977 Familienrichter. Ich war vorher Zivilrichter und hatte keine Neigung, diesen Posten aufzugeben. Ich konnte mich dann nicht weiter zur Wehr setzen, weil auch nach meiner Auffassung die zukünftigen Familienrichter wenigstens einige Jahre Berufserfahrung hinter sich haben sollten. Am 1. 7. 77 war ich also Familienrichter. Ich war nicht besonders ausgebildet. Ich – und damit schließe ich die weitaus größte Zahl der heute amtierenden Familien- und Vormundschaftsrichter ein – war nicht fachlich auch nur annähernd auf familien-dynamische Zusammenhänge vorbereitet, wußte wenig – oder besser: nichts – von Entwicklungen bei Kindern, über die Bedeutung der sie umgebenden Beziehungssysteme, insbesondere über die Bedeutung von Mutter und Vater für ihr psychisches Wachstum.

Es schien auch mir nichts anderes übrig zu bleiben, als den – aus heutiger Sicht – bisherigen Unsinn zu übernehmen, in die Schublade zu greifen und möglichst schnell eine im Sinne der klaren Verhältnisse wohlfeile Entscheidung über Sorge- und Besuchsrecht zu treffen.«

Und das einzige, was von den ursprünglichen Plänen einer psychologisch-sozialwissenschaftlichen Zusatzqualifikation speziell für den am Familiengericht tätigen Richter übrig geblieben ist, hat mehr mit der Dienstalterszulage als mit außerjuristischem Knowhow zu tun (Jost-Tietzen & Jost, 1989, S. 174): »Von den hochfliegenden Plänen für ein Gremium, in welchem mit umfassender Kompetenz neben dem unvermeidlichen juristischen auch der sozialwissenschaftliche Sachverstand vertreten gewesen wäre, ist allein übrig geblieben, daß der Richter, der im Gegensatz zur früheren Zuständigkeit der Zivilkammer des Landgerichts nunmehr allein über die Ehescheidung befindet, nicht lediglich ›Richter auf Probe‹ sein darf (§ 23 b III GVG), sondern bereits eine Lebensstellung inne haben muß.« Und die hat er im Regelfall spätestens nach fünf Jahren.

Nun sind für diese unrealistische Vorstellung vom Allround-Richter, der aufgrund seiner juristischen Grundausbildung in der Lage sei, sich in jedes rechtliche Problemfeld einzuarbeiten und für Familiensachen lediglich etwas mehr Praxiserfahrung benötige, nicht die Familienrichter selbst verantwortlich. Das hat ihnen der Gesetzgeber so aufgebürdet, der im Rahmen der Diskussion zum 1. Gesetz zur Reform des Ehe- und Familienrechts schon 1973 über die besonderen Fähigkeiten eines Familienrichters schwadronierte:

»Wegen der Bedeutung der Familiensachen und der Breite des Aufgabengebietes erscheint es jedoch angezeigt, nur solche Richter mit den Aufgaben eines Familienrichters zu betrauen, die bereits über hinreichende richterliche Erfahrungen verfügen und besonders qualifiziert sind. Eine besondere Vorbildung des Familienrichters wie eine psychologische Schulung wird daneben nicht verlangt. Es kann erwartet werden, daß die Familiengerichte auch ohne ausdrückliche Regelung mit insoweit geeigneten Persönlichkeiten besetzt werden.«[49]

Zahllose Familienrichter wissen, daß zwischen Familienrecht und sämtlichen anderen Rechtsgebieten ein himmelweiter Unterschied besteht; nicht im Hinblick auf die sächlichen Scheidungsfolgen wie Unterhalt, Zugewinn, Versorgungsausgleich u. ä., sondern allein in bezug auf die beteiligten Kinder. Sobald sie mit im Spiel sind, reicht juristisches Wissen allein nicht mehr aus. Da mag sich ein Richter vorher auch noch so viele Jahre in Strafsachen, in Zivilsachen, im Verkehrsrecht oder wo auch immer »besonders qualifiziert« haben.

Und auf das »Basiswissen«, das aus der Universität mitgebracht wird, vertraut nicht einmal ein Insider, der es als Rechtslehrer sicherlich entschieden besser weiß als ich (Coester, 1986, S. 225): »In einer auf Grundzüge und 2 Semester-Wochenstunden reduzierten Familienrechtsvorlesung sowohl die Kenntnis der wesentlich normativen Strukturen wie auch der sozialwissenschaftlichen Zusammenhänge zu vermitteln, erfordert einen Balanceakt und endet letztlich doch mit einem unbefriedigenden Ergebnis.«

Völlig unverständlich ist mir, daß die Richterschaft selbst sich nicht formiert, daß ihr berufsständischer Verband, der »Deutsche Richterbund«, nicht längst mit der Forderung an die Politiker herangetreten ist, daß für Familienrichter eine psychologische Zusatzqualifikation unverzichtbar sei und daß schließlich selbst der »Deutsche Familiengerichtstag«, dem nahezu ausschließlich einschlägige Experten aller am Scheidungsverfahren beteiligten Berufsgruppen angehören, mit seinen regelmäßigen Empfehlungen meines Wissens noch nie über ein »es wäre zu wünschen« hinausgegangen ist.

Sicherlich gibt es auch heute schon – bei ganz ähnlichen Problemkonstellationen, wie in den von mir zitierten Fällen – richterliche Entscheidungen, die anders, kindbezogener, menschlicher und achtungsvoller sind. Auch ohne spezielle psychologische Schulung. Denn um Humanität, Würde und Einfühlsamkeit zu zeigen, muß man kein einschlägiger Fachmann sein. Dazu reichte jede Laienpsychologie bereits vollkommen aus. Und Laienpsychologen sind wir schließlich alle. Ich bin mir auch sicher, daß keine dieser bedrückenden Entscheidungen unter vorsätzlicher Mißachtung humaner Standards getroffen wurde. Was wiederum deutlich macht, daß der Laienpsychologe in uns selbst immer wieder dort an seine Grenzen stoßen kann, wo eine für ganz andere Zwecke aufgesetzte professionelle Brille das Blickfeld einengt. Wie anders sonst wollte man viele der erwähnten Entscheidungen verstehen, ohne die Urteilenden zu verurteilen?

Nirgendwo wirken sich die eigenen psychischen Beschränkungen gravierender zu Lasten Dritter aus als dort, wo sie mit der Macht verknüpft sind, Lebensweichen für andere Menschen stellen zu können. Insofern gibt es vielleicht keinen verantwortungsvolleren, aber auch keinen belastenderen Beruf als den des Familienrichters. Und diese hohe Verantwortung läßt sich auch nicht dadurch herunterschrauben, daß man sich der Hilfe von »Experten« bedient, sobald die anstehende Problematik Dimensionen aufweist, denen man sich als Jurist nicht mehr gewachsen fühlt.

Das ist zwar heute gang und gäbe. Und die knappe, wie selbstverständliche Fußnote eines erfahrenen Familienrichters – »Ein Richter ist kein Psychologe, bei schwierigen Fragen des seelischen Bereichs wird daher ein Fachmann als Gutachter eingeschaltet.« (Grotevent, 1989, S. 108) – spiegelt sicherlich die Ansicht der meisten Berufskollegen wider.[50]

Doch damit täuscht man sich lediglich darüber hinweg, daß die Scheidungsfamilie kein an einen Experten zu delegierendes psychologisches Problem »hat«. Sie selbst »ist« ein psychologisches Problem – selbst ohne Kinder, und mit ihnen allemal. Insofern ist jede vorschnelle Delegation des Psychologischen zugleich seine Verstümmelung. Was Arbeitsteilung natürlich nicht ausschließt. Doch dabei geht es um etwas ganz anderes: Veränderungen herzustellen, Kinder aus dem psychischen Würgegriff ihrer Eltern zu befreien,

Affekte zu kanalisieren u. ä. m. – all das kann ein Familienrichter sehr wohl in die Zuständigkeit anderer kompetenterer Hände legen. Nur den Laienpsychologen in sich selbst, den sollte er nicht verleugnen. Insofern ist die Empörung des Vorstandsmitglieds der Rechtsanwaltskammer Köln, Klaus Schnitzler (1992), über die Absicht von fünf alten und fünf neuen Bundesländern, die Sperre für Familienrichter zukünftig nur noch auf das erste Probejahr zu befristen, zwar im Hinblick auf die juristische Kompliziertheit der sächlichen Scheidungsfolgen angebracht, nicht jedoch in bezug auf die Kinder. Denn da kommt es weniger auf Erfahrung an, sondern zuallererst auf die menschliche Grundeinstellung eines Richters. Die jedoch entsteht nicht durch noch so viele Lehrjahre im Justizdienst, dazu müssen Richter bereit sein, sich neben aller Professionalität zumindest ein Stück weit auch auf sich selbst einzulassen.

Das sieht auch Siegfried Willutzki, Vorsitzender des Deutschen Familiengerichtstages und eine der profiliertesten Richterpersönlichkeiten im Lande, im Prinzip genauso (1991, S. 123/4; Hervorh. von mir):

»Zwar gebietet die Fairneß die Feststellung, daß die Landesjustizverwaltungen, wenn auch immer spärlich, Fortbildungsveranstaltungen anbieten, die auch diese Randdisziplinen einbeziehen. Da die Teilnahme an diesen Fortbildungsveranstaltungen jedoch absolut freiwillig ist, andererseits die alte Erfahrungstatsache gilt, daß Fortbildungsveranstaltungen in aller Regel von denjenigen angenommen werden, die ihrer am wenigsten bedürfen, ist überhaupt nicht auszuschließen, daß auf den Stuhl des Familienrichters auch jemand gelangen kann, den das Präsidium gegen seinen Willen zu diesem Amt bestellt hat, der jegliche Beschäftigung mit den Randdisziplinen für überflüssig erachtet und der Auffassung ist, daß auch das Familiengerichtsverfahren ein Prozeß wie jeder andere sei, der mit juristischen Mitteln allein gelöst werden könne und müsse. Daß die Führung des Familiengerichtsverfahrens durch einen Richter mit derartigen Einstellungen keinesfalls konfliktdämpfend, in der Regel vielmehr nur konfliktverschärfend wirken muß, liegt auf der Hand. Die Konsequenz aus dieser Überlegung kann deshalb für die Zielsetzung, die Steuerung von Familienkonflikten durch Verfahren positiv zu gestalten, nur lauten, daß zum Familienrichter nur bestellt werden darf, wer zur Übernahme dieser Tätigkeit freiwillig bereit ist und daß für die Übernahme dieses Amtes eine

Zusatzausbildung in den genannten Disziplinen ebenso wie eine tätigkeits-
begleitende Fortbildung darin *obligatorisch* wird.«

Andernfalls wird weiterhin lediglich ein Buchstabe im Alphabet
(des Familiennamens) darüber entscheiden, ob die Familientragö-
die eines Kindes von einem einfühlsamen oder von einem Richter
be(ver)handelt wird, der überhaupt nicht begriffen hat, daß er
einem Kind ohne Einfühlsamkeit und ohne Engagement niemals
gerecht werden kann, weil ihn für jeden auch nur einigermaßen
angemessenen Umgang mit ihm »sein erlerntes juristisches Hand-
werkszeug ... schmählich im Stich läßt«. (Strecker, 1983, S. 175)

»HANDLANGER« JUGENDAMT

Es wird einmal interessant sein zu ergründen, wie es dazu kommen
konnte, daß das als selbständige Interessenvertretung des Kindes
konzipierte Jugendamt, das mit einem ihm eigens eingeräumten
Beschwerderecht eigentlich der »Wächter des Wächters« hätte sein
sollen, sich im Scheidungsverfahren selbst dermaßen degradiert
hat, daß es inzwischen die Rolle eines reinen »Erfüllungsgehilfen«
für das Gericht spielt. Als wären Richter seine Auftrag- oder gar
Arbeitgeber.
Die Jugendamtsvertreter, die Sozialarbeiter, befinden sich zwar in
einer grundlegend anderen Position als sämtliche anderen Verfahrensbeteiligten, da sie in eine behördliche Hierarchie eingebunden
und somit immer auch Weisungsempfänger sind. Und welche unsinnigen Schritte damit verbunden sein können, das zeigt sich beispielsweise, wenn ausgerechnet ein in Sachen Kind totaler Laie, der
Vertreter des Rechtsamtes, abschließend darüber befindet, ob ein
Sozialarbeiter die von ihm für richtig und notwendig erachtete
Beschwerde gegen eine Gerichtsentscheidung einleiten »darf« oder
nicht. Oder wenn der Dienstvorgesetzte – nicht selten ein Verwal-
tungs- und kein sozialpädagogischer Fachmann – ihm schlichtweg
verbietet, sich einer für kindesschädlich erkannten gewaltsamen
Herausnahme zu widersetzen. Doch solche betriebsinternen Abhängigkeiten allein reichen nicht aus, um die selbstauferlegte »Ab-

hängigkeit« nach draußen, gegenüber den Gerichten, zu erklären. Reichen nicht, um zu verstehen, warum die gesetzliche Vorschrift, wonach das Jugendamt bei jedem Scheidungsverfahren mit Kindern *anzuhören* sei, nahezu regelmäßig in einen sorgerechtlichen Entscheidungsvorschlag für das Gericht umgemünzt wird. Und das oft genug, ohne das Kind je gesehen, geschweige in seinen Beziehungen zu Mutter und Vater erlebt zu haben.

Das alles ist spätestens seit der erschütternden Studie von Simitis u. a. (1979) längst bekannt. Sie deckte auf, daß sich die meisten Sozialarbeiter in die Rolle kleiner Hilfsrichter begaben und nach Inspektion der Wohnverhältnisse, vielleicht noch der eher zufälligen Beobachtung eines verstört am betreuenden Elternteil klammernden Kindes, anschließend hergingen, um den Gerichten vor dem Hintergrund ihrer persönlichen Vorstellungen von Sauberkeit und Ordentlichkeit und ihrem persönlichen Eindruck vom Kindeswohlgemäßen mit einer Selbstverständlichkeit einen Vorschlag zur Sorgerechtsregelung unterbreiteten, daß es einem schon die Sprache verschlagen konnte. Und noch nicht einmal dann wurde jemand nachdenklich, wenn aufgrund unterschiedlicher Bezirkszuständigkeiten der eine Sozialarbeiter mit demselben selbstsicheren Verweis aufs Kindeswohl die Mutter als zukünftige Alleinsorgeberechtigte empfahl, mit dem sein Kollege gleichzeitig für den Vater plädierte.

Ich kann mir dies nur dadurch erklären, daß letztlich die Stellung des Jugendamtes eine ähnliche war – und vielfach immer noch ist –, wie die der Sachverständigen: Allem Dilettantismus zum Trotz bestand eine machtvolle Allianz zwischen Behörden und Gericht, die einer uneinnehmbaren Festung glich, solange beide nur fest genug zusammenhielten. Und das taten sie meist. Weniger aus wechselseitigem Respekt vor den spezifischen Berufskompetenzen. Den durften so manche Sozialarbeiter für ihre stümperhafte Suchhilfe im Dienste des Kindeswohls zu Recht nicht vom Gericht erwarten. Zusammengeschweißt wurden sie vielmehr vor allem deshalb, weil ihre Kooperation – das Jugendamt machte einen Sorgerechtsvorschlag, den das Gericht anschließend rechtlich umsetzte – sie zu einem Kartell machte, das zumindest verfahrensrechtlich überaus erfolgreich war. Und das war das Entscheidende. Dank des Jugendamtes konnte sich der Richter auf eine »fachkundige« Empfehlung stützen, während dies wiederum sich damit beruhigen konnte, daß es ja nicht zu entscheiden habe. Mit dem stolzen Ergebnis, daß »in über 95 Prozent der Verfahren Familienrichter/innen den Vorschlag des Jugendamtes (annehmen)« (Knappert, 1991).

Und was Gutachter sich schämen einzugestehen, daraus macht der kritische und engagierte Leiter des Kreisjugendamtes Siegburg, Ferdinand Kaufmann, erst gar kein Hehl (1991, S. 19): »Ich sage ganz bewußt ›das Jugendamt urteilt‹, denn in der Regel folgt der Richter dem Vorschlag des Jugendamtes; weitere Beweise werden nicht erhoben. So wird der Bericht des Jugendamtes häufig schon zu einem vorweggenommenen Urteil, der Sozialarbeiter wird sozusagen zum Mitrichter.«

Doch wer glaubt, daß spätestens mit der Ablösung des alten, von obrigkeitsstaatlichem Eingriffsdenken bestimmten Jugendwohlfahrtgesetzes durch das neue Kinder- und Jugendhilfegesetz (KJHG) neue Zeiten angebrochen wären, der irrt sich. Zwar nicht gründlich, denn in der Tat hat der damit verbundene grundlegende Verständniswandel vom Jugendamt als vor allem einer Leistungs- und Hilfebehörde dazu geführt, daß immer mehr Mitarbeiter – endlich – ihren eigenständigen und vom Gericht unabhängigen Hoheitsauftrag begreifen und mit spürbarem Elan umzusetzen beginnen (z. B. Knappert, 1991, 1992).

Dabei eröffnen ihnen vor allem die §§ 17 und 18 KJHG ganz neue Möglichkeiten – im Sinne der auch hier vertretenen Vorstellung von den Besonderheiten einer trennungsbedingten Kindeswohlgefährdung –, zuallererst beratend und begleitend auf einen Abbau des Elternkonfliktes hinzuwirken.[51] Doch bis wirklich einmal jeder Sozialarbeiter seinen neuen Arbeitsauftrag nicht nur verstanden hat, sondern auch ausfüllen können wird, ist es noch ein sehr langer Weg.

Das liegt zum einen am KJHG selbst. Denn trotz aller Fortschrittlichkeit wagten die Gesetzgeber dennoch den entscheidenden Schritt nicht, allein das Kind in den Mittelpunkt aller jugendbehördlichen Maßnahmen zu stellen: »Auch in der Sicht des KJHG erscheint das Kind noch allein als Objekt elterlichen Umgangsrechts.« (Coester, 1991a, S. 261). Das hat zur Folge, daß viele Jugendamtsmitarbeiter sich schnell hilflos fühlen oder gar in das alte Muster eines selbsternannten Gerichtshelfers zurückfallen, sobald sie auch nur bei einem Elternteil mit ihren Befriedigungs- und Vermittlungsbemühungen auflaufen.

Das liegt aber auch ganz wesentlich an der Halbherzigkeit des Gesetzgebers, der den Jugendämtern zwar bemerkenswerte neue Aufgaben zuwies, ohne sich jedoch darum zu kümmern, wie ihre Mitarbeiter befähigt werden, sie auszuführen. Denn »Trennungs- und Scheidungsberatung machen« – das sagt sich so leicht. Bisher haben die meisten Sozialarbeiter so gut wie keine Qualifikation für eine Arbeit, die mit zu den schwersten zählt, die es auf dem gesamten Feld der Beratung gibt.

Es ist wirklich skandalös, daß interessierte und wißbegierige Jugendamtsmitarbeiter unbezahlten Urlaub nehmen, Widerstände ihrer Vorgesetzten überwinden und sämtliche Kosten selbst tragen müssen, um an einem der Fortbildungsangebote zur Beratungsarbeit mit Trennungsfamilien teilnehmen zu können.

Schließlich sehe ich noch einen dritten Grund dafür, daß der neue Geist des KJHG sicherlich noch eine Generation lang brauchen wird, um in den Jugendämtern endgültig Fuß gefaßt zu haben. Und der hat mit den Mitarbeitern selbst zu tun. Denn die riesige Kluft, die zwischen ihrer Funktion als »Amtsträger« und ihrer häufig weit dahinter zurückfallenden Qualifikation besteht – das gilt vor allem für das oft erschreckende Niveau auf den Feldern von Kinder- und Beziehungspsychologie –, hat in der Vergangenheit dazu geführt, daß sich nicht wenige Sozialarbeiter offensichtlich so sehr schämen, ihre Wissensdefizite einzugestehen bzw. eine Aufstockung einzufordern, daß sie sich statt dessen lieber hinter ihren Rollen als »Amtsträger« verschanzen.

Betroffene macht diese Form von Abwehr ärgerlich und aggressiv, das habe ich oft genug miterlebt. Doch das führt auch nicht weiter – ganz im Gegenteil. Denn je mehr ein Mensch in die Enge gedrängt wird, desto größer ist nur sein Widerstand. Und – allen empörten Dienstaufsichtsbeschwerden zum Trotz – »am längeren Hebel« sitzt letztlich doch der Sozialarbeiter.

Soll das »Kindeswohl« ein Arbeitsprogramm beschreiben und keinen behördlichen Verwaltungsauftrag, kommt es deshalb viel entscheidender darauf an, diesen Mitarbeitern Mut zu machen. Denn mangelhafte Arbeit (weil niemand es einen besser gelehrt hat) hat nichts mit der Minderwertigkeit der eigenen Person zu tun. Nur wer beides fälschlicherweise gleichsetzt, muß jede Kritik bedingungslos abwehren.

Andernfalls werden die Ausführungen zum neuen Selbstverständnis von Jugendämtern des Deutschen Vereins für öffentliche und private Fürsorge noch sehr lange die praktische Arbeit dieser Behörde konterkarieren, weil mit einem neuen Gesetzestext allein noch lange kein neuer Weg beschritten ist.[52] Dazu abschließend zwei Beispiele jüngeren Datums.

Aus einer Stellungnahme des Jugendamts D. vom August 1991:

»Der Bericht beruht auf zwei unangemeldeten Hausbesuchen bei Frau A. und zwei Gesprächen in der hiesigen Dienststelle. . . .

Nach der Trennung zog Frau A. zunächst im Februar mit dem Kind zu einer Bekannten nach D. Seit Juni lebt sie in einer eigenen, sehr gepflegten, sonnigen und freundlich eingerichteten 3½-Zimmer-Mietwohnung in einer guten Wohngegend im südlichen Vorort von D. . . .

Bei beiden unangemeldeten Hausbesuchen konnte Frau A. im Umgang mit dem Kind beobachtet werden. Beim ersten Besuch war sie gegen 12.30 Uhr dabei, das Kind zu füttern. Es erhielt eine Fertignahrung-Obst-Mahlzeit. Bei dem Besuch konnten Mutter und Kind über einen Zeitraum von ca. 1½ Stunden beobachtet werden. . . . Beim zweiten Besuch wurde das Kind von der Mutter gerade gewickelt. Es lächelte mich freundlich an und machte einen gesunden und altergemäßen Eindruck. . . .

Da sich Frau A. den ständigen, ihrer Meinung nach unnötigen Auseinandersetzungen entziehen wollte, verzog sie mit dem Kind nach Dortmund. Dort hat sie die nötigen sozialen Kontakte und erfährt auch Hilfe durch ihre Eltern. . . .

Zwischenzeitlich hat sich Herr A. hier telef. gemeldet und bat um ein Gespräch mit der Unterzeichnerin und seiner Ehefrau. Frau A. befürchtete jedoch die Verlagerung der ehelichen Auseinandersetzungen auf einen anderen Ort. . .

Frau A. beantragt die Übertragung der elterlichen Sorge auf sich. . . . Nach Meinung von Frau A. sollte das Umgangsrecht ebenfalls bereits jetzt gerichtlich festgelegt werden. Durch die wenigen Besuchskontakte soll das Kind den Vater nicht kennen, so daß die künftigen Besuche vorsichtig angebahnt werden müßten.

Bei dem Telefongespräch sprach Herr A. von dem Wunsch eines gemeinsamen Sorgerechts. Frau A. ist hiermit nicht einverstanden und begründet dies größtenteils mit den konträren Vorstellungen der Eltern von Hygiene, Gesundheit und Erziehung. ...

Aus meiner Sicht bestehen zum heutigen Zeitpunkt keinerlei Einwände gegen die Übertragung der elterlichen Sorge auf die Mutter.«

Nachtrag, 5 Monate später:

»Beim Hausbesuch zeigte mir Frau A. das Weihnachtsgeschenk des Vaters. Es handelt sich dabei um ein Bilderbuch ab vier Jahren. Herr A. schnitt Köpfe aus Fotos von Leonhard aus und klebte diese auf die Köpfe der Wichtelmänner, die dann in der Tat recht obskur wirken und mit dem das einjährige Kind nichts anzufangen weiß. ...

Da Herr A. das ihm zustehende Besuchsrecht in der Vergangenheit nur neunmal wahrgenommen hat, aus Gründen, die er zu vertreten hat, kann ggf. davon ausgegangen werden, daß das Interesse an dem Kind tatsächlich nicht im Vordergrund gestanden hat. Von hier aus wird vorgeschlagen, das Umgangsrecht zunächst so zu belassen, wie seither. Sofern es dem Ehepaar gelingt, spannungsfrei miteinander umzugehen, wäre eine Ausdehnung möglich. ...«

Auszüge aus einer Stellungnahme des Kreisjugendamtes G. vom Mai 1991:

»Heiner ist ein seinem Alter entsprechend entwickelter leicht sensibler Junge. Er besucht die 3. Klasse der Grundschule. Seine Leistungen sind angeblich durchschnittlich, nur in Mathematik habe er einige Schwierigkeiten. Nach Angaben der Mutter geht Heiner nachmittags, wenn sie einige Stunden arbeitet, in die Nachbarschaft zu einem väterlichen Freund. Dieser hilft ihm bei den Hausaufgaben, sie basteln zusammen oder unternehmen auch mal eine Fahrradtour.

Außerdem spielt Heiner Trompete bei den Berghornisten und ist in der Jugendgruppe des Schützenvereins.

Heiner äußerte in dem Gespräch, daß er nach der Scheidung der Eltern bei der Mutter bleiben möchte. Seinen Vater möchte er nicht besuchen.

...

Es bestehen keine Bedenken, der Mutter die elterliche Sorge zu übertragen. Mutter und Sohn haben eine stabile Beziehung zueinander. Frau B.

räumt dem Sohn auch einen ausreichenden Freiraum ein, den dieser für eine gute Entwicklung braucht.

Einer Regelung des Besuchsrechts bedarf es meines Erachtens nicht, zumal Heiner sich weigert, den Vater zu sehen. Ein Kontakt besteht seit Jahren schon nicht mehr. Sollte der Vater wirklich Interesse haben, könnte er durch Briefe die Verbindung zu seinem Sohn aufnehmen.«

WENN DIE FEUERWEHR MIT ÖL LÖSCHT: ANWÄLTE

Wenn man bedenkt, daß der eheliche Konflikt zu Lasten des Kindes umso eher zu entspannen ist, je früher man mit den Eltern in Kontakt kommt, dann befindet sich jeder Anwalt im Grund in einer ausgesprochen günstigen Position. Er ist fast immer der erste, der von einer beabsichtigten oder bereits vollzogenen Trennung erfährt. Doch nicht nur das. Zu diesem frühen Zeitpunkt ist das Gebilde Trennungsfamilie von jeder rechtlich-juristischen Qualität auch noch völlig »uninfiziert«, so daß er im Kern mit einem rein psychologischen Problem, dem Zerfall oder auch erst der tiefen Krise einer ehelichen Beziehung konfrontiert wird.

Entsprechend finden sich Anwälte gerade im Erstgespräch mit ihrem Mandanten immer wieder in einer Situation, der sich die meisten von ihnen kaum gewachsen fühlen. Wie man beispielsweise mit einem gerade von seiner Frau verlassenen und darüber zutiefst verzweifelten, zwischen Hilflosigkeit und Empörung pendelnden, vielleicht immer wieder von Weinanfällen geschüttelten Mandanten angemessen umgeht, haben sie im Rahmen ihrer juristischen Ausbildung natürlich nie gelernt. Im Gegenteil: Als Juristen hat man ihnen vermittelt, jedes Problem stets nur sachlich zu betrachten und gerade von allem »menschlichen Ballast« zu befreien, weil dies die rein rechtliche Würdigung, auf die es für einen Juristen allein ankommt, nur stört.

Gefühle, zwischenmenschliche Dynamik: alle diese ganz natürlichen und – gerade in der hochdramatischen Situation von Trennung – selbstverständlichen Elemente verzweifelter Menschen kennt jeder Anwalt zwar auch von sich, doch das ist der Privatmann, der in der Rolle des juristischen Experten weitgehend unsichtbar bleibt. Doch selbst wenn er wollte: Die Herstellung einer zwischenmenschlichen Beziehungsatmosphäre wird allein dadurch ganz erheblich erschwert, daß er als Freiberufler darauf angewiesen ist, sein Einkommen durch klar definierte und entsprechend abrechenbare Dienstleistungen zu verdienen. Mitfühlende Anteilnahme, geduldiges Zuhören, Trösten u. ä., das alles sind jedoch Leistungen, die kein Anwalt abrechnen kann, solange er sich im Rahmen seiner berufsständischen Gebührenordnung bewegt (vgl. Prestien, 1992a).

Daneben dürfte für die ausgeprägte Neigung vieler Anwälte, Trennung bzw. Scheidung auf ein reines Rechtsproblem zu reduzieren, aber vermutlich auch ein psychologischer Mechanismus mitverantwortlich sein, der sich immer dann leicht einstellt, wenn an Fachleute Anliegen herangetragen werden, mit denen sie nicht umzugehen wissen. Denn dieses Eingeständnis macht nicht nur hilflos, schnell kann es auch jemanden – weil Hilflosigkeit immer etwas Bedrohliches an sich hat – verängstigen.

Um dem zu entgehen, ist der beste Ausweg, das Problem unter Inkaufnahme seiner Verkürzung, oft auch seiner Verkennung, auf jenes Terrain zu verlagern, auf dem sich der Experte sicher weiß, weil er es gelernt hat. Insofern ist es kein Wunder, wenn manche Mandanten sich nach einem zunächst nur zur Information gedachten Gespräch mit einem Anwalt bereits zwei Stunden später auf einem »Rechtsweg« in Richtung Scheidung wiederfinden, an den sie noch beim Betreten der Kanzlei überhaupt nicht gedacht hatten. Diese psychologische Seite ist natürlich nicht der ausschlaggebende Grund dafür, daß der Kontakt mit dem Anwalt meist die schnelle Metamorphose vom Beziehungsproblem zum Rechtsproblem zur Folge hat. Begünstigt wird diese Wandlung auch dadurch, daß ihm in seiner Funktion als »Organ der Rechtspflege« auch rein rechtlich bereits relativ enge Grenzen für die Gestaltung der eigenen Arbeit gesteckt sind. Denn sobald er einen Mandanten einmal »angenommen« hat, hat er sich zur bedingungslosen Interessenvertretung seines Auftraggebers bekannt und macht sich sogar strafbar, sobald er sich von diesem Grundsatz zu weit entfernen sollte (»Parteiverrat«).

Vor dem Hintergrund des rechtsstaatlichen Prinzips, wonach alle Menschen vor dem Gesetz gleich sind und auch gleiche Chancen haben müssen, ihre Interessen vor Gericht zu vertreten, macht diese radikale Bindung des Anwalts sicherlich auch ihren guten Sinn. Ich selbst halte es allerdings für die größte Schwäche unseres familienrechtlichen Verfahrens, daß das ihm zugrunde liegende Streitmodell automatisch auch auf ein Feld übertragen wurde, das grundlegend anders ist als alle anderen Rechtsgebiete: auf die Regelung der Kind-Eltern-Beziehungen im Rahmen von Trennung und Scheidung.

Denn »die Gegenseite«, deren Existenz überhaupt erst die rechtliche Verstärkung und Vertretung der eigenen Position möglich bzw. nötig macht, das ist hier natürlich immer der andere Elternteil. Durch das Auftreten von Anwälten wird eine Konfliktstruktur festgeschrieben – man denke nur an die sprachliche Polarisierung in »Antragsteller« und »Antragsgegner« – und gleichzeitig unterstellt, daß diese nur durch eine gerichtliche »Entscheidung« auflösbar wäre, was die seelischen Belastungen des Trennungskindes zwangsläufig vergrößern muß. Denn für das Kind sind die so apostrophierten »Gegner« nicht nur seine Mutter und sein Vater; als »Eltern« sind sie, wie ich bereits dargelegt habe, zugleich eine eigenständige Ganzheit. Insofern ist aus seiner Sicht alles, was zur Verstärkung des Bildes von zwei unversöhnlichen, anwaltlicher Unterstützung bedürfenden Gegnern beiträgt, grundsätzlich schädlich.

Deshalb kann die Konfliktkultur in Sorge- und Umgangsrechtsstreitigkeiten nur dann ganz erheblich zum Vorteil des Kindes verbessert werden, wenn den Anwälten der sorgerechtliche Regelungsbereich ersatzlos entzogen würde und allein in den Händen des – im Sinne des neuen KJHG zur Restabilisierung des Elternsystems aufgerufenen – Jugendamtes bliebe.

Doch was psychologisch so einleuchtend und vernünftig klingt, ist es politisch – hier berufspolitisch – noch lange nicht. Denn die überwiegende Mehrheit der Anwälte ist von ihrer eigenen Unentbehrlichkeit auch auf der »Streitbühne Kind« fest überzeugt. Dazu der damalige Präsident der Bundesanwaltskammer auf dem 7. Deutschen Familiengerichtstag 1987 (Koch, 1988):

»90 Prozent aller Sorgerechtsfälle beginnen bei Einleitung des Scheidungsverfahrens mit einem einvernehmlichen Vorschlag der Eltern. Von den streitigen 10 Prozent werden 4 bis 5 Prozent im Laufe des Verfahrens unstreitig. Im Ergebnis nur 5 bis 6 Prozent aller Sorgerechtsfälle erfordern heute noch eine streitige Entscheidung des Familienrichters. ...

Eine 94- bis 95prozentige Akzeptanz des Gesetzes in der Bevölkerung in diesem Punkt, hieraus abgeleitet, gibt statistisch jedenfalls keinen Grund, an einer gesetzlichen Regelung zu zweifeln, die nur in 5 bis 6 Prozent aller rechtshängigen Fälle eine streitige Entscheidung des Familienrichters erfordert. ...

Das ändert nichts daran, daß der in Familiensachen tätige Rechtsanwalt weiterhin ausschließlicher Sachwalter der Interessen seiner Partei ist. Auch im Sorgerechtsverfahren, dabei bleibt es, vertritt der Rechtsanwalt die Interessen seines Auftraggebers. Auch im Sorgerechtsverfahren bleibt es dabei, daß der jeweils vertretene Elternteil die Erfahrungen insbesondere auch prozessualer Art seines Prozeßbevollmächtigten haben muß, um seine Interessen durchzusetzen. Daß materiell die Interessen des Elternteils hinter das Kindeswohl, wie immer man es definieren mag, zurücktreten müssen, hindert es nicht, den Anwalt auch im Sorgerechtsverfahren, anders geht es nicht, als Interessenvertreter zu begreifen. Seine Aufgabe in diesem Verfahren ist nur schwerer als im Klageverfahren wegen der Einforderung oder der Abwehr einer Darlehnsforderung. Er muß im Sorgerechtsverfahren seinem Mandanten deutlich machen, daß das Kindeswohl entscheidend ist und daß das Interesse des Elternteiles eben nicht dahin geht, das Kind als taktisches Objekt im Streit mit dem Ehepartner zu benutzen. Der Rechtsanwalt ist nicht der Kindesanwalt. Seine familiensystematische Sichtweise ist auch in voller Interessenwahrnehmung seines Auftraggebers gegeben, seine familiensystematische Sichtweise muß ihn dazu bringen, sich eben nicht von den Ambitionen des jeweiligen Mandanten, sondern, weil dies materiell rechtlich notwendig ist, davon leiten zu lassen, daß das Gericht nach dem Kindeswohl entscheidet und das Interesse des Mandanten sich nach der hieran zu messenden Prognose ausrichtet.«

Scheidungsbetroffene Kinder müssen wohl noch lange damit leben, daß die meisten Anwälte ihre Eltern – als Eltern (!) – nicht anders behandeln als zwei verbittert kämpfende Gegner in einem Bauprozeß. Mit der Folge, daß sich fast regelmäßig der Elternkonflikt in dem Augenblick sprunghaft verstärkt, wenn beide ihre bis dahin bestehenden Sprachschwierigkeiten durch Sprachlosigkeit ersetzt und jegliche Kommunikation an »ihren« Anwalt abgetreten haben. Entsprechend kamen Schade & Schmidt (1991, S. 650) in ihrer Untersuchung über das Verhalten von Rechtsanwälten in strittigen Sorgerechtsverfahren zu dem bedrückenden Ergebnis:

»Das hervorstechendste und zugleich eine enorme Feindseligkeit des Klimas provozierende Merkmal in den Schriftsätzen der Anwälte ist die ›Schwarz-Weiß-Malerei‹ bei der Beschreibung des gegnerischen bzw. eigenen Mandanten. Die Schilderungen enthalten Hinweise auf die Persönlichkeit, das Verhalten sowie die sogenannte Erziehungseignung und -neigung der Eltern. Dabei fällt auf, daß die ›Schwarz-Malerei‹ des gegnerischen Mandanten wesentlich häufiger ist als die ›Weiß-Malerei‹ des eigenen. . . .
. . . erreichen die Beschreibungen des gegnerischen Mandanten oft den Grad der persönlichen Herabsetzung bis hin zur Beleidigung, vor allem die uneingeschränkte Abqualifikation in seiner Eignung und Rolle als möglicher (Allein-)Erzieher der betroffenen Kinder.«

Doch damit kommt nicht nur eine neue destruktive Qualität ins Spiel, die anschließende Konflikteskalation entwickelt oft eine regelrechte Eigendynamik, der Mutter wie Vater fassungslos, aber auch hilflos gegenüberstehen. Dazu ein Vater aus der Studie von Schade & Schmidt (1991, S. 650/1):

»Es wäre auch alles nicht so weit gekommen, wenn die Rechtsanwälte die Sache nicht so weit getrieben hätten. Der Rechtsanwalt meiner Frau sagte was, was sie nie gesagt hatte, und mein Rechtsanwalt schrieb was, was ich nicht gesagt hatte. Wenn dann ein Schriftsatz von dem Rechtsanwalt meiner Frau kam, dann wollte mein Rechtsanwalt wieder der bessere sein und schrieb wieder noch schlimmere Dinge rein. Bei dem Gespräch mit meinem Rechtsanwalt sprach er alles sofort auf Tonband, aber als ich dann später die Kopie des Briefes kriegte, standen dort ganz andere Sachen drin, als ich sie gesagt habe.«

Da das Sorgerechtsverfahren nach dem Streitmodell verhandelt wird, wissen natürlich die Anwälte beider Seiten, daß es für den Prozeßgewinn einzig und allein darauf ankommt, das Gericht davon zu überzeugen, daß nur eine Entscheidung zugunsten ihres

Mandanten, das heißt die Sorgerechtsübertragung auf ihn, dem richterlichen Leitprinzip der ausschließlichen Orientierung am Kindeswohl entsprechen würde. Deshalb präsentieren sie ihren Mandanten in den rosigsten Farben und als dem anderen Elternteil bedingungslos überlegen. Doch dabei bleibt es nicht. Beide Partner werten sich in ihren bisherigen Elternrollen so erbarmungslos ab, daß sich spätestens im Sorgerechtskampf die Annahme, mit der Scheidungsreform von 1977 sei das Schuldprinzip ersatzlos abgeschafft worden, als naive Illusion entlarvt.[53]

Und die Transporteure dieser häufig nur noch als würdelos und menschenverachtend zu bezeichnenden Kampagnen in Sachen Minderwertigkeit – das sind die Anwälte. Dabei meinen sie selbst zwar, sie wiederholten weitgehend lediglich das, was ihnen von ihrer Mandantschaft vorgetragen wurde. Doch in Wirklichkeit sind sie – in der vertrauten professionellen Rüstung des Kämpfers – meist entschieden mehr. Denn sie verstehen es, deren Klagen und Anklagen so zu »übersetzen«, daß ihre Schriftsätze unmöglich als nüchterne Sachvorträge, sondern häufig als gezielte Angriffe auf Würde und Wert der eigenen Person verstanden werden.

Und wer sich angegriffen fühlt, wehrt sich. Womit nicht nur die unverzügliche »Reaktion« der anderen Seite programmiert ist, auch alle ihre »Richtigstellungen« tragen wiederum für den Empfänger genau dasselbe aggressive Potential wie umgekehrt, womit eine Spirale eskalierender Feindseligkeit, Wut und Empörung geradezu unvermeidlich ist. Damit ist der Anwaltskrieg im Grunde nichts anderes als eine Fortsetzung der früheren, jeweils durch ihre subjektiven Interpunktionen bestimmten, Konfliktgestaltung durch das Paar selbst: Jeder ist fest davon überzeugt, immer nur der auf die Provokationen des anderen »Reagierende« zu sein. Nur mit dem Unterschied, daß man sich diesmal mit noch sehr viel schärferen Waffen »wehrt« als damals. Und nur selten erkennen Mann oder Frau in den sie belastenden Schriftsätzen den Beitrag des juristischen »Übersetzers«.

Umgekehrt »weiß« zwar der Mandant, der den Schriftsatz seines Anwaltes meist erst dann zu Gesicht bekommt, wenn dieser bereits abgeschickt – treffender: »abgeschossen« – wurde, daß darin längst nicht alles so wiedergegeben ist, wie er es zuvor erzählt hat. Doch eine merkwürdige Mischung aus Sicherheit und Vertrauen in den eigenen Anwalt, der schließlich schon weiß, wie man dem Gericht gegenüber aufzutreten hat, und die gleichzeitige Unfähigkeit zu jeglichem persönlichen Dialog mit dem Partner bedingen, daß die meisten die anwaltlichen Aktionen widerspruchslos hinnehmen.

Wenn überhaupt, dann erkennen die Erwachsenen diese sie selbst zu Statisten degradierende Eigendynamik meist erst viele Jahre später, nachdem sie längst geschieden worden sind und es ganz allmählich geschafft haben, sich von der Vorstellung wieder zu lösen, daß ausgerechnet der Mensch, den sie einmal geliebt hatten, so kaltschnäuzig und brutal sein konnte, sie absolut achtungslos zum wahren Monster zu stilisieren.

Ich habe bisher nur ein einziges Mal erlebt, daß eine in der gemeinsamen Wohnung getrennt lebende Mutter den Schriftsatz ihres Anwaltes vor ihrem Mann tagelang verbarg, weil sie sich, nachdem sie schon morgens mit der Post die Durchschrift gelesen hatte, für die darin in ihrem Namen erhobenen Anschuldigungen und Vorwürfe schlichtweg schämte. Und so manches Mal antworteten mir die Getrenntlebenden auf meine Frage, ob sie eigentlich wirklich ein »Scheidungs«-Paar seien, daß dies jetzt – *nach* all den im Verlauf des Rechtsstreits erlittenen Verletzungen, Demütigungen und Abwertungen – für sie in der Tat so sei; anfänglich hätten sie eine Wiederaufnahme der Beziehung noch durchaus für möglich gehalten.

Das zeigt nicht nur, wie schwer es ist, ein Paar, das eigentlich etwas ganz anderes brauchte als die »Problemlösung Scheidung«, aus der Justizschiene rauszuholen und auf einen Weg der Krisenbewältigung zu führen (wenngleich im Einzelfall durchaus auch dies gelingen kann, wie ich aus meiner eigenen Arbeit als Sachverständiger weiß). Solche Aussagen wecken auch ganz erhebliche Zweifel am Bild eines im Prinzip passiven rechtlichen Sachwalters, der im Interesse seines Mandanten lediglich sein fachliches Know-how zur Verfügung stellt, um eine bereits zerstörte Paarbeziehung rechtlich zu ordnen und auf neue Füße zu stellen.

Natürlich gilt diese ebenso bedingungs- wie bedenkenlose Angriffsmentalität vor dem Hintergrund eines schematischen, vor allem aber unreflektierten Verständnisses von der eigenen Berufsrolle gottlob nicht für jeden Anwalt. Und ich selbst kenne eine ganze

Reihe sehr sensibler und sich der oft rein psychologischen Problematik ihrer Mandantschaft voll bewußter Anwältinnen und Anwälte, die absolut nicht bereit wären, um des blinden Vorteils für die eigene Partei willen den anderen rücksichtslos anzugreifen und abzuwerten. Doch selbst bei noch so behutsamem Umgang bleiben mindestens zwei Dinge, die den Anwalt speziell da, wo es um die scheidungsbedingten Regelungen für Kinder geht, eher zu einem Behinderer eines förderlichen Entwicklungsprozesses machen. Denn zum einen bleibt er letztlich immer doch »Partei« und kann sich den Bindungen an die Interessen und Wünsche seines Auftraggebers nur durch Niederlegung des Mandats – was auch Verzicht auf eine Einnahme bedeutet – entziehen.

Hier denke ich unwillkürlich an so manche geradezu kuriose Situation, die ich immer dann in Gerichtssälen erlebte, wenn insbesondere bei Umgangsstreitigkeiten der Mandant Forderungen nach Beschränkung oder gar Aussetzung stellte, die vom eigenen Anwalt erkennbar nicht geteilt wurden. »Gelöst« wurde dieser Konflikt zwischen Ethik und Pflicht regelmäßig dadurch, daß der Anwalt sich zurücklehnte, den Mandanten ausschließlich selbst reden ließ und einfach schwieg. Doch ob diese Form von Passivität bereits reicht, um von einem im Sinne des Kindeswohls konstruktiven Beitrag des Anwaltes zu sprechen – da habe ich doch meine ernsten Zweifel. Und zum anderen: Da er aufgrund der Gebührenordnung, die den Streit honoriert und nicht die Befriedung, seine – stets zeitintensiven – Vermittlungsbemühungen notgedrungen im Rahmen halten muß, kann sein Beitrag zur Abwehr einer trennungsbedingten Kindeswohlgefährdung zwangsläufig bestenfalls zufällig von Erfolg gekrönt sein (vgl. Prestien, 1992a). Wobei dieser Zufall bereits in dem Augenblick vergeben ist, wenn er es auf der anderen Seite mit einem Kollegen zu tun hat, für den es zwischen einem Rechtsstreit und einem Sorgerechtsstreit keinen prinzipiellen Unterschied gibt. Denn was der Rechtsanwalt Zillich (1992, S. 510) in seiner Replik auf die Studie von Schade & Schmidt ins Feld führte, wird immer noch von der Mehrheit der Anwälte geteilt.

»Bei all dem darf aber nicht vergessen werden, aus welchem Grund es überhaupt zu streitigen Sorgerechtsverfahren kommt, nämlich schlicht deshalb, weil die Eltern sich nicht einig sind und jeder das alleinige Sorgerecht für sich reklamiert. Die von ihnen beauftragten Rechtsanwälte haben kein eigenes Interesse an streitigen Auseinandersetzungen, die nur zusätzliche Arbeit machen. Herren des Sorgerechtsverfahrens sind die Parteien, die von ihren Vertretern verlangen, daß diese den Standpunkt ihres Mandanten entschieden und taktisch geschickt vertreten. Der Hemmschuh auf dem Weg zur Etablierung einer nachehelichen Elternschaft ist nicht der Rechtsanwalt, sondern vielmehr sein Mandant, der ja gerade deswegen streitet, weil es ihm um das alleinige Sorgerecht und nicht um eine nacheheliche Elternschaft geht.«

Viel hat es offensichtlich nicht genutzt, daß der Münchener Rechtsanwalt Donald Cramer im Anwaltsblatt von 1987 (S. 134/5) erstmals die Verhaltensregeln der amerikanischen »Vereinigung der im Familienrecht tätigen Anwälte« in eigener Übersetzung veröffentlichte. Dabei hätten zumindest die Aussagen in bezug auf Trennungskinder in der deutschen Anwaltschaft durchaus einen Prozeß der Nachdenklichkeit in Gang setzen können. Deshalb hier ein erneuter Versuch[54]:

»Kinder

6.1 Den Teil seiner Arbeit, der sich auf Kinder bezieht, sollte der Anwalt als den wichtigsten ansehen.

6.2 Bei allen Beratungen, Verhandlungen und Verfahren sollte der Anwalt seinen Mandanten und den anderen Elternteil darin unterstützen, das Wohl der Kinder als ersten und wichtigsten Gesichtspunkt anzusehen.

6.3 Der Anwalt sollte sich jede Mühe geben, bei den Entscheidungen, die die Kinder betreffen, eine Zusammenarbeit der Eltern zuwege zu bringen, sowohl bei den formellen Entscheidungen (z. B. gemeinsames Sorgerecht) als auch bei praktischen Regelungen (Absprachen über die Beteiligung an schulischen Veranstaltungen) und bei der Beratung anderer wichtiger Fragen.

6.4 Der Anwalt muß im Auge behalten, daß die Interessen der Kinder nicht notwendig mit denen eines der Elternteile übereinstimmen und daß gelegentlich ein Kind eine eigene Interessenvertretung haben sollte. In einem solchen Fall ist es seine Pflicht, das Gericht darauf hinzuweisen.

6.5 Der Anwalt sollte Sorgerechts- und Umgangsfragen einerseits und finanzielle Regelungen strikt trennen. Es ist oft nützlich, diese Fragen in verschiedenen Schriftstücken zu behandeln.

6.6 Zur ›Entführung‹ eigener Kinder kommt es oft aus außergewöhnlicher Angst, Bitterkeit und Verzweiflung; sie führt auch zu solchen Gefühlen. Der Anwalt sollte alles nur Menschenmögliche tun, um die Beteiligten davon abzuhalten; dabei ist als ›Entführung‹ das Verbringen eines Kindes unter Verletzung der Anordnung eines Gerichts – sei es eine inländischen oder eines ausländischen – zu verstehen; dem steht der Fall gleich, daß der Entscheidung eines zuständigen Gerichts vorgegriffen wird oder diese vereitelt wird, dies sowohl in Sorgerechts- als auch in Umgangsfragen.«

DAS »ERFOLGREICHE« TRIO

Bis zu 90 Prozent aller Eltern – darauf weisen alle am Scheidungsverfahren beteiligten Professionen immer wieder gerne hin – hätten sich bis spätestens zum Ausspruch der Scheidung über das weitere Schicksal ihrer Kinder gütlich geeinigt, so daß sich das Gericht mit seiner Entscheidung auf einen gemeinsamen Elternvorschlag berufen kann (z. B. Müller-Alten, 1989; Dickmeis, 1989).[55]
Das ist auf den ersten Blick eine in der Tat imponierende Bilanz, die man nicht unbedingt erwartet hätte. Das Verantwortungsbewußtsein der Eltern gegenüber den gemeinsamen Kindern scheint doch erheblich größer zu sein als Skeptiker vermuten, so daß das professionelle Scheidungstrio Gericht, Anwälte und Jugendamt wohl doch gute Gründe hat, alle gegen ihre Arbeit vorgetragenen Bedenken als maßlos überzogen weit von sich zu weisen.[56] Denn wenn lediglich zehn Prozent aller Eltern nicht begreifen, daß ihr eigener Streit die größte trennungsbedingte Kindeswohlschädigung ist, dann kann es mit den konfliktverschärfenden Beiträgen der Anwälte, mit der mangelhaften Qualifikation der Richterschaft in Psychologie, Gesprächsführung und Kinderkunde sowie mit der zum reinen Verwaltungsakt verkommenen Zuarbeit der Jugendämter wohl doch nicht so schecht bestellt sein, wie ich es dargestellt habe.
Dazu ist zunächst zweierlei klarzustellen. Zum einen: Eine gesicherte Aussage über den wirklichen Anteil der Eltern, die dem Gericht einen einvernehmlichen Vorschlag zur Sorgerechtsregelung vorlegen, gibt es überhaupt nicht, da hierüber keinerlei Statistik

geführt wird. Solche Quoten werden entweder blindlings von anderen Autoren abgeschrieben oder die ganz persönlichen Erfahrungen einzelner Richter oder Anwälte werden unzulässigerweise einfach hochgerechnet. Und zum anderen: Selbst wenn die hohe Konsensquote zutreffen sollte, bezieht sie sich ausschließlich auf das Verhalten in einem gerichtlichen Verfahren und ist deshalb nichts anderes als der Ausdruck einer allein auf diesen Kontext begrenzten Willensbekundung. Sie sagt nicht das Geringste über die dahinter stehenden Motive oder Einstellungen aus. Genau darauf kommt es jedoch aus Kindersicht ausschlaggebend an.

Denn im verfahrensrechtlichen Sinne »einig« wären sich beispielsweise auch Eltern, die dem Gericht gegenüber erklärten, ihre Tochter nach der Scheidung in ein Internat geben zu wollen, weil sie sich nicht darüber einigen konnten, bei wem das Kind zukünftig wohnen sollte. Natürlich würden sie das nicht laut sagen, sondern zur Begründung auf die dort angeblich bessere Förderung und Betreuung verweisen. Denn daß vor den strengen Augen des Gerichts allein das Kindeswohl zählt, wissen sie natürlich längst.

Dieses – wenngleich auch eher unrealistische – Beispiel macht sofort eines deutlich: Wahrscheinlich sehr viel öfter, als wir es wissen oder vermuten, hat die gerichtliche Elterneinigung mit allem Möglichen zu tun, am wenigsten jedoch mit einem Bewußtsein für die wahren psychischen Bedürfnisse der Kinder. Verbal begrüßen sie das Verhalten ihrer Eltern – in der Tat wünschen sie sich ja nichts sehnlicher als einige, nicht länger miteinander rivalisierende Eltern, doch mit ihrem Wunsch nach Einigkeit meinen sie kein äußerliches, auf den Gerichtssaal beschränktes elterliches Agreement, keine »Einvernehmlichkeit, die von gegenseitiger Toleranz bis zur Rache und Haß reichen kann« und die zwar *über* sie, aber nicht *mit* ihnen erfolgt (Müller & Lempp, 1989, S. 271). Aus ihrer Sicht kommt es ausschließlich auf die sich im Konsens ihrer Eltern ausdrückende Einstellung an. Die aber besteht nur dann, wenn Mutter wie Vater die Überzeugung verinnerlicht haben, daß sie es als Paar zwar nicht geschafft haben, den Familienverband zumindest ein Kinderleben lang zu erhalten, als Eltern sich jedoch weder scheiden lassen wollen noch – aus Respekt vor den kindlichen Erhaltungswünschen – dürfen.

Um dem professionellen Scheidungstrio kein zu vorschnelles Lob zu zollen, wäre deshalb auf jeden Fall erst der Nachweis zu erbringen, daß die verfahrensrechtliche Einigkeit der überwältigenden Mehrheit aller Scheidungseltern tatsächlich auch jener Überzeugung von der Notwendigkeit eines möglichst spannungsfreien und unbelasteten nachehelichen Beziehungsklimas entspricht, das alle Kinder für ihre Entwicklung brauchen.

Bis heute hat jedoch noch niemand diesen Nachweis erbracht und – denkt man nur an die Oberflächlichkeit, ja geradezu Flapsigkeit, mit der diese Einigungsquote als »Gütekriterium« mindestens in jeder zweiten Veröffentlichung lobend erwähnt wird – offensichtlich auch gar nicht erbringen wollen. Offenbar besteht an der Gleichsetzbarkeit beider »Einigkeiten« überhaupt kein Zweifel, was nur wieder einen erschreckenden Mangel an Nachdenklichkeit und psychologischer Sensibilität beweist.

Weil es entsprechende Vergleichsstudien nicht gibt, kann zwar auch ich nichts beweisen, doch es liegen heute bereits verschiedene Hinweise dafür vor, die an einer »Einigkeit«, wie sie von Kindern gemeint ist, ganz erhebliche Zweifel aufkommen lassen, bzw. diese Annahme – davon bin nicht nur ich fest überzeugt – als schlichtweg falsch entlarven.[57]

Ende gut – alles gut?

Es gibt im Prinzip vier Möglichkeiten, Konflikte zu beenden: 1. Man diskutiert so lange miteinander, bis beide von den besseren Argumenten überzeugt und sich damit »einig« sind. 2. Das Problem wird dadurch »gelöst«, daß der eine, meist stärkere Partner seine Meinung durchsetzt. Dies ist in Beziehungen, in denen die Macht ungleich verteilt ist, der häufigste Fall. 3. Ein Partner gibt nach, weil ihm die Sache letztlich doch nicht so wichtig erscheint (»Der Klügere gibt nach.«) 4. Oder ein Partner hält lediglich deshalb nicht länger an seiner Überzeugung fest, weil er erkannt hat, daß zur zwischenmenschlichen Konfliktregulation immer wieder auch einfach Toleranz gehört, die Bereitschaft, eigene Vorstellungen um der Harmonie willen zurückzustellen.

Betrachtet man lediglich das Ergebnis, so hat sich der anfängliche Konflikt bei allen vier Varianten in »Einigkeit« aufgelöst. Doch natürlich ist völlig klar, daß diese Einigkeit noch nichts darüber aussagt, wie hoch die psychischen Kosten waren, wieviel Emotionalität und Affektdynamik verdrängt oder unterdrückt werden mußte, um nach außen hin den Eindruck von Konsens zu vermitteln.

Nichts anderes gilt auch für die sorgerechtliche Scheidungspraxis. Bei aller Spärlichkeit einschlägiger Empirie, ein Befund von allerhöchster Tragweite ist eigentlich schon sehr lange bekannt, und ich habe bis heute nicht verstanden, weshalb er in die vielen Lobeshymnen auf den hohen Grad elterlicher Mündigkeit nicht wenigstens einen Hauch von Zögerlichkeit reinzutragen vermochte. Seit fast zehn Jahren liegt eine sozialwissenschaftliche Analyse der familiengerichtlichen Verfahrenspraxis vor, der sich, neben einer ganzen Reihe weiterer interessanter Ergebnisse, entnehmen läßt, daß lediglich 18 Prozent (!) aller Scheidungseltern dem Gericht von Anfang an einen gemeinsam getragenen Vorschlag zur Sorgerechtsregelung unterbreiten (Caesar-Wolf, Eidmann & Willensbacher, 1983), während die überwiegende Mehrzahl darauf setzt, daß die endgültigen Regelungen »weitgehend der Klärung in der mündlichen Verhandlung überlassen bleiben« (S. 233). Eine solche Delegation der Problemlösung an das Gericht ist jedoch nur dann zu verstehen, wenn die Eltern vorher nicht in der Lage waren, sich auf einen Regelungsmodus zu einigen, weil sie in diesem Punkt bis zuletzt unterschiedlicher Ansicht waren. Das sahen auch die Autoren so und führten es darauf zurück, daß offensichtlich »die Erzielung von Konsens über diese sozial bedeutsamen Folgen (so) prekär« sei, daß er ohne gerichtliche Klärung nicht zu erreichen ist.

Also eine Einigung nach dem oben beschriebenen Fallmuster 1 als Ergebnis einer überzeugenden Argumentation? Auf den ersten Blick vielleicht schon, denn wenn das Ergebnis der richterlichen »Klärung« anschließend in elterlicher Übereinstimmung besteht, dann muß es dem Gericht offensichtlich gelungen sein, einen der Kontrahenten zum Einlenken zu bewegen. Und das wiederum müssen überwiegend Männer gewesen sein, weil in ca. 90 Prozent aller Fälle den Müttern das nacheheliche Alleinsorgerecht zugesprochen wird (diese Quote sinkt geringfügig auf 85 Prozent bei älteren Kindern). Sollte der Mehrheit aller Väter also erst durch die (Auf-)Klärung des Gerichtes bewußt geworden sein, »daß in den meisten Fällen die Kinder als ›Binnenangelegenheit‹ der Familie in den

Entscheidungsbereich der Mutter gehören und daß nicht nur Mütter überwiegend sorgeberechtigt werden, sondern auch einen wesentlichen Anteil an der Entscheidung selbst (!) haben« – so Müller & Lempp (1989, S. 270)?

Es könnte so sein, daß das mütterliche Sorgerechtsprimat den meisten Vätern erst dann überhaupt bewußt wird, wenn sie als Scheidungsbetroffene vor Gericht stehen. Doch sehr wahrscheinlich ist diese relativ späte Erkenntnis nicht. Denn das Gericht ist ja nie der erste Übersetzer dieser sorgerechtlichen Rechtswirklichkeit; vielmehr hat schon lange vorher im vertrauten Gespräch mit einem anderen Rechtkundigen, dem eigenen Anwalt, eine umfassende und gründliche »Aufklärung« stattgefunden, so daß die Väter mit der richterlichen Einweihung in den dominierenden Standard deutscher Familiengerichtsbarkeit kaum Neues erfahren haben dürften. Doch wenn sie dies alles schon vorher wußten, warum ließen sie dann nicht bereits durch ihren Anwalt mitteilen, daß sie mit einer Sorgerechtsübertragung auf die Mutter einverstanden seien? Glaubten sie ihm vielleicht doch nicht so recht, und bedurfte es insofern erst der mit der Autorität des Richters ausgestatteten Bestätigung? Oder sind die allermeisten Väter einfach Querulanten, die bis zum letzten Augenblick nicht wahrhaben wollen, was Sache ist?

Gewiß – auch solche Väter gibt es. Doch das sind eher nur sehr wenige. Der eigentliche Grund dafür, den vermeintlichen Trumpf »Einverständnis« bis zuletzt zurückzuhalten, liegt nach meiner Erfahrung ganz woanders. Denn vielen Vätern geht es in Wirklichkeit gar nicht darum, ihre Kinder nach der Scheidung alleine erziehen zu wollen. Dazu wären sie – vor dem Hintergrund der in Ehezeiten praktizierten Arbeitsteilung – ohne Unterstützung durch Dritte schon rein zeitlich gar nicht in der Lage.

Den meisten geht es im Zusammenhang mit ihren Kindern nicht so sehr um deren Er-ziehung, im Sinne von Betreuung, sondern vor allem um die Garantie einer trotz Trennung weiterbestehenden und möglichst unbelasteten Be-ziehung. Die hat allerdings immer auch mit Erziehen zu tun, weil man in jeder Elternteil-Kind-Beziehung gar nicht nicht erziehen kann. Nur folgerichtig fordert der Rechtswissenschaftler Manfred Hinz in dem sehenswerten bayerischen Fernsehfilm »Der Kampf ums Kind« deshalb auch:

»Wir müssen heute einfach sozialwissenschaftlichen Erkenntnissen Rechnung tragen, müssen zugeben, daß auch dieser Elternteil – wie jeder andere, mit dem das Kind Kontakt hat, mögen das die Großeltern oder Onkel und Tanten sein – ein Stück Erziehung leistet. Und daß unsere juristische Vorstellung, daß der das Kind nicht erziehe, auf die Dauer nicht aufrechtzuerhalten ist.«

Den meisten Vätern geht es um eine fortbestehende Beziehung zu ihrem Kind, um Kontakt, Nähe – mit einem Wort: um Intimität. Ihre Rechtsbeistände haben ihnen meist jedoch schon im Erstgespräch beigebracht: Für das alleinige Sorgerecht besteht kaum eine realistische Chance; für das gemeinsame auch nicht, weil dies nur bei übereinstimmendem Elternwunsch in Frage kommt, also kann es nur darum gehen, ein möglichst »großzügiges« Umgangsrecht zu erreichen. Und das schafft man am ehesten, wenn die Mutter ihr Sorgerecht nicht per Entscheidung des Gerichts zugesprochen bekommt, sondern mit ausdrücklicher Zustimmung durch den Vater, weil auf diese Weise weiterer Zündstoff, der die spätere Umgangsgestaltung nur unnötig belasten würde, von vornherein vermieden wird.

Und so besteht dann zumindest für eine kurze Zeit die Illusion, mit dem väterlichen Einverständnis in Sachen Sorgerecht handle es sich lediglich um einen wechselseitigen Austausch von »Großzügigkeiten« – Sorgerecht gegen Umgangsrecht –, um einen fairen Deal, von dem vor allem die Kinder nur profitieren würden. Schon sehr bald zeigt sich allerdings der große Irrtum dieses vermeintlichen Tauschgeschäftes. Denn ein Geschenk, das dem Empfänger ohnehin zusteht, ist eben keines.

Dieses Mißverständnis macht selbst vor Kennern, die es eigentlich besser wissen müßten, nicht halt. So hatte die ehrliche Beteuerung eines selbst im Familienrecht tätigen Frankfurter Rechtsanwaltes, »ihm sei es vor allem wichtig, eine verläßliche Regelung zu bekommen, das Sorgerecht wäre nicht das Primäre, das ihn so sehr interessiere, sondern daß er weiterhin einen geregelten und sicheren Kontakt mit den Kindern haben kann«, nicht nur umgehend zur Folge, daß das Sorgerecht auf die Mutter übertragen wurde. Kein Jahr später sah er sich erneut vor Gericht – zur Regelung des Umgangsrechtes.

Man darf annehmen, daß die spätestens im Scheidungstermin erzielte »Einvernehmlichkeit« in Wahrheit eine rein prozeßtaktische Maßnahme ist, um den designierten Sorgerechtsinhaber wohlwollend zu stimmen oder wenigstens nicht noch mehr zu verstimmen, als er es ohnehin bereits ist.

Aber selbst dann, wenn beide Eltern noch beim Scheidungstermin auf ihrem Alleinsorgeanspruch bestehen: Da braucht ein Richter nur offen oder indirekt erkennen zu lassen, wie er zu entscheiden gedenkt, »wenn er dazu gezwungen würde«; und dies vielleicht auch noch unter Verweis auf die »überzeugende Empfehlung des Jugendamtes«, die insofern keine Notwendigkeit für die zusätzliche Einschaltung eines Gutachters erkennen lasse. Auch dann dürfte umgehend jedem klar sein, was er zu erwarten hat, wenn er seinen Sorgerechtsantrag aufrechterhält.

Und wer nicht von der Notwendigkeit absolut überzeugt ist, seinen Anspruch im Interesse des Kindes in jedem Fall – unter Umständen auf dem Beschwerdeweg – aufrechterhalten zu müssen, dem wird spätestens dieser Hinweis genügen, um – nunmehr »weichgeklopft« – mit seinem »Einverstanden« der richterlichen Absicht zuvorzukommen. Wiederum in der Hoffnung, daß seine Konzessionsbereitschaft durch das berüchtigte »großzügige Umgangsrecht« honoriert wird.

Damit erweist sich die hohe Quote gerichtlicher Elterneinigkeit bei näherer Betrachtung dann allerdings doch weniger als Resultat einer von Sachargumenten bestimmten, zwar kontroversen, aber dennoch »fairen« Auseinandersetzung zwischen zwei Menschen mit zunächst konträren Standpunkten. Sehr viel häufiger beruht der am Ende erzielte »Konsens« auf der im Modell 2 beschriebenen Konfliktbeilegung: Einsicht in die Macht des anderen.

So gesehen, ist es mit der optimistischen Vorstellung mündiger Eltern, die nach mindestens einjährigem Getrenntleben zum Scheidungszeitpunkt wieder »mit den Interessen des Kindes sachgerechter umgehen« (Dickmeis, 1989, S. 58), weil sie noch während der Trennungszeit »sozusagen von selbst gelernt hätten, ihre emotionale Konfrontation auf der Paarebene abzubauen und die im Zusammenhang von Sorge- und Umgangsrecht stehenden Fragen selbst zu lösen«, in Wirklichkeit nicht allzuweit her (Jopt, 1990a, S. 285).

Selbstverständlich gibt es solche Eltern. Doch niemand weiß auch nur annähernd, wie groß ihr Anteil ist. Daß es sich hierbei allenfalls um eine kleine, in der 90-Prozent-Quote enthaltene Minderheit handeln kann, dafür spricht in jedem Fall der nächste Aspekt.

Folgt man dem letzten Stand der Forschung, so sind es nicht einmal zwei Prozent aller Eltern, die sich freiwillig für einen Fortbestand auch der rechtlichen nachehelichen Elternschaft, also für das gemeinsame Sorgerecht, entscheiden (Limbach, 1989). Das dürften inzwischen zwar – aufgrund eines allmählichen Bewußtseinswandels – einige mehr sein. Doch ganz ohne Zweifel führt das gemeinsame Sorgerecht auch heute immer noch eher ein Schattendasein innerhalb der familienrechtlichen Landschaft.

Sicher ist allerdings eines: Eltern, die sich für diese Regelung entschieden haben, die waren sich, zumindest zum Scheidungszeitpunkt, in Sachen Sorgerecht wirklich »einig«. Zieht man diese Zahl von den 90 Prozent einvernehmlichen Eltern ab, so bleiben somit stattliche 85 bis 88 Prozent übrig, die sich allesamt darin einig sein sollen, daß einer von ihnen – meist ist dies der Vater – mit der Scheidung freiwillig auf die rechtliche Mitverantwortung gegenüber den gemeinsamen Kindern verzichtet.

Im Hinblick auf die gravierenden und die Identität von zunehmend mehr »Verzichtlern« existentiell berührenden Konsequenzen dieses Schrittes ist ein dermaßen hoher Anteil an Einvernehmlichkeit zwischen Müttern und Vätern nach meiner festen Überzeugung jedoch schlichtweg unglaubwürdig und – vor dem Hintergrund meiner persönlichen Erfahrungen – auch völlig unzutreffend.

Lieblose Väter?

Den größten Zweifel an der heilen Welt im Familienrecht und damit an der auf den ersten Blick scheinbar so erfolgreichen Arbeit des professionellen Scheidungstrios weckt jedoch ein Befund, mit dem 1988 (vgl. auch 1992) erstmals die Soziologin Anneke Napp-Peters die Fachwelt aufschreckte. Denn sie fand bei ihrer Stichprobe von Scheidungsfamilien, »daß nur ein Jahr nach Scheidung bereits 54 Prozent (!) aller Nichtsorgeberechtigten, das waren fast ausschließlich Väter, jeglichen Kontakt zu ihren Kindern vollständig abgebrochen hatten«. Zu einem nicht minder bedrückenden Ergeb-

nis kamen auch Balloff & Walter (1990) bei einer Berliner Stichprobe. Dort betrug der Anteil 42,5 Prozent. Den angeblich hohen
Grad elterlicher Einvernehmlichkeit einmal unterstellt, würde das
bedeuten, daß sie bei etwa der Hälfte aller Eltern in erster Linie
deshalb zustande kam, weil der Nichtsorgeberechtigte, fast ausschließlich der Vater, zum Scheidungszeitpunkt ohnehin bereits
beschlossen hatte, sich anschließend ganz von seinen Kindern zu-
rückzuziehen, so daß ihm die Entscheidung des Gerichtes im
Grunde egal war. Diese Fälle gibt es sicherlich auch. Doch daß sie in
diesem Ausmaß auftreten sollten, ist in Anbetracht der Bedeutungsschwere von Beziehungen zu den eigenen Kindern absolut unglaubwürdig und mit Sicherheit auszuschließen. Da muß es noch ganz
andere Gründe für den Kontaktabbruch geben. Womit längst ein
weiterer Hinweis vorliegt, um die vielgepriesene Einvernehmlichkeit ernsthaft anzuzweifeln.

Mir ist absolut unbegreiflich, daß diese erschütternden Zahlen
nicht sämtliche mit der Scheidungsproblematik befaßten Professionen – von den Profis »vor Ort« bis hin zu den Politikern – längst in
tiefste Zweifel über die Angemessenheit der bestehenden Verfahrenspraxis gestürzt haben. Denn noch klarer läßt sich ja wohl
wirklich nicht mehr zeigen, daß wir offensichtlich irgend etwas
grundlegend falsch machen müssen, wenn das das Ergebnis sämtlicher Bemühungen eines hochkarätigen Helferapparates ist.

Es läßt sich kaum überzeugender dokumentieren, daß das gesamte
Helfersystem nicht nur auf breiter Front eindeutig versagt, sondern
– viel schlimmer noch – kindesschädliche Folgen erst schafft, die es
ohne Einschaltung des Staates in diesem Ausmaß gar nicht gegeben
hätte.

Man mag dieses Ergebnis zunächst als Ausdruck der Hilflosigkeit,
der Grenzen des staatlichen Wächters vor dem »Faktor Mensch«
bezeichnen, weil es nun mal keine rechtlichen Mittel gibt, um
Erwachsene dazu zu zwingen, sich auf das zu besinnen, was sie
ihren Kindern als Eltern schuldig sind. Doch mit dieser Delegation
des »Schwarzen Peters« an die Eltern – an Väter, die nach ihrer
Scheidung angeblich von sich aus nichts mehr mit ihren Kindern zu
tun haben wollen – macht man es sich entschieden zu einfach.

Denn wir wissen bis heute nichts über die hinter dem Rückzug
stehenden Motive. Aber selbst wenn sich herausstellen sollte – was

ich allerdings nicht glaube –, daß es sich in diesen Fällen vornehmlich um egoistische Väter handelt, die ihre Kinder dazu zwingen,
ihre ganze Liebe sowie ihre Persönlichkeitsentwicklung nur an
einem einzigen Elternteil festzumachen, dann brauchte man sich
nur die klaren Aussagen des Bundesverfassungsgerichts über die
psychologische Bedeutung von »Eltern« für Kinder ins Bewußtsein
zu rufen, um zu wissen, daß es nicht annähernd ausreicht, diese
Väter in feministischer Manier zu verteufeln oder ihre Kinder zu
bedauern. Statt dessen käme es zuallererst darauf an, ihnen zu
einem anderen Bewußtsein von der Rolle, den Aufgaben und der
Wichtigkeit eines »Vaters« zu verhelfen. Wobei sich dann allerdings sehr schnell herausstellen würde, daß die allermeisten sich gar
nicht so sehr anders verhalten, als sie selbst es einmal – als Kinder –
erlebt haben. Wo sonst sollten Menschen, die im Laufe ihres späteren Lebens nicht zur Reflexion und Neubestimmung angeregt wurden, ihr elterliches Rollenverständnis auch erworben haben (insofern gelten diese Überlegungen gleichermaßen auch für Mütter).
Im Interesse der Kinder käme es somit viel stärker darauf an, diese
Väter »zu erreichen«, dies mindestens zu versuchen, anstatt sie zu
verdammen. Dafür aber wüßte ich keinen erfolgversprechenderen
ersten Schritt, als sie zunächst ohne zwingenden Grund nicht leichtfertig aus ihrer elterlichen Rechtsposition zu entlassen; ihnen durch
die ausdrückliche Belassung des Mitsorgerechtes vor Augen zu
führen, daß sie mit ihrer einmal eingegangenen Elternschaft in einer
dauerhaften Pflicht gegenüber ihren Kindern stehen, in einer – wie
das Verfassungsgericht es genannt hat – Elternverantwortung, der
sie sich nicht entziehen können, ohne ihren Kindern dadurch
schweren seelischen Schaden zuzufügen.
Aber wie gesagt: Wir wissen zwar, daß es diese Väter gibt, doch wie
viele es sind, das läßt sich nicht einmal schätzen. Denn von den
Kindern zurückziehen dürfte sich eine Vielzahl von Vätern auch aus
ganz anderen Gründen. Aus Gründen, die mehr mit dem eigenen
Selbstwertgefühl und mit Selbstachtung zu tun haben als mit Desinteresse oder fehlender Liebe zum Kind. Oder auch mit der irrigen
Überzeugung, mit dem Abbruch jeglicher Kontakte dem Kind zwar
nicht zu nützen, wohl jedoch andernfalls noch größere Schäden von
ihm fernzuhalten.
Womit ich wieder beim Sorgerecht bin. Denn weil die sorgeberech-

tigte Mutter mit ihrer Rechtsmacht sowohl die Vater-Kind-Beziehung als auch das Verhalten des Vaters selbst nachhaltig steuern und beeinflussen kann, passiert es gewiß nicht gerade selten, daß ein Vater schon bald nach der Scheidung die 14tägigen Canossa-Gänge psychisch einfach nicht mehr verkraftet.

Weil er nicht mehr weiß, wie er die Angst vor den häufig nur noch pervers zu nennenden Übergaben des Kindes vor der Haustüre und in einem stummen, dennoch spürbar von Ablehnung und Haß bestimmten Klima auf Dauer aushalten soll; weil er sich den permanenten Demütigungen, auf der Straße warten zu müssen, wenn er schon 10 Minuten vor dem Abholtermin klingelt und sich andererseits Interesselosigkeit vorwerfen zu lassen, sofern er nur 10 Minuten zu spät erscheint, nicht gewachsen fühlt; weil er es als würdelos empfindet, sich von einer Kindergärtnerin oder einer Grundschullehrerin darüber belehren lassen zu müssen, daß er nicht das Recht hat, sich als Nichtsorgeberechtigter nach dem Befinden seines Kindes zu erkundigen; oder weil es ihm schlicht das Herz zerreißt, an Heiligabend oder am Geburtstag seines Kindes nicht mal mit ihm telefonieren zu dürfen, weil die Mutter seinen Versuch mit dem Hinweis, heute sei kein Besuchstermin, barsch vereitelt.

Und weil dabei mit Kindern vielfach rücksichtsloser umgegangen wird als mit einem Möbelstück, bei dem man meist sehr sorgfältig darauf achtet, daß unnötige Kratzer vermieden werden; weil Kindern gerade im Kontext der »Übergabesituationen« immer wieder nicht nur »seelische Kratzer«, sondern Wunden geschlagen werden, kann ich durchaus verstehen, wenn Väter ihnen diese Mißhandlungen nicht länger zumuten wollen und deshalb lieber auf jeden weiteren Kontakt verzichten.

Trotzdem kann ich vor diesem »Liebesbeweis« nur nachdrücklich warnen. Denn den vordergründigen »Gewinn« bezahlen die meisten Kinder wie ihre nichtsorgeberechtigten Elternteile irgendwann mit einem noch viel höheren Preis – einer kaum wieder völlig abzubauenden Entfremdung, die es ihnen fast unmöglich macht, später wieder an jene Intimität ihrer Beziehung anzuknüpfen, wie sie vor dem Rückzug bestand. Doch das nur als Anmerkung.

Jedenfalls gibt es genügend Hinweise dafür, daß die Erfolglosigkeit des gerichtlichen Expertentrios keineswegs nur mit dem »Faktor Mensch« zu tun hat, sondern durchaus auch als faule Frucht einer

Saat gesehen werden muß, die von ihm selbst gepflanzt wurde. Und ich kann nur hoffen, daß die beredten Stimmen, die mit dem stereotypen Verweis auf mündige Eltern und unmündige Nichtsorgeberechtigte Beruhigung zu verbreiten suchen, alsbald verstummen und damit Platz machen für ein Problembewußtsein, ohne das Trennungskinder niemals eine Chance haben werden, die von ihnen ersehnte nacheheliche Familie zu erleben. Daran ändert sich auch dann nichts, wenn sich das Trio zum Quartett erweitert und sich der Unterstützung eines ausdrücklichen »Experten« in Sachen Kindeswohl, des Psychologischen Sachverständigen, bedient. Denn was dabei herauskommt, davon handelt das nächste Kapitel.

DER PSYCHOLOGISCHE SACHVERSTÄNDIGE

Sachverständiger und Justiz

Der Gedanke erscheint naheliegend: Wann immer aufgrund fehlender Fachkenntnisse ein Gericht selbst nicht in der Lage ist, einen Sachverhalt umfassend und angemessen aufzuklären bzw. zu beurteilen, kann es einen Experten zu Rate ziehen, um mit dessen Hilfe die von ihm erwartete gerechte Entscheidung treffen zu können. Und weil allen Bürgern an einer größtmöglichen Annäherung an die »Wahrheit« nur gelegen sein kann, steht es sogar noch nicht einmal im persönlichen Ermessen, ob man sein Fachwissen zur Verfügung stellen will oder nicht. Vielmehr: Wer immer über einen besonderen Sachverstand verfügt, der darf sich der gerichtlichen Nachfrage allenfalls aus solchen Gründen widersetzen, mit denen auch jedem Zeugen zugestanden wird, seine Anhörung im Dienste der Aufklärung eines Sachverhaltes zu verweigern (§ 384 ZPO). Ansonsten ist er zur Ermittlungshilfe ausdrücklich verpflichtet.[58]
Nun weiß man insbesondere aus spektakulären Strafprozessen, daß auch Experten durchaus nicht immer einer Meinung sind, so daß es die Gerichte immer wieder mit der höchst diffizilen Aufgabe zu tun haben, zwischen deren unterschiedlichen Beurteilungen und Einschätzungen abwägen zu müssen, obwohl sie selbst der Riege dieser Fachkundigen gar nicht angehören.

Denn daran läßt das Gesetz keinen Zweifel: Letztlich verantwortlich für jede juristische Entscheidung ist allein und ausschließlich das Gericht, das sich bei einander widersprechenden Gutachten eben so lange schlau machen muß – ggf. durch Hinzuziehung weiterer Gutachter –, bis es sich schließlich in der Lage sieht, auf der Grundlage eines eigenen Standpunktes eine nach seiner Überzeugung »gerechte« Entscheidung zu treffen.[59]

Womit wir auf dem Feld der Gutachterei die auf den ersten Blick zumindest irritierende Situation antreffen, daß derselbe fachliche Laie, nämlich der Richter, der sich aus eben diesem Grund fremden Expertenwissens bedient, zugleich der einzige legitime Kontrolleur dieses Wissens ist. Das ist allerdings immer dann eher unproblematisch, wenn – wie etwa in Straf- oder Zivilprozessen – einfach weitere Sachverständige hinzugezogen werden, sobald Zweifel an einem Gutachten auftauchen. Denn durch die Auseinandersetzung unter den Experten selbst wird es für ein Gericht zumindest erheblich leichter, auch als Nichtfachmann zwischen unterschiedlichen Positionen sachgemäß gewichten und abwägen zu können.

Aus rein rechtlicher Sicht ist es vollkommen unerheblich, ob der Sachverständige ein Experte für Medizin, für Immobilien, für Verkehrsunfälle, für Schuldfähigkeit oder für die kindeswohlgemäße Sorgerechtsregelung ist. Stets hat er ausschließlich den zeugenähnlichen Status eines gerichtlichen Ermittlungsgehilfen, der zwar regelmäßig – nähme man das Gesetz ernst – eidesstattlich versichern müßte, sein Gutachten »nach bestem Wissen und Gewissen« erstattet zu haben (§ 410 ZPO). Doch wie tauglich und fachlich solide dieses »Wissen« tatsächlich ist – von der Unmöglichkeit, auch das »Gewissen« zu überprüfen, mal ganz abgesehen –, das zu beurteilen ist allein Sache, allerdings auch Pflicht, des Gerichts.[60]

Dies gilt auch für das Familienrecht. Doch da dort die Einschaltung lediglich eines einzigen Sachverständigen bzw. Gutachters – beide Namen sind austauschbar – der nur höchst selten durchbrochene Regelfall ist, besteht speziell für den Psychologischen Gutachter die außergewöhnliche Besonderheit, daß er nahezu ausschließlich von einem auf sich selbst gestellten, fachlich zwangsläufig eher unkundigen Laienpsychologen, dem Richter, kontrolliert wird. Doch damit nicht genug. Aus einer ganzen Reihe noch zu nennender Gründe hat dieser Laie zugleich auch noch ein ausgesprochenes Interesse daran, sich bei seiner Entscheidung »zum Wohle des Kindes« möglichst uneingeschränkt auf das Votum eben dieses Fachmannes stützen bzw. berufen zu können.

Zwar hat der Bundesgerichtshof schon vor über einem Jahrzehnt auf die unverzichtbare »richterliche Würdigung« eines jeden Gutachtens ausdrücklich hingewiesen:

»Das Gutachten eines (fachlich erfahrenen) vom Gericht ernannten Sachverständigen hat keinen »Anschein der Richtigkeit« für sich, der von einer Prozeßpartei entkräftet werden müßte«.[61]

Und in einer Entscheidung aus dem Jahr 1986 hat das Bayerische Oberste Landesgericht diese Kontrolle als sogenannte »Minimalprüfung« auch näher präzisiert:

»Denn nur dann, wenn der Sachverständige die seiner Beurteilung zugrunde liegenden Tatsachen angibt, kann der Richter prüfen, ob ihn das Gutachten überzeugt. Er darf das Ergebnis des Gutachtens nicht kritiklos hinnehmen, sondern muß unter Nachvollziehung der Gedankengänge des Sachverständigen dessen tatsächlichen Feststellungen, die Anwendung der wissenschaftlichen Erkenntnisse und die gezogenen Schlüsse auf ihre Tragfähigkeit prüfen und sich eine eigene Überzeugung bilden.«[62]

Doch bei einer so offensichtlichen Personalunion zwischen Kontrolleur und Hilfesuchendem, wie sie im Familienrecht besteht, läßt sich leicht erahnen: Allzu groß wird die Bereitschaft, dem sachverständigen Fachmann kritisch auf die Finger zu schauen, vermutlich nicht sein. Denn wer brächte sich schon absichtlich – etwa durch Zurückweisung eines Gutachtens wegen schwerer fachlicher oder methodischer Mängel – in genau die Situation der Entscheidungsnot wieder zurück, die er durch Einholung der Expertenmeinung ja gerade ausdrücklich beenden wollte? Von der fehlenden Fachkompetenz der allermeisten Gerichte zur kritischen Würdigung eines »psychologischen« Einzelgutachtens – ohne irgendwelche Vergleichsmöglichkeiten für den konkreten Fall, ohne jede fachspezifischen Hilfen zur eigenen Urteilsbildung – mal ganz abgesehen. Doch darauf komme ich noch zurück.

Jedenfalls ist also auch der Psychologische Sachverständige im Prinzip nichts anderes als »ein durch Gerichtsbeschluß zu bestimmendes, personelles Beweismittel« (Böhm, 1985). So jedenfalls die Theorie. Andererseits zeigt sich in der Rechtspraxis: Wo immer Gutachter eingeschaltet werden, um die zum angeblichen Wohl des Kindes angemessenste Regelung des Sorge- oder Umgangsrechts herauszufinden, »übernehmen« die Gerichte in den weitaus meisten Fällen deren Empfehlung. Der Anteil völlig vom Sachverständigenvorschlag abweichender Gerichtsentscheidungen beträgt – laut einer vom Bundesjustizministerium in Auftrag gegebenen Studie – nicht einmal zehn Prozent (Werst & Hemminger, o. J.).

Natürlich würde jedes Gericht den zumindest naheliegenden Verdacht, bei einem so hohen Grad an Übereinstimmung habe es seine Entscheidung eigentlich an den Sachverständigen delegiert, empört von sich weisen. Allerdings sind zumindest die durch das Gutachten zum »Verlierer« erklärten Elternteile regelmäßig fest davon überzeugt, daß sich das Gericht »den überzeugenden Ausführungen des Sachverständigen« – so oder ähnlich heißt es später in der Beschlußbegründung – keineswegs erst nach sorgfältiger Würdigung angeschlossen, sondern die Expertenmeinung relativ blindlings übernommen hat. Doch wie wollte man das beweisen? Wie ließe sich überzeugend belegen, daß vor dem Familiengericht – trotz aller Dementis – in den meisten Fällen der Gutachter eigentlich die Zügel in der Hand hat und »nach bestem Wissen und Gewissen« über das zukünftige Lebens- und Beziehungsschicksal trennungsbetroffener Kinder entscheidet, weil selbst eine »Minimalkontrolle« seiner Arbeit faktisch unterbleibt?

Indirekt ließe sich dieser rechtswidrige Rollentausch zwar durchaus nachweisen. Ist es doch schlichtweg unvorstellbar, daß der gesunde Menschenverstand den regelrechten Unsinn in so manchen Gutachten, für den ich später noch etliche Beispiele liefern werde, tatsächlich nicht erkennen sollte. Auch wenn sich das juristische Denken hiervon noch so weit entfernt haben mag, viele gutachterliche Mängel sind einfach zu hanebüchen, um nicht selbst bei extremer Betriebsblindheit noch ins Auge zu stechen. Deshalb: Daß die meisten Gerichte nahezu jedes Gutachten akzeptieren, hat System.

Solange solche »Expertisen« weiterhin ebenso bedenkenlos wie schematisch – sofern sie nur mit dem Ehrfurcht verbreitenden Hinweis »aus psychologischer Sicht« versehen sind, und der fehlt nie – mit dem gerichtlichen Gütesiegel psychologischer Wertarbeit dekoriert werden, wird man mit dieser unheilvollen Allianz Gericht und Gutachter wohl leben müssen.

Die im gesamten Recht einzigartige Stellung des familiengerichtlichen Gutachters, gepaart mit einer faktischen Unangreifbarkeit, ist natürlich äußerst angenehm. Denn wer wünschte sich wohl keine Arbeit, deren Bezahlung, völlig unabhängig von ihrer Qualität, immer garantiert ist?[63] Diese papstähnliche Position mag dann wohl auch der eigentliche Grund dafür sein, daß selbst aus den eigenen Reihen – allen auf ihr Entscheidungsmonopol pochenden Gerichten zum Trotz, treffender: zum Hohn – diese Rechtswirklichkeit, wie ich sie hier behaupte, ganz freimütig bestätigt wird. So beispielsweise, wenn die ehemaligen Funktionärin des standespolitischen Berufsverbandes Deutscher Psychologen (BDP) und Gutachterin Claudia Rönn (1987, S. 57; Hervorh. von mir) – also keineswegs irgendeines jener »schwarzen Schafe«, wie sie in jeder Berufsgruppe anzutreffen sind – in einer als Scheidungsratgeber gedachten Monographie ihre Leser beruhigt:

»Wegen der Bedeutung der Sachverständigen in familienrechtlichen Angelegenheiten hat der BDP intern nicht nur einen Katalog von Kriterien erarbeitet, die an ein Gutachten gestellt werden. Er richtete auch einen eigenen Gutachtenausschuß ein, der sich ständig mit der *Rechtsprechung der Sachverständigen* beschäftigt, der aber darauf achtet, daß sich die in der forensischen (gerichtlichen) Psychologie arbeitenden Gutachter ihres hohen Maßes an Verantwortung bewußt sind.«

Oder wenn ein anderer Sachverständiger, ehemaliger Mitarbeiter am Tübinger (Gutachten)Institut für Kinder- und Jugendpsychiatrie des inzwischen emeritierten Medizinprofessors Reinhart Lempp den Gerichten ganz unverhohlen die Konsequenzen aufzeigt – man könnte auch sagen: androht –, die die Nichtbefolgung gutachterlicher Sorgerechtsratschläge nach sich zöge (Kaltenborn, 1989, S. 105):

»Gerichtsverfahren, die einen stark betonten Gutachtenvorschlag nicht realisieren, resultieren in einem längerdauernden Rechtskonflikt; Verfahren mit konkordanten gerichtlichen Entscheidungen (Aufenthalt des Kindes ist identisch mit dem Gutachtenvorschlag oder widerspricht nur einer minimal betonten Empfehlung des Gutachters) münden früher in einen Rechtsfrieden.«

Was im Klartext nichts anderes bedeutet, als daß sich jedes Gericht, das seinen Gutachter nicht ernst nimmt, über den Aktenberg auf seinem Schreibtisch nicht beklagen darf. Welcher Richter würde da nicht hellhörig werden? Und auch dieses nur notdürftig getarnte »Bekenntnis« zum richterlichen Entscheidungsprimat dürfte sensiblen Richtern vermutlich eher ihren wahren Standort verdeutlichen, als daß es sie in ihrer Kontrollkompetenz bestätigte (Balloff, 1989, S. 74; Hervorh. von mir):

»Man sollte nicht in Bausch und Bogen eine richterliche Inkompetenz zu psychologischen Fragestellungen konstatieren. Auch der Familienrichter qualifiziert sich im Laufe seines Berufsalltags bei Fortbildungen, im Kollegengespräch und durch die Vielzahl seiner zu bearbeitenden Fälle. *Sein herausragendes Korrektiv besteht jedoch im gesunden Menschenverstand.*«

Vor dem braucht sich allerdings, wie schon gesagt, kaum ein Gutachter ernsthaft zu fürchten. Und Kollegengespräche auf dem Flur? Der hohe Arbeitsanfall? Da muß die richterliche Bereitschaft, sich schmeicheln zu lassen, wohl schon beträchtlich sein, um die Lächerlichkeit solcher »Qualifizierungsmerkmale« nicht zu durchschauen. Diejenigen Richter, die tatsächlich an einer Optimierung der psychologischen Qualität ihrer Entscheidungen interessiert sind – und diese kindzentrierte Motivation haben doch zunehmend mehr –, müßten sich zumindest die Frage gefallen lassen, woher sie eigentlich die Gewißheit nehmen, daß der hinzugezogene Experte tatsächlich über einschlägigen Sachverstand verfügt.

So käme doch beispielsweise kein Gericht auf den Gedanken, sich in einem Versicherungsstreit über die beruflichen Langzeitfolgen eines komplizierten Beinbruchs der gutachterlichen Assistenz eines Facharztes für Augenheilkunde zu bedienen. Obwohl der schließlich auch Arzt ist und damit über medizinisches Fachwissen verfügt.

Genauso ist die Kompetenz eines Psychologischen Gutachters allein von der Problematik des von ihm zu beurteilenden Sachverhalts abhängig. Das heißt erst dann, wenn vorab klar ist, was überhaupt sachverständig beurteilt werden soll, kann auch mit der Suche nach einer geeigneten Fachkraft begonnen werden. Und was ist das Problem? Fast immer geht es allein darum, durch die Auswahl eines angeblich geeigneteren Elternteils die trennungsbedingte Kindeswohlgefährdung abzuwenden.

Nicht jeder Psychologe – obwohl sie formal betrachtet völlig gleich qualifiziert sind – ist für die fragliche Aufgabe automatisch kompetent. Über die Einheitlichkeit eines einschlägigen Studiums hinaus unterscheiden sie sich praktisch ganz erheblich im Grad ihrer problemspezifischen Qualifikation und damit in der Beherrschung des fachmethodischen Instrumentariums. Doch es gibt nun mal weder eine spezielle Qualifikation während des Studiums noch einen verbindlichen Katalog von Eignungsanforderungen für das Tätigkeitsbild des Gutachters am Familiengericht. Womit es weitgehend vom Zufall abhängt, ob ein frischgebackener Hochschulabsolvent – der im Regelfall von diesem Tätigkeitsfeld erstmals überhaupt erfährt, wenn er sich nach dem Diplom auf Stellensuche begibt – bereits über einschlägiges Fachwissen und über Fertigkeiten im Umgang mit Trennungsfamilien verfügt oder nicht. Gezielt ausgebildet und vorbereitet für diese – für den ganzen Bereich der Angewandten Psychologie vielleicht schwierigste – Arbeit ist er jedenfalls so gut wie nie.

Insofern unterliegen die Gerichte mit ihrer pauschalen Kompetenzzuschreibung einem riesengroßen und deshalb im Einzelfall immer wieder auch höchst folgenschweren Irrtum. Denn günstigenfalls hat ein Psychologe die einzigartige Beziehungs- und Konfliktdynamik einer Trennungsfamilie sowie die damit verbundenen Probleme für Kinder – in psychologischen Lehrbüchern kommt der Begriff »Kindeswohl« überhaupt nicht vor – lediglich schmerzhaft am eigenen Leib erfahren.

Zu den äußerst mangelhaften fachlichen Voraussetzungen kommt, verborgen unter dem Mantel wissenschaftlicher Objektivität, eine schwer durchschaubare und noch schwerer nachweisbare Beeinflussung der gutachterlichen Arbeit durch eine Mischung aus Vorurteilen, Moralvorstellungen und Ideologien hinzu. Gerade weil die gesamte Thematik von Familie, Beziehung, Trennung und Kindern für jeden Menschen mit seiner ganz persönlichen Lebensgeschichte und eigenen Gefühlen verbunden ist, die sich ohne therapeutische Selbsterfahrungen fast unmöglich von der sachlichen Arbeit trennen lassen, ist eine solche Beeinflussung nur allzu leicht möglich.

Und dann soll es allein Sache des Gerichts sein, aus diesem ganzen Gemenge von Fachlichem und Menschlichem unter Abschätzung der auf beiden Ebenen anzutreffenden Stärken und Schwächen jeweils das Entscheidungstaugliche rauszufiltern? Selbst wenn es sich dieser Aufgabe ernsthaft stellen wollte – ohne Hinzuziehung des korrektiven, ihm den Blick öffnenden Fachverstandes mindestens eines weiteren Experten kann es in Anbetracht der tatsächlichen Komplexität gutachterlichen Handelns zumindest im kritischen Einzelfall nur hoffnungslos überfordert sein.

Möglicherweise liegt es an der beruflichen Sozialisation in Richtung Omnipotenz, daß es den allermeisten Richtern gelingt, diese Überforderung weit von sich zu weisen und mit einer nicht mehr nachzuvollziehenden Penetranz daran festzuhalten, daß sie durchaus in der Lage seien, das Gutachtergeschehen fachkritisch zu überwachen, und daß darüber hinaus jeder – sofern er nur ein Psychologiediplom oder das Facharztzertifikat für Kinder- und Jugendpsychiatrie besitzt – selbstverständlich fähig sei, sich über die Abwehr einer trennungsbedingten Kindeswohlgefährdung sachverständig zu äußern.

Diese doppelte Fehleinschätzung kann ich mir nur so erklären, daß auch von ihnen selbst Ähnliches erwartet wird: Denn sobald sie nur einmal in den Richterdienst übernommen worden sind, steht für die Justizverwaltungen außer Frage, daß sie fähig und in der Lage sind, beispielsweise heute Verkehrs-, ein halbes Jahr später Miet- und, falls das Dezernat es erfordert, nur kurz darauf auch Familienrecht »zu machen«.

Die Übertragung dieser funktionalen Austauschbarkeit von Richtern auf Psychologen ist bedenklich. Aber noch fataler ist, daß es, um Sachverständiger zu werden, völlig ausreicht, dem Gericht mitzuteilen, daß man einer sei. Wobei es – von Bayern abgesehen – noch nicht einmal erforderlich ist, der »Bewerbung« um einen Gutachterposten als Legitimationsnachweis das Diplomzeugnis beizufügen. Ein »Dipl. Psych.« im Briefkopf, eine Visitenkarte, reichen völlig aus. Auch ich habe mich bis heute noch niemals gegenüber einem der zahlreichen Gerichte, für die ich als Sachverständiger arbeite, ausweisen müssen.

Insofern läßt sich die Antwort des bekannten und fachlich hoch geschätzten forensischen Gutachters Herbert Maisch auf die Frage, ob im Strafrecht die Qualifikation eines Sachverständigen für die Gerichte überhaupt eine Rolle spiele, uneingeschränkt auch auf das Familienrecht übertragen:

»Nein! Es ist ihnen zunächst gar nicht bekannt, da Psychologie für den Laien, und damit in aller Regel auch für den Juristen, immer noch so etwas wie eine Einheit ist. ... Was in dieser Szene läuft, wird auf dem Rücken des Angeklagten (bzw. des Kindes, U.-J. J.) ausgetragen.«[64]

Die naive Gutgläubigkeit vieler Gerichte, ihr blindes Vertrauen in die Kompetenz eines jeden Gutachters, sobald er sich nur so nennt, ist zwar das Hauptübel für die heutige Niveaulosigkeit der familiengerichtlichen Sachverständigenszene, doch hinzu kommt, daß manche der selbsternannten Experten eine ganze Menge dafür tun, um selbst geringste Zweifel an ihrem Können gar nicht erst aufkommen zu lassen.

Liest man beispielsweise manche gutachterlichen Selbstdarstellungen in bezug auf die Fähigkeiten zur fachkompetenten Entscheidungshilfe in strittigen Sorge- und Umgangsrechtsverfahren unvoreingenommen und neugierig, so müßte eigentlich jeden Richter, der sich trotzdem für einen Verzicht auf die angepriesene Amtshilfe entscheidet, umgehend der Vorwurf arroganter Selbstherrlichkeit treffen. Hier ist vor allem das bei zahlreichen Gerichten unbegreiflicherweise immer noch bevorzugt eingeschaltete Bochumer Institut für Gerichtspsychologie (IFG) des Dr. Friedrich Arntzen zu nennen, ein Familienunternehmen, mit dem sich vor gar nicht langer Zeit sowohl das Justizministerium wie auch der Landtag von Nordrhein-Westfalen kritisch auseinandersetzten.[65]

Aber wie sollten sich auch bei einem Richter, dem sich in unregelmäßig zugeschickten »Gerichtspsychologischen Mitteilungen« ein schon vom Namen her Seriosität suggerierendes »Institut« mit Selbstdarstellungen anpreist, die jeder guten Werbeagentur zur Ehre gereichten, Zweifel überhaupt erst einstellen? Muß doch sogar ich selbst eingestehen, daß ich anfangs – da wußte ich noch nichts von den wahren Hintergründen – ob soviel gebündelten Sachverstands durchaus beeindruckt war. Dazu einige Kostproben:

»Allgemein sei vorausgeschickt, daß das Institut nach den gleichen Prinzipien konzipiert und organisiert ist, wie es gerichtsmedizinische Institute sind.« (Die Mitarbeiter sind aber nicht Beamte oder öffentliche Angestellte.)[66]

Das Institut ist für eine Gutachtergemeinschaft von über 40 freiberuflichen Psychologen, die hauptberuflich in der Gerichtspsychologie tätig sind, eine Einrichtung zur Ausbildung, Weiterbildung, Konsultation und Verwaltung. Das Institut hat den Berufszweig des forensischen Psychologen durch systematische Ausbildung hauptberuflicher Gerichtspsychologen in den 50er Jahren auf Veranlassung (?) von Jugendrichtern begründet und in weiten Bereichen des Bundesgebietes eingeführt.

Es hat immer auch Forschungsarbeiten durchgeführt, indem es unter anderem zahlreiche diagnostische Hilfsmittel entwickelt hat, die speziell auf forensische Fragestellungen zugeschnitten sind und langjährige gerichtspsychologische Erfahrungen systematisch ausgewertet hat. Ein großer Teil von Veröffentlichungen forensisch-psychologischer Art im deutschen Sprachraum ist von Mitarbeitern des Instituts herausgebracht worden. (Die Literaturliste des Instituts enthält einschließlich lehrbuchmäßiger Einführungen 24 Veröffentlichungen.)

Mitarbeiter des Instituts werden überdies seit 25 Jahren in jedem Jahr zu Richterfortbildungsveranstaltungen der Landesjustizministerien und zu Tagungen an der Deutschen Richterakademie in Trier herangezogen.

Zur Weiterbildung seiner eigenen Mitarbeiter versendet das Institut regelmäßig zweimal monatlich Fortbildungsmaterial. Es bestehen auch ständige Konsultationsmöglichkeiten für die Mitarbeiter. Ausbildung und Veröffentlichungen dürften für die erhebliche Inanspruchnahme des Instituts für Begutachtungen verantwortlich sein.[68]

Für die Erstellung des Gutachtens wird eine Frist von acht Wochen erbeten.

Es genügt unseres Erachtens eine kurze Fassung des Beschlusses, weil den Mitgliedern des Instituts aus ihrer ständigen gerichtspsychologischen Tätigkeit bekannt ist, auf welche Punkte es bei Gutachten zu bestimmten Fragestellungen im einzelnen ankommt.«[69]

In der Tat, das alles ist schon sehr beeindruckend, und insofern wäre es eigentlich unverständlich, wenn die Gerichte das IFG nicht so intensiv in Anspruch nehmen würden, wie es zur Freude des Inhabers dieser Firma, die nichts anderes ist als ein Maklerunternehmen in Sachen Gutachten, offensichtlich der Fall zu sein scheint. Woher sollten die Gerichte auch wissen,

– daß es sich bei der Berufsbezeichnung »hauptberufliche Gerichtspsychologen« allein um eine, ansonsten unbekannte, Erfindung des Dr. Arntzen handelt, womit er insofern natürlich nur zu Recht die Einzigartigkeit seines Institutes behaupten kann;[70]

– daß das IFG neue Mitarbeiterinnen – es beschäftigt ausschließlich Frauen – per Kleinanzeigen in Tageszeitungen sucht;

– daß das Institut eine ins Handelsregister eingetragene Privatfirma der Eheleute Arntzen ist; und den rechtlich ungeschützten Namen »Institut« führen schließlich auch Ehevermittler und Bodybuilder;

– daß es mit der den Gerichten vermutlich ganz besonders imponierenden gründlichen Schulung und Fortbildung der freien Mitarbeiter nicht so weit her sein kann, da keinerlei Einblick in Konzeption und Unterlagen gewährt wird – ein für wissenschaftliche Einrichtungen absolut unübliches Gebaren;[71]

– daß von den 25 Publikationen (Autoren waren ausnahmslos Dr. Arntzen oder seine Frau) gerade eine einzige dem Familienrecht gewidmet ist (Arntzen, 1980); alle anderen beziehen sich auf die psychologische Glaubwürdigkeitsbeurteilung; darüber hinaus sind unter »Mitteilungen« in der Psychologischen Rundschau lediglich zwei oder drei kurze, weniger als eine Seite lange, »Analysen« des umfangreichen Datenmaterials erschienen, die nicht einmal Minimalansprüchen an eine wissenschaftliche Publikation genügen;

– und daß die regelmäßigen Vorträge an der Richterakademie alle von einem einzigen »Mitarbeiter des Instituts« stammen, nämlich vom Firmeninhaber selbst.

Doch zugegeben, die Verheißung eines schnellen Entscheidungsvorschlags innerhalb von maximal zwei Monaten, das ausdrückliche Angebot, den Gutachterauftrag kurz und knapp zu formulieren, sowie – das zeigt sich spätestens nach Eingang des ersten Gutachtens – »humane« Preise, all das sind natürlich Verlockungen, denen auf eine rasche Erledigung ihrer Fälle bedachte Gerichte kaum widerstehen können; und erst recht dann nicht, wenn in diesem Dienstleistungspaket auch noch Kompetenzen angeboten werden, die ehrfurchtsvolles Staunen hervorrufen müssen – solange man sie nicht genauer hinterfragt.[72]

Bedenkt man, daß Dr. Arntzen mit seiner Firma zumindest in der Vergangenheit eine bundesweit nahezu flächendeckende Oligopolstellung aufgebaut hat und allen Familiengerichten seine als »Mitteilungen« getarnten Selbstanpreisungen in unregelmäßigen Abständen immer wieder ungefragt zuschickte, so ist es nicht nur kaum verwunderlich, daß er selbst offensichtlich auch heute noch ganz gut im Geschäft ist. Vor dem Hintergrund solch geballter Meinungs- und Stimmungsmache ist darüber hinaus auch das blinde Vertrauen vieler Gerichte in die Kompetenzen Psychologischer Gutachter generell gar nicht so unverständlich. Zumal alle Sachverständigen diese eine »Leistung« ja erbringen: die Beantwortung der gerichtlichen Frage bzw. Fragen. Womit sie geradezu Garanten für die richterliche Entscheidungsfähigkeit sind.

Die wiederum hat zwar allenfalls selten etwas mit dem verfassungsrechtlich gebotenen Schutz trennungsgefährdeter Kinder zu tun. Doch darauf kommt es ohnehin nicht an. Zumindest dürfen sich die Gutachter nicht wundern, wenn Äußerungen wie diese in der kritischen Öffentlichkeit eher den Eindruck erwecken, es ginge ihnen mehr um die Funktionstüchtigkeit des gerichtlichen Entscheidungsapparates und damit um das Wohl der Gerichte als um das der betroffenen Kinder. Ein letztes Mal Dr. Arntzen (1989, S. 282):

»Die Behauptung von Ullmann, daß psychologische Gutachten in Sorgerechtsverfahren eine höchst unbefriedigende Begründungsbasis für gerichtliche Eingriffe darstellen, steht wohl im Widerspruch zu der von ihm gleichzeitig erwähnten Tatsache, daß seit Jahren Tausende von familienpsychologischen Gutachten von Familiengerichten angefordert werden. Darf man Juristen für so unkritisch und lebensfremd halten, daß sie fortgesetzt Gutachten anfordern würden, die keinerlei Nutzen für familienrechtliche Entscheidungen haben? Diese Frage muß doch wohl eindeutig verneint werden.«

Natürlich ist dies ein lupenreiner Zirkelschluß, denn ebenso könnte auch jede Kirmes-Wahrsagerin ihre prophetischen Gaben mit dem großen Besucherzuspruch begründen. Doch man muß Arntzen ehrlicherweise zugestehen, daß bereits sehr viel renommiertere Persönlichkeiten der Psychologie dieser Art von »Beweisführung« erlagen.[73] Was sie allerdings nicht überzeugender macht.

Weitere inzwischen gegründete Gutachten-Unternehmen unterscheiden sich allenfalls durch weniger offensive Aufdringlichkeit ihrer Vermarktung, auch wenn hin und wieder schon mal zur angemessenen »Methodik« gutachterlichen Vorgehens kontrovers diskutiert wird – so halten es beispielsweise Arntzen und viele andere Gutachter mehr mit den »kindlichen Bindungen«, während andere wie etwa Lempp oder Ell mit detektivischer Akribie dem »wahren Kindeswillen« nachspüren, um ihre Empfehlungen hierauf zu gründen.

Doch solche Kontroversen sind fast nebensächlich zu nennen, wenn man sich einmal klar macht, daß alle Experten es bisher unterlassen haben, ihren gutachterlichen »Gegenstand« – die Trennungsfamilie – vor jeder forschen Elternselektion überhaupt erst einmal fachlich solide zu definieren. Das heißt, keiner hat es bisher für nötig befunden, sein persönliches Verständnis einer solchen Familie und die daraus resultierende sachverständige »Behandlung« an den Erkenntnissen der wissenschaftlichen Familienpsychologie – die inzwischen längst aus ihren Geburtswehen rausgetreten ist – zu überprüfen bzw. daran anzupassen (vgl. z. B. Schneewind, 1987a, b; Fthenakis, 1986; Fthenakis, Niesel & Kunze, 1982).

Mit der Folge, daß bis heute die meisten Sachverständigen, von ganz wenigen Ausnahmen abgesehen, immer noch der Fiktion hinterherlaufen, zur Sicherung des trennungsgefährdeten Kindeswohls sei es unerläßlich, einen Elternteil aus der rechtlichen Verantwortung für sein Kind – unter Umständen mit staatlichem Zwang – zu entfernen und dem anderen die sorgerechtliche Generalvollmacht zu erteilen.

Bei diesem grundsätzlichen Einheitsziel ist es dann praktisch natürlich ziemlich bedeutungslos, welche unterschiedlichen Wege und Abstecher in Ideologie, Mythologie, Unbewußtes oder immer wieder auch schlichtweg Scharlatanerie einzelne Sachverständige beschreiten. Ans Ziel kommen sie alle.

Nun mag man entgegenhalten, daß sich auch die meisten Gutachter durchaus der zahlreichen Fragwürdigkeiten ihres selektiven Vorgehens bewußt seien, die rigiden Bestimmungen der ZPO sowie der eindeutige Auftrag der Gerichte ihnen jedoch gar keine andere Wahl ließen. Ganz in diesem Sinne schien sich ein Psychologe jüngst förmlich zu entschuldigen (Grosse, 1982, S. 518):

»Fast jeder möchte sicherlich Berater sein, d. h. mit seinen Befunden im Dienst des Klienten arbeiten. Dies ist an sich die sinnvolle Form psychodiagnostischen Vorgehens, wenn der Psychologe seine eigenen Befunde in Handlungsanweisungen umsetzen kann. Sein Auftrag lautet aber Begutachtung der Familie und nicht Beratung der Familie.«[74]

Doch ich bin mir der Ernsthaftigkeit dieser Klage nicht so sicher. Denn was sollte einen Sachverständigen zwingen, eine Arbeit zu machen, mit der sich zwar gut verdienen läßt, die er im Hinblick auf das Kindeswohl jedoch zugleich als wenig sinnvoll einschätzt?

Und andererseits: Was hinderte ihn, das Gericht über seinen aus fachlicher Sicht für angemessen erkannten sachverständigen Umgang mit einer Scheidungsfamilie aufzuklären, anstatt sich den von der kindlichen Psyche weit abgekoppelten Erwartungen richterlicher Laienpsychologen widerspruchslos zu unterwerfen?[75]

»Richter« ohne Robe

Sollte es also wirklich so sein, daß die gerichtliche Entscheidungshoheit im Kindschaftsrecht faktisch ein Etikettenschwindel ist? Ein Ritual, das mit dem Fassen von Beschlüssen lediglich den rechtsstaatlichen Schein wahrt? Zumindest spricht mehr dafür als dagegen.

Natürlich soll eine Entscheidung getroffen werden, die den psychischen Bedürfnissen eines Trennungskindes bestmöglich entspricht. Insofern stellt bereits das Gesetz die enge Verbindung zwischen Psychologie und Recht ausdrücklich her. Deshalb ist auch die Hinzuziehung psychologischen Sachverstandes – seine Nützlichkeit in Form eines Gutachtens einmal unterstellt – grundsätzlich sinnvoll. Doch zu was kann sich ein Kinderkundler eigentlich äußern, wenn nicht allein zur Ausgestaltung der *psychologischen Wirklichkeit* im Interesse des Kindes? Die aber hat im Grunde ausschließlich mit der aus fachlicher Sicht wünschenswerten Gestaltung räumlich-personaler Beziehungsverhältnisse – Wohnsitz bei Mutter oder Vater,

Kontaktgestaltung zum anderen Elternteil – zu tun und nichts mit irgendwelchen Rechtsvorschlägen. Abgesehen von seltenen Sonderfällen, in denen auch aus psychologischer Sicht ein Eingriff in das Elternrecht zum Schutz eines Kindes zwingend geboten erscheint, beispielsweise bei sexuellem Mißbrauch oder anderen Formen der Mißhandlung.

In den weitaus meisten Fällen jedoch ist jede Rechtsempfehlung seitens der Gutachter schlichtweg anmaßend, weil sie eine eindeutige Überschreitung der eigenen Kompetenzen bedeutet. Schließlich ist die Regelung der elterlichen Sorge nichts anderes als ein reiner Rechtsakt, dessen Wahrnehmung außer den dafür zuständigen Gerichten niemandem sonst zusteht. So käme beispielsweise bei einer psychologischen Glaubwürdigkeitsbegutachtung im Strafrecht ja auch kein Gutachter auf den Gedanken, mit seiner Diagnose dem Gericht zugleich auch noch einen Vorschlag auf Freispruch oder zur Höhe des Strafmaßes mitzuliefern.[76]

Nun sind natürlich Rechtsrat und Rechtstat zwei völlig verschiedene Dinge, und jeder Richter bräuchte nur darauf zu verweisen, daß schließlich er selbst und kein anderer den sorgerechtlichen Beschluß angefertigt, begründet und unterzeichnet habe, um den Verdacht abzuwehren, er habe lediglich einen laienjuristen Ratschlag übernommen. Das Gegenteil läßt sich direkt ohnehin nicht beweisen.

Andererseits könnte man vor dem Hintergrund der fast automatischen Gleichsetzung von kindlichem Wohnsitz und elterlicher Sorge die gutachterliche Rechtsempfehlung auch lediglich als einen sprachlichen Lapsus deklarieren. Denn faktisch läuft es ohnehin auf dasselbe hinaus, ob der Gutachter sein Statement nun am zukünftigen Aufenthalt oder an der Sorgerechtsfrage festmacht. Doch auch wenn kindlicher Aufenthalt und elterliche Rechtsposition im Familienrecht einem siamesischen Zwillingspaar gleichen – übrigens gilt im gesamten Vormundschaftswesen das genaue Gegenteil –, bleibt natürlich das rechtsstaatliche Gebot bestehen, daß es allein die unabhängigen Gerichte sind, die über die rechtlich-psychologische Zukunft eines Kindes zu entscheiden haben.

Allerdings darf es sich das Gericht mit der Rolle des Gutachters als lediglich verfahrensrechtlicher Randfigur auch nicht allzu leicht machen. Rein theoretisch kann es seinen Vorschlag zwar durchaus ignorieren, sofern er ihm nicht nachvollziehbar erscheint, doch das ginge kaum ohne ausführliche Begründung. Darauf würde der Rechtsbeistand des durch den Gutachter bereits zum designierten »Sorgerechtssieger« gekürten Elternteils schon energisch pochen. Und für den Fall, daß das Gericht vom Gutachtervorschlag aus guten Gründen abweichen will, hat erst kürzlich der Bundesgerichtshof klargestellt, daß der ansonsten stets als höchstes richterliches Gut gehandelten eigenen Meinungsbildung dann sehr enge Grenzen sehr eng gesteckt sind. Denn:

»Das Gericht darf von einem Sachverständigengutachten nur abweichen, wenn es seine abweichende Überzeugung begründet und dabei erkennen läßt, daß die Beurteilung nicht von einem Mangel an Sachkunde beeinflußt ist...

Denn da der Sachverständige ja gerade zu dem Zweck hinzugezogen worden ist, um dem Gericht die ihm auf einem Spezialgebiet fehlenden Kenntnisse zu vermitteln, muß der Richter sorgfältig prüfen, ob er seine Zweifel an dem Gutachten ohne weitere sachkundige Hilfe zur Grundlage eines Urteils machen kann. ... Fehlt es hieran und verschließt sich das Gericht der zwingenden Erwägung, zur Klärung seiner Bedenken den Sachverständigen zu einer Ergänzung oder mündlichen Erläuterung seines Gutachtens zu veranlassen oder einen weiteren Sachverständigen zu beauftragen, so bewegt es sich bei seiner Überzeugungsbildung außerhalb des dem tatrichterlichen Ermessen eingeräumten Bereichs.«[77]

Von einem gutachterlichen Votum abzuweichen, ist also alles andere als leicht. Allerdings dürfte diese höchstrichterliche Auflage ohnehin nur für ganz wenige Familiengerichte zur ernsthaften Hürde werden. Denn die weitaus meisten wollen dies gar nicht. Neben dem rein fachlichen Grund für den schwer anfechtbaren Status des Psychologischen Sachverständigen gibt es nämlich mindestens noch zwei weitere, wenn auch nicht offizielle.

Der erste liegt in der Person der Richter selbst, die sich – wo immer Eltern um das Sorgerecht für ihre Kinder streiten – in einer wahrlich nicht beneidenswerten Lage befinden. Denn sie spüren den unter Umständen gewaltigen Zug der beiden Rechtsbeistände, hervorgerufen durch deren oft zahlreiche – auf Empörung des Gerichts angelegte – Schriftsätze. Auch wenn erfahrene Familienrichter relativ leicht Stimmungsmache, bewußte Übertreibung und gezielte Abwertung der anderen »Partei« von tatsächlich ernstzunehmenden Hinweisen auf eine geschehene oder vorherzusehende Gefährdung des Kindes unterscheiden können, liegt es dennoch immer wieder in der psychologischen Natur des anwaltlichen Vortrags, daß die durch ihn übermittelte »subjektive Wahrheit« seines Mandanten auch viel logisch Plausibles und Nachvollziehbares enthält, so daß es vielen Gerichten oftmals nicht anders geht als den gemeinsamen Freunden eines Trennungspaares: Hören sie die eine Seite, neigt sich auch die eigene Ansicht dorthin; nach den »gegnerischen« Klar-, Richtigstellungen und Ergänzungen können sie sich im nächsten Augenblick aber auch ebensogut dort einfühlen.

Zumindest in der Vergangenheit war auch das Jugendamt kaum sonderlich hilfreich, um das Gericht in dieser Situation zu unterstützen. Denn entweder war sein Vorschlag zur Sorgerechtsregelung so vordergründig und fachlich so wenig fundiert, daß jedem Richter von vornherein klar war, daß er spätestens nach Durchlaufen der Beschwerdeinstanz dieselbe Sache erneut auf dem Tisch hätte. Oder die Jugendamtsvertretung erklärte sich außerstande, eine Empfehlung auszusprechen, und schlug deshalb bereits von sich aus die Einholung eines psychologischen Gutachtens vor. Oder auch: Das Jugendamt hob seine verfahrensrechtlich so bedeutsame Position als sachkundiger Vertreter der kindlichen Interessen von sich aus auf, weil – im Falle unterschiedlicher Zuständigkeiten für die getrennt lebenden Eltern – das für die Mutter zuständige Amt die Frau und das den Vater betreuende den Mann als zukünftigen Sorgerechtsinhaber vorschlug. Womit die gerichtliche Entscheidungsnot natürlich nur noch größer geworden war, denn zu den verständlicherweise parteilichen Anwälten gesellten sich nun auch noch angebliche Fachkundige, die ihnen, ebenfalls unter Berufung auf das Kindeswohl, an Uneinigkeit in nichts nachstanden.

Vor diesem Hintergrund ist es dann nicht nur verfahrenstechnisch, sondern vor allem auch *menschlich* eigentlich nur zu verständlich, wenn das Gericht bereitwillig jedes Angebot annimmt, das da verspricht, mittels einer klaren Entscheidungshilfe einen Ausweg aus diesem Labyrinth aus Widersprüchlichem zu weisen, eine Lösung anzubieten, die mit größter Wahrscheinlichkeit auch noch dauerhaft ist.

Auch aus dieser psychologischen Perspektive kann also die Funktion eines Sachverständigen weit über die gesetzlich vorgesehene eines reinen Ermittlungshelfers hinausreichen, da es neben der anonymen, zumindest unpersönlichen Beziehung zwischen »Gericht« und »Gutachter« häufig eben auch noch eine menschliche, auf *Entlastung des einzelnen Richters als Person* bezogene Verbindung zwischen beiden gibt.

All das wäre allerdings kaum bedenklich – warum sollte nicht, sozusagen als Abfallprodukt, ein Sachverständiger zugleich auch noch dem richtenden Menschen nützlich sein –, wenn dieser heimliche Nebeneffekt nicht weitere, höchst bedeutsame Konsequenzen nach sich zöge. Denn in Verbindung mit der psychologischen Entlastungsfunktion für seinen Auftraggeber verstärkt sich verständlicherweise nun nur noch mehr die Neigung des Gerichts, seinem gutachterlichen Helfer nicht gerade kritisch auf die Finger zu schauen.

Und es gibt noch einen weiteren oft entscheidenden Grund für den pfleglichen Umgang mit Gutachtern. Verständlicherweise haben alle Familiengerichte ein großes Interesse daran, jeden Fall möglichst endgültig und dauerhaft vom Tisch zu bekommen und nicht nach erfolgreicher Beschwerde vor dem Oberlandesgericht, die gerade bei hochstreitigen Kindschaftssachen fast vorhersagbar ist, sofort noch einmal mit derselben Akte befaßt zu sein. Doch damit dieser Wunsch nicht nur ein frommer bleibt, gibt es nur einen einzigen Weg der Risikominimierung: Die rechtliche Entscheidung muß so hieb- und stichfest sein, daß sie sich gegenüber allen anschließenden Demontageversuchen des sich beschwerenden Elternteils erfolgreich zu behaupten vermag. Das wiederum gelingt um so eher, je überzeugender das Gericht seine Maßnahme als zwingende Notwendigkeit im Dienste des Kindeswohls ausweisen kann. Und wer könnte diesen Nachweis glaubwürdiger erbringen als ein in Sachen Kindeswohl einschlägig kompetenter Experte. Womit nicht nur auch von dieser – rechtlich natürlich unzulässigen – Warte ein drittes Mal die Sternstunde für den Gutachter eingeläutet wird; auch taugt er natürlich nur dann zum chancenreichen Alibi für eine erfolgreiche Beschwerdeabwehr, wenn ihm bereits erstinstanzlich die uneingeschränkte Reputation und Sachkompetenz ausdrücklich attestiert wurde. Wenn seine gutachterlichen Regelungsvorschläge also möglichst unverändert in die gerichtliche Entscheidung eingeflossen waren.

Je deutlicher ein Gericht es wagt, sich vom Sachverständigenvorschlag zu entfernen, desto größer ist zugleich die Wahrscheinlichkeit, daß seine Entscheidung vom Beschwerdegericht zur erneuten Verhandlung zurückverwiesen werden wird. Denn der gutachterlich bereits »auserwählte« Elternteil wird die in seinen Augen natürlich unzulässige Abweichung vom Expertenvotum umgehend angreifen.

Sofern es erst einmal ein psychologisches Gutachten eingeholt hat, ist deshalb jedes Gericht auch im Hinblick auf die Eltern gut beraten, sich der Sachverständigenempfehlung möglichst ohne Wenn und Aber anzuschließen. Womit die Expertise des »heimlichen Richters« eine von den Vätern der ZPO vermutlich nicht einmal erahnte Funktion erhalten hat.

Das Gutachten wird zum reinen Verfahrenselement. Offiziell geht es zwar allein um seinen Inhalt, indem es einen Vorschlag zur Sorgerechtsregelung einbringt, doch für seine Funktion als Regulativ für eine »saubere« Prozeßgestaltung spielt dieses Inhaltliche, das heißt, die gutachterliche Qualität, überhaupt keine Rolle mehr. Das hat zur Folge, daß alle seitens der Eltern gegen den Gutachter als Person gerichteten Angriffe für die Justiz als Attacken gegen den Gutachter als Institution erlebt werden, die es rigoros abzuwehren gilt.

Wenn jedoch die Kompetenz des einzelnen Gutachters überhaupt nicht mehr in Frage steht, dann kann er natürlich alles zur sachverständigen Weisheit deklarieren, was er will, ohne auch nur die geringsten Konsequenzen befürchten zu müssen; was sowohl das selbstherrliche Verhalten wie die erschreckende Inkompetenz zahlreicher Sachverständiger erklärt.

Gleichzeitig hat diese Funktion eines »prozessualen Persilscheins« zur Folge, daß sich viele Gerichte auf eine ernste Auseinandersetzung mit der Kritik an einem Sachverständigen gar nicht erst einlassen, wenngleich sie dazu verpflichtet wären. Doch ihr Interesse ist in diesem Rahmen nicht auf Überprüfung, sondern allein auf Abwehr der Kritik ausgerichtet. Auch dafür gibt es inzwischen viele Beispiele, für die allesamt bezeichnend ist, daß sich der gerichtliche Konter auf eine lapidare »Kompetenzversicherung« reduziert.

Dafür ein typisches Beispiel: Umgang mit einem väterlichen Stören-
fried am Amtsgericht Köln (Hervorhebungen von mir):

»Soweit der Kindesvater sich gegen die Auswahl der Sachverständigen
wendet, geschieht dies zu Unrecht. Das Gericht hat bereits in anderen
Fällen *positive Erfahrungen* mit dieser Sachverständigen gemacht. *Es hat an
ihrer Sachkunde keinen Zweifel.*«

Und das Beschwerdegericht ergänzte:

»Den Angriffen des Vaters gegen das Gutachten vermag der Senat nicht
zu folgen. Es ist gerichtsbekannt, daß gerade die Sachverständige Frau X.
von ihren Gesprächen mit den Beteiligten *stenographische Protokolle* an-
fertigt, die nur aus Kostengründen nicht in das Gutachten aufgenommen
werden, aber jederzeit vorgelegt werden können. ... In Auswertung der
Tests und *aufgrund ihrer besonderen Fachkunde im Umgang mit den Beteiligten* ist die Sachverständige zu dem Ergebnis gekommen, daß die Mutter
zur Ausübung des Sorgerechts besser geeignet ist. *Das hat sie für den Senat
überzeugend dargelegt.*«

Sollte der Leser vermuten, ich hätte die gerichtlichen Einlassungen
auf die ganz konkrete Kritik an der Gutachterin bewußt weggelas-
sen, so kann ich ihn beruhigen: Die Zitate geben wirklich vollständig wieder, was dazu gesagt wurde.
Doch so wenig über die prozeßleitende Funktion von Gutachten
und der daraus resultierenden »(un)heimlichen Allianz« zwischen
Gerichten und Sachverständigen – wie ich dieses Bündnis einmal
nannte (Jopt, 1988b) – auch laut geredet wird, ein Geheimnis ist
dies alles längst nicht mehr. Denn selbst in der bereits erwähnten
Freiburger Gutachtenstudie, der man eine auch nur zaghafte kritische Grundeinstellung zur Sachverständigentätigkeit kaum wird
nachsagen können, läßt sich nachlesen, daß zahlreiche Richter
meine Darstellung ausdrücklich bestätigen. Möglicherweise ist dies
auch ein Grund dafür, daß die Studie bis heute nicht, wie sonst
üblich, in der vom Justizministerium herausgegebenen Reihe
»Rechtstatsachenforschung« veröffentlicht wurde (Hervorh. von
mir).:[78]

»Wie die Richterinterviews gezeigt haben, spielen besonders zwei Motiv-bündel eine große Rolle: Zunächst kann das Votum eines Experten zur *Verfahrensabsicherung* eingeholt werden. Gerade in den Fällen, in denen schon abzusehen ist, daß die Beteiligten in die nächste Instanz gehen werden, steigt damit die Hoffnung auf gleichlautende Entscheidungen, womit ein für das Kind schädliches Hin und Her vermieden wird.« (S. 31)

Womit das ohnehin bereits über Gebühr strapazierte Kindeswohl nun auch noch dafür herhalten muß, um die – rechtlich unzulässige – prozeßleitende Funktion von Gutachten zu rechtfertigen. Doch wer traute sich auch schon, seinem ministeriellen Auftraggeber in den Abschlußbericht den Halbsatz, »... womit ein für die Gerichte ärgerliches, weil zusätzliche Arbeit bereitendes Hin und Her ver-mieden wird«, reinzuschreiben?

Andrerseits: Alle die hier aufgeführten, den Gutachter in die heimli-che Richterfunktion katapultierenden Motive und rechtlichen Be-dingungen wären nicht nur hinzunehmen, sie wären sogar aus-drücklich zu begrüßen, wenn nur gesichert wäre, daß damit in der Tat ein Gewinn im Sinne des Kindeswohls einherginge, der ohne ihn nicht zu erreichen gewesen wäre. Doch eben davon kann auf dem gesamten Feld der Gutachterei nicht einmal annähernd die Rede sein. Trotzdem wird es ständig behauptet. Aber das allein nützt noch keinem Trennungskind. Ernsthafte »Beweise« für die Richtigkeit dieser Behauptung gibt es bis heute nicht, jedenfalls keine, die auch nur minimalen wissenschaftlichen Standards genü-gen würden.

Doch wenn eine Tätigkeit so stark auf das Leben von Dritten einwirkt, wie das bei der gutachterlichen Tätigkeit der Fall ist, dann muß sie daraufhin überprüft werden, inwieweit sie mit den durch die Verfassung garantierten menschlichen Grundrechten im Ein-klang steht. Ganz so, wie diese auch der Wissenschaft die Grenzen ihres Handelns vorgeben, wenn das Machbare über das Verant-wortbare hinausgeht.

Bezogen auf den Sachverständigen geht es damit zum einen um die Frage nach der Ethik gutachterlichen Handelns, die im Rahmen dieses Buchs allerdings nur am Rande aufgegriffen werden kann (Ausführlicheres findet sich bei Hartmann, 1984).

Von ausschlaggebender Bedeutung dagegen ist der zweite Aspekt:

Gutachter sind angetreten, um mit der Beseitigung oder mindestens Einschränkung trennungsbedingter Kindeswohlgefährdung zur Sicherung eines Menschenrechts beizutragen, das zwar nicht explizit im Grundrechtekatalog auftaucht, sich jedoch leicht daraus ableiten läßt. Jedenfalls nehmen sie eine Aufgabe von hohem verfassungsrechtlichen Rang wahr. Insofern ist es schon ziemlich bedrückkend, daß nicht schon längst überprüft wurde, inwieweit sie ihren Auftrag überhaupt erfüllen (können).

Will man sich nicht weiter nur auf ihre Glaubensbekenntnisse verlassen, hat man deshalb heute gar keine andere Wahl, als in die gutachterliche Praxis, in die Werkstatt des Sachverständigen sozusagen, reinzuschauen, um zumindest einen Eindruck davon zu bekommen, ob die Wissenschaft später einmal den heutigen Glauben an eine Kindeswohlsicherung bestätigen wird oder nicht.

Natürlich hätte ich dieses Buch nie geschrieben, wenn ich nicht fest davon überzeugt wäre, daß das Ergebnis niederschmetternd ausfallen würde. Daß all der gutachterliche Schweiß nicht nur völlig unnötig geflossen ist, weil sein Einsatz allenfalls in ganz wenigen Ausnahmefällen zu einer tatsächlichen psychischen Entlastung von Kindern beigetragen hat, sondern viel schlimmer noch: daß er meist zur Folge hatte, daß sich die seelische Lage des Kindes nur noch mehr verschlechterte, als sie es trennungsbedingt ohnehin schon war.

Doch ich weiß natürlich, daß die Mehrheit meiner Sachverständigenkollegen diese Ansichten ebenso für Ideologie und unberechtigte Schwarzmalerei hält wie ich ihren unerschütterlichen Erfolgsoptimismus. Deshalb will ich nachfolgend anhand von typischen Beispielen einmal zeigen, warum ich eine so völlig andere Position einnehme als sie.

Trennungskinder zwischen Psychologie und Psychiatrie

Zwar hat sich das Adjektiv »psychologisch« für das Gutachten im familienrechtlichen Raum fest etabliert, in Wirklichkeit sind es jedoch keineswegs ausschließlich Psychologen, die als Gutachter für Gerichte arbeiten, sondern auch – ich schätze ihren Anteil auf etwa zehn Prozent – Mediziner, fast ausnahmslos Fachärzte für Kinder- und Jugendpsychiatrie. Nun mögen zwar immer wieder mal auch trennungsbedingte Auffälligkeiten auftreten, die es sinnvoll erscheinen lassen, das Kind einem medizinischen Fachmann vorzustellen, doch die sind eher selten der Anlaß für die gezielte Einschaltung eines Psychiaters. Im Regelfall steht er völlig austauschbar neben seinen psychologischen Kollegen, und es scheint allein eine Frage der Verfügbarkeit zu sein, welche Profession vom Gericht mit der Begutachtung beauftragt wird.

Vom Ergebnis her ist es zwar völlig egal, denn auch die Psychiater können sich etwas anderes als eine Tauglichkeitsauswahl zwischen Eltern kaum vorstellen. Doch davon abgesehen, wirft die scheinbar selbstverständliche Gleichsetzung von Psychologie und Medizin schon ein bezeichnendes Licht auf das oberflächliche und laienhafte Grundverständnis, das so manche Gerichte von einer trennungsbedingten Kindeswohlgefährdung haben müssen.

Zwei bemerkenswerte Unterschiede gibt es allerdings doch. Zum einen legen die medizinischen Klinikchefs, anders als Psychologen, nur höchst selten selbst Hand an, sondern – so war es jedenfalls in nahezu allen mir bekannten Fällen – delegieren die Begutachtung fast vollständig an ihre ärztlichen oder psychologischen Mitarbeiter, während sie selbst sich lediglich mit einem kurzen Abschlußgespräch mit den Eltern, seltener auch dem Kind, begnügen (daß dies jemals länger als maximal eine halbe Stunde gedauert hätte, müßte ich einfach glauben; für Kontakte von 10 bis 15 Minuten hingegen habe ich zahlreiche Belege). Ich kenne allerdings auch Beispiele, wo der persönlich beauftragte Psychiatrieprofessor das von einem Mitarbeiter erstellte Gutachten mit der Standardformel »Einverstanden aufgrund eigener Urteilsbildung« autorisierte, ohne weder Kind noch Eltern jemals gesehen zu haben – ein eindeutiger Verstoß gegen geltendes Recht.

Und zum anderen: Während Psychologen fast immer (auch) Hausbesuche machen, lassen Psychiater bzw. ihre Gehilfen die Familie zu sich in die Klinik kommen, um dort das Kind zu testen, die Eltern-Kind-Beziehung zu beobachten oder mit den Eltern zu sprechen. Ganz so wie im Normalfall auch die Patienten zum Arzt kommen und nicht umgekehrt. Und wie in schweren Fällen zu einer zuverlässigen medizinischen Diagnostik die vorübergehende stationäre Aufnahme und Beobachtung des Patienten gehört, so findet sich – das hätte ich einfach nicht für möglich gehalten, wenn mir solche Fälle heute nicht persönlich bekannt wären – dieselbe Verfahrensweise durchaus auch im Rahmen der familiengerichtlichen Begutachtung: Sieben Tage mußte beispielsweise eine Neunjährige in einer Psychiatrischen Klinik verbringen, bis die Sorgerechtsempfehlung für den Gutachter feststand.

Ansonsten bleibt zu diesem Punkt lediglich noch anzumerken, daß die vom Kinder- und Jugendpsychiater erstellten Gutachten im Regelfall – von der stationären Aufnahme abgesehen – erheblich billiger, weil wegen des Verzichts auf Hausbesuche natürlich mit einem wesentlich geringeren Zeitaufwand verbunden sind. Doch ich kann mir nicht vorstellen, daß Kostenersparnis ein Motiv für ihre Beauftragung sein sollte. Eher vielleicht der Glaube, die »härtere« Disziplin Medizin könnte sich dem Kern des Kindeswohls noch stärker annähern als die Psychologie.

Festzuhalten bleibt jedenfalls eine erschreckende Unsensibilität für die häufig ohnehin bereits ganz erheblich traumatisierten Trennungskinder, die – sofern sie nur alt genug sind – per Gericht nun auch noch gezwungen werden, sich mit dem Stigma, geistig nicht ganz in Ordnung zu sein, belasten zu müssen. Welches Kind könnte schon verstehen, daß die ihm verordnete Untersuchung in den Räumen einer psychiatrischen Klinik allein seinem Wohl diene und lediglich ein Resultat jener naiven und gedankenlosen Gleichsetzung von Psychologen und Psychiatern sei, wie sie auch in breiten Kreisen der Bevölkerung anzutreffen ist?

Doch wie gesagt, über diese berufsgruppenspezifischen Unterschiede hinaus ist das Ziel der Erstellung eines familienrechtlichen Gutachtens weitestgehend identisch: dem Gericht auf der Basis einer Zustandsdiagnostik der kindlichen Befindlichkeiten eine Empfehlung zur Regelung des Sorge- oder Umgangsrechts zu unterbreiten.

Zur Logik gutachterlichen Handelns

Bis zur Reform des Scheidungsrechts 1977 war zwar nicht die Kinderwelt, wohl aber die der Gerichte noch in Ordnung. Denn im Rahmen des bis dahin herrschenden Schuldprinzips stand außer Frage, daß – von ganz seltenen Ausnahmen abgesehen – der am Scheitern der Ehe schuldige Elternteil unmöglich anschließend das

Sorgerecht für die gemeinsamen Kinder zugesprochen bekommen konnte.

Das änderte sich dann schlagartig mit der Einführung des Zerrüttungsprinzips und erst recht mit dem Inkrafttreten des Gesetzes zur Neuregelung der elterlichen Sorge vom 1. 1. 1980. Denn nun war nicht nur allein das »Kindeswohl« der ausschließliche Gradmesser für die Sorgerechtsfrage, das Gesetz schrieb auch zwingend vor, daß mit der Scheidung dieses Recht zukünftig nur einem der Eltern – und zwar ausnahmslos – übertragen werden durfte.

Dies war die eigentliche Geburtsstunde für den Psychologischen Sachverständigen, der nun immer häufiger hinzugezogen wurde, sobald sich das Gericht nicht darüber im Klaren war, wen von den miteinander streitenden Elternteilen es im Sinne des Kindeswohls zum zukünftigen Alleinsorgeberechtigten auswählen sollte.

Zufällig ergänzten sich dabei zwei im Prinzip völlig voneinander unabhängige Bedingungen: Zeitgleich zum gesetzlichen Selektionszwang bestimmte in der Psychologie damals die Begeisterung über die Wunderwaffe »Psychodiagnostik« die fachwissenschaftliche Landschaft. Dabei stand die Überzeugung im Zentrum, daß sich insbesondere mit Testverfahren, sofern sie nur richtig eingesetzt würden, die Fähigkeiten, Eigenschaften, Leistungspotentiale, Motive, Einstellungen, u. ä. m. eines jeden Menschen relativ exakt bestimmen, und das heißt, immer quantifizieren, ließen. Wobei es grundsätzlich überhaupt keinen Unterschied machte, ob sich beispielsweise die Fähigkeitsfeststellung auf die intellektuelle Eignung zum Besuch einer weiterführenden Schule, auf das räumliche Tiefensehen eines Kranführers, auf die Feinmotorik eines Uhrmachers oder auf die Konzentrationsfähigkeit einer Sekretärin bezog. Alles war allein eine Frage der angemessenen Meßinstrumente, das heißt, geeigneter Testverfahren.

Dieses statische, eigenschaftsorientierte Verständnis von psychologischer Diagnostik und damit auch von der menschlichen Persönlichkeit, Erbe des über Jahrzehnte das wissenschaftliche Denken der Psychologie bestimmenden sogenannten Behaviorismus, war zwar bereits Ende der siebziger Jahre beträchtlich angeschlagen und erschüttert, weil immer klarer geworden war, daß Menschen – als aktiv handelnde, planende und fühlende Wesen – nur sehr unzureichend und bestenfalls auf bestimmte kleine Verhaltensausschnitte beschränkt durch das mechanische Bild einfacher Reiz-Reaktions-Verknüpfungen beschrieben bzw. verstanden werden konnten. Doch damals war die »humanistische Wende« in der Psychologie gerade zaghaft eingeläutet und noch weit von jener Revolution im Verständnis von Familie entfernt, die zwar auch heute noch nicht abgeschlossen ist, allerdings – Gutachter ausgenommen – auch längst nicht mehr ignoriert wird: Familie, verstanden als ein dynamisches, ganzheitliches System, das sich zwar in seiner äußeren Gestalt – beispielsweise durch Scheidung – beträchtlich verändern kann, nicht jedoch als psychische Struktur im Erleben und für das Leben von Kindern.

Deshalb war es ganz verständlich und auch nicht »falsch«, wenn die durch die wachsende Nachfrage der Gerichte auf den Plan gerufene Zunft der Psychologischen Sachverständigen das ihnen gestellte Problem »Auswahl eines Elternteils zum Wohle des Kindes« ohne Zögern und ganz selbstverständlich auf die gleiche Art und Weise angingen, mit der auch ein Betriebspsychologe seine Eignungsdiagnostik betrieb.

Die Erwartungen der Justiz und die Kompetenzen der Psychologen ließen sich anfangs wirklich reibungslos miteinander in Einklang bringen – jedenfalls 22 Monate lang. Danach allerdings hätte diese kooperative Harmonie zumindest ganz erheblich erschüttert und – nach meinem Verständnis von Kinderpsychologie – sogar radikal verändert werden müssen. Denn mit seiner Entscheidung vom 3. 11. 1982 sorgte das Bundesverfassungsgericht nicht nur dafür, daß der unsinnige Rechtszwang zur Auswahl eines alleinsorgeberechtigten Elternteils ersatzlos gestrichen wurde. Zugleich betonte es, daß es aus Sicht trennungsbetroffener Kinder gar keine ihrem Wohl dienlichere Lösung geben könne, als eine möglichst konfliktfreie Fortdauer ihrer Gefühlsbeziehungen zu beiden Eltern. Weshalb ein gemeinsam ausgeübtes Sorgerecht selbst dann ein, wenngleich auch befristeter, Gewinn für das Kind sei, wenn die Unfähigkeit zur Kooperation seiner Eltern später doch noch die Sorgerechtsübertragung auf nur einen von beiden erforderlich machen sollte.

In der juristischen Praxis haben diese bahnbrechenden und von großer psychologischer Sensibilität geprägten Ausführungen, wie wir heute wissen, bestenfalls marginale Veränderungen bewirkt. Was nach meiner Überzeugung vor allem darin begründet ist, daß die am Trennungsverfahren beteiligten Kinderkundler die Botschaft des Verfassungsgerichts auch nicht annähernd verstanden, vielfach vermutlich nicht einmal zur Kenntnis genommen und erst recht nicht aufgegriffen haben. Das gilt in erster Linie für die Mitarbeiter der Jugendämter. Am bedrückendsten ist jedoch, daß auch die vom Anspruch her noch sehr viel kompetenteren Kinderkundler »Gutachter« bis heute so gut wie keine Konsequenzen aus dieser psychologischen Belehrung gezogen haben. Seit der inzwischen fast genau zehn Jahre zurückliegenden Entscheidung zum gemeinsamen Sorgerecht haben sie allerdings – bildlich gesprochen – ihre Unschuld verloren. Mit den Worten eines Rechtswissenschaftlers (Coester, 1986, S. 221): »Zwar ist es durchaus normal, daß der Bewußtseinsstand vor 10 Jahren heute als überholt angesehen wird. Dennoch war es vor 10 Jahren rational, sich am damaligen Erkenntnisstand auszurichten, denn etwas Besseres stand nun einmal nicht zur Verfügung.«

Vor allem die psychologischen Begründungen des höchsten deutschen Gerichts hätten eigentlich umgehend zum sofortigen und ersatzlosen Austausch des bis dahin selbstverständlichen Suchprinzips (»Suche den geeigneteren Elternteil!«) durch ein Verständnis sachverständigen Handelns als Gestaltungs- bzw. Herstellungsauftrag (»Versuche, die Konfliktstruktur der Eltern so weit wie möglich zu entspannen, damit das Kind möglichst unbelastete Beziehungen zu seinen Eltern erleben kann!«) führen müssen (vgl. Fthenakis, 1986; Jopt, 1987, 1992; Kunze, 1987). Es ist peinlich genug, daß die Forderung nach einem grundlegend veränderten Sachverstand der Sachverständigen aus dem Kreis aufgeschlossener Juristen und nicht von den psychologischen Kinderexperten selbst vorgetragen wurde. So bekannte etwa der Vorsitzende des Deutschen Familiengerichtstages Siegfried Willutzki (1991, S. 128/9):

»Ich glaube, es dürfte unstreitig sein, daß das Rollenverständnis des Gutachters ganz erhebliche Bedeutung für die Konfliktsteuerung hat, und zwar mit eindeutiger Langzeitwirkung. Daß wir hier noch längst nicht alle Möglichkeiten einer positiven Verfahrensbeteiligung ausgeschöpft haben, zeigt die Diskussion, die JOPT dankenswerterweise angestoßen hat, natürlich in der ihm eigenen zurückhaltenden Form. Man könnte es auch so ausdrücken: Der Stein, den er nach jemandem geworfen hat, hat es ins

Rollen gebracht. Ich bin sicher, daß am Ende der Diskussion die Erkenntnis stehen wird, daß die Funktion des Gutachters im Familiengerichtsverfahren anders definiert werden muß als die des Sachverständigen im allgemeinen Zivilprozeß. Die Beschlüsse des 7. Deutschen Familiengerichtstages in seinem Arbeitskreis 6 könnten für diese Definition durchaus eine brauchbare Grundlage abgeben.«

Und der hatte einstimmig empfohlen:

»Auch der Psychologische Sachverständige in streitigen familiengerichtlichen Verfahren um Sorgerecht und Umgangsregelung ist dem Kindeswohl verpflichtet. Das bedeutet: auch sein erstes Ziel muß sein, daß beide Eltern eine übereinstimmende Regelung finden. Gelingt das nicht, geht es darum, eine Entscheidungshilfe für das Familiengericht zu finden, die gegenwärtige Schwierigkeiten weder festschreibt noch Eltern unnötig verletzt.
Diese Zielsetzung sollte auch in der Formulierung des Gutachtenauftrags erkennbar werden, der möglichst früh erteilt werden sollte.«[79]

Zur Arbeitsweise des Psychologischen Sachverständigen

Am deutlichsten zeigt sich die Verantwortungslosigkeit der meisten Gutachter regelmäßig im Schlußteil ihrer Expertise, auf dessen Studium sich viele Richter – wie sie mir unter dem Siegel der Verschwiegenheit anvertrauten – häufig beschränken, weil sie entweder gar keine Zeit haben, die langatmigen und seitenfüllenden Wiedergaben der mütterlichen bzw. väterlichen Ansichten zum Verlauf ihrer Ehe überhaupt zu lesen, weil sie dies – was sehr verständlich ist – eher langweilt oder weil sie ohnehin wissen, was dort – über den fallspezifischen Klatsch und Tratsch hinaus – drinsteht.
Aber auch die Art und Weise, mit der Gutachter ihre Empfehlungen begründen – und daß sie eingeständen, einfach nicht zu wissen, wie das Gericht entscheiden solle, habe ich noch nicht erlebt –, spiegelt häufig ein solches Sammelsurium von Unverständlichem, Unglaublichem und immer wieder auch Unsinnigem wider, daß ich mich manchmal frage, wie diese Gutachter es eigentlich schaffen, ihre Fälle mit dem Gefühl abzuschließen, damit nun auch persönlich zur Verbesserung des Kindeswohls beigetragen zu haben.

Doch gelingen muß es ihnen ja wohl, denn andernfalls würden sie an ihrem stereotypen und oft ebenso stupidem Vorgehen nicht so bedingungslos festhalten. Zwar spürt man – immer gegen Ende – in nahezu jedem Gutachten auch Zweifel, daß das Kind eventuell doch nicht so eindeutig von der sachverständigen Expertise – das längste mir bekannte Gutachten hatte einen Umfang von 165 Seiten – profitieren könnte, wie es, rein verfahrenstechnisch, außer Frage steht. Denn so gut wie nie fehlen zum Schluß zahlreiche Beschwörungen und Konjunktive: was im Hinblick auf die zukünftige Umgangsgestaltung wünschenswert wäre; was Mutter oder Vater tun oder lassen sollten; was seitens der Eltern zu überdenken wäre; was der Gutachter anregt; was im Interesse des Kindes geboten wäre und zahllose andere fromme Wünsche und Hoffnungen mehr.

Doch das alles ist natürlich das Papier nicht wert, auf dem es steht. Denn so kindeswohldienlich alle diese Veränderungsnotwendigkeiten auch immer sein mögen, zur tatsächlichen Verbesserung der kindlichen Situation tragen sie in aller Regel natürlich nicht das Geringste bei.

Wie auch? Welche Mutter beispielsweise käme wohl je der – für sich betrachtet vielleicht völlig richtigen – Empfehlung nach, im Interesse ihres Kindes eine Therapie zu machen, damit sie es aus ihrer ängstlich-überbehütenden und damit entwicklungshemmenden Betreuung endlich entlassen kann, wenn der Gutachter dem Gericht gleichzeitig vorschlägt, sie davon unabhängig dennoch zur alleinigen Sorgeberechtigten zu küren? Wo sie sich doch ohnehin in ihrem aufopfernden Bemühen nicht verstanden fühlt und deshalb den angeblichen Nutzen einer solchen Maßnahme verständlicherweise überhaupt nicht erkennen kann.

Dazu beispielhaft Überlegungen aus einem Gutachten:

Der Gutachter kam zu dem überzeugenden Eindruck, daß der Sohn mit seinem Vater keinerlei negative Erfahrungen verbinde und daß seine Ablehnung jeglicher Kontakte vor allem auf den Einfluß der Mutter zurückzuführen sei. Die mütterliche Einstellung zu Kontakten mit dem Vater sei jedoch so ausgeprägt und vielschichtig, daß Frau X. mit einer Änderung ihres Verhaltens und ihrer Einstellung deutlich psychisch überfordert wäre. Im Hinblick darauf, daß ein zukünftiger Kontakt zwischen Vater und Sohn wünschenswert sei, empfiehlt der Gutachter, den Kontakt zum

Vater zunächst zwei Jahre zu unterbrechen. Er hofft, daß die Mutter während dieser Zeit in ihrer neuen Familie ihre früheren Enttäuschungen soweit verarbeitet haben werde, daß sie Umgangskontakte nicht länger ängstlich abzuwehren brauche. Auf jeden Fall empfiehlt der Gutachter, das Gericht möge ihr das Sorgerecht übertragen und sie selbst solle im Interesse des Kindes auf jegliche abwertenden Äußerungen über den Vater verzichten.

Das ist das gleiche, als nähme ein Fahrschüler auf Wunsch seines Prüfers anschließend noch weitere teure Fahrstunden, nachdem der ihn zuvor bereits zum stolzen Besitzer des begehrten Führerscheins befördert hat. Es ist empörend zu erleben, welches naiv-dümmliche Verständnis vom Funktionieren menschlicher Psyche ausgerechnet bei denjenigen anzutreffen ist, die sich diplomgeschmückt als Experten für gerade dieses Gebiet ausgeben.

Wann werden es diese »Konjunktiv-Gutachter« nur endlich begreifen, daß das dank ihrer Mithilfe nur noch stärker polarisierte Spannungsfeld zwischen den Eltern eines Trennungskindes sich nicht durch irgend welche Beschwörungsformeln ändert, sondern allein durch gezielt herbeigeführte Veränderungen ihres Umgangs sowohl miteinander als auch mit ihrem Kind? Deshalb kann der sachverständige Auftrag überhaupt nichts anderes beinhalten als eine Gestaltungsaufgabe in Sachen Beziehung. Jedenfalls so lange, wie man die Hoffnung nicht aufgegeben hat, im Interesse des Kindes einen Konfliktabbau herbeiführen zu können.

Demgegenüber scheinen für das Gros aller Gutachter bis heute zwei lapidare Beschwichtigungsformeln völlig auszureichen, um ihre persönliche Arbeitszufriedenheit zu bewahren. Erstens: Was immer sie eruieren, extrahieren, diagnostizieren oder auch fabulieren, stets verleihen sie allen ihren persönlichen Ansichten, Meinungen und Vorurteilen den Anschein wissenschaftlicher Objektivität bzw. Seriosität durch den schier endlos strapazierten Verweis auf die »psychologische Sicht«; womit alles, was immer sie auch von sich geben, mit dem Anschein des Wahrhaftigen ausgestattet werden soll. Und zweitens: Ausnahmslos alles dient – auch dies wird geradezu gebetsmühlenhaft wiederholt – immer allein und ausschließlich dem »Kindeswohl«.

Hierzu einige typische Beispiele, wie sie gang und gäbe sind.

Beispiel 1:
Da die Spannungen zwischen den Eltern immer noch anhalten, wird ein ausgedehntes Umgangsrecht zur Zeit nicht empfohlen. Sollten die Eltern wieder besser miteinander kooperieren können, dann allerdings wären Übernachtungen beim Vater durchaus angezeigt und dienten dann auch dem *Wohle des Kindes*. Zur Zeit kann jedoch mehr als ein 14tägiger Umgangskontakt ohne Übernachtung *aus psychologischer Sicht* nicht empfohlen werden, andernfalls wäre durch den andauernden Elternstreit das *Wohl des Kindes* gefährdet. Dabei ist auch zu berücksichtigen, daß P. auf die Trennung von seinem Vater mit starkem Protest reagieren wird, der durch Übernachtungen nur noch weiter aufrechterhalten würde.

Beispiel 2:
Aufgrund der Bindungen sei es *aus psychologischer Sicht* geboten, das Sorgerecht auf den Vater zu übertragen. Denn zumindest bei dem älteren Sohn sei die Beziehung zum Vater enger als zur Mutter, an der er allerdings auch sehr hänge.

Beispiel 3:
Wegen der Weigerung der Mutter konnte mit dem Kind keine ausführliche Untersuchung durchgeführt werden. Trotz dieser Einschränkung wird *aus psychologischer Sicht* empfohlen, das Sorgerecht auf die Mutter zu übertragen, wenngleich auch mit Bedenken. Dieser Empfehlung liegen sowohl Überlegungen zum Kontinuitätsprinzip wie zum Alter, bzw. zum Geschlecht des Kindes zu Grunde. Denn einerseits fühle sich die 4jährige in der mütterlichen Umgebung erkennbar wohl; zum anderen sei sie bei ihrem Vater, der immerhin 50 Jahre älter sei und allein lebe, ständig der Phantasie ausgesetzt, dessen Frau zu sein. Was zwangsläufig Verführungsphantasien auslösen würde. Natürlich sieht auch der Gutachter, daß diese Empfehlung bei beiden Eltern massiven Widerstand hervorrufen wird.

Beispiel 4:
Von ihrer Persönlichkeit wären beide Elternteile geeignet, ihrer Tochter die Fürsorge und Geborgenheit zukommenzulassen, die ein Kind dieses Alters benötigt. Aufgrund *psychologischer Überlegungen* wird dem Gericht aber empfohlen, das Sorgerecht den Großeltern zu übertragen. Sofern das Gericht sich diesem Vorschlag nicht anschließen mag, wird eine Sorgerechtsübertragung auf den Vater empfohlen.

Beispiel 5:
Der Gutachter kommt nach eingehenden Untersuchungen zu dem Schluß, daß D. zum Vater die engeren Bindungen habe. Trotzdem sei daraus nicht zu schließen, daß es für das *Wohl* des Kindes am besten sei, mit dem Vater zusammenzuleben. *Aus psychologischer Sicht* empfiehlt er, daß das Kind bei der Mutter aufwächst und mit dem Vater intensiven Besuchskontakt pflegt. Das Gericht nahm diese Empfehlung auf, hielt es aber für das *Kindeswohl* am besten, die Kontakte zum Vater gerade wegen der starken Bindungen gering zu halten, um die Irritationen des Kindes gegenüber der Mutter nicht noch zu fördern.

Und so weiter und so weiter. Leicht ließe sich ein eigenes Buch füllen mit tagtäglichen Beweisen gutachterlicher Selbstherrlichkeit und Anmaßung, ungeheuerlicher Prognosen und regelrechter Unverschämtheiten.

Doch was der abschließenden Empfehlung »aus psychologischer Sicht« vorangegangen ist, sieht keineswegs besser aus. Daß der Gutachter sich die Beziehung zwischen einem Kind und seinem anderen Elternteil gar nicht erst anschaut, weil er bereits nach dem Erstkontakt von der dort engeren Bindung fest überzeugt ist, kommt zwar auch vor, doch in der Regel kennt der gutachterliche Run auf die »eine Wahrheit« fast keine Grenzen. Dabei ist der methodische Rahmen, innerhalb dessen die Begutachtung erfolgt, bei allen Gutachtern nahezu identisch: Am Anfang stehen stets Einzelgespräche mit beiden Eltern, gefolgt von der Interaktionsbeobachtung Kind-Mutter bzw. Kind-Vater sowie eine mehr oder minder aufwendig Testung des Kindes selbst. Anschließend wird das schriftliche Gutachten erstellt und im Zweifelsfall mündlich vor Gericht »erläutert.«[80]

Natürlich wird dort kein Gutachter von seinem einmal schriftlich abgegebenen Votum ernsthaft abweichen – da mögen die kritischen Nachfragen insbesondere des »Gutachtenverlierers« noch so zutreffend sein. Insofern ist der seitens der Sachverständigen gerne betonte Verweis auf diese Möglichkeit ihrer Kontrolle praktisch eine Farce. Ich selbst habe jedenfalls noch nie von einem Gutachter gehört, der bei der Erläuterung seiner Expertise ein plötzliches Aha-Erlebnis gehabt und sich selbstkritisch von seiner ursprünglichen Meinung distanziert hätte.

Wenn aber bei einem Gericht – trotz aller gegenteiligen Beteuerungen durch den Gutachter – dennoch einmal ernste Zweifel an der Brauchbarkeit eines Gutachtens auftreten und es daraufhin einen weiteren Sachverständigen einschaltet, dann müssen die Eltern das erwiesenermaßen untaugliche Elaborat trotzdem bezahlen. Bedingungen, von denen jeder Handwerksbetrieb nur träumen kann. Doch vielleicht ist es auch der »fürsorgliche« Gedanke vieler Gerichte, den Betroffenen solche unsinnigen Kosten von vornherein zu ersparen, der diesen Fall so selten vorkommen läßt.

Elternbefragung

Gerade hier zeigt sich am deutlichsten, daß Gutachten – neben der Vergütung für den gesamten Zeitaufwand – auch nach der Anzahl der angefertigten Seiten bezahlt werden. Denn da wird fast immer nur ausschweifend, minutiös und in epischer Breite nacherzählt, was die Mutter bzw. der Vater dem Gutachter über den Verlauf ihrer Ehe, über die Beziehungen der Kinder zu ihren Eltern und über die Ursachen ihres Scheiterns berichteten. Und weil kein Mensch sich das alles merken kann, machen sich die meisten deshalb bereits während des Gesprächs schon eifrig ihre Notizen. Oder sie diktieren – von der Arbeitsweise des Anwalts nicht mehr unterscheidbar – noch während des Gesprächs ihre Zusammenfassungen, die die Sekretärin anschließend nur noch abzutippen braucht, gleich Absatz für Absatz direkt aufs Band.[81]
Nun ist es natürlich sinnvoll, zu Beginn der Begutachtung erst einmal die »subjektiven Wahrheiten« von Mutter und Vater kennenzulernen. So würde auch jeder Therapeut vorgehen, um ein Verständnis für die Beziehungsdynamik einer Familie zu bekommen. Doch was die sich oft über viele Seiten erstreckenden Nacherzählungen von, in wichtigen Punkten ohnehin regelmäßig konträren, Elterndarstellungen für das Gericht an relevanten Informationen bringen soll, das ist ein bis heute ungelüftetes Geheimnis.
Das gilt gleichermaßen für das elterliche Erinnerungsvermögen bezüglich der Vorgeschichte ihres Kindes. Denn ob es beispielsweise während eines Krankenhausaufenthaltes der Mutter vor etlichen Jahren einmal für zwei Wochen vom Vater gewickelt, versorgt und betreut wurde, ist zwar für die begutachteten Eltern von größ-

ter Wichtigkeit – wissen sie doch, daß es für den Ausgang dieses Alles-oder-Nichts-Spiel von größter Bedeutung sein wird, wie erfolgreich es gelingt, die Betonmauer Kontinuitätsprinzip mit dem Nachweis von möglichst viel kindlicher »Betreuungszeit« zu durchlöchern –, aus dem Gegenwartserleben des Kindes heraus ist es jedoch absolut bedeutungslos. So wie es dem Kind auch völlig gleichgültig ist, wer von seinen Eltern über das bessere Gedächtnis verfügt und sich am genauesten daran erinnern kann, wann es das erste Mal ins Töpfchen machte, die ersten Gehversuche startete oder wann und in welcher zeitlichen Reihenfolge es seine Eltern erstmals mit »Mama« bzw. »Papa« entzückte. Alle diese entwicklungspsychologischen Trivialitäten scheinen für die allermeisten Gutachter jedoch von großer Tragweite zu sein, denn sie fehlen nur sehr selten. Auch insofern kann ich deshalb jedes Gericht eigentlich nur zu gut verstehen, wenn es sein Gutachtenstudium erst mit dem Abschnitt »Zusammenfassung« beginnt.[82]

Der allerwichtigste Punkt jedoch: Ausnahmslos alle Gutachter scheinen unerschütterlich davon überzeugt zu sein, daß für eine die Gerichte beeindruckende Dokumentation ihres professionellen Könnens der Einsatz von Testverfahren – und seien sie für die Beantwortung der Fragestellung auch noch so unsinnig – absolut unverzichtbar ist.

So müssen sich Kinder beispielsweise irgendwelchen Intelligenztests unterziehen, obwohl es lediglich um die Frage von Umgangskontakten geht; ihre Konzentrationsfähigkeit wird getestet, und niemand – auch der Gutachter nicht – weiß, wofür; man mißt mit simplen Fragebögen das Ausmaß ihrer schulischen Leistungsangst, als ginge es um eine Belastbarkeitsprüfung zur Auswahl des richtigen Schultyps.

Doch damit noch nicht genug. Denn Opfer der gutachterlichen Testmanie sind nicht nur Kinder. Vielfach, wenngleich auch nicht mit derselben Selbstverständlichkeit, geht dieser Kelch auch an den Eltern nicht vorüber. Wobei sich insbesondere das FPI (Freiburger Persönlichkeits Inventar) großer Beliebtheit erfreut. Und so sehen dann die Ergebnisse aus:

Der Gutachter berichtete, Frau O. sei weniger als der Durchschnitt psychosomatisch beeinflußbar, dafür sei ihre Tendenz zur Aggressivität allerdings höher als beim Durchschnitt, hinsichtlich ihrer Erregbarkeit liege sie deutlich unter dem Durchschnitt und auch ihr Dominanzstreben sei deutlich geringer als der Durchschnitt. Herr O. beschreibe sich als äußerst zufrieden und selbstsicher (wobei er sogar einen Extremwert einnehme) und dokumentiere ein etwas vermindertes Dominanzstreben als der Durchschnitt. Dafür weise er allerdings auf der Neurotizismus-Skala einen Extremwert auf.

Natürlich fragt sich jeder mit gesundem Menschenverstand sofort, was solche »Befunde« mit der vorgegebenen Aufgabenstellung zu tun haben. Doch darauf hätten auch die Gutachter selbst keine Antwort. Wobei noch hinzukommt, daß sich alle Eltern unter dem Druck der erhofften Sorgerechtsentscheidung zu ihren Gunsten verständlicherweise mit äußerstem Nachdruck darum bemühen, alle Fragen zu ihrer Persönlichkeit so zu beantworten, daß sie einen möglichst positiven Eindruck beim Gutachter hinterlassen (Büttner, 1988).[83]

Mit der kindeswohlgemäßen Elternauswahl hat diese ganze Testerei der Erwachsenen jedenfalls nicht das Geringste zu tun. Entsprechend spielt sie für die spätere Empfehlungsbegründung auch kaum eine Rolle. Wie sollte es bei so viel Bedeutungslosigkeit auch anders sein?

Den schönsten (richtiger: unglaublichen) Beweis für das Testen als lediglich hohlen Tribut an die gutachterliche Profilneurose lieferte kürzlich eine Hamburger Psychologin: Sie schreckte nicht einmal davor zurück, einen betroffenen Vater, der selbst Diplompsychologe war, mit dem FPI zu testen. Was aus methodischer Sicht natürlich schlichtweg Unfug ist, weil alle Testverfahren, wenn überhaupt, nur dann zu brauchbaren Aussagen führen, wenn der Getestete die mit ihnen verbundene Absicht nicht von vornherein durchschaut.

Doch während ganz sicher kein Zauberkünstler jemals auf die Idee käme, ausgerechnet die Kollegen mit einem Trick verblüffen zu wollen, den diese beim selben Lehrmeister erworben haben wie er selbst, erkennen viele Gutachter offensichtlich überhaupt nicht, daß ihre angeblichen Kompetenzbeweise in Wirklichkeit die überzeugendsten Indikatoren für das genaue Gegenteil sind. Dieses Beispiel zeigt aber noch etwas anderes. Wenn nämlich selbst ein

Fachkollege blindlings bereit ist, sich dem sachverständigen Diktat – wider besseren Wissens – zu unterwerfen, so läßt das ahnen, unter welchem immensen psychischen Druck sorgerechtsstreitende Eltern stehen und wie geradezu grenzenlos ihre Bereitschaft sein muß, sich im Bewußtsein um die Entscheidungsmacht des Gutachters dessen »Anordnungen« ebenso bedenken- wie bedingungslos zu unterwerfen, um im Hinblick auf das eigene Kind nur ja keine Chance leichtfertig aufs Spiel zu setzen.

Nur so ist es dann wohl auch zu verstehen, daß gestandene Erwachsene auf Aufforderung nicht nur Bäume zeichnen, um dem Gutachter »Einblick« in ihre Persönlichkeit zu vermitteln; mit derselben Motivation bearbeiten sie widerspruchslos Testverfahren, die eigentlich für psychisch kranke Menschen gedacht sind (nur, weil der Gutachter zufällig halbtags noch in einer psychiatrischen Klinik beschäftigt ist), bauen mit Puppenfiguren Familienszenen auf oder sortieren selbst Fotos abnormer Persönlichkeiten nach dem Grad der Sympathie, um ihre Triebstruktur zu offenbaren (Szondi-Test).[84] Als hätte es die bereits vor über 20 Jahren erhobene Forderung des Rechtswissenschaftlers Schmid (1971, S. 1865), wonach niemand durch die Konfrontation mit Sachverständigen das Gefühl entwickeln dürfe, »zum Objekt einer Geheimwissenschaft degradiert zu werden«, niemals gegeben.

Und wenn sie sich für all ihre bereitwillige Unterwürfigkeit anschließend auch noch Beleidigungen wie diese einhandeln, so geschieht auch dies allein zum Wohle des Kindes.

So mußte sich beispielsweise ein Vater nach seiner Deutung von Rorschach-Tafeln (das sind Tintenklecksbilder) sachverständig belehren lassen: Im Gesamteindruck der Tafeldeutungen erscheine er sehr auffällig; er neige zu sich wiederholenden Beschreibungen und zeichne sich durch Weitschweifigkeit und Pedanterie in seinen Beschreibungen aus. Daraus ließen sich zwar diagnostische Folgerungen ziehen, darauf wolle der Gutachter jedoch verzichten, weil er sich als Psychologe nicht in der Lage fühle, diese Verdachtsdiagnose weiter zu verfolgen. Hier sei eventuell ein Psychiater hinzuzuziehen.

Fast immer hat ein Kind, wenn ein Gutachter erstmals auftritt, eine einschlägige Vorgeschichte höchst belasteter und gestörter Beziehungen zu seinen Eltern. Andernfalls wäre ein Gutachter kaum eingeschaltet worden. Und diese Störung betrifft nicht nur die Beziehung zu dem Elternteil, bei dem es nicht dauerhaft lebt, sondern auch die zum anderen. Das sieht nicht selten so aus, daß sich ein durch die Turbulenzen der Vergangenheit äußerst irritiertes und verängstigtes Kind verständlicherweise ganz eng an den Elternteil klammert, mit dem es nach der Trennung weiter zusammenlebte. Schließlich gibt es keine »stärkere« Bindung als die Angstbindung. Doch dieses Klammern ist natürlich in erster Linie ein verzweifelter Aufschrei des Kindes gegen die massiven seelischen Belastungen, in die es hineingeraten ist, und keineswegs der »Beweis« für seine emotionale Präferenz.

Doch genau das erkennen viele Gutachter überhaupt nicht. Statt dessen konstatieren sie ohne Zögern, daß das Kind eindeutig und zweifelsfrei in einer ganz engen und innigen Bindung zum betreuenden Elternteil stünde; und eigentlich bräuchten sie sich daraufhin seine Beziehung zum anderen Elternteil gar nicht mehr anzuschauen, weil sie ohnehin nicht »stärker« sein könnte (was vereinzelt tatsächlich auch geschieht), wäre da nicht die Forderung nach Objektivität und Gleichbehandlung.

Meist erhalten sie dann auch nur bestätigt, was sie ohnehin bereits »wußten«: Denn das durch die Kontaktstörungen der Vergangenheit wie durch die psychischen Belastungen der aktuellen Begutachtungssituation in höchstem Maße verwirrte Kind verhält sich beim – häufig nach langer Zeit wieder erstmaligen – Zusammentreffen mit dem anderen Elternteil natürlich tatsächlich eher reserviert und gehemmt. Eine künstlichere Situation ist ja auch wirklich kaum vorstellbar.

Trotzdem glauben viele Gutachter fest daran, daß es dennoch möglich wäre, in jedem Fall einen Eindruck von der »natürlichen« Beziehung zwischen beiden zu bekommen, indem sie den Erwachsenen auffordern, doch einfach mal was mit dem Kind zu basteln (bevorzugt mit Knetgummi, das sie für diesen Zweck gleich selbst mitgebracht haben) oder – bei größeren Kindern – beispielsweise eine Runde »Mensch-ärgere-dich-nicht« zu spielen. Und das wird dann beobachtet.

Mir ist völlig rätselhaft, was solche »Interaktionsbeobachtungen« über die emotionalen Beziehungen eines Kindes zu Mutter oder Vater aussagen sollen. Denn bestenfalls ist ein Eindruck davon möglich, wie gut jeder der Beteiligten – Kind wie Erwachsener – in der Lage ist, mit einer in höchstem Maße stressigen und völlig künstlichen Situation zurechtzukommen (wer würde wohl als erstes mit seinem Kind rumkneten, wenn er es zuvor monatelang nicht gesehen hat?). Doch das dürfte ja wohl kein ernsthaftes Kriterium für Sorgerecht oder Umgang sein.

Dazu noch ein Erlebnis auf einer Tagung in Bad Boll: Voller Stolz berichtete dort ein Berliner Sachverständiger im Kreise zahlreicher Familienrechtsexperten, daß es gelungen sei, an seinem Institut eine Methode zu entwickeln, die es erlaube, die Qualität der Eltern-Kind-Beziehung selbst bei Säuglingen wissenschaftlich fundiert festzustellen. Dort erhielten die Eltern nämlich die Aufgaben, entweder das Baby zu füttern oder zu wickeln, was dann per Videokamera aufgezeichnet und anschließend ausgewertet werden würde. Die anwesenden Juristen waren sichtlich beeindruckt.

Allerdings kommt es auch immer wieder vor, daß ein Kind sich strikt weigert, sozusagen dem Gutachter zu Liebe überhaupt zum anderen Elternteil mitzukommen. Das ist natürlich weniger Ausdruck seiner inneren Ablehnung dieser Person, sondern das Resultat seines verzweifelten Versuchs, den extremen seelischen Belastungen auszuweichen und seinen Loyalitätskonflikt zwischen beiden Eltern auf diese Weise zumindest scheinbar zu »lösen«. Den Gutachter bringt eine solche Verweigerung regelmäßig in eine schwierige und eher ärgerliche Lage, weil er nun gezwungen ist, seine Expertise ohne Berufung auf eine Beobachtung der Beziehung zum anderen Elternteil erstellen zu müssen.

In solchen Fällen zeigt sich die ganze Mangelhaftigkeit, ja die Absurdität der diagnostischen Begutachtung eigentlich am deutlichsten. Denn aus psychologischer Sicht bräuchte gerade das sich verweigernde Kind dringlichst Hilfe, um aus seiner – wie auch immer zustande gekommenen – Parteinahme zugunsten des betreuenden Elternteils heraustreten und wieder eine möglichst unbelastete Beziehung zum anderen aufbauen zu können. Allein das entspräche einem ernsthaften und ehrlichen Bemühen um den Schutz eines bedrohten Kindeswohls.

Doch die Veränderung gestörter Beziehungen paßt natürlich nicht in das Bild eines professionellen Selbstverständnisses, das sich bedingungslos allein dem Feststellen von Zuständen verschrieben hat. Deshalb wird die Unmöglichkeit, diese diagnostische Teilaufgabe wegen des kindlichen Widerstandes durchführen zu können, im schriftlichen Gutachten lediglich vermerkt. Und das war's dann auch.[85]

Fazit: So, wie die Gutachter heute mit der Interaktionsbeobachtung umgehen, ist sie weitgehend eine Farce. Ihr diagnostischer Aussagewert weicht nur unwesentlich von dem ab, was sich ergäbe, wenn man ein schmollendes Kind, das auf die Mutter »sauer« ist, weil es sich mit ihr gestritten hat, im selben Augenblick aufforderte, mit ihr ein Spiel zu machen. Natürlich ließe sich auch in diesem Fall etwas »beobachten«, keine halbe Stunde später sähe man jedoch wieder etwas völlig anderes.

Eine Beziehung ist eben nicht dasselbe wie eine Begegnung. Beide sind umso unterschiedlicher, je stärker eine herbeigeführte »Interaktion« von Belastungsfaktoren beeinflußt wird, die man nur schwer einschätzen kann und häufig sogar überhaupt nicht kennt. So gelangt man in dem gerade ausgeführten Beispiel nur dann zu einer einigermaßen »richtigen« Lageeinschätzung, wenn man über die Beobachtung eines kratzbürstig-aggressiven Kindes hinaus zugleich weiß, daß Kind und Mutter gerade »Krach« miteinander haben.

Diese beträchtliche Abhängigkeit vom psychischen Kontext aller Personen, deren Umgang beobachtet werden soll, hat übrigens zur Folge, daß die Interaktion zwischen Kind und betreuendem Elternteil grundsätzlich nicht weniger künstlich abläuft als die mit dem Sorgeberechtigten. Daß auch diese Seite im Gutachten thematisiert wurde, habe ich jedoch nur ganz selten erlebt.

Zwar haben die allermeisten Gutachter ihre methodischen Lektionen während des Studiums offensichtlich gut gelernt, denn für die experimentelle Versuchsplanung ist es in der Tat von großer Wichtigkeit, verschiedene Beobachtungssituationen so zu gestalten und auszubalancieren, daß sich unerwünschte Fehlerquellen möglichst gegeneinander aufheben. Genau dieser Gedanke steht auch dahinter, wenn Gutachten den Hinweis tragen, die Verfahren würden aufgeteilt und in der Umgebung der Mutter und in der des Vaters durchgeführt, *um mögliche Umwelteinflüsse zu kontrollieren.* Oder wenn bei den noch vorzustellenden Präferenztests (»Wen würdest du am liebsten mitnehmen?«) die Auswahl einmal auf eine Schiffskabine, danach auf ein Schloß oder eine Insel bezogen und das Ganze dann anspruchsvoll als »Parallellform« bezeichnet wird. Doch sobald es um Beziehungen und damit im Zusammenhang stehende psychische Befindlichkeiten geht, gilt diese grundsätzlich richtige Idee eben nicht mehr – ganz gleich, ob es sich um Tests oder um Beobachtungen handelt. Denn für den Umgang eines Trennungskindes mit seiner Mutter bzw. seinem Vater läßt sich zwar dasselbe Wort »Interaktion« verwenden. Tatsächlich handelt es sich jedoch um zwei höchst unterschiedliche, unter Umständen sogar grundverschiedene Situationen, die überhaupt nicht miteinander vergleichbar sind. Aus zahlreichen Gründen verhält sich das Kind hier wie dort einfach »anders«. Ganz so, wie es auch die Mutter macht, wenn sie mit ihm allein oder im Beisein des Gutachters spielt. Und das gleiche gilt auch für den Vater.

Solange jedoch weiterhin an der irrigen Vorstellung festgehalten wird, Kind-Eltern-Begegnungen seien grundsätzlich mit experimentellen Versuchsplänen zu vergleichen, solange wird es auch zukünftig wohl immer wieder solche aberwitzigen Diagnosen geben.

Erstmals nach mehr als drei Monaten sah eine dreijährige, bei ihrem Vater lebende Tochter ihre Mutter in den Räumen des Gutachters wieder. Verschämt lächelnd ging sie auf sie zu, jedoch erkennbar erfreut. Als sie nach nur 20 Minuten die Begegnung wieder beenden mußte, verabschiedete sie sich eher bedrückt und ernst; wie sollte ein Kind ein solch plötzliches Ende auch verstehen. So ging sie auch auf ihren im Nebenzimmer wartenden Vater zu: Fazit: »Die Bindungen des Kindes sind eindeutig stärker zur Mutter als zum Vater.«

Exploration des Kindes

Obwohl sich für die meisten Laien gerade im Umgang mit Kindern der Kern gutachterlicher Kompetenz dokumentiert, ist dies in Wahrheit das düsterste Kapitel in der ganzen Arbeit der Sachverständigen. Denn um den »wahren Kindeswillen« bzw. seine stärkere Bindung zu einem Elternteil – beides sind weitgehend Synonyme – zu ermitteln, ist nahezu jedes Mittel recht.

Der direkteste Weg ist natürlich die Befragung des Kindes selbst, sofern es dazu vom Alter her in der Lage ist. Doch weil sich inzwischen herumgesprochen hat, daß zahlreiche Kinder auf entsprechende Präferenzfragen eher verschämt-verstockt reagieren und häufig jede Antwort verweigern, weil sie längst begriffen haben, daß jede Entscheidung für einen Elternteil zugleich eine gegen den anderen ist, suchen viele Gutachter die kindliche Wahrheit, von deren Existenz wie von einem religiösen Dogma ausgegangen wird, lieber auf indirektem Weg – per Tests.

Wo immer jedoch Kinder dennoch befragt werden, hat man manchmal den Eindruck, der Sachverständige hätte sich in die Rolle eines seelischen Scharfrichters geschwungen, der das Kind mit seinen bohrenden Fragen nach dem bevorzugten Elternteil regelrecht quält. Denn sobald es zu verstehen gibt, daß es beide Eltern gleich lieb habe, bohrt er weiter: wen von beiden dann aber vielleicht »ein ganz kleines bißchen« lieber. Und wenn dann immer noch keine Antwort kommt: Mit wem möchtest du denn am liebsten in Urlaub fahren? Oder auf eine einsame Insel? Bis irgendwann »Mami« oder »Papa« fällt – und die Inquisition ist beendet.

Einzelne Gutachter schrecken selbst davor nicht zurück, die Befragung regelrecht zum Kreuzverhör zu gestalten, um auf diese Weise das Kind immer mehr in die Enge zu drängen.

So erging es beispielsweise der achtjährigen Heike: Zunächst hielt der Gutachter ihr vor, daß sie sich gegenüber dem Jugendamt darüber beklagt habe, bei ihrer Mutter immer schon sehr früh zu Bett gehen zu müssen. Heike erwiderte, daß die Frau vom Jugendamt das wohl falsch verstanden habe. Anschließend wurde dem Mädchen vorgehalten, es habe gesagt, daß die Mutter über den Vater Lügen erzähle. Wiederum wehrte sich Heike mit dem Hinweis, das sei auch falsch verstanden worden, worauf der Gutachter sofort konterte, daß dann die Mutter also nicht über den Vater lüge. Daraufhin sei Heike, so berichtet der Gutachter, ratlos gewesen und habe nicht weiter gewußt. Nachdem Heike erklärt hatte, sich an einen zurückliegenden Fahrradunfall nicht mehr erinnern zu können, gab der Gutachter ihr ein Stichwort, worauf ihr das Ereignis wieder einfiel. Jetzt wies der Gutachter sie darauf hin, daß sie damals gesagt habe, die Mutter hätte behauptet, sie sei von ihrem Vater vom Rad gestoßen worden. Heike bestritt das. Daraufhin hielt ihr der Gutachter vor, sie könne das doch gar nicht mehr wissen, da sie sich doch angeblich an die ganze Angelegenheit nicht mehr erinnere.

Heike bewertete eine kürzliche Kur mit ihrer Mutter als »ganz gut«. Daraufhin hielt ihr der Gutachter vor, daß im Anhörungsprotokoll die Bewertung »sehr schön« stehe. Heike wußte keinen anderen Ausweg als zu sagen, daß sie auch hier vom Gericht wieder falsch verstanden worden sei.

Dieses Gutachten erhielt, wie alle anderen Beispiele auch, natürlich das gerichtliche Gütesiegel zweifelsfreien Sachverstandes (der Gutachter ist übrigens kein »schwarzes Schaf«, sondern genießt hohes Ansehen bei zahlreichen Gerichten), und das Mädchen wanderte anschließend für zwei Jahre in ein Heim, ganz wie der Gutachter empfohlen hatte.

Doch selbst dann, wenn sich ein Kind schließlich nach langem Drängen doch endlich für den Aufenthalt bei einem Elternteil aussprechen sollte, so heißt das noch lange nicht, daß es auch so kommt. Denn diese Chance besteht nur dann, wenn der kindliche Wunsch auch im Einklang mit der ganz persönlichen, meist von Vorurteilen und anderen Irrationalismen geprägten Ansicht des Gutachters steht.

Jedenfalls kann das so sein: »Es kann nicht als im Interesse des zehnjährigen Kindes liegend gesehen werden, seinen sicherlich ›beachtlichen‹ Willen absolut zu setzen.« Oder auch nicht: »Es ist ihr Wunsch, bei der Mutter zu leben. Ein solcher Wunsch der Scheidungskinder pflegt gekoppelt zu sein mit der dominanten Bindung, die es auch bei intakten Familien immer gibt. Da Kinder mit der Erziehung viele Einschränkungen hinnehmen müssen und sie diese Einschränkungen nur dann wirklich akzeptieren, wenn als Ausgleich die emotionale Bindung vorhanden ist, spielen Wunsch und

Bindung des Kindes eine so bedeutsame Rolle für die Prognose einer gesunden Entwicklung und erfolgreichen Erziehung.« Geradezu perfide geht es schließlich dort zu, wo das Kind dem Gutachter unter dem ausdrücklichen Siegel der Verschwiegenheit gesteht, beispielsweise gerne bei seiner Mutter leben zu wollen, sich aber nicht traue, dies laut zu sagen, um den Vater nicht zu verletzen. Ich weiß nicht, wie oft ich eine solche vertrauliche Mitteilung später in Gutachten schon gelesen habe, und ich frage mich ernsthaft, ob es für manche Sachverständige einfach keine grenzensetzende Ethik, keine Achtung vor der Würde eines Kindes gibt oder ob diese Vertrauensbrecher wirklich nicht erkennen, was sie da Ungeheuerliches anrichten.

Doch auch wenn der Wunsch eines Kindes klar auf dem Tisch liegt und auch der Gutachter keine Zweifel an seiner Ernsthaftigkeit hegt und derselben Meinung ist – die obligatorische Testung kann es nur vermeiden, wenn es entweder noch zu jung oder schon zu alt ist, um verwertbare Aussagen liefern zu können.

Zwar teilen einige Gutachter – wie z. B. Rösner & Schade (1989) oder Salzgeber & Höfling (1991) neuerdings nicht mehr uneingeschränkt jene Euphorie von Ernst Ell, der noch 1989 (S. 273/4) regelrecht schwärmte: »Die Bedeutung der Testung zur Erkenntnis ›der stärkeren inneren Beziehung‹ bzw. der ›Bindungen‹ ist heute unbestritten; die Testung ist geradezu die via regia, wenn sie gekonnt durchgeführt wird.«[86]

Ganz verzichten möchte auf dieses offensichtliche Markenzeichen psychologischen Sachverstandes jedoch keiner.[87] Wobei die Logik sämtlicher »Verfahren«, deren ständiger Erweiterung nur die gutachterliche Phantasie Grenzen setzt, stets dieselbe ist: Zu welchem Elternteil hat das Kind die engere oder auch die emotional positivere Beziehung?[88]

Ganz obenan stehen dabei die sogenannten projektiven oder semiprojektiven Testverfahren, bildliche oder auch nur verbale Vorgaben meist relativ eindeutiger Situationen, in denen das Kind aufgefordert wird, unterschiedliche Nähebedürfnisse zu Mutter oder Vater zu artikulieren – entweder ganz direkt und persönlich über Szenarios mit Puppenfamilien oder durch Analogiebildung aus der Tierwelt. So soll es beispielsweise in dem weitverbreiteten Fabeltest von Düss angeben, zu welchem Elternteil ein durch einen Sturm aus dem Nest geworfenes Vogelkind fliegen wird, nachdem seine Vogeleltern sich auf zwei verschiedene Bäume geflüchtet haben.

In einem Gutachten führt keine der Fabeln zu einem auswertbaren Ergebnis. Nur aus der Geschichte mit dem Vogelkind, das bei einem Sturm aus dem Nest fällt, während seine Eltern auf verschiedene Bäume fliegen, ergab sich ein Hinweis: Da es weder zur Mutter noch zum Vater flöge, sondern auf dem Boden sitzen bliebe, wurde geschlossen, daß das Mädchen keine besondere Präferenz für einen Elternteil besitzt.
Entsprechend heißt es später in der gerichtlichen Beschlußbegründung (weitere Tests gab es in diesem Fall nicht): »Nach den gutachterlichen Feststellungen des Sachverständigen besteht testmäßig keine emotionale Präferenz des Kindes für einen Elternteil.«

Oder der nicht minder beliebte Schloß-Zeichentest: Das Kind wird aufgefordert anzugeben, wer in einem imaginären Schloß im unmittelbar angrenzenden Zimmer wohnen soll, wer dann daneben, noch eins weiter usw. Bereits hier deutet sich an, was von anderen Gutachtern gleich unverblümt und direkt angegangen wird: In dem Irrtum, daß man alles objektivieren und meßbar machen könne, wird versucht, auch die Suche nach dem Kindeswohl – hier über die kindlichen Bindungen – in eine scheinbare Maßeinheit reinzupressen, deren Anschaulichkeit sich niemand – und schon gar nicht ein Gericht – leicht entziehen kann.

Aus beziehungspsychologischer Sicht ist diese Vorstellung natürlich völlig unhaltbar, denn die Bindungen eines Kindes zu Mutter, Vater, Geschwistern, Großeltern usw. spiegeln in erster Linie nicht Quantitäten, sondern immer zuallererst Qualitäten von Beziehungen wider. Und die mögen sich zwar beschreiben lassen, sie sind aber nicht meßbar und schon erst recht nicht auf einem Niveau, das über einfache Rangordnungen – der Platzverteilung bei einem sportlichen Wettkampf vergleichbar – nicht hinausreicht.

Sofort könnten Gutachter einwenden, daß sie mehr als eben eine solche Rangfolge mit ihrer Diagnostik auch gar nicht erreichen wollten, weil es letztlich im Hinblick auf die Eltern ohnehin »nur« um eine Entweder-Oder-Entscheidung gehe. Doch diese Rangfolge hat noch weitere ganz beträchtliche Tücken. Denn sofort stellt sich – ähnlich wie bei der Interaktionsbeobachtung – die Frage nach der

Stabilität solcher Angaben, was ich am erwähnten Schloß-Zeichen-test einmal exemplarisch verdeutlichen will.

Angenommen, das Kind hat seiner Mutter das unmittelbare Nach-barzimmer zugewiesen und irgendwo weiter hinten – oder auch gar nicht – seinen Vater einquartiert. Dann kann dies grundsätzlich mindestens dreierlei bedeuten:

1. Es kann sich zu diesem Zeitpunkt der Begutachtung gar keine andere Aufteilung vorstellen, da es ohnehin bereits seit langem mit der Mutter zusammen und vom Vater getrennt lebt. Die räumliche Gegenwart seines Vaters ist schlichtweg unrealistisch geworden.

2. Vor dem Hintergrund der früheren elterlichen Rollenaufteilung ist die Betreuung durch die Mutter für das Kind zur selbstverständ-lichen Realität geworden, so daß es zuallererst diese ganz nah bei sich haben möchte.

3. In der Tat möchte das Kind seinen Vater ganz weit von sich weg wissen. Dann weiß man allerdings längst noch nicht, welche Gründe es dafür hat.

Alle diese Möglichkeiten sagen lediglich etwas über den biographi-schen und den trennungsbedingten Lebensraum des Kindes aus, nichts hingegen über die unterschiedliche Wichtigkeit seiner emo-tionalen Beziehungen zu beiden Eltern.

So berichtete mir beispielsweise ein sorgeberechtigter Vater, dessen Tochter sich auf die Frage, mit wem sie am liebsten allein auf eine Insel fahren möchte, spontan für ihn entschied, daß er nur wenige Wochen zuvor tatsächlich mit ihr allein einen kurzen Inselurlaub verbracht hatte. Da war die Entscheidung also sicherlich mehr von Erinnerung als von Projektion bestimmt gewesen.

Und umgekehrt gilt das gleiche. Denn wünschte sich das zum Zeitpunkt der Testung bei seiner Mutter lebende Kind, sein Vater solle das Nebenzimmer beziehen, so kann das ebenfalls wiederum mindestens zweierlei bedeuten:

1. Es möchte in der Tat vorrangig seinen Vater ganz nah bei sich haben.

2. Vor dem Hintergrund schwerer Kontaktstörungen seit der Tren-nung sehnt es sich lediglich nach »mehr Vater«, ohne damit eine Nachrangigkeit seiner Mutter ausdrücken zu wollen (übrigens m. E. ein häufiger und häufig mißverstandener Fall bei Sorgerechts-streitigkeiten).

Man weiß also nie – und dies gilt gleichermaßen für alle auf Elternpräferenzen abzielenden Testverfahren –, was genau das Kind mit seinen Nähewünschen zum Ausdruck bringen will. Dies bleibt weitestgehend den Deutungskünsten des Gutachters überlassen, und der interpretiert die kindlichen Angaben natürlich jeweils so, wie sie zu seiner eigenen Sicht der Dinge »passen«. Dies ist dann auch der wahre – zugleich allerdings auch triviale – Grund dafür, daß die Interpretationen der Testbefunde so gut wie nie im Widerspruch zu der vom Gutachter ausgesprochenen Empfehlung steht. Doch auch wenn längst fachkundige Experten den wissenschaftlichen Wert solcher Tests in Zweifel ziehen (vgl. Hörmann, 1967; Schober, 1977), die der Meßbarkeitsideologie verfallenen Sachverständigen haben inzwischen sogar ein ganzes Arsenal weiterer sogenannter Verfahren »entwickelt«, die im Sinne eines nur noch absurd zu nennenden »Zollstock-Fetischismus« dem Laien psychologische »Wahrheiten« vorgaukeln, die es in Wirklichkeit für ein Kind – gottlob – nicht einmal annähernd gibt.[89]

So werden Kinder heute aufgefordert, für beide Eltern getrennt »Liebeslinien« zu ziehen (je länger, desto lieber), auf »Liebesthermometern« den emotionalen Fieberstand gegenüber Mutter und Vater anzukreuzen, elterliche »Beliebtheitsskalen« aufzustellen oder einen »Zeitkuchen« so zu portionieren, daß die Größe des Kuchenstücks der Menge an Zeit entspricht, die das Kind mit diesem Elternteil verbringen möchte (»eignet« sich besonders gut für Umgangsregelungen) – und vieles Pseudoobjektive mehr.

Und weder studierte Sachverständige noch studierte Juristen werden auch nur nachdenklich, wenn sie solchen Unsinn schreiben bzw. lesen:

N. sei weder beim Vater noch bei seiner Mutter zu einer Präferenzaussage zugunsten eines Elternteils zu bewegen gewesen. Bei allen Verfahren habe er unverkennbar darauf geachtet, daß er nicht einer Seite zugeordnet werden könne. So habe er zwar bei der Aufteilung des Zeitkuchens zuerst dem Vater ein Stück zugewiesen, doch dafür im anschließend durchgeführten Schloß-Zeichentest habe die Mutter als erste ein Zimmer zugeteilt bekommen. Weiterhin seien die beiden Elternteilen zugedachten Kuchenstücke gleich groß gewesen, und auch die Punktzahl auf der Beliebtheitsskala stimme genau überein.

Ich weiß wirklich nicht, was ich zur Ehrenrettung meines Berufsstandes ernsthaft der Behauptung entgegen halten könnte, der hier dokumentierte Sachverstand bewege sich im Grenzbereich zwischen grobem Unfug und schlichtem Humbug. Woran auch der Hinweis nichts änderte, die ganze Testerei würde aber doch vielen Kindern durchaus Spaß machen. Denn das mag zwar für manche Kinder durchaus der Fall sein. Er würde ihnen jedoch mit Sicherheit im Nu vergehen, wenn sie wüßten, wie todernst nur kurze Zeit später die Folgen ihres heiteren Spiels sein werden.

Vielleicht ist das auch der Grund, weshalb das IFG am Schluß jedes Gutachtens den Eltern ausdrücklich empfiehlt, »dem Kind den Inhalt des Gutachtens nicht in Einzelheiten zur Kenntnis zu bringen«.

Und weshalb ein Kölner Amtsgericht noch 1992 die um Umgang mit ihrer 14jährigen Tochter kämpfende Mutter – wenngleich auch widerrechtlich – dazu vergatterte:

»Die Ast. erklärt, sie werde dem Kind das Sachverst.-Gutachten Blatt 118 ff. nicht zu lesen geben u. auch nicht Einzelheiten aus dem Inhalt des Gutachtens dem Kind mitteilen.

Zuvor hatte das Gericht darauf hingewiesen, daß die Mutter nicht berechtigt sei, dem Kind das Gutachten inhaltlich mitzuteilen und daß das Gericht notfalls einen entsprechenden Beschluß erlassen wird.«

Nicht unerwähnt bleiben soll schließlich noch, daß die hier anzutreffende Naivität durchaus auch sehr viel schlimmer als nur lächerlich sein kann: So etwa in dem mir zugetragenen Fall, in dem ein Gutachter das Kind fragte, welchen auf dem Meer schwimmenden Elternteil es nach einem Schiffsunglück zu sich ins Rettungsboot nehmen würde, wenn nur noch ein einziger Platz frei sei. Eine solche Nötigung ist nicht mehr lediglich unbedacht, sie ist rundweg zynisch, menschenverachtend und damit eine bedrückende Demonstration seelischer Kindesmißhandlung – sozusagen mit staatlichem Segen.

Fazit: Ich selbst habe zwar in meinen vielen Jahren als Sachverständiger kein einziges Kind je getestet, weil meine Hilfe in erster Linie ihm und nicht meinen Auftraggebern gilt. Einen einzigen Grund für den Einsatz ausgewählter Testverfahren – natürlich nicht diesen ganzen Skalen-Unfug – könnte allerdings auch ich mir durchaus vorstellen: Testbefunde als anschauliche Dokumentationen der innerlichen Zerrissenheit und Verzweiflung eines Kindes; seiner Unfähigkeit, sich zwischen Mutter und Vater entscheiden zu können; seiner Sehnsucht nach Befriedung und einem Weiterleben in einer konfliktfreien, stabilen und von wechselseitiger Liebe geprägten fortbestehenden Elternschaft – ganz gleich, wo immer es wohnt.

So verstandene Testergebnisse wären dann allerdings nicht länger »Entscheidungshilfen« für den Gutachter, sondern allein und ausschließlich Hebel für die schwierige Arbeit, den streitenden Eltern die Augen dafür zu öffnen, daß sie vor lauter Kampf ums Kindeswohl ihr Kind längst aus den Augen verloren haben. Testbefunde als »Aha-Erlebnisse für Eltern« statt als fragwürdige Siegestrophäen! Dann bestünden gute Chancen, daß den gutachterlichen Spielen nicht länger der Frust, sondern die Freude an einer zwar veränderten, aber dennoch fortbestehenden »Familienbeziehung« folgen könnte.

Ein solches Ergebnis gutachterlicher Intervention entspräche übrigens durchaus auch der Erwartung so mancher Familienrichter, die – auch das ergab die Freiburger Gutachten-Studie – ihren Gutachterauftrag trotz der restriktiven Vorschriften der ZPO immer wieder auch mit der Hoffnung verknüpfen, daß es dem Sachverständigen gelingen könnte, »den für das Kind belastenden Streit der Eltern abzukürzen oder zumindest auf ein erträgliches Maß zu mildern« (S. 31).[90]

Die (un)heimliche Allianz

Mit den vorangegangenen Ausführungen dürfte wohl selbst dem gutgläubigsten psychologischen Laien deutlich geworden sein, daß vom Gutachter nicht die geringste Hilfe zur Abwehr der trennungsbedingten Kindeswohlgefährdung zu erwarten ist. Für sorgerechtsstreitende Mütter und Väter hingegen hat er mindestens zu Anfang durchaus schon den messianischen Status eines Experten, der der »Wahrheit« ans Licht verhelfen und zweifelsfrei darlegen wird, daß jeweils nur sie selbst als Sorgerechtsinhaber in Frage kommen. Insofern wird der Sachverständige meist von beiden Eltern hoffnungsvoll, wenngleich verständlicherweise auch mit einer gewissen

Portion Skepsis und Unsicherheit erwartet, wissen sie doch, daß am Schluß einer von ihnen auf der Strecke bleiben wird. Spätestens mit der Abgabe seiner gutachterlichen Empfehlung bestätigt er sich zumindest für einen Elternteil auch in der Tat als jener »Helfer«, als der er erwartet wurde.

Ganz anders dagegen erlebt ihn dann natürlich der »Gutachtenverlierer«. Denn der ist verständlicherweise vom Ergebnis nicht nur gründlich enttäuscht, sondern oft auch empört – was schnell in kämpferischen Widerstand umschlagen kann – über die zahlreichen Mängel, die das Gutachten in seinen Augen aufweist. Der Gutachter habe sich mit dem anderen Elternteil länger unterhalten als mit ihm; dessen Erzählungen seien ungeprüft für bare Münze genommen, die eigenen hingegen nur völlig unvollständig und verzerrt wiedergegeben worden; er habe die Belastungssituation für das Kind nicht berücksichtigt; im Test »Familie in Tieren« sei die Interpretation des Vaters als Löwen gründlich falsch, denn da das Kind einen solchen als Kuscheltier habe, könne diese Zuordnung unmöglich mit Macht und Aggressivität verbunden sein; schon im ersten Gespräch habe er aus seiner persönlichen Meinung kein Hehl gemacht, sei deshalb voreingenommen und die ganze Begutachtung sei somit schon von Anfang an eine Farce gewesen usw., usw.

Ich kenne zahlreiche Kritiken von unterlegenen Elternteilen, die das Gutachten Absatz für Absatz kommentierten, kritisierten und korrigierten, nur um das Gericht davon zu überzeugen, daß es die ausgesprochene Empfehlung ja nicht aufgreifen dürfe. Wobei diese »Analysen« manchmal umfangreicher waren als das eigentliche Gutachten selbst. Doch all dieser immense Aufwand, dieses verzweifelte Sichaufbäumen, als ginge es darum, eine bevorstehende Hinrichtung abzuwenden – mit der das gutachterliche »Aus« allerdings für nicht wenige Menschen in der Tat durchaus große Ähnlichkeit hat, steht doch immerhin die Amputation eines zentralen Stücks der eigenen Identität ins Haus –, alle diese Anstrengungen sind im Grunde von vornherein wertlos.

Denn mag der Protestierer in vielen Punkten objektiv auch noch so recht haben, so gut wie nie wird das Gericht ihm ernsthaft Gehör schenken. Viele Richter nehmen sein Traktat einfach ungelesen zu den Akten, weil man von einem »Verlierer«, der seine fachlich attestierte Zweitrangigkeit zum Wohle des Kindes nicht akzeptieren will, ohnehin nichts anderes erwartet als erbitterten Widerstand. Insofern sehen sie als Motor für seinen ganzen Aktivismus auch weniger die Liebe zum Kind, sondern vor allem die Unfähigkeit, seinen persönlichen Egoismus dessen Bedürfnissen unterzuordnen.

Das kann manchmal zu einem regelrechten Teufelskreis werden. So beispielsweise bei einem Vater, der sich verständlicherweise angesichts von nur noch als grotesk zu bezeichnenden »Beweisen« völlig zu Recht gegen die gutachterliche Stigmatisierung, ein für sein Kind schädlicher »Psychopath« zu sein, zu Wehr setzte. Denn damit entlarvte er nicht, wie beabsichtigt, die anmaßende Selbstherrlichkeit der tatsächlich völlig inkompetenten Gutachterin. Statt dessen erreichte er das genaue Gegenteil: Mit jeder Zeile bestätigte er im Grunde nur die »Richtigkeit« der sachverständigen Diagnose, erwartete man doch gerade von einem Psychopathen nichts anderes, als daß er sich gegen jede fachliche Diagnose krankhafter Wesensart und damit gegen die Realität mit allen Mitteln zur Wehr setzen würde.[91]

Insofern gäbe es gute Gründe, allen Betroffenen ernsthaft abzuraten, ein Gutachten selbst zu kommentieren. Auch ihren Rechtsbeistand sollten Sie allenfalls zu den größten Auffälligkeiten Stellung beziehen lassen. Alles andere ist völlig unnütz vergeudete Energie.

Wenn das Gericht den Widerstand durch den Unterlegenen selbst ins Leere laufen läßt, weil es einem, dazu auch noch betroffenen, Laien, Objektivität wie Fachkompetenz von vornherein kaum zutraut, mag das verständlich, manchmal auch durchaus berechtigt sein. Bedenklich ist es allerdings, wenn der gerichtliche Umgang mit der Gutachtenkritik kein Deut anders ausfällt, wenn der Kritiker selbst Sachverständiger und damit fachlich zumindest nicht minder qualifiziert ist als der beauftragte Gutachter. Genau diese Erfahrung habe ich inzwischen viele Male gemacht und mir dabei nicht nur den Zorn etlicher Berufskollegen zugezogen (»Nestbeschmutzer«). Von ganz wenigen Ausnahmen abgesehen, hatten auch meine Analysen oftmals haarsträubender Gutachten das gleiche Schicksal wie die Stellungnahmen der Betroffenen: Die Gerichte nahmen sie als für die Sache völlig bedeutungslose »Privatgutachten« gleichfalls – wenngleich diesmal vermutlich auch gelesen – kommentarlos zu den Akten.

Dabei waren meine Analysen – anders als die den Gerichten vorliegenden Gutachten – alles andere als parteiische, für meinen jeweiligen Auftraggeber votierende »Privatgutachten«, sondern ausschließlich von meinem Fachverstand getragene Auseinandersetzungen mit einer vorliegenden, Wissenschaftlichkeit beanspruchenden Expertise – selbstverständlich ohne jeden konkreten Alternativvorschlag an die Adresse des Gerichts.

Doch obwohl meine Darlegungen dem Gericht – wegen seiner verständlicherweise beschränkten Fachkompetenz – die eigene Urteilsbildung nur hätten erleichtern können, wurde meine ungefragt vorgelegten Analysen so gut wie nie als Orientierungshilfe begrüßt, sondern statt dessen nahezu immer als »störende Einmischung«, als unkollegialer Versuch, an der Reputation des Gutachters zu kratzen, zurückgewiesen.

Womit das gleiche wie für den sich wehrenden Gutachtenverlierer nun auch für meine Arbeit galt: Sie war ebenso das Papier nicht wert, auf dem sie stand. Dabei brachte ich mich ausnahmslos – alles andere ist mit meinem Berufsethos absolut unvereinbar – nur dann ein, wenn ich persönlich von der fachlichen Mangelhaftigkeit des Gutachtens fest überzeugt war und dies auch wissenschaftlich zweifelsfrei nachweisen konnte. All mein Fachwissen, meine von keinem Gericht je in Frage gestellte Reputation, sobald ich dort nur selbst in der Rolle des Psychologischen Sachverständigen auftrete, all das war in dem Augenblick völlig unwichtig, wenn ich meinen Sachverstand in der Rolle des außergerichtlichen Analytikers benutzte und damit vorübergehend die für jeden Wissenschaftler selbstverständliche Aufgabe wahrnahm, den Aussagegehalt einer fremden »Publikation« in theoretischer, methodischer und inhaltlicher Sicht nachzuvollziehen.

Zwar ist und war diese saloppe Art des Beiseiteschiebens ungeliebten kritischen Sachverstandes zu keiner Zeit rechtens, weil der Bundesgerichtshof bereits mehrfach klargestellt hatte (Hervorhebung von mir):

»Vor allem bieten Einwendungen einer Partei gegen das vom Gericht eingeholte SV-Gutachten Anlaß, die Schlußfolgerungen des SV zu überprüfen. Solche Einwendungen sind nicht nur dann ernst zu nehmen, wenn sie auf eigenen Überlegungen der Partei beruhen, sondern erst recht, wenn die Partei sich, wie es häufig der Fall sein wird, durch Befragung von Experten sachkundig gemacht hat oder gar – wie im Streitfall – ein von ihr besorgtes Privatgutachten vorgelegt hat, auf das sie sich bezieht. *Das Gericht hat sich damit ebenso sorgfältig auseinanderzusetzen, als wenn es sich um die abweichende Stellungnahme eines von ihm bestellten weiteren Gutachters handeln würde.* Je nach den Umständen des Einzelfalls hat das Gericht daher, wenn die vorgetragenen Einwendungen gegen das von ihm eingeholte Gutachten von vornherein nicht unbeachtlich erscheinen, die Pflicht, den Sachverhalt weiter aufzuklären; andernfalls verletzt es die Vorschriften der §§ 412, 286 ZPO...«[92]

Doch die Wirklichkeit – bis hin zu den Oberlandesgerichten – sieht vollkommen anders aus; und was will man noch machen, wenn auch die Beschwerdeinstanz, nach der »nichts mehr geht«, die Gutachtenanalyse nicht minder salopp vom Tisch fegt wie das Amtsgericht?

Im Familienrecht herrscht in zahllosen Fällen ein schier unangreifbares und nicht aufzubrechendes Machtkartell, eine ebenso heimliche, weil von keinem zugegebene, wie unheimliche, weil kafkaeske Züge tragende und damit Angst und Hilflosigkeit verbreitende Allianz zwischen Justiz und Psychologie, zwischen Gerichten und Gutachtern (Jopt, 1988b).

Wer wie ich versucht, diese Machtallianz ins Wanken zu bringen, darf nicht auf fachliche Auseinandersetzung rechnen, sondern muß sich von seiten der Justiz solche Anwürfe gefallen lassen:

»In dem juristisch-wissenschaftlichen Bereich dürfte Jopt der entscheidende Durchbruch noch nicht gelungen sein, so daß er nun offenbar versucht, auf anderem Weg zum Erfolg zu gelangen, nämlich über die Dienstaufsicht und über eine Meinungsbildung durch die Massenmedien.«[93]

Und natürlich hält auch die Gutachterszene nicht mit Boshaftigkeiten zurück. Dies z. B. eine Reaktion (Balloff, 1989) auf einen Beitrag, den ich mit einem engagierten Senatsrichter veröffentlicht hatte (vgl. Schütz & Jopt, 1988):

»Nun ist er wieder einmal an die Öffentlichkeit getreten, Herr Prof. Dr. Uwe Jopt, ein scharfer Kritiker der psychologischen Sachverständigen im Familiengerichtsverfahren... (72)

Wie müssen die beteiligten ehemaligen Familienmitglieder darunter leiden, daß sie durch die narzißtische Unbekümmertheit, Selbstgerechtigkeit, fehlende Distanz, mangelnde Neutralität und Selbstkritik eines Professors in der Öffentlichkeit bekannt geworden sind?...

Aber genau darum geht es Jopt: Er will verunsichern und Angst machen und das alles mit der Absicht, eine im großen und ganzen seriöse, für den strittigen Einzelfall notwendige gerichtspsychologische Tätigkeit zu zerstören und in Mißkredit zu bringen, um seinen von Größenvorstellungen gekennzeichneten Träumereien und Phantastereien nach bundesweiter, flächendeckender elterlicher Zwangsscheidungsberatung mit dem Ziel der Beibehaltung gemeinsamer elterlicher Sorge nachzukommen. ...

Seine heute jedoch realitätsverkennenden, fast wie eine fixe Idee anmutenden Vorstellungen und Vorgehensweisen...

Es drängt sich insgesamt gesehen der Verdacht Jopt'scher Scheinheiligkeit auf...« (75)

Ich rate den verzweifelt nach Hilfe suchenden Gutachtenopfern eher, sich ihrer absoluten Ohnmacht innerhalb dieser Machtstruktur bewußt zu werden und sich der strukturellen Gewalt zu beugen, anstatt mit dem fachlichen Beistand durch Dritte Hoffnungen zu verbinden, von denen ich heute weiß, daß sie fast immer bitter enttäuscht werden. Versuche, sich gegen einen Gutachter – und sei er auch noch so unqualifiziert – zur Wehr zu setzen, sind nur in ganz seltenen Ausnahmefällen von Erfolg gekrönt.

Möglicherweise könnte eine solchermaßen negativ-resignative Einschätzung der Gutachterszene beim Leser den Verdacht übertriebener Schwarzmalerei aufkommen lassen. Deshalb will ich das Gesagte abschließend mit einem etwas ausführlicher dargestellten Beispiel belegen, das lediglich insofern extrem ist, als Gutachtengeschädigte den Staat nur höchst selten so konsequent beim Wort nehmen und mit Kohlhaasschem Eifer auf ihr Recht pochen wie hier. Darüber hinaus ist dieses Beispiel allerdings alles andere als außergewöhnlich.

Der Fall P.

Wegen der grenzenlosen Respektlosigkeit vor der schutzwürdigen Intimsphäre psychisch gesunder Menschen mußten die um ihre siebenjährige Tochter streitenden Eltern P. (Herr P. hatte beantragt, das bis dahin von seiner geschiedenen Frau ausgeübte Sorgerecht auf ihn zu übertragen) zunächst jeder einen Anamnesefragebogen ausfüllen, den der Gutachter im Rahmen seiner Halbtagsbeschäftigung an einer Psychiatrischen Klinik benutzte.

Darin hatten sie sich im Abschnitt »Körperliche und/oder seelisch-geistige Beeinträchtigungen« u. a. zu solchen biographischen Daten zu äußern wie:

– Hirnorganische Ereignisse
– Tabletteneinnahme (ohne Abhängigkeit)
– Selbstmordversuche
– Straffälligkeit
– Neurologisch-psychiatrische Behandlungen
– Alkohol- und/oder Tablettenabusus

Als Einleitung, dem schriftlichen Gutachten einfach unkommentiert vorangestellt, ergaben sich auf diese Weise ohne größeren Zeitaufwand immerhin 18 zusätzlich zu honorierende Seiten (das Honorar beträgt z. Zt. 4 DM pro Seite). Es folgen Auszüge aus der »Expertise«, die ich aus urheberrechtlichen Gründen allerdings nur sinngemäß wiedergeben kann (in der Sprache nicht nur dieses Gutachters bedeuten Km = Kindesmutter und Kv = Kindesvater).

Zur Mutter:

Die Km sei eine mittelgroße, schlanke Frau mit blondem Haar, das sie halblang mit Pony trage. Auch benutze sie Make-up. Bei ihrem Treffen mit dem Gutachter habe sie einen schwarzen Rock und einen rosa Pullover angehabt. Im Gespräch sei sie freundlich und zugewandt gewesen. Anfangs allerdings sei sie zunächst noch mißtrauisch und ängstlich gewesen, entsprechend habe sie nervös und fahrig gewirkt. Doch beim zweiten Treffen hatte der Gutachter den Eindruck, daß die Mutter begriffen habe, daß er im Auftrag des Gerichtes und nicht des Vaters tätig ist.

Zum Vater:

Den Kv beschrieb der Gutachter als mittelgroß bis groß, etwas dicklich, mit kurzen, lockigen und zurückgekämmten Haaren. Er trage eine Brille und einen Oberlippenbart und sei zur Untersuchung in legerer Kleidung – Hose, Hemd und Strickjacke in braun – erschienen. Auch er habe sich freundlich und zugewandt gezeigt, allerdings habe er dabei wiederholt versucht, den Gutachter für sich einzunehmen. Das zum Teil distanzlose und aggressive Auftreten sowie die Rastlosigkeit des Kv ließen nach Meinung des Gutachters Persönlichkeitszüge erkennen, die ihm von Patienten mit einer querulatorischen Persönlichkeitsentwicklung vertraut sind. Solche Züge dürften möglicherweise in manchen Berufen von Nutzen sein, nicht jedoch für die Gestaltung zwischenmenschlicher Beziehungen.

Zum Kind:

Petra sei ebenfalls etwas dicklich und trage einen Bubikopf. Ihr mit dem Raven – das ist ein sprachfreier Intelligenztest – gemessener IQ sei weit überdurchschnittlich ausgefallen. Das war der einzige Test, dem das Kind unterzogen wurde. Petra wolle zwar den Kontakt zum Vater aufrechterhalten, aber nicht – oder höchstens einmal im Monat – bei ihm übernachten. Wobei sie als einzigen Grund angab, in dem großen Haus des Vaters Angst zu haben. Das typische Antwortverhalten eines Kindes, das unter Druck steht und sich nicht traut, seine wahren Bedürfnisse preiszugeben. Doch das erkennt der Gutachter nicht mal ansatzweise.

Zur Vater-Kind-Interaktion (der Gutachter nennt sie SV-Augenschein):

Nachdem Petra sich zunächst geweigert habe, sei sie dann doch noch bereit gewesen, gemeinsam mit ihrem Vater aus Knetmasse, die der Gutachter mitgebracht hatte, einen Bauernhof zu kneten. Dabei wurde zunehmend mehr gescherzt. Wobei dem Gutachter jedoch auffiel, daß der Vater im Widerspruch zu seinen eher einfach strukturierten Knetprodukten seiner Tochter besserwisserisch alles zu erklären versuchte. Und wenn der Vater dadurch die Beziehung auch immer wieder unnötig komplizierte, so erkannte der Gutachter dennoch eine gute Bindung zwischen ihm und seiner Tochter.

Zur Mutter-Kind-Interaktion:

Auch die Km mußte mit Petra einen Bauernhof kneten. Dieser fiel erkennbar gelungener und farbenprächtiger aus. Spaß hatten auch hier beide miteinander. Fazit: Der Gutachter empfand die Bindungen zwischen Mutter und Tochter nicht nur als gut, sondern als sehr gut. Auch seien Stimme und Lachen des Kindes zärtlicher, ihre Herzlichkeit spontaner gewesen.

Beantwortung der gerichtlichen Fragestellung:

Das Sorgerecht sollte weiter bei der Mutter bleiben. Der Vater sollte seine Tochter alle drei Wochen von Samstag auf Sonntag über Nacht zu sich nehmen dürfen.

Sieht man von dieser Standardempfehlung einmal ab, war das ganze

»Gutachten« bis hierhin natürlich ein einziger Witz und ein dümmlicher obendrein. Wer sich mit der Qualität von Knetgummiarbeiten aufhält, wer die besondere Belastungssituation eines verordneten Spielenmüssens für Kind wie Eltern – vor allem den nichtbetreuenden Elternteil – nicht einmal spürt, sich dafür jedoch ausführlich absolut bedeutungslosen Dingen wie Kleidung, Haarpracht und Schminke widmet, der hat von der seelischen Verfassung und der Psychodynamik eines Trennungskindes nicht die geringste Ahnung. Und was die Fragebögen für die Eltern angeht – das war schlichtweg eine Unverschämtheit.

Doch damit längst nicht genug. Denn mit seiner Begründung steigert sich der Gutachter anschließend in unbekannte Höhen:

Immer noch seien die Eltern auf das schärfste zerstritten, was er mit dem Bild von einem sadomasochistischen Karussell umschreibt, dessen Motor der querulatorische Kv sei, während die Km mit ihrer ängstlich-mißtrauischen Zurückhaltung den Sprit liefere. Als Erklärung bietet der Gutachter dem Gericht als angeblich wissenschaftlich begründbare Hypothese an, daß die Gründe für das Scheitern der Ehe im Zusammenhang mit der Persönlichkeit des Vaters und der der Mutter gesehen werden müssen! Inwieweit dieser Zusammenhang mit anderen Ursachen in Verbindung stehen könnte, ließe sich jedoch durch die Untersuchung nicht feststellen. In jedem Fall reichten allerdings selbst bei einer rein zufälligen Gleichzeitigkeitskorrelation die Gefühle darüber aus, das pathologische Wechselspiel zwischen den Eltern zu erklären. Deshalb sei es vor allem im Interesse des Mädchens geboten, das sadomasochistische Karussell schnell zu stoppen.

Es ist hier nebensächlich, daß der väterliche Antrag auf Sorgerechtsänderung anschließend in beiden Instanzen zurückgewiesen wurde, u. a. durch Berufung auf dieses Gutachten »des vom Gericht wegen seines guten Beurteilungsvermögens allgemein geschätzten Sachverständigen X.«. Doch da dies der einzige (!) Kommentar zur zu Recht bemängelten Qualifikation des Gutachters blieb, wandte sich der Vater daraufhin mit der Bitte um eine fachliche Einschätzung an mich.

Dabei ging es mir ausschließlich um die fachliche Rekonstruktion der Methode und des Weges, auf dem der Gutachter zu seiner Empfehlung gelangte, und nicht um die Frage ihrer »Richtigkeit«. Mein Fazit über dieses von Selbstherrlichkeit, Vorurteilen und pseudowissenschaftlichem Geschwätz geprägten Gutachten:

»Ich kann der für die Bestellung von Psychologischen Sachverständigen zuständigen Behörde (der SV war ›Vereidigter Sachverständiger‹, eine Besonderheit des Landes Bayern) nur nachdrücklich empfehlen, zukünftig auf einen Gutachter mit einer für diese Arbeit – die klinisch-psychologischen Kompetenzen des Sachverständigen seien hier ausdrücklich ausgenommen – so völlig unzureichenden Qualifikation nicht wieder zurückzugreifen – im Interesse aller Scheidungsbetroffenen: Kinder, Eltern, wie aber auch der Familiengerichte, deren ohnehin schwere Arbeit durch derartige Amtshilfe nicht im geringsten leichter wird.

Und dem Vater würde ich empfehlen, eine Kopie dieses Gutachtens der Gutachterkommission beim Berufsverband Deutscher Psychologen, dem der Gutachter auch selbst angehört, zur Beurteilung vorzulegen.

Ich bin absolut sicher, daß sich deren Votum von meiner hier dargelegten Einschätzung im grundsätzlichen nicht unterscheiden wird.«

Denn damals, im Mai 1987, war ich von der Seriosität und wissenschaftlichen Solidität der familiengerichtlichen Sachverständigentätigkeit durchaus noch überzeugt und sah dieses Pamphlet deshalb lediglich als Beweis dafür, daß es eben auch unter Gutachtern »schwarze Schafe« gibt. In Anbetracht der gravierenden Konsequenzen ihrer Arbeit konnte ich mir einfach nicht vorstellen, daß Verantwortungslosigkeit und Inkompetenz selbst dann ohne Korrektur hingenommen werden würden, wenn die Beweise hierfür klar auf dem Tisch lägen.

Doch weit gefehlt. Zwar fragte der Gutachter nach Kenntnis meiner Analyse bei mir nach, ob ich wirklich behauptet hätte, daß er inkompetent sei, und drohte mir für diesen Fall gleich mit handfesten Konsequenzen. Woraufhin ich ihn umgehend ermunterte, diesen Weg am besten sofort zu beschreiten, weil ich ein Mehr an öffentlicher Aufmerksamkeit für die heute immer noch nebulös verschleierte Grauzone gutachterlicher Tätigkeit ohnehin schon seit langem fordere. Im selben Schreiben erklärte ich mich auch bereit, »meine Kritik vor dem Gutachterausschuß des BDP oder einem sachkompetenten Gremium der Deutschen Gesellschaft für Psychologie, der ich selbst angehöre, zu wiederholen und wissenschaftlich zu begründen«.

Über ein halbes Jahr später, nach wiederholtem Nachfragen, erhielt der Vater von der damaligen Präsidentin des Berufsverbandes Deutscher Psychologen zur Antwort, der Gutachterausschuß habe für Kritik an dem Gutachter keine schwerwiegenden Anhaltspunkte erkennen können.

Drei Ausschußmitglieder könnten die negative Einschätzung von mir nicht teilen.

Da klingen die beschwichtigenden Worte der früheren BDP-Funktionärin Claudia Rönn, wonach der Berufsverband mit einem eigens eingerichteten Gutachtenausschuß »aber darauf achtet, daß sich die in der forensischen (gerichtlichen) Psychologie arbeitenden Gutachter ihres hohen Maßes an Verantwortung bewußt sind« (vgl. S. 258), nur noch wie blanker Hohn.

Aber auch die für die Zulassung und Vereidigung von Sachverständigen zuständige Regierung von Mittelfranken konnte mit der Kritik an ihrem Sachverständigen wenig anfangen: »Als Ergebnis ist festzuhalten, daß bei allen Gerichten im Oberlandesgerichtsbezirk Nürnberg bisher in keinem Fall Zweifel an der Sachkunde des Gutachters aufgetreten sind. Die Tätigkeit dieses Sachverständigen wird vielmehr ausschließlich positiv bewertet, weil seine Ergebnisse oder Vorschläge häufig von den Betroffenen akzeptiert werden und überwiegend Grundlage gerichtlicher Entscheidungen geworden sind.«

Möglicherweise hatte die uneingeschränkte Reputation dieses Gutachters damit zu tun, daß die Richterschaft des Landgerichtsbezirks Nürnberg von der menschenverachtenden Metapher vom »sadomasochistischen Karussell« der Kindeseltern einhellig beeindruckt war. Jedenfalls tauchte nur kurze Zeit später diese Formulierung in einem anderen Gutachten, offensichtlich ein beliebter Textbaustein, wortwörtlich wieder auf.

Doch ich will hier nicht weitere Unverschämtheiten dieses Gutachters aufzählen. Außergewöhnlich ist lediglich dies: Zufälligerweise ist der zweite Begutachtete Rechtsanwalt. Fast ausnahmslos jeder Professionelle in der Scheidungsszene fängt spätestens dann an, nachdenklich zu werden, wenn er selbst »Betroffener« ist, so auch hier. Mit der Folge, daß beide Väter es nicht nur bei ihrem – natürlich auch im zweiten Fall erfolglosen – instanzlichen Vorgehen beließen, sondern darüber hinaus den Gutachter gemeinsam auf Schadensersatz (Rückerstattung der Gutachterkosten) und Schmerzensgeld verklagten. Doch statt Geld zurückzubekommen, hatten sie sich damit nur noch neue Kosten eingebrockt. Denn wie nicht anders zu erwarten, ließ das Landgericht Nürnberg-Fürth die – ungewöhnliche, möglicherweise sogar beispiellose – Klage sang- und klanglos abblitzen. Mit der beeindruckenden Begründung, daß der Gutachter gar nicht unqualifiziert sein könne, da andernfalls von den Gerichten ein Obergutachten eingeholt worden wäre.

Und was die Klage auf Schmerzensgeld angeht:

»Auf seiten des Klägers steht das Grundrecht auf freie Entfaltung der Persönlichkeit, das Recht auf Achtung der Menschenwürde und das Recht auf Gestaltung seines privaten Lebensbereiches. Auf seiten des Beklagten stehen die Verfassungsgüter der Freiheit von Kunst, Wissenschaft, Forschung und Lehre und die Berufsfreiheit. Ein verfassungsrechtlicher Vorrang eines der hier in Frage stehenden Grundrechte besteht nicht ...

Entscheidend ist hierbei nicht, ob das Gutachten nach wissenschaftlichen Gesichtspunkten ›richtig‹ oder ›falsch‹ ist. Theorienstreitigkeiten sind in sämtlichen Wissenschaften, auch der Psychologie, gegeben. Falls ein Richter ein Gutachten für ergänzungsbedürftig hält, so kann er Streitfragen durch die Einholung eines Obergutachtens klären lassen. Auf keinen Fall kann ein Richter einem Sachverständigen die Anwendung bestimmter wissenschaftlicher Methoden vorschreiben. Dies gilt auch für die vom Sachverständigen in eigener Verantwortung vorzunehmende Formulierung des Gutachtens und die Verwendung von Fachausdrücken (!).

Das Gutachten des Beklagten ist Bestandteil der Gerichtsakten. Die Verhandlungen des Gerichts waren nicht öffentlich. Das Gutachten ist somit nur den am Verfahren Beteiligten und den Bediensteten des Gerichts zugänglich geworden. Den schutzwürdigen Interessen des Klägers ist dadurch entsprochen, daß die Mitarbeiter des öffentlichen Dienstes einer Verschwiegenheitspflicht unterliegen.«

Was soll man da noch sagen? Wer wüßte einen Beruf, der auch nur annähernd ein so sicheres Ruhekissen bietet wie der des Gutachters?

6 ALTERNATIVEN

JUSTIZSKLAVE PSYCHOLOGIE

Bis heute hat die etablierte Psychologie nie etwas anderes getan, als sich den rechtlich-juristischen Vorgaben anzupassen und – unter dem Deckmantel vermeintlicher Fachlichkeit – »Techniken« bereitzustellen, mit denen angeblich »psychologische« Probleme gelöst werden könnten, die in Wirklichkeit durch die Justiz erst geschaffen worden waren – wie Sorgerechtsregelung oder Kindesanhörung.

Da mag Berk (1985) auch noch so darauf pochen, daß die Sachverständigentätigkeit keine »der Justiz versklavte Karrenarbeit« (S. 8) sein dürfe. Tatsächlich ist sie es längst. Und dies – wegen der devoten Bereitwilligkeit, mit der sie sich in den Dienst eines rundum unpsychologischen Auftrags einspannen läßt – auch bewußt. Obwohl die Oberlandesrichterin Jutta Puls (1984, S. 18) ja recht hatte, wenn sie klar unterschied, daß für Juristen das Kindeswohl ein unbestimmter Rechtsbegriff sei, für Psychologen hingegen eigentlich ein genuiner Aspekt ihrer Profession.

Nicht, daß alle am Trennungsverfahren Beteiligten nicht sähen, wie wenig hilfreich ihre ganze Arbeit zum Wohle des Kindes tatsächlich ist. Man denke nur an die vielen Konjunktive in den psychologischen Gutachten. Doch Erkennen und Verändern stehen im Familienrecht offensichtlich unverbunden nebeneinander.

Die bis heute zentrale Rechtfertigung für den staatlichen Eingriff – ob mit oder ohne psychologische Assistenz – ist, daß mit der Auswahl eines Elternteils größerer Schaden vom Kind abgewendet werde, da die Eltern zu keiner verantwortlichen Einigung fähig seien. Womit der Elternkonflikt zum Dreh- und Angelpunkt für jegliche staatliche Maßnahme überhaupt wird.

Dabei darf man nicht übersehen, daß die Überzeugung von der sorgerechtlichen Eingriffsnotwendigkeit durch den Staat ihren wahren Ursprung nicht in laienpsychologischen Überlegungen, sondern in ideologischen hat. Sei es, daß auf diese Weise der Ausbruch aus der grundgesetzlich geschützten Ehe erschwert bzw. sanktioniert werden soll, wie Dickmeis (1992) vermutet und von anderen Juristen sogar unverblümt zugegeben wird (z. B. Hattenhauer, 1985); sei es, weil sich der starke Lobbyist Kirche mit seiner dogmatischen Überzeugung von der Unauflöslichkeit und vom sakramentalen Charakter der Ehe auch im staatlichen Raum breitmachen konnte; oder sei es auch nur der Ausdruck typisch deutscher Ordnungsvorstellungen, wonach mit der Scheidung auch für Kinder gleichermaßen klare und eindeutige Zugehörigkeitsverhältnisse geschaffen werden müssen wie für den zwischen den Gatten aufzuteilenden Zugewinn oder Hausrat.

Gegen alle diese ideologischen und irrationalen Motive ist kaum anzukommen, nicht zuletzt deshalb, weil sie sich nie im strengen Sinne »beweisen« lassen werden. Deshalb weiß ich für Alternativen im Umgang mit der Scheidungsfamilie nur einen einzigen Weg: Man muß den Staat, losgelöst von jeglichem ideologischen Ballast, bedingungslos in die Pflicht nehmen, das heißt, er muß gezwungen werden, sich auf seinen durch die Verfassung vorgegebenen Auftrag zu besinnen. Und der läuft einzig und allein darauf hinaus, nicht irgendein abstraktes Kindeswohl zu schützen, sondern einen ganz konkreten Gefährdungstatbestand abzuwenden, der beim Trennungskind in nichts anderem besteht, als daß sein Beziehungsnetz droht zerstört zu werden.

ALTERNATIVEN FÜR DEN GESETZGEBER

Auflösung des Scheidungsverbunds

Bis heute wird es als bahnbrechender Fortschritt angesehen, daß mit der Scheidungsreform von 1977 die bis dahin auf Land- und Vormundschaftsgerichte aufgeteilten Zuständigkeiten unter dem einen Dach der neu geschaffenen Familiengerichte gebündelt wurden (Kinkel, 1992b). Das mag im Hinblick auf alle anderen regelungsbedürftigen Scheidungsfolgen, wie Zugewinnausgleich, Unterhalt, Versorgungsausgleich u. a., auch so sein. Nach meiner heutigen Überzeugung war es jedoch ein großer Fehler, auch das Kindschaftsrecht in diesen Verbund mit einzubeziehen. Das war damals vielleicht noch nicht vorherzusehen – insofern ist diese Beurteilung nicht vorwurfsvoll gemeint –, heute jedoch könnten wir vieles besser wissen.

Denn damit ist nun automatisch auch die ganze Kindeswohlproblematik in ein juristisches Verfahrensmodell eingebunden, das ganz selbstverständlich von einer Interessenkollision der sich Scheidenden ausgeht, was am deutlichsten im Anwaltszwang seinen Ausdruck findet. Der bestand vor 1977 im Hinblick auf Kindschaftsangelegenheiten noch nicht: Vor dem Vormundschaftsgericht, das für Sorge- und Umgangsrechtfragen zuständig war, konnten die Eltern auch allein auftreten.

Aus psychologischer Sicht ist damit weitaus mehr als lediglich eine verwaltungs(gerichts)technische Vereinfachung erfolgt. Denn wer einmal ein Scheidungsverfahren miterlebt hat, der weiß, daß sich allein durch die Anwesenheit der ihre Mandanten vertretenden Rechtsanwälte, durch die kriegerische Terminologie vom Antrags-»gegner«, ein Klima von Distanz, Aggressivität, Unversöhnlichkeit und Gegnerschaft einstellt, das sich selbst dann kaum vermeiden läßt, wenn die Polarität zwischen dem Scheidungspaar nur gering ist.

Doch damit nicht genug. Verstärkt wird der Eindruck von zwei feindlichen Fronten auch noch rein optisch – durch eine Sitzanordnung, die sowohl die enge Koalition Mandant-Anwalt als auch eine deutliche Distanz zwischen den beiden »Lagern« anschaulich zum Ausdruck bringt. Und abgesetzt von den beiden, oft durch ein Podest erhöht, thront in der Mitte das Gericht. Die rechte Bedeutungsschwere bekommt das Ganze schließlich noch durch mindestens drei Schwarze-Roben-Träger. Da muß man die Hohlheit dieses Rituals schon gut durchschaut haben, um nicht Beklemmungen zu bekommen.

Es gehört nicht viel Phantasie dazu, um sich vorzustellen, daß es unter diesen Bedingungen um die Herstellung jener nachehelichen Beziehungsverhältnisse, die alle Kinder sich von ihren Eltern, völlig unabhängig von deren Rechtsstatus, wünschen, nicht allzu gut bestellt sein kann. Denn dafür wäre zumindest etwas Raum für Menschlichkeit und Empathie, für Herz und Herzlichkeit, für ein Bewußtsein um die gemeinsame Liebe zu den eigenen Kindern erforderlich. Aber auch für den ihnen zugefügten, von keinem Elternteil gewollten und dennoch unvermeidbaren Schmerz.

Zwar kenne ich eine ganze Reihe von Richtern, die sich – häufig, nachdem sie das Unverstandensein im Rahmen ihrer eigenen Scheidung selbst erlebt haben (s. Lamprecht, 1990) – erkennbar um eine »gefühlvollere« Gestaltung des Verfahrens bemühen. Mit immer wieder großem Erfolg. Doch es gibt viel zu wenige. Die Mehrzahl verharrt weitgehend in ihrer Berufsrolle.

Es gibt heute keinen einzigen Grund, weshalb die das Kind unmittelbar betreffenden Probleme seines nachehelichen »Familienlebens«, seiner zukünftigen Beziehungen zu Menschen von herausragender Bedeutung, weiterhin im Rahmen des rechtlichen Streitmodells verhandelt werden müßten.[94] Der einzige »Vorteil« besteht lediglich darin, daß sich ein gesamtes Scheidungspaket besser schnüren, das heißt zeit- und verwaltungsmäßig leichter handhaben läßt. Für das Kind hingegen bringt die zwangsweise Einbindung in einen »Verbund«, der ansonsten nur seine Eltern als Paar betrifft, ausnahmslos nur ganz erhebliche Nachteile.

Und wenn die Eltern auch ohne anwaltliche Vertretung erbittert um ihre Kinder stritten? Zugegeben – solche Fälle gibt es und wird es auch künftig geben.

Schon deshalb muß es gerade für diese Fälle das Gericht selbstverständlich auch weiterhin geben. Und zwar ein Gericht in seiner ganz ursprünglichen Bedeutung – als eine Instanz, die verbindliche Entscheidungen trifft. Denn wo immer Eltern für die seelische Lage ihres Kindes absolut unerreichbar sind, da geht es ohnehin nicht mehr um die Sicherung irgendeines »Kindeswohls«, verstanden als eine Beziehungsqualität. Da kommt es ausschließlich darauf an, der Mißachtung des kindlichen Bedürfnisses nach dialogbereiten Eltern und damit seinem seelischen Mißbrauch zumindest rechtlich mit aller Schärfe entgegenzutreten.

Das liefe jedoch auf eine radikale Umkehr der heute gängigen Praxis hinaus. Denn solange ein Elternteil nicht zu befürchten braucht, daß seine Kooperationsverweigerung auch nur die geringsten Konsequenzen hat, sondern statt dessen sogar noch mit dem Zertifikat Alleinsorge »belohnt« wird; solange die groteske Gerichtswirklichkeit fortbesteht, daß derjenige das Kind »kriegt«, der nur anhaltend genug an ihm zieht bzw. festhält; solange bleibt das Bild von einem staatlichen »Wächter«, der tatsächlich auch wacht, schützt und Gefahren abwehrt, eine Farce, die durch das ganze gerichtliche Zeremoniell nicht einmal notdürftig verschleiert wird. Wenn alle Eltern wüßten, daß sämtliche Gerichte immer dann, wenn ein Elternteil zum Schaden des Kindes erkennbar abblockt, umgehend prüfen, was ernsthaft gegen seine Betreuung durch den anderen Elternteil spricht – sofern er ihnen als der überzeugendere Garant für ein Maximum an unbehinderter Beziehungsgestaltung und Entwicklung des Kindes erscheint –, und wäre allen Eltern unmißverständlich klar, daß der Behinderer – wenn schon der andere aus welchen Gründen auch immer für die Betreuung des Kindes nicht in Frage kommt – auf gar keinen Fall auch noch mit dem staatlichen Gütesiegel Sorgerecht versehen wird, sondern statt dessen eine Pflegschaft eingerichtet wird, ich weiß nicht, wie hoch die Quote der sogenannten »hochstrittigen Fälle« dann überhaupt noch wäre (vgl. Jopt, 1992b).

Mit Sicherheit jedenfalls erheblich niedriger, als dies heute der Fall ist. Streit gäbe es natürlich trotzdem. Doch das ist nicht das entscheidende Problem. Ausschlaggebend ist allein seine Kanalisierung, die Art und Weise, wie mit ihm umgegangen wird. Aber solange die »Behandlung« des Streits darauf hinausläuft, daß am Ende jeweils ein Sieger und ein Verlierer zurückbleibt (wobei absurderweise auch noch der »Falsche« zum Gewinner erklärt wurde), »ist er nicht konstruktiv gelöst, höchstens auf eine andere Ebene verschoben oder gar verdrängt« (Tschirky & Suter, 1990, S. 128). Deshalb wäre es bereits ein großer Gewinn, wenn nur allein dem »schnellen Weg zum Gerichtsantrag« ein Riegel vorgeschoben würde. Damit wäre umgehend die Tür für eine alternative (konstruktive) Form der Konfliktregulierung geöffnet.

Über die positiven Effekte einer außergerichtlichen Behandlung der scheidungsbedingten Kindschaftsprobleme brauchen wir allerdings gar nicht erst groß zu spekulieren. Denn damit hat beispielsweise unser Nachbarland Dänemark bereits eine lange Erfahrung. Dort ist Scheidung nämlich in erster Linie ein Amtsverfahren, das auf Antrag – Postkarte genügt – ebenso von einem staatlichen Beamten durchgeführt wird wie bei uns die Heirat. Ein »negativer Standesbeamter« sozusagen. Und wenn er im Regelfall auch gelernter Jurist ist, so unterscheidet er sich von den unsrigen – seien sie Richter oder Rechtsanwälte – doch ganz erheblich (Andrup & Jopt, i. V.). Denn sein zentrales Anliegen ist nicht zu entscheiden, seine beiden Hauptaufgaben bestehen in der rechtlichen Information und in der Schlichtung und Beratung der Scheidungswilligen. Insofern arbeitet er ähnlich, wie ein – dank Proksch (1989, 1992) inzwischen auch in der Bundesrepublik zunehmend populärer gewordener – *Mediator*. Mit dem Unterschied allerdings, daß Mediatoren im Regelfall mit den Eltern einvernehmliche Lösungen erarbeiten, die anschließend dem Gericht zur Entscheidung vorgelegt werden, während der dänische »Statsman« befugt ist, selbst das Scheidungszertifikat auszustellen, sofern es ihm gelungen ist, sämtliche Scheidungsfolgen einvernehmlich zu regeln.[95] Insofern besteht auch hier so etwas wie ein »Verbundverfahren«, doch das ist mit dem namensgleichen deutschen Vorgehen natürlich nicht im geringsten vergleichbar. Denn wenn die außergerichtliche Einigung nicht nur auf die Kinder beschränkt bleibt, sondern auch alle materiellen Streitpunkte mit einbezieht, so kann man dies natürlich grundsätzlich nur begrüßen. Schließlich weiß jeder Richter, wie häufig die Sorgerechtsfrage mit anderen Konfliktfeldern wie Unterhalt, Haus und Hausrat untrennbar verknüpft sein kann. So daß es im Grunde utopisch ist zu glauben, daß sich eine wahre Befriedung im Interesse des Kindes erreichen ließe, wenn zwar bezüglich des Sorgerechts und der Umgangsregelung Einigkeit erzielt wäre, wegen der anderen Dinge jedoch erbarmungslos weitergestritten würde.

Doch den gesamten Scheidungsverbund aus dem Gericht auszulagern, das wage ich fast nicht einmal laut zu denken. Aber auch die Vorstellung, lediglich die Kindschaftsachen außergerichtlich zu regeln, ist nicht allein schon deshalb abwegig, weil dann immer noch auf anderen Feldern vor Gericht weitergestritten werden könnte. Denn die Erfahrung zeigt, daß sich häufig alle materiellen Probleme in dem Augenblick sehr viel spannungsärmer und sachlicher regeln lassen, wenn sich beide Eltern zunächst darauf verständigt haben, wie zukünftig die Beziehungen zwischen ihnen und ihrem Kind ausgestaltet werden sollen.

Und diese »echte«, von beiden übereinstimmend mitgetragene Einigung, die ließe sich im Dialog mit einem »Neutralen«, ggf. unter Hinzuziehung eines weiteren kinderkundigen Fachmannes, mit Sicherheit leichter erreichen als in der bedrohlichen und angstgeschwängerten Luft der Streitbühne Gerichtssaal. Was das »dänische Modell« voll bestätigt. Denn mit Unterstützung des Statsmans werden heute weit über 90 Prozent (!) aller Scheidungen einvernehmlich geregelt. Wobei – bundesdeutsche Anwälte mag dies entsetzen – ganze sechs Prozent der Scheidungspaare zu den Besprechungsterminen mit einem eigenen Anwalt erscheinen. Darüber hinaus sind von den gleichfalls knapp sechs Prozent aller Fälle, die vor Gericht landen, mehr als die Hälfte der Paare kinderlos, und nur ein bescheidener Rest von zwei bis drei Prozent besteht aus jenen uneinsichtigen und aus Kindersicht verantwortungslosen Eltern, die einfach nicht fähig sind, sich in Sachen Kinder gütlich zu einigen.

Nun werden deutsche Juristen sofort sagen: 90 Prozent Einvernehmlichkeit, die haben wir auch; und auch die hochstrittigen Fälle dürften hier nur geringfügig mehr – geschätzt ca. fünf Prozent – ausmachen. Worin also soll, vom Verfahrensweg abgesehen, im Ergebnis der wesentliche Unterschied bestehen?

Was hinter dieser Einvernehmlichkeit stehen kann und daß die Qualität nachehelichen Kindeswohls sich nicht einfach nur an diesen Zahlen ablesen läßt, habe ich in Kapitel 5 gezeigt. Über die praktische Ausgestaltung der nachehelichen Kind-Eltern-Beziehungen gibt es allerdings auch aus Dänemark keine näheren Angaben, so daß wir nicht wissen können, ob sich hinter der harmonischen Fassade nicht letztlich genau die gleiche Trostlosigkeit für Kinder verbirgt wie hier auch. Andere Befunde lassen allerdings vermuten, daß es dort um die nacheheliche Elternschaft erkennbar besser bestellt ist. So entschieden sich bereits im ersten Jahr, nachdem per Gesetz vom 1. 1. 1986 – also über drei Jahre später als in der Bundesrepublik – das gemeinsame Sorgerecht überhaupt rechtlich möglich geworden war, immerhin bereits 35 Prozent (!) aller Eltern für dieses Modell. Zur Erinnerung: Hier sind es nach inzwischen gut zehn Jahren immer noch weniger als fünf Prozent, in den ersten Jahren nach der Zulassung im November 1982 waren es sogar nur anderthalb bis zwei Prozent.

Sicherlich kann man kaum annehmen, daß gemeinsam sorgeberechtigte Eltern keinerlei Probleme mit der nachehelichen Elternschaft hätten. Wer die völlige Harmonie zwischen Mutter und Vater zum Maßstab machen will, der ist ein unrealistischer Phantast. Doch nach allem, was wir heute wissen, verbirgt sich hinter dem rechtlichen Mantel fortbestehender Elternverantwortung, zu der sich – auch in Dänemark – Eltern nur freiwillig entscheiden können, auf jeden Fall ein ganz entschieden größeres Maß an Einsicht und Bereitschaft zur Aufrechterhaltung unbelasteter Kindkontakte zu beiden als bei Alleinsorgeberechtigten. Insofern kann das nacheheliche Beziehungsklima für dänische Trennungskinder nur positiver sein als bei uns.

Das muß man auch deshalb annehmen, weil das Gesetz für schwierige Fälle ausdrücklich die weitere Hinzuziehung eines Kinderkundlers zu den Beratungsgesprächen vorsieht. Und da beispielsweise ein dänischer Psychologe über die Vorgehensweise seiner deutschen sachverständigen Berufskollegen nur verständnislos den Kopf schütteln würde, weil es ihm von seinem Rollenverständnis her ganz selbstverständlich allein darum geht, das elterliche Konfliktfeld im Interesse ihres Kindes abzubauen, kann auch deshalb die psychische Lage dieser Kinder nur deutlich besser sein.

Darüber hinaus zeigt der dänische Weg aber auch noch dies: Um Sorgerechtsregelungen zu treffen, kann ein Staat offensichtlich auch ganz ohne jede Hinzuziehung von Sachverständigen auskommen. Denn zwar wird es für die zwei bis drei Prozent Dänenkinder, über die das Gericht entscheidet, anschließend gewiß kein Mehr an »Kindeswohl« geben. Doch das ist auch nach der Intervention eines Sachverständigen nicht anders. Insofern – und wenigstens das könnten wir von unseren nordischen Nachbarn auch ohne tiefgreifende Rechtsreformen eigentlich sofort lernen: Der Verzicht auf jede Form herkömmlicher Gutachterei im Familienrecht wäre sowohl für die betroffenen Eltern wie auch für den Staat (Prozeßkostenhilfe) mit erheblichen Kosteneinsparungen verbunden, ohne daß damit für die betroffenen Kinder auch nur der geringste Nachteil verbunden wäre. Bei geschätzten 5000 Gutachten pro Jahr und durchschnittlichen Kosten für eine Expertise von 5000 DM wären das immerhin 25 Millionen Mark jährlich.

Doch wenn der Vergleich mit Dänemark auch noch so überzeugend darlegt, wie wenig sinnvoll, ja wie schädlich die Verhandlung von Kindschaftsangelegenheiten im Rahmen des juristischen Streitmodells ist, wenn er uns zeigt, daß die rigorose anwaltliche Interessenvertretung der Mandanten Kinder, die selbst ohne jeden Fürsprecher sind, eher zu seelenlosen Objekten, Streitgegenständen degradiert und daß Rechtsanwälte insofern in diesem Bereich von Scheidungsfolgen nichts zu suchen hätten, ich müßte mich wohl zu Recht als idealistischen Schwärmer und unrealistischen Traumtänzer bezeichnen lassen, wenn die Nachahmung des dänischen Modells mein einziger Vorschlag für neue Wege im Umgang mit der Trennungsfamilie bliebe.

Antrags- statt Amtsverfahren

Man stelle sich nur einmal vor, wir hätten ein Gesetz, das für den Fall von Ehestreitigkeiten, die sich nicht durch das Paar selbst beilegen lassen, die Anrufung eines eigens dafür eingerichteten Ehestreitgerichtes mit der Befugnis, den Konflikt ggf. mit einer verbindlichen Rechtsentscheidung zu beenden, vorsähe. Es wäre nur eine Frage der Zeit – so meine Prognose –, dann hätten diese Gerichte nicht weniger Fälle zu bearbeiten als heute die mit Scheidung befaßten Familiengerichte.

Denn wo immer Menschen Konflikte miteinander haben und gleichzeitig überzeugt sind, im Recht zu sein, ist ihre Bereitschaft, sich darin bestätigen zu lassen, um so größer, je wichtiger ihnen das Beharren auf der eigenen Position ist und – zum anderen – je verfügbarer Instanzen sind, die sich dafür in Anspruch nehmen lassen.

Das müssen nicht immer gleich Gerichte sein. Viele Kinder suchen Trost und Bestärkung bei ihren Eltern, wenn sie davon überzeugt sind, daß ihnen etwa der Lehrer Unrecht getan hat. Erwachsene ziehen Freunde »ins Vertrauen«, um in ihrer Ansicht von der Alleinschuld des Partners an der Beziehungskrise unterstützt zu werden. Nachbarn bemühen den Schiedsmann, weil sie sicher sind, dort »Recht« zu bekommen.

Doch sobald die persönliche Wichtigkeit eines Problems nur groß genug ist und das Gesetz zugleich seine gerichtliche Klärung ausdrücklich vorsieht, darf es niemanden verwundern, wenn die Suche nach Bestätigung auch vor Gerichten nicht Halt macht. Dazu kommt noch ein Weiteres: Das Wissen über die dort geltenden Entscheidungsregeln führt dazu, daß die subjektive Wirklichkeit so »gestaltet« wird, daß sie zu diesen Regeln bestmöglich »paßt«. So hat man sich beispielsweise in einem zivilen Rechtsstreit bereits vorher nach Zeugen und anderen »Beweismitteln« umgesehen, weil man weiß, daß dies für die gerichtliche Meinungsbildung von entscheidender Bedeutung sein wird.

Das heißt, Gesetze sind nicht nur entscheidungsleitende Regeln für das Gericht. Zugleich haben sie auch nachhaltigen Einfluß auf das Bewußtsein der Menschen und ihr Verhalten.

Das gilt allemal im Familienrecht. Denn allein das Wissen um den sorgerechtlichen Regelungszwang bei Scheidung und um die Kriterien zur Auswahl des geeigneteren Elternteils löst hier verständlicherweise leicht Aktivitäten aus, die es ohne diese Vorschrift oftmals gar nicht gäbe. Oder in bezug auf die Zeit des Getrenntlebens: Nicht wenige Eltern beantragen die vorläufige Übertragung des Sorgerechts lediglich deshalb, weil das Gesetz diese *Möglichkeit* ausdrücklich einräumt. Hier verwechselt selbst Coester (1991b, S. 74) – einer der engagiertesten Familienrechtler – Ursache und Wirkung, wenn er dem Antragsverfahren entgegenhält: »Jetzt, wo es um Emanzipation der Eltern von staatlicher Kontrolle geht, spricht niemand mehr vom Kindesinteresse – woher kommt dieses Vertrauen in kindgerechtes Verhalten von Eltern einer zerrütteten Ehe, die sich bei der Scheidung nicht einmal zu einem Konsens über die sorgerechtlichen Verhältnisse zusammenfinden können?«

Deshalb mehren sich in letzter Zeit insbesondere aus den Reihen der Juristen selbst Stimmen, die sich für eine ersatzlose Streichung der »Sorgerechtsparagraphen« §§ 1671 und 1672 BGB aussprechen (Dickmeis, 1989; Prestien, 1992b; von Renesse, 1991). Denn dann wäre die den Beziehungskonflikt zwischen den Eltern so häufig nur noch verschärfende Regelung der elterlichen Sorge nicht länger ein unvermeidliches Amtsverfahren, sondern würde nur noch auf ausdrücklichen Antrag eines oder beider Eltern erfolgen. Nun werden manche einwenden, daß sich auch dann am Primat des alleinigen Sorgerechts vermutlich wenig ändern würde, weil es dann eben von den allermeisten Eltern bzw. Elternteilen regelmäßig beantragt werden würde. Doch das ist eigentlich eher unwahrscheinlich. Natürlich wird es immer wieder Fälle geben, in denen es zum Schutz des Kindes geboten ist, einem Elternteil das Sorgerecht allein zu übertragen, und dies vereinzelt durchaus auch bereits für die Zeit des Getrenntlebens. Doch dieser Weg bliebe auch ohne Vorschriften zur scheidungsbegleitenden Sorgerechtsregelung durchaus offen, denn dafür reicht die generelle Eingriffslegitimation des Staates, wie sie im § 1666 BGB verankert ist, völlig aus.[96] Drastisch verändern dürfte sich dagegen eines: Während Eltern heute das Gericht in erster Linie davon überzeugen müssen, weshalb sie selbst als Sorgerechtsinhaber besser geeignet sind als der andere, was zur eigenen Aufwertung, bedingungslosen Abwertung des anderen und zur Instrumentalisierung der Kinder geradezu auffordert, wäre dieses würdelose Spektakel bei einem Antragsverfahren zumindest ganz beträchtlich zurückgestutzt. Denn jetzt müßte vor dem Gericht begründet werden, warum es nach Meinung des Antragstellers zum Wohl des Kindes zwingend erforderlich sei, dem anderen Elternteil seine elternrechtliche Position zu entziehen. Fälle, die es durchaus auch, aber viel seltener, geben wird. Doch es dürfte jedem sofort einleuchten, daß dann ungleich sachlicher und auf nachprüfbare Fakten gestützt argumentiert werden wird, als wenn sich Eltern, wie heute, wechselseitig als ungeeignet oder gar für die Kinder schädlich anprangern müssen.

Insofern entstünde mit Sicherheit umgehend eine grundlegend veränderte Kommunikationskultur – schriftlich wie auch im Gerichtssaal –, die das bestehende Konfliktpotential zumindest nicht noch weiter verstärkte. Was zuallererst den Kindern zugute käme, weil es ihre Chancen auf dialog- und kooperationsfähige Eltern deutlich verbessern würde. In diesem Sinne forderte erst jüngst Duss-von Werdt (1992), auch für die Schweiz das Antragsverfahren zum Regelfall zu machen.

Hinzukommen müßte allerdings noch eine zweite Veränderung, um den Aufforderungscharakter der »Streiteinladung Sorgerecht« auf unvermeidliche Fälle zu reduzieren. Denn solange das Recht auf anhaltende Liebesbeziehungen zu allen bedeutsamen Menschen ihrer psychosozialen Welt nicht den Kindern selbst zugestanden wird, sondern allein den Erwachsenen – dem nichtsorgeberechtigten Elternteil –, so lange bleibt das Risiko, den Beschränkungen ihrer Eltern geopfert und vom Staat als Objekte behandelt zu werden, weiterhin beträchtlich. Deshalb müßte parallel zur Streichung der beiden Sorgerechtsvorschriften zugleich auch der »Umgangsparagraph« § 1634 BGB dahingehend geändert werden, daß das Recht auf fortbestehende Kontakte ausdrücklich ein Recht des Kindes selbst ist und nicht eines des getrenntlebenden Elternteils. Nichts anderes sah übrigens das noch zum 1. Oktober 1990 in Kraft getretene neue Familienrecht der damaligen DDR vor. Danach war – vor dem Hintergrund fortbestehender gemeinsamer Elternverantwortung bei Scheidung – das Jugendamt ausdrücklich dazu »verpflichtet«, *dem Kind* bei der Wahrnehmung seines Rechts auf Beziehungen auch zu dem Elternteil, bei dem es nicht lebt, zur Seite zu stehen.[97] Daraus wurde bekanntlich nichts: Denn nur drei Tage später – ein in der Rechtsgeschichte einzigartiges Kuriosum – war am 3. 10. 1990 mit der Vereinigung Deutschlands dieses weltweit am konsequentesten am Kind orientierte Gesetz wieder außer Kraft gesetzt – »zugunsten« unseres bundesrepublikanischen Familienrechts. Zumindest in dieser Hinsicht hätte man allen Kindern unseres Landes »DDR-Verhältnisse« nur wünschen können (vgl. auch Jopt, 1990b, Koeppel, 1990).

So jedoch muß hier zum zweiten Mal ein Blick über die nationalen Grenzen getan werden, um zumindest einen Eindruck davon zu bekommen, wie sich Umgangskontakte als »Recht des Kindes« auf die nachehelichen Beziehungen auswirken können. Denn was in der ehemaligen DDR über die Geburtsstunde nicht hinauskam, existiert bereits seit dem 1. 1. 1984 in Finnland, obgleich auch dort ein sorgerechtlicher Regelungszwang besteht.[98]

Trotzdem entscheiden sich, laut Statistik des finnischen Sozialministeriums, inzwischen über zwei Drittel aller Eltern (!) für das gemeinsame Sorgerecht nach Scheidung, auf das sie sich in der Regel mit Unterstützung durch die Mitarbeiter der Wohlfahrtsbehörden (Jugendamt) geeinigt haben (andernfalls entscheidet das Gericht). Darüber hinaus erklären 84 Prozent aller nicht ständig mit dem Kind zusammenlebenden Elternteile, daß sie mit der vereinbarten Umgangsregelung »sehr zufrieden« seien, wobei sich die betreuenden Elternteile diese Kontakte sogar noch häufiger intensiver wünschten (44 Prozent) als die anderen (34 Prozent).[99]

Daß sich dieser beeindruckende Hang zur Fortsetzung der Elternschaft trotz Scheidung allein darauf zurückführen läßt, daß ein

Gesetz dem Kind die Aufrechterhaltung seiner Liebesbeziehungen ausdrücklich garantiert, mag allerdings eher bezweifelt werden. Schließlich dürften auch bei finnischen Trennungspaaren die emotionalen Wogen kaum weniger hoch schlagen als bei uns. Ich vermute deshalb, daß es neben der Festschreibung einer kindlichen Rechtsposition vor allem die Art und Weise, mit der der Staat die Sorgerechtsproblematik an Eltern heranträgt, ist, die diesen Effekt bewirkt. Denn ob er die rechtliche Regelung als obrigkeitsstaatlichen Akt präsentiert, weil Trennungskinder andernfalls der Anarchie elterlicher Destruktivität hilflos ausgesetzt wären – ein Eindruck, wie er sich hierzulande leicht einstellt –, oder ob er seinen Hoheitsauftrag zugleich als einen Bewußtseinsbeitrag an die Adresse von Eltern versteht, mit dem er sie darauf aufmerksam machen will, daß sie – bei allem Verständnis für ihre Konflike und Spannungen – trotzdem niemals vergessen dürfen, was sie ihren gemeinsamen Kindern weiterhin schuldig sind: Das hat nicht nur viel mit Menschenbild und Moral zu tun, das bleibt auch nicht ohne Wirkung auf das Verhalten seiner Bürger.

Doch das werden vermutlich viele meiner ebenso ordnungsbewußten wie rechtsgläubigen Landsleute – allen voraus Juristen –, die mit einem nie hinterfragten Selbstverständnis von einem gleich im doppelten Sinne »richtenden« Staat groß wurden, kaum verstehen. Deshalb können sie über solche Erläuterungen, wie sie im finnischen Gesetzbuch stehen, wahrscheinlich auch nur verständnislos den Kopf schütteln (Hervorhebungen von mir):

»Das Ziel der elterlichen Sorge ist es, das *Wohlbefinden* und die ausgewogene Entwicklung eines Kindes in Übereinstimmung mit seinen individuellen Wünschen und Bedürfnissen, sowie *enge und liebevolle menschliche Beziehungen* insbesondere zwischen dem Kind und seinen Eltern herzustellen....

Ein Kind soll im Geiste des Verstehens, der Sicherheit und der *Liebe* aufwachsen..... Seine Entwicklung zu Unabhängigkeit, Verantwortlichkeit und Volljährigkeit soll *ermutigt* und unterstützt werden. (Abschnitt 1, Absätze 1–3)...

Das Ziel des Umgangsrecht ist es, dem Kind das *Recht zu sichern*, den Elternteil, mit dem es nicht mehr ständig lebt, zu treffen und den Kontakt mit ihr oder ihm aufrechtzuerhalten. (Abschnitt 2, Absatz 1)«

Und eine staatliche Absichtserklärung, wie sie sich als Sektion 4600a im Kalifornischen Gesetzbuch findet, ist auf lange Zeit für die Bundesrepublik wohl unvorstellbar:

»Das Parlament erwägt und bestimmt, daß es die Politik dieses Staates ist dafür zu sorgen, daß minderjährige Kinder häufige und längere Kontakte mit ihren beiden Eltern haben, auch wenn diese getrennt oder geschieden sind; und das es die Politik dieses Staates ist, die Eltern zu ermutigen, die Rechte und die Pflichten der Erziehung der Kinder gemeinsam auszuüben und daß diese Politik in die Praxis umgesetzt werden soll.«

Angesichts solcher Worte ist dem bissigen Verdacht, mit dem Koeppel (1992, S. 31) seine Glosse »Das deutsche Familienrecht kennt das Wort ›Liebe‹ nicht!« abschließt, nur zuzustimmen:

»Vielleicht haben es die Kinder außerhalb Deutschlands deshalb besser und dürfen auch nach Scheidung ihrer Eltern die Liebe beider weiterhin erleben, weil Staaten, welche weniger als wir Ordnung zum Maßstab aller Dinge machen, weniger gehindert sind, LIEBE groß und in das Gesetz zu schreiben und dem Kind die Liebe beider Elternteile auch nach deren Trennung weiter zuteil werden zu lassen.«

Doch wenngleich es in jedem Fall schon ein bedeutsamer Beitrag zur Entspannung des Elternkonfliktes wäre, wenn dem Kind ein eigener Anspruch auf nacheheliche Beziehungen gesetzlich garantiert würde – gerade die jüngste Vergangenheit hat unmißverständlich gezeigt, daß es nicht einmal lohnt, hierauf auch nur zu hoffen.

Dazu braucht man sich nur noch einmal an jenes Husarenstück der Parlamentarier zu erinnern, mit dem es ihnen gelang, die erste Menschenrechtscharta für Kinder, die von allen Ländern der Welt einstimmig verabschiedet worden war, durch eine Zusatzerklärung auszuhöhlen.

Da mögen auch noch so kühne rechtliche Saltos geschlagen werden (vgl. den Beitrag des in Sachen Kinderrechtekonvention unglücklicherweise federführenden Ministerialrats Dr. Stöcker, 1992), an einem besteht jedenfalls für mich kein Zweifel: Unter der heutigen Koalitionsregierung von CDU/CSU und FDP ist mit einer gesetzlichen Stärkung der Position des Trennungskindes mit Sicherheit nicht zu rechnen.

Das zeigt sich auch in der nur noch beschämend zu nennenden Behandlung des Sorgerechtsparagraphen § 1671 BGB. Denn obwohl das Bundesverfassungsgericht bereits im November 1982 den Absatz 4 dieser Vorschrift – wonach das Sorgerecht bei Scheidung einem Elternteil allein übertragen werden muß – für verfassungswidrig erklärt hatte, liegt bis heute – außer einer offiziösen Tischvorlage des zuständigen ministeriellen Sachbearbeiters – nicht einmal ein Entwurf zur Neufassung dieser Vorschrift vor.

Das heißt, bis heute kann man Trennungseltern eigentlich nur sagen, daß das gemeinsame Sorgerecht nicht nicht möglich ist, darüber hinaus auch noch, welche Voraussetzungen nach Meinung des Verfassungsgerichts dafür erfüllt sein müssen, wobei da allerdings der Streit unter den Juristen auch schon anfängt (vgl. Hinz, 1984); mehr aber auch nicht.

Doch wen wundert es bei dieser tiefsitzenden irrational-ablehnenden Einstellung der meisten Anwälte, Jugendämter (trotz KJHG!) und Gerichte, daß es immer noch Eltern gibt, die von einem Weg, den nicht einmal das Gesetz kennt, gar nichts wissen oder ihn – jedenfalls, sofern sie zum Kreis der »designierten« Alleinsorgeberechtigten gehören – sofort weit von sich weisen, weil ihnen ihre »Aufklärer« ungefragt gleich genügend Horrorvisionen mitliefern?

Zwar mehren sich inzwischen auch in den politischen Reihen Stimmen, die für einen konsequenten Verzicht auf den Regeleingriff votieren. So forderte etwa erst jüngst die SPD-Abgeordnete und Familienrichterin Margot von Renesse (1991):

»Der Erhalt des gemeinsamen Sorgerechts auch nach der Scheidung muß vielmehr zum Ziel werden, jedenfalls in den – zahlreichen – Scheidungsfällen, in denen sich die Eltern über Verbleib und weitere Betreuung des Kindes bei einem Elternteil einig sind.« (409)

»Der Zwangsverbund Scheidung und Verfahren zur elterlichen Sorge ist aufzuheben.« (410)

»Ein Kind muß erleben können, daß die für ihn wichtigste Bezugsperson in seinem alltäglichen Zuhause seine gute Beziehung zum anderen Elternteil wünscht und fördert.« (411)

Doch ein Grund zur Freude ist dies noch lange nicht, denn selbst in der eigenen Partei finden solche Ansichten keineswegs ungeteilte Zustimmung. So kommentierte denn auch die »Arbeitsgruppe Frauen und Jugend« den ausführlichen und kindzentrierten Entwurf der familienrechtlichen Expertin umgehend:[100]

»Die Mitentscheidung des Vaters würde dazu führen, daß Kontakte der geschiedenen Eltern erforderlich sind, auch wenn, wie häufig, erhebliche Spannungen zwischen ihnen bestehen und jeder Kontakt eine Belastung bedeutet. Darunter würde nicht zuletzt das Kind erheblich leiden. Die Möglichkeit des Zugriffs des Vaters würde Konflikte in die Mutter/Kind-Beziehung tragen, das Kind würde zwischen beiden hin und her gezogen und nicht zur Ruhe kommen können.«

Und zu den Reformvorschlägen des Nichtehelichenrechts:

»Es stellt sich allerdings die Frage, ob bei der heute üblichen Zuständigkeit der Frau für die Betreuung von Kindern ein gemeinsames Sorgerecht überhaupt gerechtfertigt ist...
Die im Antragsentwurf vorgesehene Umgangsrechtsregelung begründet zwar nicht direkt ein Recht des Vaters, sondern ein Recht des Kindes. Der Vater kann diese Regelung jedoch durch Veranlassung der Antragstellung im Namen des Kindes faktisch als eigene Rechtsposition nutzen.«

Womit eines gewiß sein dürfte. Selbst dem kinderfreundlichsten Regierungsentwurf droht immer noch das »Aus« durch ein von Lobbyisten unterschiedlichster Richtungen – allen voran Frauen, die es nicht schaffen, zwischen ihren geschlechtsspezifischen Interessen und denen ihrer Kinder zu unterscheiden – gespaltenes Parlament.

Sorgerechtliches Zwei-Stufen-Modell

Ich bin ziemlich sicher, daß sich an der kinderfeindlichen Sorgerechtsregelung selbst dann kaum Entscheidendes ändert, wenn der Gesetzgeber es eines Tages geschafft haben wird, fernab von jeder wirklichen Reform wenigstens die inzwischen zehnjährige Rechtslücke zur gesetzlichen Verankerung des gemeinsamen Sorgerechts zu schließen. Denn allein die bisher an den Tag gelegte Langmut zeigt deutlich, wie wenig sich an der früheren Einschätzung dieses Modells durch Regierung und Bundestag geändert hat (schon 1982 hatte sich das Justizministerium vor dem Bundesverfassungsgericht eindeutig gegen diese Möglichkeit ausgesprochen).

Es gehört auch nicht viel Phantasie dazu, um sich vorzustellen, wie ein neuer Absatz 4 im § 1671 BGB wohl aussehen wird: Mehr, als daß bei Erfüllung der drei Voraussetzungen, wie sie das Verfassungsgericht vorgab, das gemeinsame Sorgerecht *auch* möglich sei, wird sicherlich nicht zu erwarten sein. Was wollte man von einem Gesetzgeber auch anderes erwarten, der nicht aus Überzeugung tätig wird, sondern weil er durch das höchste deutsche Gericht zum Handeln gezwungen wurde?

Insofern dürfte der Rechtswissenschaftler Michalski mit seiner kürzlich vorgetragenen Schützenhilfe für das Justizministerium wohl schon ziemlich nah an der zukünftigen Regelung dran sein. Sein Vorschlag (1992, S. 137):

»1. Die elterl. Sorge ist grundsätzlich einem Elternteil allein zu übertragen...
3. Auf Vorschlag beider Eltern ist, sofern dies dem Kindeswohl entspricht, die gemeinsame elterl. Sorge anzuordnen.
4. § 1671 III BGB gilt entsprechend.«

Doch damit würde sich an der heutigen Belastungssituation für Kinder bestenfalls wenig, eher gar nichts ändern. Denn die Grundvoraussetzung, der gemeinsame Elternwille, wird ja nicht dadurch bereits geschaffen, daß man sie rechtlich ausformuliert. Solange das gemeinsame Sorgerecht lediglich – eigentlich wie heute auch schon – als eine von im Prinzip zwei Möglichkeiten (und dazu auch noch als die »schlechtere«, weil angeblich schwierigere) im gesetzlichen Angebotskatalog steht, kann man sich vorstellen, daß sich – wiederum wie heute schon – der wahrscheinliche Sorgerechtssieger sofort auf die Alternative stürzen wird, die seiner ablehnend-ängstlichen oder auf Bestrafung ausgerichteten Haltung zum früheren Partner auch noch ausdrücklich entgegenkommt. Mit der Folge, daß Sorgerechtsstreitigkeiten zu Lasten der Kinder eher noch zu-, als abnehmen, weil sich vor allem Väter immer häufiger gegen ihre elternrechtliche Entmündigung mit der Forderung nach einem gemeinsamen Sorgerecht zur Wehr setzen werden.

Womit auch die erweiterte Wahlmöglichkeit wieder einmal nur das Grundübel des ganzen deutschen Kindschaftsrechts bestätigen würde – seine bedingungslose Erwachsenenorientierung.

Dabei geht es überhaupt nicht um ein, der freien Marktwirtschaft vergleichbares, Prinzip der Angebotsvielfalt. Von der Position des Kindes her betrachtet, käme es entscheidend darauf an, daß bereits das Gesetz – wenn es schon unvermeidlich ist – ganz unmißverständlich zum Ausdruck brächte, daß allein eine – idealerweise vollständige – Auflösung des Elternkonflikts die trennungsbedingte Kindeswohlgefährdung auffangen kann. Und daß insofern das gemeinsame Sorgerecht den optimalen Rahmen darstellt – nicht als Ziel an sich, sondern als Programm, als rechtliche Absichtserklärung von Eltern, bewußt psychische Schadensbegrenzung für ihre Kinder betreiben zu wollen. Ein so verstandenes gemeinsames Sorgerecht ist nicht das »Ergebnis«, sondern die »Voraussetzung« für einen elterlichen Befriedigungsprozeß.

Nur mit einer solchen klaren und eindeutig bewertenden Stellungnahme des Gesetzgebers bestände die Chance, den heute geradezu reflexhaften Zugriff auf die beziehungsschädliche Alleinsorge aufzubrechen. Damit würde zugleich deutlich, daß es der Gesetzgeber – trotz der umfassenden Dominanz der Erwachsenen- bzw. Elternperspektive (dasselbe gilt bedauerlicherweise auch für das neue KJHG) – mit der Wahrnehmung von Kindesinteressen ernst meint, daß er ganz konkrete Vorstellungen von dem hat, was für Trennungskinder notwendig ist und daß die Formel vom »Kindeswohl« für ihn kein unbestimmter Rechtsbegriff ist, sondern sehr klare und beschreibbare Konturen besitzt. Eine Position, die für sämtliche Rechtsanwender nicht ohne Wirkung bleiben würde.

Rechtstechnisch umgesetzt, liefe eine solche Stellung- und Parteinahme darauf hinaus, daß sich Scheidungseltern grundsätzlich mit einer Hierarchie zweier Sorgerechtsmodelle konfrontiert sähen, die keine Zweifel aufkommen ließe, welchen Weg sie im Interesse der Kinder beschreiten müßten. Parallel dazu wäre auch die einschränkende Bedingung »sofern es dem Kindeswohl entspricht« so zuzuordnen, daß sie nicht länger mit dem gemeinsamen, sondern mit dem alleinigen Sorgerecht verknüpft wird. Denn daß keine Eltern den Bedürfnissen ihrer Kinder gerechter werden als die, die trotz Trennung verantwortungtragende Eltern bleiben wollen, sollte längst für alle scheidungsbeteiligten Professionen zur Binsenweisheit geworden sein. Dazu brauchte man nur einmal nachzulesen, was Trennungskinder viele Jahre später über die »Folgen« einer ihre Eltern ausgrenzenden Sorgerechtszuweisung zu sagen haben (Gaier, 1988; Beal & Hochman, 1992).

Was aber, wenn Eltern – im Regelfall wird es allerdings nur ein Elternteil sein – trotz allem auf einer Alleinsorge bestehen? Die Gerichte sollten alle »Sorgerechtskriterien« (s. 3. Kapitel) rigoros durch eine einzige Prüfung ersetzen: welcher Elternteil behindert erkennbar die psychischen Elementarbedürfnisse seines Kindes nach umfassenden Elternbeziehungen? und diesem konsequenterweise zumindest nicht das alleinige Sorgerecht zusprechen. Davon könnten alle Kinder nur profitieren. Und die Gerichte bräuchten nicht einmal einen kostspieligen Sachverständigen, ihr eigener Sachverstand reichte in den weitaus meisten Fällen völlig aus.

Dieser sorgerechtliche Zwei-Stufen-Plan wäre für den Gesetzgeber also eine dritte Möglichkeit, wie er zur elterlichen Konfliktentspannung beitragen könnte. Wobei er sich auch hier wiederum durchaus auf Erfahrungen in anderen Ländern stützen könnte, denn sowohl in Frankreich (Schwab, 1987; Normann, 1988) als auch in England (Lowe, 1991) wird heute im Prinzip so verfahren.

Beratungspflicht

Eine letzte Möglichkeit, staatlicherseits auf einen elterlichen Spannungsabbau hinzuwirken, bestände schließlich darin, alle Eltern dazu zu verpflichten, sich vor der rechtlichen Scheidung stets erst einer Beratung zu unterziehen. Denn vielen ist – wegen der vornehmlich rechtlichen Behandlung ihrer Trennungsproblematik – überhaupt nicht oder nur vage bewußt, von welch immenser psychologischer Tragweite der Zerfall des Familienverbandes für ihre Kinder ist. So berichteten beispielsweise Kelly & Wallerstein (1980), daß 72 Prozent der von ihnen untersuchten Mütter angaben, nach der Scheidung überhaupt keine Veränderungen bei ihren Kindern bemerkt zu haben.

Das oberste Beratungsziel wäre dabei nicht etwa der Versuch, die

Ehe doch noch zu retten – wenngleich auch dies im Einzelfall durchaus dabei herauskommen könnte –, sondern vor allem das Bewußtmachen der psychologischen Tatsache, daß eine möglichst weitgehende Trennung von Eltern- und Paarebene in Verbindung mit dem festen Vorsatz beider Eltern, ein Maximum an nachehelicher Elternschaft aufrechtzuerhalten bzw. wiederherzustellen, der höchste Beitrag ist, den sie zur Abwehr einer trennungsbedingten Kindeswohlgefährdung erbringen können.

Mit diesem Vorschlag, der in Kalifornien und einigen anderen US-amerikanischen Staaten längst zum festen Bestandteil jedes Scheidungsverfahrens gehört, bin ich in der Vergangenheit allerdings immer wieder auf strikte Ablehnung gestoßen, wobei mit dem Reizwort »Zwangsberatung« eine völlig unpassende und den sachlichen Blick nur versperrende Emotionalisierung in die Diskussion hineingetragen wurde. Trotzdem sehe ich in einer gesetzlich verankerten Beratungspflicht – rein formal jener vor einem Schwangerschaftsabbruch vergleichbar – eine große Chance für Kinder. Denn bei allen sonstigen Kontroversen, wenigstens in diesem einen Punkt stimmen beide Eltern so gut wie immer überein: Sie lieben ihre Kinder.

Dabei ist es aus der Sicht des Beraters weitgehend bedeutungslos, daß viele Mütter und Väter gerade zur Trennungszeit sehr unterschiedliche Vorstellungen darüber haben, wie eine »richtige« Liebe auszusehen hat. Darüber wird auch in intakten Familien häufig vehement gestritten. Entscheidend ist allein, daß Eltern an dieser motivationalen Schnittstelle »abgeholt« und mit Unterstützung von sachkundigen Trennungs- und Scheidungsberatern zu einer solchen praktischen Umsetzung dieser Liebe geführt werden, wie sie von den Kindern ersehnt wird. Bezogen auf die Gesamtheit aller Scheidungsfälle, können auf diese Weise Trennungskinder nur gewinnen, denn heute hören Eltern fast immer nur das genaue Gegenteil: Die Kinder bräuchten »klare Verhältnisse«, damit sie wieder zur Ruhe kommen könnten.

In jedem Fall würde der Staat mit einer gesetzlichen Beratungspflicht ein deutliches Signal dafür setzen, daß es aus seiner Sicht außer Frage steht, worauf es für Trennungskinder in erster Linie ankommt. Aber natürlich ist damit noch nicht garantiert, daß sich die Eltern auch tatsächlich darauf besinnen, welche persönlichen

Anstrengungen sie ihren Kindern trotz – besser: wegen – ihrer Scheidung schuldig sind. Und nichts kann verhindern, daß sie anschließend weitermachen, als wenn es eine Beratung niemals gegeben hätte. Doch dafür hätte sich ein ernsthaft zum Schutz des Kindeswohls angetretener Staat unverzüglich zu interessieren. Deshalb ist es für die Auswahl des zukünftigen Sorgerechtsinhabers von zentraler Bedeutung, daß das Gericht das Ergebnis der Beratung kennt bzw. – sofern sie gescheitert ist – davon erfährt, woran dies lag. Denn nicht selten ist das Scheitern darauf zurückzuführen, daß ein Elternteil selbst zum kleinsten Entspannungsbeitrag nicht bereit ist. Und dieser Elternteil, der mit seiner Verweigerung sein Desinteresse, zur Linderung kindlichen Leids beizutragen, unmißverständlich dokumentiert, dürfte in keinem Fall auch noch das Gütesiegel elterlicher Alleinsorge bekommen, so wie es in unserem Land fast der bittere »Regelfall« ist.

Insofern müßten sich alle Gegner einer elterlichen Beratungspflicht ehrlicherweise auch zur Fortsetzung dieser Praxis bekennen, die nach meinen Erfahrungen für die zahllosen seelischen Kindesmißhandlungen, die sich auf dem Scheidungsfeld beobachten lassen, ausschlaggebend mitverantwortlich ist.

Dabei ist das einzige von ihnen ins Feld geführte Gegenargument, Einsicht lasse sich nicht per »Zwang« herbeiführen, auch noch nachweislich falsch. Selbstverständlich läßt sich keine Therapie gegen den Willen eines Klienten herbeiführen; jedenfalls keine mit Aussicht auf Erfolg. Doch eine auf Trennungskinder bezogene Elternberatung hat mit Therapie ebensowenig zu tun wie ein Beratungsgespräch beim Rechtsanwalt (zu dem Scheidungseltern übrigens, streng genommen, auch »gezwungen« werden) oder eine Information bei der Verbraucherberatung.

Denn hierbei geht es ausschließlich um Aufklärung und Sensibilisierung für eine kindliche Gefährdung. Und wenn man sich vergegenwärtigt, daß deren Beseitigung nicht ins Belieben gestellt, sondern von verfassungsrechtlichem Rang ist, daß insofern allein Kindern, und nicht deren Eltern, der grundgesetzlich garantierte Schutz bei Trennung und Scheidung gilt, dann kann es bei sämtlichen Bemühungen des Staates, diesen Auftrag zu erfüllen, einen verwerflichen Zwang überhaupt nicht geben.

Und im übrigen: Ich habe noch von keinem, der jede Form von

Beratungspflicht strikt ablehnt, gehört, daß er sich mit gleicher Vehemenz gegen jenen Zwang ausgesprochen hätte, der heute zur Selbstverständlichkeit der deutschen Familienrechtsszene gehört: den häufig gewaltsamen, weil gegen den ausdrücklichen Willen durchgeführten, Entzug des Sorgerechts. Und das ist nun wirklich unverkennbar nichts anderes als Zwang, der allein durch das Kindeswohl, das diesen gewaltsamen Eingriff angeblich erfordert, gerechtfertigt wird. Doch welchem anderen Ziel sollte eine Beratungspflicht für Eltern dienen?

Fazit

Es gäbe also schon eine ganze Reihe von Möglichkeiten, wie der Staat durch den Verzicht auf »streiteinladende« oder durch Erlaß streitabbauender Vorschriften zur Verbesserung der Lage von Trennungskindern beitragen könnte. Und alle diese Maßnahmen hätten nicht nur einen verhaltenssteuernden Einfluß auf Trennungseltern. Darüber hinaus wäre damit auch ein psychologischer Effekt verbunden, der nicht hoch genug eingeschätzt werden kann. Denn mit der Vorgabe ganz konkreter Zielvorstellungen – und sei ihre Realisierung auch noch so schwierig – stünde jedem Elternteil in aller Deutlichkeit vor Augen, daß im Grunde er selbst die Verantwortung dafür trägt, wie stark sein Kind durch die Auseinandersetzungen zwischen den Erwachsenen geschädigt wird. Gerade dieser Bezug wird jedoch durch die Suggestion, wonach das Kindeswohl mit der Sorgerechtsregelung durch einen Dritten hinreichend gewahrt sei, weitgehend verschleiert. Insofern hat Coester (1992, S. 621) vollkommen recht: »Allerdings sollte auch die mögliche psychologische Wechselwirkung von rechtlicher Elternschaft und Verantwortungsgefühl, oder umgekehrt von Entrechtung und faktischem Rückzug vom Kind nicht außer acht gelassen werden: Wer die rechtliche Elternverantwortung behält, wird eher bereit sein, sich um die Kinder zu kümmern, als der, dem die Zuständigkeit für die Kinder ausdrücklich abgesprochen wird.«
Doch nicht nur das. Erst durch diese Illusion werden auch in vielen Fällen Kräfte mobilisiert und in Richtung Sorgerechtsstreit kanalisiert, die es andernfalls zumindest in diesem Ausmaß möglicherweise nie gegeben hätte. Wer wollte auch anderes von Eltern erwar-

ten, denen zuvor beigebracht wurde, daß sich der Beweis ihrer Kindesliebe am Besitz eines Rechtstitels ablesen ließe. Eine Vorstellung, die zwar niemand öffentlich verbreitet, deren Realität jedoch spätestens dann keiner mehr anzweifelt, wenn er nur einmal die tiefe Betroffenheit und Erschütterung einer Mutter miterlebt hat, der das Sorgerecht zugunsten des Vaters entzogen wurde oder die in gutgemeinter Absicht freiwillig darauf verzichtet hat.

Daß so manche Eltern – von ihren ganz persönlichen Motiven, das Sorgerecht zu erlangen, einmal abgesehen – diesem Titel nachjagen, als handle es sich um eine Trophäe, ist jedenfalls nicht unwesentlich darauf zurückzuführen, daß der Staat mit der Assoziationskette »Kindeswohl-Sorgerecht-Elternliebe« eine solche Wettkampf-Mentalität erst schürt.

Doch nicht nur Eltern wären genötigt, nachdenklicher und sich ihrer Verantwortung bewußter zu werden, sofern die trennungs-spezifische Kindeswohlgefährung per Gesetz konkretisiert würde. Auch die professionellen Scheidungsbegleiter befänden sich dann nicht länger in der Situation, die Generalklausel Kindeswohl für jeden konkreten Einzelfall neu ausfüllen zu müssen, womit sich für Gerichte und Jugendämter umgehend ein ganz neuer Arbeitsstil ergäbe. Wenngleich wohl auch zum Leidwesen so mancher – nicht aller (!) – Anwälte: Denn die könnten dann kaum länger die auch für sie meist völlig leere Formel vom angeblichen Kindeswohl ins Zentrum ihrer kindesschädlichen Interessenvertretung stellen. Und was sollten sie dann noch sagen? Doch wenn schon nicht fehlende, dann zumindest schweigende Anwälte im Kindschaftsrecht – das wäre immerhin auch schon etwas.

Ich gebe mich jedoch keinen Illusionen hin: Mit all meinen Vorschlägen an die Adresse des Gesetzgebers habe ich letztlich nur Wege beschrieben, die den Traum zahlloser Trennungskinder von einer fortbestehenden »psychologischen Familie« ein gutes Stück realer werden lassen könnten. Doch realistisch gesehen, sind auch diese Wege nur ein Traum. Denn politisch wird sich, davon bin ich fest überzeugt, auf absehbare Zeit keiner dieser Gedanken umsetzen lassen. Da braucht man sich nur bewußt zu machen, daß in diesem Land die Vertretung dieses so sensiblen psychologischen Gutes »Kindeswohl« immer wieder Menschen anvertraut wird, die vielleicht exzellente Juristen sein mögen, von Kinderpsychologie

und den Bedürfnissen von Trennungskindern im besonderen jedoch weniger als wenig verstehen (vgl. Stöcker, 1992). Von der
Verwechslung von kindlichen Interessen mit den ideologischen
eigenen bei zahlreichen Politikern und Lobbyisten – und ohne die
hat jeder noch so kinderfreundliche Reformentwurf ohnehin keine
Chance – ganz abgesehen.

Es kann zwar durchaus Hoffnung machen, wenn ausgerechnet aus
den Reihen der Kirche – die bisher vor lauter verbissener Verteidi-
gung der Ehe völlig außerstande war, die familiale Wirklichkeit und
damit auch die Not von Trennungskindern überhaupt wahrzunehmen – mutige Stimmen laut werden. So erklärte beispielsweise
Joachim Fuß, Präsidiumsmitglied des Familienbundes der Deutschen Katholiken und selbst Familienrichter, am 4. 1. 1992 im
Fernsehsender 3 sat:

»Entscheidend ist die fortbestehende gemeinsame Elternverantwortung
nach Trennung und Scheidung. Ganz einfach gesagt, Eltern bleiben Eltern.
Elternschaft ist nicht aufkündbar, und Kinder haben einen Anspruch auch
nach Trennung und Scheidung ihrer Eltern auf Mutter und Vater. Das
optimale Modell als Organisationsform dieser gemeinsamen Elternverantwortung ist in der Tat das gemeinsame Sorgerecht...
Der Gesetzgeber muß sicherlich den Rechtsanwender, sprich die beteiligten Anwälte und Familienrichter stärker dahin führen, sich mit der Problematik des gemeinsamen Sorgerechts stärker auseinanderzusetzen und
den Richter auch zwingen, gedanklich das gemeinsame Sorgerecht durch-
zuspielen...«[101]

Doch was solche persönlichen Stellungnahmen nachdenklich gewordener einzelner mittelfristig bewirken werden, bleibt erst noch
abzuwarten.

Die Trennungskinder von heute und morgen haben jedoch nicht die
Zeit, auf einen in fernerer Zukunft nicht einmal unwahrscheinli-
chen – man denke nur an die mit dem Zusammenwachsen der
europäischen Gemeinschaft zwangsläufig verbundene Angleichung
der nationalen Rechtssysteme – gesellschaftlichen bzw. rechtlichen
Wandel zu warten. Dafür ist ihre Kindheit einfach zu kurz. Deshalb
will ich abschließend beispielhaft zeigen, daß es, unabhängig von
irgendwelchen Rechtsreformen, auch heute bereits eine ganze

Reihe von Möglichkeiten gibt, so zu arbeiten, daß die Chancen für eine nacheheliche Elternschaft zumindest merklich erhöht werden. Die ganze Bandbreite denkbarer Alternativen zu schildern, würde den Rahmen dieses Buches sprengen. Deshalb werde ich für jede Berufsgruppe außer der der Richter nur Beispiele vorstellen, die von engagierten einzelnen bereits erfolgreich praktiziert werden. Eine umfassende Darstellung befindet sich jedoch in Vorbereitung (Jopt & Prestien, i. V.).

Eines darf man dabei allerdings nie aus den Augen verlieren: Der Trennungsfamilie wird es zwar ohne jegliche Unterstützung und Hilfe eher selten gelingen, den Paarkonflikt aus eigener Kraft von den Kindern fernzuhalten. Doch solange sie sich innerhalb eines Rechtsrahmens bewegt, der jederzeit den Rückzug auf Erwachseneninteressen und den Zugriff auf die Auseinandersetzungsformen des Streitmodells ermöglicht, bleiben für jegliche alternativen Interventionen die Grenzen relativ eng gesteckt.

Insofern sind die nachfolgenden Vorschläge keine zusätzlichen Möglichkeiten, die es neben denen des Staates auch noch gibt. Denn das ist überhaupt keine Frage: Für das kindliche Bedürfnis nach Fortbestand seiner Familie am effektivsten wären auf jeden Fall Rechtsreformen, die jedem leichten und leichtfertigen Rückzug auf egozentrische Erwachsenenpositionen eine klare Absage erteilten. Was ich hier vorstelle, sind insofern zweitbeste Maßnahmen, mit denen man trotz schlechtester Rahmenbedingungen zumindest versuchen kann, im Interesse der Kinder eine Verbesserung der Elternbeziehung herbeizuführen. Bescheidene Versuche, vor Trojes (1991, S. 161) grundsätzlich richtiger Feststellung nicht resigniert zu kapitulieren: »Erst wenn die Beteiligten wissen, daß nur sie, sie allein und niemand anderes, sich zu etwas durchringen müssen, daß sie auch in der Staatsgewalt, im Richter als der das staatliche ›Wächteramt‹ ausübenden Instanz, keinen hoheitlichen Konfliktentscheider mehr bereitstehen wissen, sind sie ihrerseits bereit, ihr Heil in einer Einigung zu suchen.«

Doch Nachahmer werden überrascht sein, wie sich dennoch im Einzelfall immer wieder Dinge in Bewegung setzen lassen, die man für ausgeschlossen gehalten hätte. Und daß die ganz großen Erfolgserlebnisse, die wahren Motivierungsschübe, im Familienrecht ebenso selten anzutreffen sind, wie sich die sprichwörtliche Nadel im Heuhaufen finden läßt – das weiß vermutlich jeder, der mit Trennungsfamilien zu tun hat. Aber auch wenn sämtliche Bemühungen nur bei einem Bruchteil von Fällen erfolgreich sind, wäre dies trotzdem immer noch mehr als das übliche resignierte Schulterzucken vor den Beschränktheiten der Erwachsenen.

Denn solange gesetzlich alles beim alten bleibt, verhält es sich im Familienrecht im Prinzip ähnlich wie mit der Richtgeschwindigkeit auf deutschen Autobahnen. Nahezu alle Verkehrsteilnehmer finden eine Tempobegrenzung durchaus sinnvoll und vernünftig. Doch sofern ein Autofahrer nur seine ganz persönlichen Gründe hat, die Vorgabe zu überschreiten – sei es, weil er in Eile ist, weil er dem Beifahrer imponieren möchte, oder sei es auch nur deshalb, weil es ihm einfach Spaß macht, schnell zu fahren –, tut er dies auch. Ganz in diesem Sinne gibt es auch kaum ein Elternpaar, das nicht eine spannungsfreie Beziehung zwischen ihnen beiden als dasjenige ansähe, was sich ihre Kinder am stärksten wünschten und was auch sie selbst ihnen zuliebe am liebsten praktizieren würden. Nur: »Mit diesem Partner geht das nicht!« Für Raser auf der Autobahn wie für zerstrittene Eltern gilt: Die Abkehr vom Vernünftigen hat keinerlei Konsequenzen.

ALTERNATIVEN FÜR DIE PROFESSIONELLEN SCHEIDUNGSBEGLEITER

Bei allen am Scheidungsverfahren beteiligten Berufsgruppen kommt es im Prinzip auf zweierlei an. Zum einen gilt es, die Eltern für die Lage ihrer Kinder zu sensibilisieren, ihnen dafür überhaupt erst einmal die Augen zu öffnen. Zugleich muß es aber auch darum gehen, sie zu »zügeln«, ihren psychologisch verständlichen Rückzug auf die eigenen Interessen zumindest zu erschweren und auf gar keinen Fall noch zu begünstigen.

Beide Möglichkeiten sind jedoch bei den verschiedenen Beteiligten ungleich verteilt. Während die bewußtseinsweckende Arbeit grundsätzlich von allen verfahrensbeteiligten Professionen geleistet werden kann, liegt der Einfluß auf das Elternverhalten zuallererst in den Händen des Gerichts. Deshalb bietet nach meinem Verständnis letztlich eine interdisziplinäre Kooperation die größte Chance, im Interesse der Kinder positiv auf ihre Eltern einzuwirken.

Wenn man sich vergegenwärtigt, daß die Richter die stärkste Position im Scheidungsverfahren haben, weil allein sie letztlich die Entscheidungen treffen und damit Weichen für die zukünftigen Entwicklungsbedingungen aller Betroffenen – nicht nur der Kinder – stellen, dann ist es eigentlich vollkommen unverständlich, weshalb ihnen zugetraut wird, dieses schwierige Geschäft, über ihr Rechtswissen hinaus, nur mit ihrem gesunden Menschenverstand, mit ihren laienpsychologischen Kenntnissen bewerkstelligen zu können.[102]

Doch so lange sie auch zukünftig darauf angewiesen sein werden, sich ihr kinder- und beziehungspsychologisches Wissen im Selbststudium anzueignen – wenn überhaupt, denn noch gilt die Aneignung solcher Kompetenzen mehr als persönliches Hobby, denn als Qualifizierung[103] –, bleibt gar keine andere Wahl, als den eigenen Handlungsspielraum im Rahmen der ganz persönlichen Fähigkeiten und Grenzen selbstkritisch abzustecken.

Eines allerdings könnten ausnahmslos alle Richter leisten: Sie könnten sich die Zeit nehmen, um beide Eltern über die wahren nachehelichen Bedürfnisse ihrer Kinder gründlich aufzuklären und zu informieren.

Dazu brauchten sie sich lediglich zu vergegenwärtigen, was sowohl sie selbst als auch ihre eigenen Kinder sich wünschten, wenn ihr eigener Familienverband einmal zerbrechen sollte. Wo immer dies bereits geschehen ist, da begegnet man ohnehin regelmäßig einem deutlich veränderten Richterverhalten. Und wenn eigene Familienerfahrungen noch fehlen: Kinder waren sie schließlich alle einmal. Womit sie in Sachen Elternschaft über einen Erfahrungsfundus verfügen könnten, der zumindest im Hinblick auf das Oberziel »Beziehungserhalt« im Grunde jedes Lehrbuch überflüssig machte. Natürlich ist das keine Garantie dafür, Eltern auch zu erreichen. Doch man sollte die richterliche Autorität auch nicht unterschätzen. Womit ich allerding nicht die mit der schwarzen Robe verbundene meine. Die erzeugt nur Angst, hält unmündig und fördert die Bereitschaft, dem Amtsträger nach dem Mund zu reden, um ihm zumindest nicht zu mißfallen. Autorität, die mit der Persönlichkeit des Richtenden verbunden ist; Autorität, die sich nicht in der Rolle des staatlichen Machtträgers erschöpft, sondern personifiziert durch einen ganz individuellen »Menschen« auftritt; eine solche Autorität kann durchaus Zugänge schaffen, an die mancher Richter nie gedacht haben mag, solange er seine Identität hinter Professionalität versteckt hielt.

Doch das ist verständlicherweise nicht jedermanns Sache. Denn es erfordert Mut. Den Mut, aus der schutzspendenden Rüstung ein Stück herauszukommen und erkennen zu lassen, daß man auch »nur« ein Mensch mit Gefühlen, Meinungen und Wertvorstellungen ist. Gerade der wäre nirgendwo so sehr gefragt wie im Familienrecht, wenn es um Kinder geht.

Aber auch Richter, denen es Angst macht, als individuelle Persönlichkeiten im Verfahren »sichtbar« zu werden, oder die aufgrund mangelnder Kenntnisse in Psychologie und Gesprächsführung einfach nicht wissen, wie sie dies anstellen sollen, könnten ganz erheblich zur Deeskalation der elterlichen Konfliktdynamik beitragen.

Denn solange das Problem Trennungskinder in den Händen der Justiz liegt, haben Gerichte durch ihre Entscheidungsmacht nun mal einen Einfluß auf die Familie, wie niemand anderer sonst. Entscheidend ist dabei weniger die Machtfülle an sich als die Richtung, in die das Geschehen dadurch gesteuert wird. Und diesbezüglich wäre eine regelrechte Kehrtwende angesagt. Denn solange die psychologisch völlig unsinnige Überzeugung von der Einheit zwischen Aufenthaltsort eines Kindes und Sorgerecht – allenfalls vereinzelt durch das gemeinsame Sorgerecht durchbrochen – vorherrscht, sind die meisten Richter faktisch längst nicht mehr in der Situation autonomer, allein der eigenen Meinungsbildung und dem eigenen Gewissen verantwortlicher Urteilsbildner. Tatsächlich sind sie eher mit Hoheitsbefugnissen ausgestattete Statisten, die lediglich die zuvor häufig von einem Elternteil hergestellten Verhältnisse absegnen, weil es eine andere Möglichkeit angeblich nicht gibt.

Damit aber begeben sie sich letztlich freiwillig und ohne Not auf das Niveau von Verwaltungsbeamten, denn nichts anderes macht im Prinzip jeder Standesbeamte auch. Mit dem einzigen Unterschied, daß seine Ausgangsposition noch in der gemeinsamen Willenserklärung zweier Erwachsener bestand. Eine solche Selbstdegradierung kommt einer Aushöhlung der grundgesetzlich geschützten Funktion der Judikative, der rechtsprechenden Gewalt, gleich.

Deshalb kann ich alle Richter nur mit Nachdruck ermutigen, sich von diesem Mythos zum Schaden zahlloser Trennungskinder rigoros zu verabschieden und sich darauf zu besinnen, daß ihr einziger und eigentlicher Auftrag darin besteht, bei Scheidung zum Abbau der trennungsbedingten Kindeswohlgefährdung beizutragen. Und der mag zwar immer wieder auch in einer abschließenden Sorgerechtsregelung seinen anschaulichen Ausdruck finden. Es ist jedoch keineswegs dieser Rechtsakt selbst, der sozusagen automatisch als hinreichender gerichtlicher Arbeitsnachweis gelten darf.

Deshalb sollte sich kein Gericht damit zufrieden geben, etwa die sorgerechtliche Einvernehmlichkeit von Eltern lediglich zur Kenntnis zu nehmen. Denn auf welch zerbrechlichen Füßen die stehen kann, das habe ich hoffentlich deutlich genug gezeigt (vgl. 5. Kap.). Statt dessen sollte es sich regelmäßig auch in diesen Fällen berichten lassen, wie nach Meinung der Eltern die zukünftige Beziehungsgestaltung ganz konkret aussehen soll. Das wird vermutlich häufig so manchen »schlafenden Hund« wecken und kann unter Umständen mit erheblicher Mehrarbeit verbunden sein. Doch wenn das Gericht hier nicht im Interesse des Kindes gründlich nachhakt, dann tut es niemand. Und wo steht geschrieben, daß die Beziehungsregelung für Trennungskinder eine so einfache Sache sein soll, daß sie sich per Dekret – wie es leicht auch jeder juristische Laie ausstellen könnte, hätte er nur entsprechende Vollmachten – verordnen bzw. herstellen ließe?

Insofern muß für jedes Gericht, das seinen Schutzauftrag für das Kind ernst nimmt, die richtige Auswahl des sorgeberechtigten Elternteils, wenn sie sich denn nicht vermeiden läßt, von allergrößter Wichtigkeit sein. Denn damit wird ein zurückliegender Gefährdungstatbestand nicht automatisch abgestellt. Das genaue Gegenteil kann der Fall sein, wenngleich der Gesetzgeber daran sicherlich nicht gedacht hat: Sobald eine Sorgerechtszuweisung getroffen wurde, kann damit eine Kindeswohlgefährdung – im psychologischen Sinn – überhaupt erst eingeleitet worden sein.

Das wurde in der Vergangenheit systematisch übersehen, weil das Sorgerecht schematisch mit »Betreuen und Versorgen« gleichgesetzt wurde und in diesem Rahmen natürlich nach dem Eingriff keine Gefahr bestehen konnte.

Für die Identifikation des zukünftigen Sorgerechtsinhabers sollten nicht länger die gängigen Kriterien von Kontinuität, Erziehungseignung, Bindungen o. ä. ausschlaggebend sein, sondern der gesamte sorgerechtliche Suchprozeß müßte sich an einer einzigen zentralen Richtschnur orientieren: Von welchem Elternteil hat das Gericht eher den Eindruck, daß er dem Kind anschließend eine weitgehend unbelastete und von ihm ausdrücklich unterstützte Beziehung zum anderen ermöglicht?[104]

Im Klartext: Hat beispielsweise ein Elternteil bereits während der Trennungszeit gezeigt, daß er Umgangskontakten zum anderen eher negativ oder gar ablehnend gegenübersteht; hat er wiederholt mit gerichtlichen Anträgen versucht, den Kindern Kontakte mit ihrem anderen Elternteil zu verbieten oder allenfalls in dem Ausmaß einzuräumen, wie es aufgrund von Beschlüssen unvermeidlich war; läßt die Vergangenheit keine Zweifel aufkommen, daß für Kinder so wichtige Beziehungshöhepunkte wie Festtage, Geburtstage oder Urlaube vom betreuenden Elternteil ohne jegliches Einfühlungsvermögen behandelt wurden, als ginge es um die Gewährung von Nutzungszeiten eines Pkw; wurde Kindern zugemutet, die Beziehung zu ihren Großeltern gestalten zu müssen, als wären es Urlaubsbekanntschaften, oder wurden sie gezwungen, diese Beziehung zu verheimlichen oder gar abzubrechen? Alle solche Geschehnisse müßten für jedes Gericht eigentlich eindeutige Indizien dafür sein, daß dieser Elternteil kein Garant für die Minimierung der seelischen Belastungen seiner Kinder sein wird. Und jedes Gericht müßte die Überzeugung fest verinnerlicht haben, daß es sich der Lächerlichkeit preisgäbe, würde es den offenkundigen seelischen Mißbrauch durch eine Sorgerechtsübertragung anschließend nicht nur legalisieren, sondern auch noch ausdrücklich festschreiben.

Einem Elternteil, der die Beziehungen seines Kindes stört, be- oder gar verhindert, darf auf keinen Fall die Alleinsorge zugesprochen werden; und wenn er sie für die Zeit des Getrenntlebens bereits hatte, dann muß dieser Fehler eben spätestens zum Scheidungszeitpunkt wieder korrigiert werden. Denn die frühere Zuweisung war aus Sicht des Staates nichts anderes als ein Vertrauensvorschuß in die Verantwortlichkeit dieses Elternteils. Und das Schlimme für ein Gericht besteht weniger in der späteren Erkenntnis, sich dabei geirrt zu haben; viel fataler ist es, diesen einmal erkannten Irrtum nicht schleunigst wieder zu korrigieren.

Denn nur wenige Kinder haben die Kraft, sich von sich aus dieser schädlichen Zuordnung zu widersetzen bzw. durch eine »Abstimmung mit den Füßen« ihr Recht auf Liebesbeziehungen auch zum anderen Elternteil geltend zu machen. Zumal sie sich an beide Elternteile emotional tief gebunden fühlen und insofern gar nicht wüßten, wie sie einem Menschen Widerstand entgegenbringen sollten, der von ganz großer emotionaler Wichtigkeit für sie ist.

Nun wird es zwar in sehr vielen Fällen so sein, daß ein Umzug des Kindes zum anderen Elternteil ausscheidet, weil der gar nicht in der Lage wäre, das Kind zu betreuen und zu versorgen. Jedenfalls nicht ohne Unterstützung durch Dritte oder nur durch drastische Veränderungen seines Lebensalltags (z. B. Aufgabe der Berufstätigkeit). Oder auch weil das Kind selbst diesen Wechsel ablehnt. Doch grundsätzlich kann man den Gerichten, was das Thema Veränderungen angeht, nur Mut machen. Selbst bei noch so viel räumlicher und sozialer Konstanz finden für das Kind selbstverständlich auch im Hinblick auf den betreuenden Elternteil, meist die Mutter, drastische Veränderungen statt. Denn natürlich ist die mit ihr fortgelebte Beziehung – bei Ausblendung oder Einschränkung der zum Vater – nicht einfach nur eine Fortsetzung des Bisherigen. Das ist völlig ausgeschlossen.

Insofern kann es aus der Perspektive des Gerichtes weniger darum gehen, Veränderungen schlechthin für das Kind so gering wie möglich zu halten. Statt dessen käme es darauf an, jede Veränderung nach ihrer psychologischen Bedeutungsschwere zu untersuchen und die Entscheidung danach zu fällen, daß ihr Belastungsgrad so gering wie möglich ausfällt.

Dabei muß die Garantie von unbelasteten Beziehungen zu beiden Eltern ganz obenan stehen. Denn es macht natürlich schon einen gravierenden Unterschied, ob ein Kind nach der Trennung den anderen Elternteil nicht mehr sieht, oder – weil es umzog – die Freundin; ob es eine Beziehung zur neuen Lehrerin aufbauen muß, oder die zu Oma und Opa abbrechen; ob es im Falle eines Krankenhausaufenthaltes der Mutter von den Nachbarn mitbetreut und versorgt wird oder vom Vater. Wenngleich alles auch Veränderungen sind.

Doch selbst dann, wenn der Verbleib des Kindes ausgerechnet bei dem Elternteil, der ihm die Beziehung zum anderen am liebsten kappen möchte, nicht zu vermeiden ist: Damit ist noch längst nicht zwingend, diesem deshalb auch die Alleinsorge zu übertragen. Und wenn man weiß, welche katastrophalen Formen die Umgangsregelung annehmen kann, wenn sie in den Händen eines kontaktablehnenden Alleinsorgeberechtigten liegt – und welcher Richter wüßte dies nicht –, dann ist sie eigentlich nicht einmal zulässig.

Deshalb wäre in diesen Fällen entweder eine *Pflegschaft* oder sogar eine *Vormundschaft* einzurichten, die das Verhalten des Alleinerziehers überwacht und zugleich in engem Kontakt mit dem Kind kontinuierlich auf eine Herstellung von Umgangskontakten hinwirkt. Unter Umständen so lange, bis sich die Verhältnisse so weit geändert haben, daß das Kind eventuell doch noch zum anderen Elternteil überwechseln kann. Oder das Sorgerecht wird sogar dem Elternteil übertragen, bei dem das Kind nicht – oder noch nicht – wohnt.

Das klingt auf den ersten Blick zwar paradox. Doch diese Aufspaltung von Aufenthalt und Sorgerecht ist beispielsweise bei Pflegekindern gang und gäbe. Ganz gleich, wie lange sie in einer Pflegefamilie leben, im Regelfall bleibt die Personensorge bei ihren Eltern, und lediglich das Aufenthaltsbestimmungsrecht ist an das zuständige Jugendamt delegiert. Oder im außergerichtlichen Raum: Kein Mensch käme auf den Gedanken, Eltern das Sorgerecht zu entziehen, nur weil sie ihre Kinder in einem Internat untergebracht haben und deshalb nicht mit ihnen zusammenleben.

Das – unverständlicherweise viel zu wenig beachtete – rechtliche Vorbild für die Pflegschaftbestellung gibt es längst. Denn so hat das OLG Bamberg bereits 1988 im Falle der Umgangsverweigerung einer betreuenden Mutter entschieden. Zwar ist dieses Urteil durch den BGH anschließend wieder aufgehoben worden, doch nur, weil eine Amtspflegschaft als *Strafsanktion* gegen den Umgangsboykotteur nicht zulässig ist. Im Hinblick auf den konkreten Auftrag an den Pfleger, auf Kontaktherstellung zum anderen Elternteil hinzuwirken, steht dem Rechtsentzug jedoch nichts entgegen.[105]

Und seit dem 18. 6. 1991 gibt es auch die längst überfällige Musterentscheidung des OLG München, die man ohne Übertreibung als Meilenstein in der Geschichte der Sorgerechtsregelung durch deutsche Familiengerichte bezeichnen kann:[106]

»Unterbindet die Kindesmutter über längere Zeit (hier nahezu 2 Jahre) jeglichen Kontakt des gemeinsamen Kindes zum Vater, so ist dem Kontinuitätsgrundsatz selbst bei sonstiger Erziehungseignung der Mutter wegen der notwendigen Aufrechterhaltung der Verbindung zwischen Kind und Vater nicht ohne weiteres der Vorrang einzuräumen.«[107]

So begrüßenswert und allen Gerichten zur Nachahmung empfohlen solche Entscheidungen auch immer sind, über eines dürfen sie nicht hinwegtäuschen. Auch mit einer Teilentrechtung des betreuenden Elternteils oder dem Wechsel zum anderen Elternteil bleibt der Lebensalltag der betroffenen Kinder immer noch ein riesiges Stück weit von jenen Verhältnissen entfernt, die aus ihrer Sicht erwünscht wären. Denn mit Hilfe des Gerichts quasi »gewaltsam« herbeigeführte Umgangskontakte sind sicherlich besser als gar keine (gegebenenfalls unter Einbeziehung psychologischer Begleitung; vgl. Gaier, 1990), und ein Wechsel zu dem Elternteil, der das Kind nicht rücksichtslos seiner Eigenproblematik opfert, verschafft ihm ganz ohne Frage psychologisch günstigere Bedingungen zur Entwicklung einer eigenständigen Persönlichkeit. Doch wie soll ein Kind das Zusammensein mit einem Elternteil je befreit und entspannt erleben und genießen können, wenn es zugleich spürt, wie sehr dieser unter dem »Verlust« seines Kindes leidet, oder wenn es in der permanenten Angst leben muß, den anderen verletzt zu haben. Und was ist erst, wenn sich nach einem gerichtlich angeordneten Wechsel der zuvor Sorgeberechtigte aus Verletztheit und Enttäuschung völlig von ihm zurückzieht.[108]
Natürlich kann man sich damit beruhigen, daß ein solches Verhalten die Richtigkeit des verordneten Betreuerwechsels bestätigt. Wer sein Kind aufgibt, nur weil es nicht länger bei ihm lebt, beweist damit, daß das Kind für ihn in erster Linie eine ganz andere Wichtigkeit hatte und nicht selbstlos geliebt wurde.
Doch geholfen ist einem Kind mit solchen Erklärungen nicht. Denn da es beide Elternteile liebt, hat sich seine seelische Notlage lediglich relativ verbessert. Und damit muß man sich dann notgedrungen zufriedengeben. Die Gerichte müssen sich bewußt werden, daß in solchen Fällen fast immer nur relative Gewinne zu erzielen sein werden. Hier kann man nur zusehen, wie Kinder gezwungen sind, sich mit der Unvollkommenheit ihrer Eltern zu arrangieren – mit

Schmerzen, mit Tränen und sicherlich nicht ohne Auswirkungen auf ihre Persönlichkeit und ihre spätere Lebensgestaltung, aber dennoch unvermeidlich. Man kann dem Kind nur die schlechteren, es behindernden Entwicklungsbedingungen ersparen.

Ich kann nur hoffen und wünschen, daß sich zukünftig immer mehr Gerichte nicht von irgendwelchen »Ruhe«-Vorstellungen irritieren lassen und nicht länger unter Berufung auf ein völlig unpsychologisches Verständnis von Kontinuität – diesem Persilschein für seelische Kindesmißhandlungen – Kindern Lebensbedingungen aufzwingen, die es ihnen geradezu unmöglich machen, nicht zu deutlich persönlichkeitsgestörten Erwachsenen heranzuwachsen.

Deshalb: Sofern staatliche Eingriffe ins Elternsystem – gleich welcher Art – unvermeidlich sind, sollten die Gerichte ausnahmslos immer versuchen, sie in begleitende Beratungsmaßnahmen einzubinden. Allein dieser Weg eröffnet Kindern zumindest die Chance, möglicherweise doch noch eine in ein befriedetes und dialogfähiges elterlich-emotionales Netzwerk eingebundene Kindheit erleben zu können. Aus dem Grund ist eine enge Kooperation mit dem Jugendamt als eigenständiger und mit größeren Kompetenzen zur Befriedungsarbeit ausgestatteter Jugendhilfebehörde (woran es in der Praxis allerdings noch (!) fast überall ganz beträchtlich mangelt) unverzichtbar.

So entschied erst jüngst das OLG Frankfurt: »Das KJHG hat dem JA (Jugendamt) die Mitwirkung im familiengerichtlichen Verfahren als eigene Aufgabe zugewiesen und nicht als Erfüllung gerichtlicher oder vom Gericht auferlegter Aufgaben.«[109]

Auch – gerade wegen des noch nicht abgebauten Qualifikationsdefizits bei den Jugendämtern – die Einschaltung psychologischer Beratung müßte immer dann zum juristischen Interventionsstandard werden, wenn auch nur der leiseste Verdacht auf Beziehungsbehinderungen durch einen Elternteil besteht.

Das ist in der Tat ein Plädoyer für die stärkere Einbindung von Psychologen ins juristische Trennungsgeschehen. In gewisser Weise sogar der Versuch, meinem ersten Reformvorschlag, das Kindschaftsrecht aus dem Verbund rauszunehmen, sozusagen »durch die Hintertür« doch zumindest ein kleines Stück näherzukommen. Insofern ist die Befürchtung meiner Kollegen, ich wollte sie arbeitslos machen, wirklich absolut unbegründet.

Allerdings: Beratung ist etwas grundlegend anderes als Begutachtung. Auf die läßt sich tatsächlich ersatzlos verzichten, denn auch im Alleingang träfe kein Richter eine »schlechtere« Sorgerechtsregelung. Deshalb wäre es auf jeden Fall ein konstruktiver Beitrag in Richtung Elternbefriedung, wenn zukünftig kein Richter mehr einen Gutachter beauftragen würde, ihm eine Sorgerechtsempfehlung zu liefern.

Statt dessen sollte er ausschließlich zweistufige Aufträge an den Sachverständigen vergeben und dabei vorher in jedem Fall sicherstellen, daß der Psychologe – Mediziner dürften allenfalls in seltenen und begründeten Ausnahmefällen noch beteiligt werden – auch über die Kompetenzen verfügt, mit Eltern gemeinsam Lösungen im Sinne des Kindes zu erarbeiten. So lautet beispielsweise die häufigste Auftragstellung, mit der ich von Gerichten betraut werde (und wenn nicht, dann formuliere ich ihre Frage nach dem geeigneteren Elternteil für mich entsprechend um):

»In der Familiensache X. betreffend die Regelung der elterlichen Sorge für das minderjährige Kind Y. wird der Sachverständige damit beauftragt, den Versuch zu unternehmen, eine einvernehmliche Regelung der elterlichen Sorge und des Umgangsrechtes für das Kind Y. zwischen den Eltern herbeizuführen.

Für den Fall, daß eine einvernehmliche Regelung nicht erzielt werden kann, wird der Sachverständige gebeten, ein schriftliches Gutachten zu der Frage zu erstatten, welche Sorgerechts- und Umgangsregelung dem Wohl des Kindes Y. am besten entspricht.«

Aber auch diese kürzlich in Auftrag gegebene Fragestellung könnte anderen Gerichten durchaus zur Nachahmung dienen:

»1. Sind beide Eltern bei sachgerechter Intervention durch den Sachverständigen/durch die Sachverständige in der Lage, ein einvernehmliches Konzept für die Wahrnehmung der elterlichen Sorge zu erarbeiten? (§ 17 Abs. 2 KJHG)

2. Welcher Art im Hinblick auf den Aufenthalt sind Wille und Tendenzen des Kindes?

3. Welcher Elternteil ist nicht in der Lage, ›Paarbeziehung‹ von ›Eltern-Kind-Beziehung‹ zu trennen? In welcher Weise ist dieser Elternteil behin-

dert, sich tatsächlich auf die objektiven Kindesbedürfnisse einzustellen und die Bindung des Kindes an den anderen Elternteil zu tolerieren?

4. Durch welche gerichtlichen Maßnahmen kann am ehesten gewährleistet werden, daß die Eltern zu einer zunehmend kooperativen und konstruktiven Haltung zurückgelangen?«

Dagegen brachte ein anderes Amtsgericht seinen Sachverständigenauftrag schlicht und einfach auf die Formel:

»Unter Berücksichtigung des seit dem 1. Januar 1991 geltenden § 17 KJHG soll Beweis erhoben werden über die Behauptung des Antragstellers, das gemeinsame Sorgerecht entspreche im vorliegenden Fall dem Wohl der Kinder besser als die Einzelsorge durch die Mutter, durch Einholung des Gutachtens eines psychologischen Sachverständigen.«

Durch solche gezielten Arbeitsvorgaben kann das Gericht nicht nur erste Weichen stellen. Es kann auch die Motivation der Eltern, in Zusammenarbeit mit dem Sachverständigen ihren Konflikt anzugehen, merklich ankurbeln, indem es für den Fall einer Einigung die Sachverständigenkosten nicht den Eltern, sondern der Staatskasse anlastet. Wobei es sich einem übereifrigen Bezirksrevisor gegenüber auf folgende Entscheidung des OLG Celle berufen kann (zwei Richter, mit denen ich zusammenarbeite, hatten daraufhin keinerlei Probleme mit der Kostenabwälzung):[110] »In FG-Sorgerechts- und -Umgangsrechtsverfahren entscheidet der Amtsrichter nach billigem Ermessen über Gerichtskosten und Auslagen (insbesondere Sachverständigenkosten) nach § 94 III S. 2 KostO.«

Doch der konstruktive Befriedungsbeitrag des Gerichtes sollte sich nicht nur auf eine veränderte Kooperation mit Jugendamt und Sachverständigen beschränken. Auch der von Natur aus leicht destruktiven Arbeit der Anwälte könnte er zumindest dämpfend entgegenwirken. Denn solange deren sehr zeitintensive Bemühungen, mit ihren Mandanten auf Konsens hinzuarbeiten, aufgrund der anwaltlichen Gebührenordnung nicht honoriert werden können und insofern ihr Engagement verständlicherweise kaum sonderlich groß sein kann, hat das Gericht noch eine andere Möglichkeit, Anwälte zur Mithilfe beim Streitabbau zu gewinnen und ihnen diesen Einsatz »zu versüßen«. Dazu muß es lediglich seine Bereitschaft erkennen lassen, die nachgewiesenen Bemühungen eines Anwaltes (z. B. Einwirken auf seinen Mandanten, gemeinsam mit dem Partner eine Beratungsstelle aufzusuchen; keine konfliktschürenden Schriftsätze und Anträge; Einladung des »Antragsgegners«, sich gemeinsam mit den Anwälten an einen Tisch zu setzen) mit einer kräftigen Erhöhung des sogenannten »Streitwertes«, nach dem sich die Höhe der anwaltlichen Gebühren richtet, zu honorieren.

Abschließend sei noch auf ein letztes Regulativ hingewiesen, mit dem Richter deeskalierend auf den Erwachsenenkonflikt einwirken können – nämlich durch einen deutlich kritischeren und zurückhaltenderen Umgang mit der Gewährung von Prozeßkostenhilfe (PKH). So sehr es auch Ausdruck von Rechtsstaatlichkeit und Gleichheit vor dem Gesetz ist, daß niemandem allein dadurch Nachteile entstehen dürfen, daß er wirtschaftlich nicht in der Lage ist, die Kosten für eine kompetente anwaltliche Vertretung seiner Interessen selbst aufzubringen, im Streit ums Kind erweist sich dieses grundsätzliche Rechtsgut immer wieder als regelrechter Bumerang.

Nicht selten geht es bei gerichtlichen Anträgen nämlich in erster Linie weniger um unumgängliche Regelungsnotwendigkeiten, sondern um ganz andere Dinge. Dazu der Stuttgarter Familienrichter Strecker (1983, S. 176): »Ein Streit um Geld (z. B. Unterhalt) oder um das Sorgerecht kann Bestandteil einer umfassenden, sich auf vielen Ebenen abspielenden Auseinandersetzung zwischen den Parteien sein . . . Nicht selten aber wird vor Gericht auch um etwas ganz anderes gestritten als den eigentlichen Gegenstand des Konflikts. Dieser resultiert oft aus der Unfähigkeit der Partner, mit einer Krise oder dem Scheitern ihrer Beziehung umzugehen oder die damit verbundenen Enttäuschungen und Kränkungen zu verarbeiten.«

Oder ein anderer Familienrichter (Weidermann, 1982, S. 536): »Die in Not geratene Rechtsprechung ist zur Zeit Auffangbecken der Abwehrreaktionen sozialer – zwischenmenschlicher – Schwierigkeiten. Nur notdürftig werden soziale und kommunikative Beziehungsdefizite in »Rechtsfälle« eingebettet.«

Nun wird es sich zwar nie verhindern lassen, daß beispielsweise eine Mutter die »Übertragung der elterlichen Sorge als schalen Ersatz für den Verlust des früher geliebten Mannes« (Thalmann,

1984, S. 638) beantragen wird oder daß ein verlassener Ehemann mit dem Antrag auf Wohnungszuweisung (damit die Kinder weiter bei ihm leben können) auf die ihm zugefügte Schmach reagiert: Das alles wird es immer wieder geben, solange sich die Justiz als – wenngleich unbeabsichtigter – Beziehungsregulator anbietet.

Doch weil durch diese Verschiebung einer Paarproblematik auf die Bühne des Rechts stets Kinder in Mitleidenschaft gezogen werden, sind Gerichte eigentlich verpflichtet, diesen zweifachen Mißbrauch (von Kindern und von der Justiz) mit allen Mitteln zu verhindern oder, wenn das nicht geht, ihm auf keinen Fall auch noch durch pauschale Finanzierungshilfen Vorschub zu leisten. Ich habe es jedenfalls schon oft erlebt, daß sich mit der Zurückweisung eines PKH-Antrags im Zusammenhang mit der beabsichtigten Beantragung, Umgangskontakte einschränken oder sogar aussetzen zu lassen, anschließend völlig neue Wege auftaten, um Eltern doch noch in einen bis dahin für unmöglich gehaltenen Dialog eintreten zu lassen.

Würden alle Richter nur sorgfältigst prüfen, inwieweit die beantragte Prozeßkostenhilfe zur Verschlechterung der kindlichen Beziehungen zum anderen Elternteil führen könnte und sie in diesem Fall verweigern, wäre das bereits ein beachtlicher Beitrag, um selbst im Rahmen des Streitmodells zur Beschwichtigung beizutragen.

In diesem Zusammenhang schlug der Rechtswissenschaftler und Mitherausgeber des Münchener Kommentars, Manfred Hinz, 1987 auf einer Tagung in der Evangelischen Akademie Bad Boll sogar vor, alle Familiengerichte sollten die Gewährung von Prozeßkostenhilfe regelmäßig von der Bereitschaft abhängig machen, daß sich die Eltern einer Beratung unterzögen. Doch da damals kein Parlamentarier dabei war – vielleicht kommt diese exzellente Idee ja diesmal in Bonn an.

»Beobachter der familiengerichtlichen Szene werden mit Spannung verfolgen, ob damit der Übergang zu einer neuen Sicht der Nachscheidungsfamilie im Bereich des Familienrechts eingeleitet worden ist.« Die Neugier, mit der die Berliner Justizsenatorin Jutta Limbach (1988a, S. 160) die Wirkung der bahnbrechenden Entscheidung des OLG Bamberg verfolgte, wonach Familienrichter verpflichtet seien, »möglichst viel Streitpotential zwischen den Eltern abzubauen und zu versuchen, die Voraussetzungen für das Funktionieren gemeinsamer elterlicher Sorge zu schaffen«, ist sicherlich längst abgeklungen. Denn verändert hat sich die familienrechtliche Landschaft dadurch nicht im geringsten. Und was die »Nachscheidungsfamilie« betrifft – ich bin ziemlich sicher, daß die meisten Richter dieses Wort bestenfalls vom Hörensagen kennen; geschweige, daß sie wüßten, welche psychologischen Vorstellungen damit verbunden sind.

Doch ich will hier nicht klagen und schon gar nicht anklagen. Denn es sind ja beileibe nicht die Richter allein, die sich von einem Familienmodell leiten lassen, das es faktisch niemals gab und das es – in Anbetracht des gewaltigen Umbruchs im Verständnis von Familie und Beziehung – auch nie geben wird. Auch alle anderen verfahrensbeteiligten Berufsgruppen erliegen derselben äußerst zählebigen Fiktion.

Es mag gewiß noch eine Generation dauern, bis der Geist des neuen KJHG auch den letzten Sozialarbeiter zu neuem Selbstbewußtsein, neuem Selbstverständnis und jenen beraterischen Kompetenzen verholfen haben wird, die man heute nur im Glücksfall antrifft, aber der Weg zur »Nachscheidungsfamilie« ist – auch rechtlich – klar vorgezeichnet. Und immerhin gibt es inzwischen vorbildlich arbeitende Jugendämter, die auf eine Weise mit Scheidungsfamilien umgehen, über die man noch vor gar nicht langer Zeit nur verständnislos den Kopf geschüttelt hätte. Die klar nach der Maxime handeln, den Kindern Vater und Mutter als Bezugspersonen zu erhalten und eine Trennungs- und Scheidungsberatung initiieren, wenn die Eltern noch sehr tief in ihren Konflikten auf der Paarebene verhaftet sind.

Beispiel 1

»Erstmals am . . . ersuchte Herr X. das hiesige Jugendamt um Beratung und Unterstützung nach § 17 KJHG, da er den Wunsch hatte und hat, weiterhin Verantwortung für die bei seiner Frau lebenden minderjährigen Kinder zu tragen und trotz der großen Entfernung guten Kontakt zu ihnen zu halten. Konkret ging es Herrn X. darum, seine Kinder in den Herbstferien bei sich haben zu können. Herr X. wurde darauf hingewiesen, daß gem. § 85 KJHG das Jugendamt in Z. zuständig ist. Das dortige Jugendamt wurde schriftlich in Kenntnis gesetzt und um Vermittlung gebeten. Am . . . fand dort auf ausdrücklichen Wunsch und Initiative durch Herrn X.

ein gemeinsames Gespräch mit seiner Frau statt. In dessen Verlauf einigte man sich zwar auf eine Besuchsregelung für die Weihnachtsferien, darüber hinaus konnte jedoch kein Konzept für eine einvernehmliche Lösung, wie den Kindern Vater und Mutter nach deren Trennung erhalten werden können, erarbeitet werden.

Nach Aussage von Herrn X. hat das Jugendamt Z. zu keinen weiteren gemeinsamen Gesprächen eingeladen, so daß das Mißtrauen des Kindesvaters gegenüber dem dortigen Kollegen, Herrn A., wegen seiner eindeutigen Position zur Sorgerechtsregelung (s. Stellungnahme zugunsten der Mutter) bestätigt wurde. Das Jugendamt Z. hat in seinen Bemühungen, diesen Konflikt zu regeln, sehr eindeutig das Gewinner-Verlierer-Prinzip vertreten, indem es die Mutter bereits vorab zur Siegerin in diesem Verfahren erklärt hat. Es hat somit seine Leistungsverpflichtung (Beratung und Unterstützung) gem. § 17 KJHG gegenüber den Eltern noch nicht erfüllt.

Für die gesunde Entwicklung der Kinder ist es wichtig, daß ihnen trotz der Trennung der Eltern Mutter und Vater erhalten bleiben, daß sie erleben: Beide sind für sie vorhanden und erreichbar, sie dürfen beide lieb haben. Die Kinder wollen sich nicht für einen, d. h. auch gegen einen, entscheiden. Zum Wohle des Kindes handeln bedeutet daher, den Kontakt zum getrennt lebenden Elternteil uneingeschränkt ermöglichen und aktiv fördern.

Wenn solches Verhalten bisher noch nicht möglich war, so deutet das darauf hin, daß die Eltern noch sehr tief in Konflikten auf der Paarebene verhaftet sind, und sie Gefahr laufen, die Kinder zu instrumentalisieren und mit schweren Loyalitätsproblemen zu belasten.

Aus Sicht des hiesigen Jugendamtes ist es daher notwendig, bevor eine Sorge- und Umgangsrechtsentscheidung getroffen wird, eine Trennungs- und Scheidungsberatung zu initiieren. Herr und Frau X. benötigen Hilfe bei der Bewältigung der hochgradigen Konfliktsituation, in der sie sich befinden, damit sie befähigt werden, wieder ihrer Verantwortung als Mutter und Vater voll gerecht zu werden. Die notwendige Unterstützung in diesem Prozeß könnte auch durch eine Beratungsstelle erfolgen, zu der beide Eltern Vertrauen haben. Auch eine Einzelberatung der Elternteile, in der sie den Trennungskonflikt bewältigen können, ist zunächst denkbar. Auf jeden Fall sollte eine Regelung der Besuchskontakte erfolgen. Aufgrund der großen Entfernung sollte berücksichtigt werden, daß es Herrn X. nicht möglich ist, die Kinder an den Wochenenden zu holen. Es erscheint deshalb sinnvoll, vor allem auch im Interesse der Kinder, daß die Eltern sich auf eine angemessene Ferienregelung einigen.

Für den Fall, daß eine Beratung und Unterstützung nach § 17 KJHG durch das Jugendamt Z. oder eine spezielle Beratungsstelle nicht möglich ist, könnte mit den Beteiligten darüber nachgedacht werden, einen psychologischen Sachverständigen hinzuzuziehen mit folgender Aufgabenstellung: Es ist mit den Eltern eine einvernehmliche Regelung bzgl. des Sorgerechts, des gewöhnlichen Aufenthaltes und des Kontaktes zum getrennt lebenden Elternteil zu erarbeiten, wobei das Interesse und Bedürfnis beider Kinder nach Erhalt gemeinsamer Elternschaft berücksichtigt werden muß. Sollte es dem Sachverständigen nicht gelingen, mit den Eltern ein einvernehmliches Konzept zu entwickeln, ist von ihm ein Lösungsvorschlag zu unterbreiten, der das Kindeswohl im Hinblick auf einen ungehinderten und unbelasteten Kontakt zu beiden Elternteilen sicherstellt.«

Beispiel 2

»In der Familiensache Z. konnte eine außergerichtliche Einigung erzielt werden.

Beide Eltern waren zu gemeinsamen Gesprächen bereit. Die Eltern des Kindes X. haben sich einvernehmlich geäußert, während der Zeit des Getrenntlebens und auch nach der Ehescheidung weiterhin gemeinsam für ihre Tochter verantwortlich zu sein. Für das Kind ist diese Lösung ebenfalls sehr positiv, da X. auch weiterhin einen intensiven Kontakt zum Vater braucht. Es wäre wünschenswert, wenn der Vater auch weiterhin Z. in sein Leben miteinbezieht.

Um der jeweiligen Familiensituation gerecht zu werden, finden Besuchskontakte nach vorheriger Absprache zwischen den Eheleuten statt. Frau Z. möchte auch, daß die Kontakte regelmäßig stattfinden.

Sollten sich Unsicherheiten und Unstimmigkeiten ergeben, bietet das Jugendamt hier unterstützende Hilfe und Beratung an.«

Bekannterweise entsteht die größte Konfliktverschärfung seitens der Anwälte durch ihre Schriftsätze. Insofern würde allein eine selbstauferlegte Zurückhaltung, eine Beschränkung auf die reine Beschreibung der Konfliktstruktur ohne jede ausdrückliche Schuldzuschreibung, einen »klimatischen« Entspannungsbeitrag leisten, der anschließend gute Chancen für den Familienrichter böte, beim Termin konfliktabbauend auf die Eltern einzuwirken. Doch das ist leichter gesagt als getan, denn vor dem Hintergrund der »subjektiven Wahrheit« seines Mandanten ist es auch für den Anwalt nicht immer leicht, dessen »Opfer«-Gefühl nicht zu teilen. Andrerseits ist niemand ein besserer Regisseur der Konfliktsteuerung als er. Selbst der Richter nicht. Voraussetzung ist allerdings, daß beide Anwälte so weit wie möglich an einem Strang ziehen, ohne bei ihren Mandanten den Eindruck zu erwecken, daß ihre Interessen nicht mehr angemessen vertreten werden. Das ist eine Gratwanderung, doch einen anderen einfacheren Weg gibt es nicht. Jedenfalls dann nicht, wenn ein Anwalt die seelischen Bedürfnisse der betroffenen Kinder nicht ignorieren will – ganz gleich, welche Seite er vertritt. Doch auch für solche verantwortungsbewußte Interessenvertretung gibt es Beispiele. Auch dafür, daß ein Anwalt auch noch in einem weiteren Sinn Regisseur sein kann: durch die gezielte Delegation der Konfliktbearbeitung an einen Dritten. Denn mit dem Ruf nach irgendeinem Gutachter wird nur die Bühne für eine begrenzte Zeit ausgewechselt. Danach landet der – nunmehr noch schärfer gewordene – Konflikt wieder bei ihm. Inzwischen gibt es bereits eine ganze Reihe von Anwälten, die gezielt beantragen, einen familientherapeutisch kompetenten Sachverständigen einzuschalten, der den Eltern bei der einvernehmlichen Regelung ihrer gemeinsamen Verantwortung helfen soll.

»Hiermit wird beantragt, durch Beauftragung einer familientherapeutisch kompetenten und mit der familiensystemischen Sicht vertrauten Sachverständigen den Versuch zu unternehmen, beiden Eltern zu einer dauerhaft einvernehmlichen Handhabung der elterlichen Verantwortung im Interesse von Jens mit dem Ziel zu verhelfen, den Eltern schließlich auch rechtlich die gemeinsame elterliche Verantwortung unter Aufhebung der durch das Gericht am ... getroffenen Regelung zum Sorgerecht zu belassen.

Gründe

Für den Kindesvater äußerst überraschend, wurde Anfang Sept. 1991 ihm kurz und bündig telefonisch, als er nach den nächsten Kontakten mit Jens fragte, bedeutet, daß er Jens nicht mehr bekommen würde. Ein Grund wurde nicht genannt.

Im Zusammenhang hiermit suchte der Kindesvater den Unterzeichnenden auf. Nach Rücksprache zwischen beiden Anwälten wurde Einvernehmen erzielt, daß im Interesse von Jens es dringend geboten wäre, hier schnellstens zu einer Situation des Einvernehmens zu kommen und ein gemeinsamer Besprechungstermin am 17. 10. 1991 vereinbart...

Die Situation wurde durchgesprochen. Es wurde Einvernehmen erzielt, daß die Beziehung von Jens zum Kindesvater aufgrund enger emotionaler Bindung gut ist. Beide Seiten kamen überein, daß Kontakte umgehend wiederhergestellt werden sollten und möglichst eine fachkundige Person beiden Eltern Aufklärungshilfe zur weiteren möglichst einvernehmlichen Handhabung der Verantwortung leisten sollte.

Die Kindesmutter erklärte in diesem Gespräch, daß der Kindesvater nunmehr Jens sehen könnte, wann immer er das wollte. Dieser hoffnungsfroh stimmende erste vernünftige Gesprächsansatz ließ sich jedoch dann nicht halten...

Inzwischen ist die Situation so, daß nicht einmal die von der Kindesmutter seit Ende letzten Jahres ›großzügig‹ gewährten Kontakte von vierzehntägig Samstagmorgen bis Sonntagabend mehr regelmäßig eingehalten werden. Der Termin vom 15./16. 02. ist ersatzlos ausgefallen. Eine Kommunikation zwischen Eltern findet nicht statt. Der Kindesvater hat keine Möglichkeit, mit dem Kind in irgendeiner Weise dazwischen Telefonkontakt aufzunehmen...

Wenn von Sorgerecht im Rechtssinne die Rede sein soll, dann hat das Bundesverfassungsgericht darauf hingewiesen, daß dies in allererster Linie eine Pflichtenposition dem Kind gegenüber darstellt.

Diese richtigerweise als elterliche Verantwortung gekennzeichnete Position wird nicht durch eine bloße physische Versorgung oder Betreuung ausgefüllt. Vielmehr geht es dabei um die Wahrnehmung der Kindesbedürfnisse und Interessen in psychischer Hinsicht. Seine emotionalen Bindungen an Personen und Umfeld stehen im Mittelpunkt.

Beide Eltern sind verpflichtet, dem Kind den offenen und ungehinderten Zugang zu dem jeweils anderen Elternteil zu erhalten und die Pflege und Erziehung des Kindes möglichst so einzurichten, daß das Kind ein Höchstmaß an Betreuung durch seine Eltern und nicht durch Fremdbetreuung erfährt...

Dies scheitert am nachhaltigen Widerstand der Kindesmutter...

Wenn diese Hypothesen zutreffen, würde ein Beibehalten der jetzigen Situation nichts anderes bedeuten als eine zum Schaden des Kindes verfestigte Kontinuität.

Welche schädigenden Konsequenzen damit für das spätere Leben des zukünftigen Erwachsenen verbunden sind, ist vielfach belegt. Ich verweise nur beispielhaft auf Otto Gaier: ›Manchmal mein ich, als hätt ich auf der Welt nix verloren‹, Scheidungskinder erzählen, Hoffmann & Campe Verlag.

Aufgrund des negativen elterlichen Vorbildes dürfte es diesem Kind, wenn das so bleibt, im späteren Erwachsenenleben außerordentlich schwerfallen, sich mit seiner eigenen Geschlechterrolle glückhaft zu identifizieren und eigene Beziehungen aufgrund entsprechender Beziehungsfähigkeit und Bindungsstärke durchzustehen.

In Übereinstimmung mit einer Vielzahl von Gerichten wird dementsprechend der Antrag gestellt, eine Sachverständige/einen Sachverständigen, der mit der familiensystemischen Sicht vertraut ist, möglichst ohne vorherige mündliche Verhandlung zu folgender Fragestellung zu beauftragen . . . Diese vorgeschlagene Art abgestufter Intervention wird inzwischen von einer Vielzahl von Gerichten entsprechend des gewandelten Verständnisses von der Rolle und Möglichkeiten des Gerichts, zur Konfliktlösung beizutragen, geteilt.«

Wann immer der Psychologische Sachverständige genötigt ist, die Fragen des Gerichts umfassend schriftlich zu beantworten, weil es ihm nicht gelungen ist, zwischen den Eltern Konsens herbeizuführen, hat das Kind verloren. Zumindest hat das, was danach kommt, mit einem Verständnis von Kindeswohl, wie ich es hier vertrete, nichts mehr zu tun. Deshalb hat er gar keine andere Wahl, als wieder und immer wieder zu versuchen, die Eltern zum Dialog zu befähigen – selbst noch im allerletzten Augenblick beim Anhörungstermin vor Gericht.

Das alles habe ich bereits an anderer Stelle ausführlich dargelegt (vgl. Jopt, 1992b), deshalb hier aus Platzgründen nur noch ein Hinweis. Solange das Streitmodell weiterhin den Rahmen für die sorgerechtlichen Auseinandersetzungen von Eltern abgibt, ist der Abwehrkampf gegen den Sachverständigen durch den Elternteil, der sich als designierter Sorgerechtsinhaber wähnt, geradezu programmiert. Das kann gar nicht anders sein, denn wenn eine Mutter oder ein Vater spürt, daß ihm durch den Sachverständigen ein exklusiver Rechtstitel – und damit zugleich Macht – vorenthalten oder wieder weggenommen werden könnte, muß er sich durch ihn zwangsläufig ernsthaft bedroht fühlen. Insofern ist der Befangen-

heitsantrag regelrecht ein Strukturelement des bestehenden Rechtsrahmens.

Zugleich ist die bedingungslose Vertretung der Kindposition zu
Lasten zumindest eines Elternteils aber auch der entscheidende
Grund dafür, daß eine auf Vermittlung und Befriedung angelegte
Sachverständigenarbeit im Familienrecht zu den schwersten Aufgaben gehört, die es im Rahmen der angewandten Psychologie gibt,
dies jedenfalls so lange, wie die rechtlichen Bedingungen so bleiben,
wie sie heute sind. Das gleiche gilt im großen und ganzen auch für
die außergerichtliche Trennungs- und Scheidungsberatung. Sobald
ein Elternteil spürt, daß das Sorgerecht zur Disposition stehen
könnte – etwa, weil die Berater ihre Präferenz für eine fortbestehende Elternverantwortung erkennen lassen –, geht er einfach nicht
mehr hin.

Diesen Zusammenhang zwischen Sorgerecht und Beratungstätig-
keit muß insbesondere das Gericht sehen, um nicht vorschnell zu
resignieren und zur alten Kooperation mit dem »Gutachter« zurückzukehren.

SCHLUSS

Wenn man die seelischen Belastungen für Trennungskinder nicht noch verschärfen will, kommt es nicht darauf an, Prozesse zu führen, sondern zu begleiten. Die Leser – Betroffene, Professionelle, aber auch (noch) nicht Betroffene – davon zu überzeugen, ist das zentrale Anliegen dieses Buches.

Denn auch das muß man sehen: So schlimm, kinderfeindlich oder gar menschenverachtend viele der berichteten Beiträge von Gerichten, Jugendämtern oder Gutachtern auch sein mögen, sie alle gibt es nur deshalb, weil Eltern sich für den Rechtsweg entschieden haben, um ihre im Grunde rein psychischen und zwischenmenschlichen Probleme durch den Staat »lösen« zu lassen. Durch eine Instanz, die ausgerechnet mit dem eigentlichen, hinter Sorgerechts- und Umgangsstreitigkeiten steckenden Kern – ihren Gefühlen – nichts anzufangen weiß.

Deshalb ist mein Plädoyer für mehr Sensibilität, Empathie und Menschlichkeit an die Adresse der beruflichen Scheidungsbegleiter nur die zweitbeste Lösung; der eigentlich kuriose Appell, nicht das aus den Augen zu verlieren, was bei ihren elterlichen Auftraggebern längst auf der Strecke geblieben ist.

Wären alle Menschen mit sich selbst »kurzgeschlossen«, wären sie in der Lage, zuallererst sich selbst zu lieben, anstatt (vermeintlich) ihren Partner oder ihre Kinder, gäbe es keinen würdelosen Streit, weil »im Namen des Kindes« und »im Namen seiner Eltern« dieselbe Sprache gesprochen werden würde. Doch so ist es nicht, so war es zu keiner Zeit, und so wird es auch niemals sein. Aus dem einfachen Grund, weil alle um und über ihre Kinder miteinander kämpfenden Erwachsenen selbst einmal Kinder waren und im Elternhaus Strategien im Umgang mit Gefühlen, Beziehungen, mit

Trennung und Getrenntsein entwickeln mußten, die sie geprägt und geformt haben und spätestens im Erwachsenenalter längst zu einem festen Element ihrer Persönlichkeit geworden sind. Anders wäre es überhaupt nicht zu begreifen, daß Eltern trotz all der schrecklichen Instrumentalisierungen und seelischen Mißhandlungen ihrer Kinder dennoch fest davon überzeugt sind, allein aus Liebe und zum Wohle des Kindes zu handeln.

Deshalb kann ich mir auch kaum vorstellen, daß die Hoffnung meines Kollegen Ell (1986, S. 751), »daß in Zukunft, wenn die Menschen ›scheidungstüchtiger‹ geworden sein werden, Verhinderung und Verweigerung immer seltener werden und statt dessen die positiven Werte des Kontaktes des Kindes mit beiden Eltern… immer deutlicher erkannt und praktiziert werden«, eines Tages ganz von selbst in Erfüllung gehen könnte, so sehr ich mir dies auch wünschen würde. Wie sollten es ausgerechnet die Trennungskinder von heute als die Erwachsenen von morgen schaffen, mit einer der schwersten Krisen, die das Leben kennt, später einmal besser – achtungsvoller und mit Empathie für die Seelen ihrer Kinder – umzugehen, als sie selbst es schmerzhaft erlebten, durchleiden mußten?

Nein – wie heute mit diesen Kindern umgegangen wird, das geht nicht spurlos an ihnen vorüber. Bestenfalls werden – müssen – sie es schaffen, die seelischen Wunden notdürftig vernarben zu lassen. Doch in Anbetracht ihrer Tiefe – und was sollte bei einem Kind noch »tiefer« gehen als der Einbruch in das Fundament seines Lebens, in seine Liebesbeziehungen? – werden sie im selben Augenblick wieder aufbrechen, in dem das alte Trauma Trennung zur Wirklichkeit wird. Und dann beginnt das gleiche Spiel, wie wir es heute kennen.

Wenn sich dieser Mechanismus auch nicht völlig abstellen läßt, Sand ins Getriebe streuen, ihn wenigstens im Einzelfall verlangsamen oder sogar zum Stillstand bringen, das läßt sich allerdings schon. Wenn ich daran nicht glaubte, hätte ich dieses Buch niemals schreiben können. Wobei alle Eingriffe immer wieder nur mit dem einen zu tun haben: Einem von Feinfühligkeit und Empathie geprägten verändertem Bewußtsein. Sowohl bei den professionellen Scheidungsbegleitern als auch bei den Eltern.

Deshalb kann ich den engagierten Bewußtseinsarbeitern wie – allen anderen Betroffenenverbänden voran – »DIALOG Zum Wohle des Kindes« in Aachen mit seinem unermüdlich an die Öffentlichkeit appellierenden Vorsitzenden Huschang Sahabi, der nach meiner festen Überzeugung in Richtung Nachdenklichkeit bereits mehr bewegt hat als alle Experten zusammen, nur wünschen, daß sie noch lange genügend Kräfte haben, um diese Arbeit fortzusetzen. Andernfalls – wenn die Gefühle von Kindern und Erwachsenen, das wahre Zentrum des ganzen Problems, nicht endlich in den Blick geraten – wird das Kindeswohl auch noch in hundert Jahren nichts anderes sein als die nackte Worthülse für eine entsinnlichte Generalklausel.

NACHWORT EINER »SORGEBERECHTIGTEN« MUTTER

Mein Beitrag wird sich von dem vorangegangenen dadurch unterscheiden, daß er ein persönlicher, subjektiver ist. Ich möchte versuchen, dem Leser einen Teil meiner Innensichten und auch meiner Einsichten nahezubringen, Erfahrungen und Erkenntnisse aus meiner eigenen Scheidungsgeschichte.

Warum diese Preisgabe von Intimität?

Zuallererst möchte ich Mut machen, Mut, Grenzen zu sprengen und die Sicherheit ausgetrampelter Wege der Sorgerechtssprechung und ihres ganzen Umfeldes (Jugendämter, AnwältInnen, GutachterInnen etc.) zu verlassen und Unkonventionelles zu wagen.

Daneben aber sollen diese Zeilen auch meine Anerkennung für die Arbeits- und Sichtweisen des Autors dieses Buches zum Ausdruck bringen und dessen – bei aller Einfühlsamkeit – notwendigerweise immer bestehende Außensicht zumindest in manchen Aspekten sinnvoll ergänzen. Ohne die Begegnung mit Uwe Jopt jedenfalls würde mein Leben ebenso wie das meines geschiedenen Mannes und unseres Kindes Fabian höchstwahrscheinlich sehr anders aussehen, und dies in vielen Dingen nicht zu unserem Vorteil.

Doch zunächst einmal ging dieser Begegnung eine mehr als ein Jahr dauernde gerichtliche Auseinandersetzung um das Sorgerecht für Fabian voraus. In dieser Zeit lernte ich so ziemlich alle Facetten der deutschen Familienrechtsprechung kennen. Wir galten von Anfang an als hochstrittiger Fall und hatten – durch Wohnsitzwechsel bedingt – häufigen Kontakt zu verschiedenen Gerichten, JugendamtsmitarbeiterInnen, AnwältInnen und schließlich auch Psychologischen Sachverständigen.

In die Mühlen der Gerichtsbarkeit gerieten wir nicht sofort nach der von mir initiierten Trennung, sondern erst nach einigen Monaten gegenseitiger Mißachtung und Verletzung. In diesen Monaten, in denen ich als Frau nur Abstand zu dem von mir zutiefst abgelehnten Mann schaffen wollte, über unser Kind aber immer wieder mit ihm konfrontiert wurde, steigerten sich in mir Gefühle des Ausgeliefertseins, der Hilflosigkeit, die vermischt mit Wut, Traurigkeit und Angst dazu führten, daß ich mich stark abgrenzen mußte. Gleichzeitig hatte ich wohl Angst, alles zu verlieren, was mein bisheriges Leben bestimmt hatte, und suchte nach Halt in der plötzlichen Unsicherheit. Den konnte ich scheinbar in dem bei mir lebenden Fabian finden. Er wenigstens schien mir sicher zu sein; eine andere Lösungsmöglichkeit als die, Fabian mitzunehmen, hatte es für mich damals nicht gegeben. Ich denke, daß ich Fabian bewußt und unbewußt schützen wollte vor dem Menschen, der mich selbst so verletzt hatte. Eine Trennung zwischen Eltern- und Paarebene war mir nicht möglich.

An dieser Stelle wird die Kommunikationslosigkeit zwischen uns Eltern deutlich, die Unfähigkeit, noch weiter gemeinsam für Fabian verantwortlich zu sein.

Und die Dimensionen der Macht und des Taktierens tauchten bereits bei meiner ersten Begegnung mit RechtsvertreterInnen auf. Hier erhielt ich den ganz klaren Hinweis, »daß er (der Vater) auf ein so kleines Kind (zweieinhalb Jahre) sowieso keine Chance hätte, wenn ich es nur nicht bei ihm ließe, sondern sofort mit mir mitnähme«.

Dieses Zitat nenne ich nicht zu meiner Entlastung, sondern zur Illustration der Wirklichkeit, die einem Menschen in dem ziemlich aufgelösten Zustand gerade erfolgter Trennung begegnen kann. Eine Einladung zum Zugreifen jedenfalls, hier kann »er« mir nichts anhaben, hier bin ich die Stärkere. Und schon wird das Kind ungewollt zum Objekt. Ich begann mich so zu verhalten, daß mir irgendwelche eventuell auf den Plan kommenden Autoritäten nichts anhaben konnten. Damit versetzte ich mich in einen Zustand selbstverschuldeter Unmündigkeit, aus dem die bisher unwürdigste Phase meines Lebens resultierte.

Die harte juristische Auseinandersetzung schien mir unausweichlich, als der Vater Fabian von einem Besuch nicht mehr zu mir zurückbrachte und auch nicht willens war, sich mit mir über das Problem zu unterhalten. Der Stein war losgetreten, die Spirale drehte sich, das Geschehen verselbständigte sich. Vordergründig wollte jeder das Kind vor dem jeweils anderen und dessen (vermeintlich) schädlichem Einfluß schützen. Zu den dahinterstehenden Motiven gehörten aber sicherlich die eigenen Verletztheiten ebenso wie die schon erwähnte Macht und das Sich-festhalten-Müssen.

In einer einstweiligen Anordnung wurde mir das Aufenthaltsbestimmungsrecht zugesprochen, eine Entscheidung über das Sorgerecht aber vertagt. Diese Anordnung sollte fatale Folgen haben. Es war jetzt eine offiziell festgeschriebene Machtkonstellation geschaffen, der Ausgang der juristischen Auseinandersetzung aber war unsicher.

Das folgende Jahr verlief voller Spannungen und Konflikte, es war nun auch eine rechtliche Grundlage für den Kampf geschaffen. Und fast alle Scheidungs»begleiter«, denen ich in diesem Prozeß begegnen sollte, verhielten sich letztendlich konform mit einem Schema, das ich ganz allgemein als zur vorherrschenden Denkweise des »Entweder-Oder« gehörend bezeichnen möchte. Dazu gehören Gedankenlosigkeiten wie die juristische Formulierung elterlicher Gegnerschaft (»Familiensache Weiß gegen Pfeffer-Weiß«) ebenso wie alle psychologischen und auch äußerlichen Kategorien und Kriterien, die angelegt wurden, um den Besseren bzw. Schlechteren, den Fähig(er)en bzw. Unfähig(er)en herauszukristallisieren. Nicht zuletzt beinhaltet dieses Denken auch Rechtsstrukturen, die Eltern in einen (potentiellen) Gewinner und einen Verlierer aufspalten. Nach einer üblichen Entscheidung über das alleinige Sorgerecht hat einer der beiden Elternteile alles zu sagen, was das Kind betrifft, der andere gar nichts mehr. Diese extreme Aufspaltung regt geradezu dazu an, sich den erstgenannten Part zu erkämpfen, zumindest dann, wenn die Kommunikation zwischen den Eltern gestört ist. Und dadurch, daß die Beteiligten wissen, daß irgendwann eine solch klare Entweder-oder-Entscheidung erfolgen wird, verhalten sich alle im Hinblick auf dieses Ereignis.

Das alternativ mögliche »Sowohl-als-Auch« verschwindet aus dem Blickfeld; dies gilt gleichermaßen für das Denken der Betroffenen (man fühlt sich gezwungen, am anderen ausschließlich das Schlechte darzustellen, um selbst in einem guten Licht zu erscheinen), wie auch für die konkreten Lösungsmöglichkeiten (z. B. das

prinzipiell ja mögliche gemeinsame Sorgerecht). Es stellt sich allerdings die Frage, welchen Stellenwert das Sowohl-als-Auch in unserer Kultur überhaupt hat.

In jedem Fall wird das zweiwertige Denken unserer hochentwickel-
ten westlichen Welt hier einmal mehr zum Verhängnis: meines
Erachtens macht das Abgetrenntsein von unseren Wurzeln, daß wir
Komplexität nicht mehr ertragen können. Die Folge davon ist ein
extremes Sicherheitsbedürfnis, das sich dann wiederum darin äußert, daß wir Gut und Böse, Schuld und Unschuld, Fähigkeit und
Unfähigkeit, zumindest aber besser und schlechter, klar und eindeutig zuordnen und trennen müssen.

Nach diesem kleinen Ausflug in die Philosophie wieder zurück zu
unserem Sorgerechtsalltag.

Da dieser Beitrag alles andere als eine globale »Abrechnung« sein
soll, möchte ich im folgenden etwas differenzieren zwischen den
einzelnen Professionen, die einem im Sorgerechtsprozeß begegnen
können. Zunächst einige Worte zu den Jugendämtern, die über die
Gerichte ja zwangsweise in das Verfahren involviert sind.

Wenigstens eines der beiden in unserem Fall eingeschalteten Ämter
bemühte sich darum, sich nicht nur auf der Ebene der Verteilung
von Gütekriterien (Erziehungsfähigkeit, häuslicher Rahmen, Bindung, soziales Umfeld etc.) zu bewegen, sondern erkannte den
tieferliegenden Konflikt der Sprach- und Verständnislosigkeit zwischen uns beiden Erwachsenen als eigentliche Ursache der heftigen
Auseinandersetzung. Es wurde mir und meinem Mann auch immer
wieder nahegelegt, im Interesse von Fabian den Streit um ihn zu
beenden und Eltern- und Paarebene voneinander zu trennen. Auch
wurden Modelle gemeinsam verantworteter Elternschaft vorgestellt.

Auf einer theoretischen Ebene konnte ich das ja alles auch so sehen,
und ich wußte ebenfalls, daß die Art der Auseinandersetzung Fabian schadete. In der Praxis lehnte ich die Vorschläge aber ab, da
ich der Ansicht war, daß sie an den mangelnden Fähigkeiten meines
Kontrahenten, dem Vater, ja eh scheitern würden. Gemeinsame
Lösungen waren nach meiner damaligen Ansicht für uns auch
aufgrund unserer Unfähigkeit zur Kommunikation auszuschließen.
Aus heutiger Perspektive glaube ich, daß der entscheidende Punkt
in diesem Fall der war, daß die JugendamtsmitarbeiterInnen die

Eltern-Kind-Ebene nicht verlassen konnten oder wollten. Sie sahen es nicht als ihre Aufgabe an, sich von den Vorgaben der gerichtlichen Anforderung einer klaren Stellungnahme zur Sorgerechtsfrage erst einmal zu lösen und den Fokus auf unsere Paarbeziehung und deren schwere Störung zu lenken.

Meines Erachtens kann erst dann eine tatsächlich einverständliche Lösung über Leben, Wohnen und Aufenthalt des Kindes gefunden werden, wenn es von seiten der Scheidungsbegleiter auch ein Verstehensbemühen um die Eltern gibt, ein Verstehenwollen der Ursachen, die auf der Paarebene liegen. Denn wenn Eltern streitend erscheinen, dann ist das zunächst einmal einfach Fakt, und diese sicherlich unerfreuliche Tatsache kann nicht aus dem Weg geräumt werden, indem man konstatiert, daß es überhaupt keinen Streit geben sollte und dürfte. In den Jugendamtsberichten an das Gericht wurde jedesmal festgestellt, daß wir Eltern uns kaum mehr verständigen könnten, dies im Interesse von Fabian aber tun müßten. Damit hatten die Jugendämter zwar recht – aber wo ist das Fundament für den Weg? Ich selbst habe mich oft nicht ernstgenommen gefühlt. Es gab kein von der Entscheidungsfunktion und -macht des Jugendamtes losgelöstes Verstehenwollen.

Möglicherweise wäre es in manchen Fällen extremer Verständnis- und Beziehungslosigkeit zwischen Eltern auch durchaus angebracht, entgegen den Konventionen zu handeln und als JugendamtsmitarbeiterIn erst einmal die Übertragung des Sorgerechts auf das Jugendamt zu beantragen, bis sich die Eltern wieder vernünftig miteinander unterhalten können. (Selbstverständlich soll das Kind dabei weiter bei dem Elternteil wohnen bleiben, bei dem es gerade lebt.) Dies würde sicherlich viele Eltern aufrütteln, sie bekämen ihre Unmündigkeit gespiegelt und ließen sich möglicherweise etwas einfallen, diesen peinlichen Zustand rasch wieder zu beenden. Jedenfalls wäre der Teufelskreis der Gegnerschaft unterbrochen. Den Eltern würde in ziemlich deutlicher Weise vor Augen geführt werden, daß sie nicht das Recht dazu haben, sich über ihr Kind zu streiten, sondern daß das Kind ein Recht auf Eltern hat, die sich soweit von ihren Egoismen und Verletztheiten lösen müssen, daß sie überhaupt ihrer Sorgepflicht und ihrer Verantwortung ihrem Kind gegenüber nachkommen können.

In Äquivalenz zu einem Sorgerecht der Eltern sollte man wohl ein

Sorgsamkeitsrecht der Kinder im Gesetz verankern. Würde eine solche Betrachtungsweise an Bedeutung gewinnen, dann könnte parallel auch der tatsächlich zur hohlen Floskel verkommene Kindeswohlbegriff (wieder) mit Inhalt gefüllt werden: nämlich mit den Bedürfnissen der Kinder selbst und nicht wie bisher definiert und deformiert durch Erwachsenenkriterien.

Für uns sah die Realität allerdings so aus, daß das Jugendamt die Verantwortung an definitionsgemäß als kompetenter geltende Instanzen abgab: »... Da wir mit unseren Mitteln der Gesprächsangebote die Eltern nicht zu einer Einigung befähigen konnten, halten wir es für notwendig, daß die hier genannten Fragestellungen durch einen Gutachter abgeklärt werden, der mit anderen diagnostischen Methoden die Möglichkeit hat, zu erkennen, in welchem Umfang dem Kind der Bezug zu beiden Elternteilen erhalten bleiben muß und kann...«

Meiner Meinung nach gibt es keine diagnostischen Methoden, die den »Umfang des Bezuges zu einem Elternteil« feststellen, messen, festlegen können. Da gibt es nur das Kind selbst, das nach gesundem Menschenverstand ganz viel von seinen beiden Eltern will (von Fällen grober Mißhandlung und Vernachlässigung vielleicht einmal abgesehen; und selbst dann will ein Kind naturgemäß etwas von seinen Eltern, weil es auf ihre Liebe und Zuwendung angewiesen ist).

Ein Scheidungskind befindet sich nun in der mißlichen Lage, daß es seine beiden Eltern nicht mehr zusammen haben kann (was es eigentlich möchte) und in den meisten Fällen, gegeben durch äußere Bedingungen, von einem Elternteil auch weniger haben kann als von dem anderen, bei dem es seinen regelmäßigen Wohnsitz hat. Das Kind muß also auf zwei Seiten Einbußen gegenüber vorher machen. Also sollte es doch so viel wie möglich von beiden haben, das heißt, auch so viel, wie es haben möchte. Und das kann ein Kind recht gut entscheiden und tut es übrigens auch in einer intakten Familie, indem es sich mal mehr dem einen, mal mehr dem anderen Elternteil zuwendet.

Für uns gab es dann aber tatsächlich ein psychologisches Gutachten. Dieses Gutachten ist eine wahre Glanzleistung sowohl des Gerichts (was die Fragestellung anbelangt) als auch der erstellenden Psychologin (was die Durchführung betrifft).

Das reibungslose Funktionieren des gängigen Sorgerechtssystems kommt wohl kaum besser zum Ausdruck, als in dem mir gegenüber getanen Ausspruch einer anderen Psychologischen Sachverständigen: »Ich würde mich hüten, etwas anderes zu tun, als nur ganz genau die Fragestellung(en) des Gerichts zu beantworten.« So kann die Justiz letztendlich die abstrusesten Fragen stellen und bekommt brav eine Antwort. Die Leidtragenden sind die Kinder, um deren Wohlergehen es doch gehen soll.

So geschehen in meinem Fall. Das Gutachten sollte auch zu der Frage Stellung nehmen, ob »entsprechend dem Vorbringen des Vaters das Kind Fabian ausschließlich Bindungen zu ihm entwickelt hat, nicht jedoch auch zur Mutter«.

Der Leser kann diesem Satz unschwer entnehmen, auf welcher Ebene die Auseinandersetzung mittlerweile angekommen war.

Und ich erhob keinen Einspruch gegen die Durchführung eines solchen ausgemachten menschlichen und psychologischen Unsinns. Ich war auf das Sorgerecht fixiert und machte unkritisch alles mit, um dieses Ziel zu erreichen. Das System selbst hinterfragte ich erst später.

Und die Gutachterin hinterfragte es überhaupt nicht.

Sie fragte aber Fabian, und dies nicht nur mit zweifelhaften psychologischen Tests, sondern auch nach meiner Meinung absolut unzulässig, so daß Fabian in einen starken Spannungszustand versetzt wurde. Ganz zu schweigen davon, daß die Ergebnisse der in diesem Spannungszustand erhobenen Tests nachher zur Interpretation von Fabians allgemeinem Zustand herangezogen wurden. Eine Stunde »Exploration« reicht für solche Psychologen aus, um Urteile zu fällen, die das ganze Leben eines Menschen beeinflussen können! Diese Unverantwortlichkeit versetzt mich auch heute noch in Wallung. Anstelle von Sachverstand sollte hier Menschenverstand gefordert sein, wobei ich allerdings einräumen muß, daß letzterer an den Psychologischen Instituten bundesdeutscher Universitäten nicht gelehrt wird. (Ich studiere seit zwei Jahren selbst Psychologie). Da haben die Eltern schon selbst das Maß verloren, und die Gutachterin, eingesetzt zur Sicherung des Kindeswohls, hat nichts Besseres zu tun, als die Fortführung des ehelichen Machtkampfes noch zu stützen und das Kind, anstatt es herauszunehmen, noch weiter in den Konflikt hineinzutreiben.

Mit Fragen wie: »Wen hast du denn lieber, kannst du das sagen, die Mama oder den Papa?« hat sie nicht nur Fabian in einen ihm nicht zuzumutenden Entscheidungskonflikt gestürzt, sondern ihn auch mitten hineingesetzt in unsere Suche nach dem Besseren und dem Schlechteren. Dieses Vorgehen und seine schriftliche Niederlegung bestätigten mich damals allerdings in meinem Handeln. Es konnte auch nicht dazu beitragen, den Blick wieder auf Fabian zu richten und dessen eigentliche Bedürfnisse (nämlich das Leben seiner Liebe zu uns beiden) wahrzunehmen. Da sich das Gutachten, aber auch Fabian zudem »für« mich äußerten, war ich nur zu bereit, über manche Dinge, die mir schon damals nicht gefielen, hinwegzusehen. Einige Monate später allerdings, als ich die Augen wieder etwas offener hatte und über den Rand des Polarisierungsprozesses »Sorgerechtsregelung« hinausschauen konnte, ging ich in einem Brief an die Psychologin auf das Gutachten ein:

»... Aus meiner heutigen Sicht ... empfinde ich zentrale Teile ihrer Arbeit als menschlich unwürdig und psychologisch schlecht. Unmenschlich und unempathisch ist es, ein kleines Kind zu fragen, wen von seinen Eltern es denn lieber habe ... Psychologisch gesehen haben Sie mit dieser und ähnlicher Befragerei zwei verblendete Elternteile noch in ihrer falschen Ansicht bestärkt, daß es hierbei ursächlich um etwas geht, das Fabian betrifft und nicht tatsächlich um eine Fortführung ehelichen Kampfes. Fabian hat uns beide lieb, und er hat das Recht darauf, uns beide gleich lieb zu haben – unabhängig davon, ob einer seiner beiden Eltern noch unmöglicher als der andere war/ist. Solange Sie dieses Grundrecht von Kindern mit Füßen treten, können Sie wohl alle möglichen und unmöglichen gerichtlichen Anträge im Abhaksystem bearbeiten, Ihrer psychologischen Verantwortung in einem eskalierten Konflikt werden Sie damit meiner Ansicht nach nicht gerecht ... Ich möchte noch anmerken, daß ich selbstverständlich die Verantwortung für von mir in dieser Geschichte gemachte Fehler übernehme – diese Zeilen sollen in keiner Weise eine Abwälzung dieser Verantwortung sein; sie sind lediglich Gedanken, Feststellungen, Erkenntnisse. Sie entsprangen dem Gefühl, daß ich es nicht stehen lassen kann, daß ich mit Ihnen noch konform gehe ...«

Das fertige Gutachten war dann auch der Startschuß zur endgültigen (!?) Sorgerechtsregelung und Scheidung.

Mein Gemütszustand war zu diesem Zeitpunkt, nach über einem Jahr heftigen Streitens und Kämpfens, der Kommunikationslosigkeit und der Aussicht auf weitere Konflikte, extrem angespannt. Ich fühlte mich ziemlich ausgelaugt und wünschte mir und Fabian im Grunde nichts sehnlicher als das Ende dieser unerträgliche Formen annehmenden Auseinandersetzung. Ich spürte, daß wir auf dem Holzweg waren, und die von meinem Mann angekündigte Fortführung des Kampfes bereitete mir ziemliches Unbehagen, auch im Hinblick auf Fabian. Aber ich konnte keinen Abstand mehr finden, um uns von außen zu betrachten. Ich hatte mich unmündig gemacht und war zur Gefangenen dieses Sorgerechtsverteilungssystems geworden.

Meine schlechten und auch verzweifelten Gefühle gaben mir so zwar potentiell die Möglichkeit, den Kampfplatz zu verlassen – ich war nicht so vernagelt, daß ich gar nichts mehr von unseren eigentlichen Bedürfnissen wahrnahm –, aber zum Aufgeben meiner relativ sicheren Machtpositionen bedurfte ich eines Anstoßes von außen, eines Anstoßes, der einen neuen Blickwinkel einführte. Ich selbst war zu verstrickt in die angebotenen und von mir auch angenommenen Strukturen.

Neue Aspekte sprachen für mich aus dem Satz: »So könnt Ihr doch nicht weitermachen!« und der an mich gerichteten Frage: »Was ist da passiert, was hat Sie so verletzt?«

Diese beiden Äußerungen kamen während der »entscheidenden« Verhandlung aus dem Munde von Uwe Jopt, und sie signalisierten mir, daß hier jemand war, der erstens meine tieferliegende (für mich allein allerdings zu diesem Zeitpunkt nicht mehr in konstruktive Handlung umsetzbare) Einsicht teilte, daß der eingeschlagene Weg für uns alle zerstörerisch ist, und der außerdem verstehen wollte, der mich auch als Mensch verstehen wollte und nicht nur als taktierende, um ihr Kind kämpfende Mutter betrachtete.

So wurde es bald unwichtig, daß Uwe Jopt eigentlich mein Gegner war (er war von meinem Mann als eine Art Gegengutachter ins »Schlachtfeld« geführt worden). In einem Dreiergespräch während einer Verhandlungsunterbrechung beim Gericht spürte ich zum erstenmal seit langem wieder so etwas wie Konstruktivität.

Trotzdem bestand ich auf der Übertragung des alleinigen Sorgerechts. Womit völlig unerwartet mein Mann schließlich auch einverstanden war, nachdem ihm sein Beistand, Jopt, diese Zustimmung eindringlich nahegelegt hatte, um zunächst einmal meine Ängste abzubauen.

In mir wuchs die Gewißheit, hier auf jemanden gestoßen zu sein, der nicht nur das theoretische Wollen eines anderen Ausgangs der Sache in sich trug, sondern auch einen praktisch gangbaren Weg dahin kannte. Und so entschloß ich mich spontan zur Zusammenarbeit mit diesem, mir bis dato nur aus seiner schriftlichen Analyse des oben schon ausführlicher beschriebenen Gutachtens bekannten Therapeuten.

Für manchen mag es etwas unglaublich klingen, aber ein sich anschließendes zweitägiges Beratungs- und Therapiemarathon legte für mich den Grundstein zu einer veränderten Sichtweise der Dinge, deren Resultate auch oben schon immer wieder anklangen. Ich begann zu begreifen, daß der Blickwinkel meines Sohnes ein anderer ist als mein eigener, daß er das Handeln und Verhalten seines Vaters anders bewertet als ich und daß ich trennen muß zwischen Eltern- und Paarebene, trennen auch zwischen den Bedürfnissen Fabians und meinen eigenen. Ich lernte anzuerkennen, daß Fabian seinen Vater liebt(e), auch wenn dieser sich meiner Ansicht nach teilweise in schlimmer Art und Weise ihm gegenüber verhalten hatte.

Vermittels des Therapeuten konnte ich der echten Konfrontation mit meinem Ex-Mann nicht mehr ausweichen und mußte und konnte in diesem Spiegel auch mein eigenes Handeln und Verhalten ansehen und bewerten. Ich sah, daß die Ursachen des Konflikts in uns beiden und in unserer Art, miteinander umzugehen, lagen und nicht nur er, sondern auch ich mich den wirklichen Gefühlen und Bedürfnissen unseres Kindes gegenüber verschlossen hatte.

Ich bemerkte mit der Zeit, daß das Festhalten am Kind auch dazu diente, die anfangs schon erwähnte Unsicherheit über den Fortgang des eigenen Lebens zu kaschieren. Festhalten schafft dann eine scheinbare Sicherheit, Loslassen kommt nicht in Betracht, weil es den Gang über den wackeligen Grund der Unsicherheit bedeuten würde. In der Realität äußert sich dieser vermeintliche Sachverhalt aber anders: Das Festhalten des Kindes führt zu Aggression und Fluchttendenzen, wohingegen Loslassen auf Dauer zu einer stärkeren, weil freiwilligen Bindung und innigeren Beziehung führen kann. Zu diesem Ergebnis jedenfalls brachten mich meine eigenen Erfahrungen.

Als Fabian merkte, daß mein Haltegriff etwas lockerer wurde, begann er sich zu wehren und forderte ganz vehement mehr von seinem Vater bei mir ein und dies solange, bis ich seine Signale hören und ihnen gemäß handeln konnte. Das äußerte sich zunächst in ausgedehnteren und nicht mehr streng festgelegten Besuchen und mündete dann in eine Verlagerung seiner Lebensverhältnisse: ein halbes Jahr nach der Sorgerechtsverhandlung hatte ich nicht nur das gemeinsame Sorgerecht beantragt, sondern Fabian konnte seinem Wunsch entsprechend auch umziehen zu seinem Vater.

Mein eigenes Verhältnis zu meinem Sohn ist seither inniger, intensiver und auch wesentlich ehrlicher geworfen.

Ein wesentlicher Ausgangspunkt aller hier skizzierten Entwicklungsprozesse dürfte in der Tatsache liegen, daß nach meinem Dafürhalten für unseren Vermittler Jopt der Weg wichtiger war als das Ziel. Sein eigener Weg war, wie schon gesagt, der Weg das Verstehens. Wie ist die jetzige Situation entstanden?

Der Weg, den er uns zeigte, war das Zurückfinden zum Dialog, was mich nach und nach Machtpositionen aufgeben ließ.

In der Zwischenzeit ist der Weg der konstruktiven Auseinandersetzung zu einem ganz wichtigen Bestandteil meiner Begegnung mit anderen Menschen geworden, und vielleicht sollten Scheidungsbegleiter beachten, daß wohl vielen, die sich trennen, diese Fähigkeit (vorübergehend) verlorengegangen ist. Sie muß erst wiederhergestellt werden, ehe eine gute Lösung für die Kinder gefunden werden kann. Wie die Lösung dann genau aussieht, ist möglicherweise gar nicht so wichtig, es gibt eh nicht die eine einzige und damit wahre Variante. Die Hauptsache ist, daß alle Beteiligten in der Lage sind, die Interessen des jeweils anderen und die der Kinder wahrnehmen zu können. Dann kann wieder ein Raum entstehen für die Schwächeren in diesem Gebilde, die Kinder.

Das Verlassen von Machthaltungen ist sicherlich nicht einfach, zumindest am Anfang nicht. Es bedeutet Eingehenmüssen auf jemanden, mit dem man vielleicht am liebsten nichts mehr zu tun hätte; es bedeutet auch, Rückschläge einstecken zu müssen, das Handtuch werfen zu wollen, sich immer wieder zu ertappen beim Rückzug auf Macht.

Loslassen kann auch bedeuten, in seinem Kind dann genau die Züge des ehemaligen Partners wahrzunehmen, die man nicht mag, derentwegen man ihn vielleicht verlassen hat.

Da hilft oft nur kräftig zu schlucken und sich die Worte Kahlil Gibrans in Erinnerung zu rufen: »Deine Kinder sind nicht deine Kinder, sie sind die Söhne und Töchter der Sehnsucht des Lebens nach sich selbst... Du kannst versuchen, ihnen gleich zu sein, aber versuche nicht, sie dir gleich zu machen, denn das Leben geht nicht rückwärts und verweilt nicht beim Gestern.«

Das gemeinsame Sorgerecht als Rechtsform hilft aber ganz eindeutig dabei, von den Verlockungen der Macht wieder wegzukommen. Im Gegensatz zu vielen Kritikerstimmen ist es für mich das Mittel der Wahl auch und gerade für sogenannte strittige Fälle, für Menschen, die sich nicht in gegenseitigem Einvernehmen und über eine konstruktive Auseinandersetzung getrennt haben. Es zwingt nämlich dazu, dazubleiben, Stellung zu beziehen, konkret werden zu müssen, wenn man etwas durchsetzen will.

Ich selbst möchte manchmal, wenn mich der Kindesvater wieder mal so richtig annervt, das gemeinsame Sorgerecht am liebsten an den Nagel hängen. Bis ich dann merke, daß ich nur vor der Auseinandersetzung davonlaufen will.

Bei allen Rückschlägen und Mißerfolgen auf beiden Seiten kann ich heute insgesamt besser mit meinem geschiedenen Mann reden als je zuvor, und vor allem fühle ich mich wieder mündig, ich kann und will meine Belange wieder selbst regeln.

Summa summarum: Das gemeinsame Sorgerecht ist nicht die Lösung aller Probleme, aber es kann helfen, Probleme lösen zu lernen. Zum Abschluß möchte ich allen Betroffenen raten, sich wenn irgend möglich nicht in die Mühlen bundesdeutscher Familienrechtsprechung zu begeben, sondern sich an eine außergerichtliche Scheidungsberatungsstelle zu wenden. Dort werden mehr und mehr Konzepte angeboten, die nicht in die offene Konfrontation führen, sondern auf Vermittlung ausgelegt sind.

Steckt man jedoch schon bis über beide Ohren im Sumpf, so hilft möglicherweise nur das mutige Herausspringen aus dem ganzen System und das Sicheinlassen auf etwas Neues, wenn man sich nicht das ganze Kinderleben lang streiten oder auf die Resignation des »Gegners« hoffen will.

Steht man mit seinem Konflikt vor Gericht, wird oder ist man in jedem Fall ein Stück weit entmündigt. Man hat sich damit eingelassen auf ein System, das Kinder mehr oder weniger nach Güte- und Testkriterien verteilt.

Die professionellen Scheidungsbegleiter möchte ich auffordern, sich dieser gängigen Verteilungspraxis nach Kontinuitäts-, Erziehungs-, Bindungskriterien etc. zu widersetzen und den Fokus zu verschieben auf die emotionalen Bedürfnisse der Kinder und die Interaktion(sgeschichte) der Eltern. Erst wenn diese (wieder) menschenwürdig miteinander umgehen können, können sie auch einfühlsam mit ihren Kindern sein.

Insofern ist dieser Beitrag auch ein Plädoyer dafür, an den Ursachen und Wurzeln anzusetzen und nicht nur Wirkungen zu bekämpfen.

Birgit Pfeffer-Weiss
Heidelberg, im Mai 1992

ANMERKUNGEN

1 Protokoll der 9. Sitzung des Deutschen Bundestags vom 21. 2. 1991, S. 445.

2 Allerdings scheint die Vereinigung geradezu erdrutschartige bevölkerungsdemographische Veränderungen in der ehemaligen DDR ausgelöst zu haben. So sank in den ersten sieben Monaten des Jahres 1991 laut Statistischem Bundesamt die Zahl der Eheschließungen um 57 Prozent (!) und die der Geburten um fast 40 Prozent (in den alten Bundesländern waren es lediglich 4,5 Prozent, trotzdem wurden sogar mehr Kinder geboren, plus 2,7 Prozent, als im Vergleichszeitraum des Vorjahres).

3 Die entsprechende Vorschrift im immer noch gültigen § 1711 Abs. 2 BGB lautet: »Wenn ein persönlicher Umgang mit dem Vater dem Wohl des Kindes dient, kann das Vormundschaftsgericht entscheiden, daß dem Vater die Befugnis zum persönlichen Umgang zusteht. § 1634 Abs. 2 gilt entsprechend. Das Vormundschaftsgericht kann seine Entscheidung jederzeit ändern.« Eine grundlegende Reform des gesamten Nichtehelichenrechts ist allerdings für die nächste Legislaturperiode vorgesehen.

4 »Deswegen sind Eltern auch mehr als Vater plus Mutter, und deswegen können geschiedene Eltern keine Eltern mehr sein, höchstens Elternteile. Ein unverändertes Elternrecht für die Elternteile kann daher den Bedürfnissen des Kindes nicht mehr gerecht werden, sondern diesen und damit dem Kindeswohl leicht entgegenstehen.« (Lempp, 1974, S. 128)

5 § 1666a BGB:
»(1) Maßnahmen, mit denen eine Trennung des Kindes von der elterlichen Familie verbunden ist, sind nur zulässig, wenn der Gefahr nicht auf andere Weise, auch nicht durch öffentliche Hilfen, begegnet werden kann.
(2) Die gesamte Personensorge darf nur entzogen werden, wenn andere Maßnahmen erfolglos geblieben sind oder wenn anzunehmen ist, daß sie zur Abwendung der Gefahr nicht ausreichen.«

6 BVerfG 24, 119, 143

7 FamRZ 1982, 1183

8 FamRZ 1982, 1182

9 FamRZ 1982, 1182

10 DAVorm 1988, 448

11 So schrieb beispielsweise Siegfried Willutzki (1991, S. 128), ein rechtspolitsch überaus engagierter Familienrichter: »Diese Regelung hat in Verbindung mit dem unglücklichen Mißverständnis von der Bindungstheorie, die sich in seiner Momentaufnahme der zur Zeit vorhandenen

Beziehungen des Kindes im Verhältnis zu beiden Eltern erschöpfte, weitgehend dazu geführt, daß die Suche nach dem geeigneter erscheinenden Elternteil als die Verwirklichung des Kindeswohls angesehen wurde. Es ist das große Verdienst gerade von Fthenakis und Jopt, daß sie uns eindeutig klargemacht haben, auf welchem Irrweg wir uns da befunden haben. Die Absurdität dieser Suche nach dem geeigneter erscheinenden Elternteil hat Jopt sehr eindrücklich demonstriert mit dem Bild von der Überprüfung der Leistungsfähigkeit eines Sprinters, die in einer Phase vorgenommen wird, während der er sich gerade mühsam an Krücken fortbewegen kann. In diesem Bereich ist für die positive Steuerung von Familienkonflikten durch Verfahren noch ein erheblicher Nachholbedarf sowohl für den Gesetzgeber wie für die Rechtsprechung.«

12 »Wird die Ehe eines gemeinsam obsorgeberechtigten Paares unter Lebenden *aufgelöst* oder leben sie *dauernd getrennt*, hat das Gericht (allenfalls auf gemeinsamen Vorschlag) die gesamte Obsorge einem Teil allein zuzuteilen (das Kind wird also von jenem Teil vertreten, bei dem es lebt)«. (Bergmann/Ferid, 1990, S. 58)

13 Art. 156: »Über die Gestaltung der Elternrechte und der persönlichen Beziehungen der Eltern zu den Kindern trifft der Richter bei Scheidung oder Trennung die nötigen Verfügungen nach Anhörung der Eltern und nötigenfalls der Vormundschaftsbehörde.«

14 »Leben die Eltern getrennt, so hat das Gericht auf Antrag eines Elternteils zu entscheiden, wem das Sorgerecht über die gemeinsamen Kinder zustehen soll. Eine solche Entschei-

dung ist auch zu treffen, wenn die eheliche Gemeinschaft durch das Gericht aufgehoben oder die Ehe geschieden worden ist; sind sich die Eltern einig, so ist ihrem Wunsch zu entsprechen, sofern, die Regelung nicht dem Wohle des Kindes widerspricht.
Verkehrsrecht: Das Kind getrennt lebender oder geschiedener Eltern hat grundsätzlich das Recht, mit beiden Eltern zusammenzukommen.« (Bergmann/Ferid, 1990, S. 33)

15 Im Grunde wurde mit der Eherechtsreform von 1977 im Hinblick auf eine einfache rechtliche Handhabbarkeit lediglich ein altes duales Bewertungsschema von Eltern (schuldig/nicht schuldig am Scheitern der Ehe) durch ein neues (stärkere/schwächere Bindungen zum Kind) ausgetauscht.

16 Kritische Stimmen dagegen, wie die des Rechtswissenschaftlers Coester (1986, S. 222), hat die Praxis bis heute kaum zur Kenntnis genommen: »Die Neuentdeckung des Bindungsaspekts hatte zu einer Bindungseuphorie geführt, bei den Psychoanalytikern wegen des Bedeutungsgewinns ihrer Fachrichtung, bei den Juristen, weil man für die Scheidungssituation griffigen Ersatz für den weggefallenen Schuldvorrang und den dubios gewordenen Muttervorrang zu finden gehofft hatte. Die Lehren von Goldstein/Freud/Solnit waren viel zu weit und pauschal formuliert...«

17 Vgl. DER SPIEGEL, 1988, Nr. 35.

18 »Statt über die Eltern als sichere Basis verfügen zu können, sollen nun die Kinder eine sichere Basis für ihre Eltern darstellen. Kinder müssen ihre Eltern in dieser Zeit auch oft trösten und ihr Kindsein zeitweise zurückstellen.« (Suess, 1989, S. 10/11)

19 OLG Bamberg, 1987, ZfJ 1988, 239, 240

20 FamRZ 1981, 124, 126

21 FamRZ 1982, 1179, 1183

22 Dieser Verwechselung erliegt selbst der für die Situation des Kindes sehr aufgeschlossene familienrechtliche Praktiker Rotax (1982): »Eine Anhörung … ist konsequenter Respekt vor der eigenen Rechtsfähigkeit und wachsenden Selbstverantwortung des im Sorgerechtsverfahren ansonsten von keinem so recht beratenen oder gar parteilich vertretenen Kindes.« (S. 467)

23 FamRZ 1986, 389

24 In Frankreich ist das seit dem 22. 7. 87 mögliche gemeinsame Sorgerecht keine Ausnahme, sondern steht »an erster Stelle« (Schwab, 1987). England ist kurz vor ein grundlegend reformiertes Kindschaftsrecht: »Ein Ergebnis dieser Änderung ist, daß im Fall einer Trennung oder Scheidung weiterhin beide Eltern die elterliche Verantwortlichkeit haben werden, selbst wenn das Gericht eine Aufenthaltsanordnung zugunsten eines von beiden erlassen hat.« (Lowe, 1991, S. 127; s. auch Normann, 1988).

25 FamRZ 1982, 1179 ff.

26 Einen ähnlichen Eindruck erzeugt auch das Bundesjustizministerium. Denn in seiner bei allen Gerichten ausliegenden Informationsbroschüre »Das elterliche Sorgerecht« besteht die ganze Aufklärung über das gemeinsame Sorgerecht aus diesen 15½ Zeilen: »Auch im Falle der Scheidung kann den Eltern das Sorgerecht für gemeinschaftliche Kinder gemeinsam belassen werden. Voraussetzung ist, wie das Bundesverfassungsgericht in seinem Urteil vom 3. November 1982 ausgeführt hat, allerdings, daß die Eltern gewillt, geeignet und in der Lage sind, die Pflege und Erziehung des Kindes auch nach der Scheidung ihrer Ehe gemeinschaftlich wahrzunehmen. Erforderlich ist ferner, daß diese Regelung dem Wohl des Kindes am besten entspricht. Hierüber hat das Familiengericht zu entscheiden.«

27 Was den Berliner Gutachter Ballof (1991a, S. 21) zu der originellen Schlußfolgerung veranlaßte: »Im übrigen sollten die bundesweit im statistischen Durchschnitt ermittelten 98,5 % der Eltern (Limbach, 1989), die von der gemeinsamen elterlichen Sorge nach Trennung und Scheidung bisher keinen Gebrauch machten, in ihrer überwältigenden Nichtinanspruchnahme ernstgenommen und nicht durch Richter oder Psychologen veranlaßt werden, etwas zu tun, wozu sie sich nicht in der Lage fühlen. Wir sprechen uns damit nicht für oder gegen eine bestimmte Sorgerechtsregelung aus. Gemeinsame elterliche Sorge kann aber unter den Aspekten kindlicher Grundrechte und damit auch der Menschenwürde nicht als Idealfall oder Ideallösung angesehen werden.«

28 »Der für die Belassung gemeinsamer elterlicher Sorge nach Scheidung vom BVerfG zur Bedingung gemachte Konsens der Eltern führt dazu, daß ein Elternteil ein Vetorecht über die elementaren Menschenrechte der Kinder und des anderen Elternteils besitzt, zu dessen Ausübung in der deutschen Gerichtspraxis ein reines Kopfschütteln genügt. Paktkonform hingegen könnte der einseitige Entzug des Sorgerechts nur in konkreten Einzelfällen begründet werden mit Tatbeständen, die in § 1666a BGB aufgeführt sind, weil hier der ›notwendige Schutz der Kinder‹ relevant wird.« (Koeppel & Reeken, 1992)

29 So lehnte die »Arbeitsgruppe Frauen und Jugend« der SPD den Vorschlag ihres eigenen Parteimitglieds, der Familienrichterin Margot von Renesse, das gemeinsame Sorgerecht zum Regelfall zu erklären, u. a. mit der Begründung ab: »Die Mitentscheidung des Vaters würde dazu führen, daß Kontakte der geschiedenen Eltern erforderlich sind, auch wenn, wie häufig, erhebliche Spannungen zwischen ihnen bestehen und jeder Kontakt eine Belastung bedeutet. Darunter würde nicht zuletzt das Kind erheblich leiden. Die Möglichkeit des Zugriffs (!) des Vaters würde Konflikte in die Mutter/Kind-Beziehung tragen, das Kind würde zwischen beiden hin und her gezogen und nicht zur Ruhe kommen können. Untersuchungen haben gezeigt, daß Kinder weniger Entwicklungsschwierigkeiten (Schulprobleme, psychische Störungen etc.) zeigen, wenn sie nach Trennung der Eltern bei fortbestehenden Konflikten zwischen den Eltern allein mit dem betreuenden Elternteil ohne Kontakt zu dem anderen aufwachsen.
Der automatische Fortbestand des gemeinsamen Sorgerechts würde Vätern eine Rechtsposition geben, ohne daß sie bei den Aufgaben der täglichen Betreuung herangezogen würden. Die Verantwortung und Arbeit würde weiter bei der Mutter bleiben...
Es bestehen daher erhebliche Bedenken an dieser grundlegenden Veränderung der elterlichen Sorge.« (Stellungnahme vom 30. 10. 1991)

30 In: die tageszeitung vom 3. 12. 1991, S. 19

31 Zwar nicht dasselbe, aber ein ähnliches Problem »löste« im Mai 1991 auch das österreichische Bezirksgericht Wels. Denn obwohl dort das gemeinsame Sorgerecht per Gesetz immer noch ausgeschlossen ist, übertrug es die »Obsorge« auf ausdrücklichen Wunsch der Eltern dennoch beiden gemeinsam. Mit einer beeindruckenden Begründung:
»Die zwischen den Eltern getroffene Vereinbarung wird zwar nicht dem Buchstaben des § 177 Abs. 1 ABGB, jedoch dessen Intention gerecht.
Die Eltern haben trotz der Ehescheidung eine positive Beziehung zueinander. Es gelingt ihnen ausgezeichnet, trotz der Scheidung vernünftig miteinander zu reden. Es ist ihnen die weitere gemeinsame Ausübung des Obsorgerechtes sehr wichtig. Die Kinder haben durch diese Form der Lebensgestaltung die Möglichkeit, zu beiden Eltern einen guten Kontakt aufrechtzuerhalten und sind damit, abgesehen von Kleinigkeiten, einverstanden.
Vor diesem Hintergrund erscheint die weitere gemeinsame Ausübung des Obsorgerechtes durch die Eltern dem Wohle der Kinder am meisten zu entsprechen, weshalb der diesbezügliche Vergleich der Eltern pflegschaftsgerichtlich zu genehmigen war.«

32 NJW 1991, S. 1944 ff.

33 Einen ähnlichen Fall habe ich bereits vor vier Jahren vorgestellt; vgl. DER SPIEGEL, 1988, Nr. 35, S. 60–63.

34 Rechtspfleger 1977, 55, 56

35 So entschied beispielsweise das OLG Hamm (NJW 1979, 988): »Die Vollstreckung einer einstweiligen Anordnung auf Herausgabe eines Kindes erfolgt nicht nach § 33 FGG, sondern nach den §§ 794 I Nr. 3a, 883 ZPO. Die Gestattung der Anwendung von Gewalt nach § 33 II 1 FGG kann daher nicht ausgesprochen werden.«

36 FamRZ 1991, 102

37 Auszüge aus dem entsprechenden Antwortschreiben des Bundesministers der Justiz vom 15. 10. 82 an den Petitionsausschuß des Deutschen Bundestags.

38 Vgl. FamRZ 1969, 148

39 FamRZ 1983, 872

40 ZfJ, 1988, 153

41 Es ist kein Widerspruch, wenn ich mich immer wieder auch auf Kollegen berufe, denen ich an anderer Stelle heftig widerspreche. Diese Widersprüche liegen in den zitierten Personen, nicht bei mir.

42 FamRZ 1987, 622

43 FamRZ 1987, 90

44 FamRZ 1987, 623

45 Z. B. Bayerisches Oberstes Landesgericht (FamRZ 1984, 641); OLG Hamm (FamRZ 1985, 1078)

46 Zum Beispiel Kammergericht Berlin (FamRZ 1970)

47 In meinem bisher schlimmsten Fall hatten sich alle fünf Kinder – die jüngste war 7, die beiden ältesten 17 Jahre alt – so bedingungslos mit ihrem tief verletzten Vater solidarisiert, daß sie jeden Kontakt zur Mutter radikal mieden und sie auf der Straße auf ordinärste Weise beschimpften. Die Kleine – für die die Mutter eine Umgangsregelung beantragt hatte – lief schreiend davon, sobald sie sie nur ansprach; selbst zu einem von uns initiierten – ich bearbeitete den Fall zusammen mit einer Kollegin – Kontakt in der Eisdiele war sie nur im Beisein ihres Vaters bereit. Heute, nach Monaten geduldigen, aber auch sehr schwierigen Zugehens auf die Kinder ist es unser größtes Problem, wie wir das Mädchen dazu bewegen können, nicht zu ihrer Mutter zu ziehen. Wogegen zahlreiche gute Gründe sprächen, doch das gehört nicht hierher.

48 In all den Jahren nahm ein einziger Familienrichter vom Amtsgericht Rheine an einer solchen Veranstaltung teil, mit dem ich heute eng zusammenarbeite.

49 BR-Drucksache 267/73, S. 82

50 Aber auch der Anwälte, von denen ganz ohne Zweifel die allermeisten dieser zwar falschen, aber offensichtlich unausrottbaren Vorstellung eines Kollegen zustimmen werden: »Mit ihrer rein juristischen Ausbildung sind Familienrichter und -richterinnen in der Sorgerechtsfrage häufig überfordert. Sie ziehen daher in besonders ›kritischen‹ Fällen Sachverständige heran, denen das Gesetz keine aktive Parteirolle zubilligt; sie sind vielmehr nur ›Beweismittel‹, entscheiden aber sehr häufig und zu Recht mit ihrem Votum die Sorgerechtsfrage, indem sich das Gericht diesem mehr oder weniger wortreich anschließt.« (Jost-Tietzen & Jost, 1989, S. 176)

51 Die entsprechenden Vorschriften im KJHG lauten:
»§ 17
(1) Müttern und Vätern soll im Rahmen der Jugendhilfe Beratung in Fragen der Partnerschaft angeboten werden, wenn sie für ein Kind oder einen Jugendlichen zu sorgen haben oder tatsächlich sorgen. Die Beratung soll helfen,
1. ein partnerschaftliches Zusammenleben in der Familie aufzubauen,
2. Konflikte und Krisen in der Familie zu bewältigen,
3. im Falle der Trennung oder Scheidung die Bedingungen für eine dem Wohl des Kindes oder des Jugendlichen förderliche Wahrnehmung der Elternverantwortung zu schaffen.
(2) Im Falle der Trennung oder Scheidung sollen Eltern bei der Entwicklung eines einvernehmlichen Konzepts für die Wahrnehmung der

elterlichen Sorge unterstützt werden, das als Grundlage für die richterliche Entscheidung über das Sorgerecht nach der Trennung oder Scheidung dienen kann.

§ 18

(4) Mütter und Väter, denen die elterliche Sorge nicht zusteht, haben Anspruch auf Beratung und Unterstützung bei der Ausübung des Umgangsrechts. Bei der Herstellung von Besuchskontakten und bei der Ausführung gerichtlicher oder vereinbarter Umgangsregelungen soll in geeigneten Fällen Hilfestellung geleistet werden.«

52 Auszüge aus der Stellungnahme des Deutschen Vereins für öffentliche und private Fürsorge vom 6. 4. 1992: »Trennung und Scheidung sind Krisen, die die Familie nicht beenden, sondern die eine grundlegende Umgestaltung familialer Lebensverhältnisse und Beziehungen zur Folge haben. In diesem Umgestaltungsprozeß gilt es, für das Kind förderliche Bedingungen zu berücksichtigen und zu schaffen:
– Eltern sollen lernen, ihre Probleme auf der Partnerebene von ihrer Verantwortung auf der Elternebene zu trennen und dabei die Interessen der Kinder in den Vordergrund zu stellen,
– Kindern soll der Zugang und die Beziehung zu beiden Elternteilen erhalten werden, ohne in Loyalitätskonflikte zu geraten, um Identifikationsmöglichkeiten mit Vater und Mutter zu erhalten,
– Kinder sollen Chancen zur Entwicklung eines stabilen Selbstwertes eröffnet werden,
– Kindern sollten möglichst viele ihrer sie stützenden Beziehungen und so weit wie möglich ihre vertraute Umgebung erhalten bleiben,
– Kinder sollen Klarheit über den künftigen Lebensort erhalten und das Gefühl bekommen, diesen mitbestimmen und mitgestalten zu können und damit ernst genommen zu werden.

Trennungs- und Scheidungsberatung... gehört bei den öffentlichen Trägern zu den originären Aufgaben des Allgemeinen Sozialdienstes...

Sie ist vielmehr ein eigenständiges Angebot, das von der Mitwirkung der Träger der Jugendhilfe im gerichtlichen Verfahren grundsätzlich unabhängig ist...

Es gehört zur Aufgabe der Jugendhilfe, das Angebot zur Beratung an betroffene Eltern heranzutragen und zur Annahme des Angebotes zu motivieren...

Aus den beschriebenen Grundlagen der Trennungs- und Scheidungsberatung zeigt sich, daß es nicht Aufgabe der Jugendhilfe sein kann, dem Familiengericht gegenüber Empfehlungen abzugeben, bei welchem Elternteil das Kind ›besser aufgehoben‹ ist. Die Art der Mitwirkung ergibt sich vielmehr aus dem Beratungsverlauf.«

53 Zur »Taktik« anwaltlichen Vorgehens fanden Schade & Schmidt (1991, S. 651) heraus: »Aus der psychologischen Theorie der Personwahrnehmung wissen wir, daß einschlägige und konkrete Mitteilungen über Persönlichkeit und Verhalten eines Menschen dazu führen, diese Informationen als zentrale Merkmale, sozusagen als Kern seiner Persönlichkeit anzusehen und alles weitere Verhalten daraus abzuleiten. Wenn also ein Anwalt mitteilt, daß der gegnerische Mandant Alkohol trinkt, dann suggeriert er eventuell nicht nur beim Richter das Bild von einem Menschen, dem man die verantwortliche Erziehung eines

Kindes nicht anvertrauen kann, sondern bestätigt und verstärkt diese Auffassung bei dem Elternteil, den er selbst vertritt. Werden dann entsprechend den psychologischen Mechanismen der Eindrucksbildung weitere negative Merkmale abgeleitet wie z. B. Unzuverlässigkeit und Unstetheit im Verhalten, so verstärkt sich die Herabsetzung des anderen Elternteils in seiner Qualität als möglicher verantwortlicher Erzieher. Dies bildet dann die Grundlage für die weitergehende Auffassung, daß ihm das Kind auch nicht im Rahmen einer Umgangsregelung anvertraut werden kann. Da dieselben Mechanismen beim anderen Elternteil ablaufen, entfernen beide Eltern sich zwangsläufig voneinander. Anstelle ihrer Wiederbesinnung auf die Einsicht, daß letztlich beide Eltern das Beste für ihr Kind wollen – wir sind übrigens im Gegensatz zu manchen Fachkollegen der Auffassung, daß dies in der Regel das Grundmotiv aller Eltern ist –, verfestigt sich bei jedem der beiden Eltern die Überzeugung, daß nur er für das Kind sorgen kann und der andere dies nicht nur weniger gut, sondern überhaupt nicht kann. Die ›Schwarz-Weiß-Malerei‹ führt nicht nur zu einer antagonistischen Fixierung der Standpunkte, sondern auch zu einer Erschwerung bis Blockierung der notwendigen Kommunikation zwischen den Eltern.«
Mit der Folge: »Die extrem negativen Mitteilungen müssen bei beiden Eltern als Betroffenen zu der Auffassung führen, daß der andere Elternteil von Haßgefühlen und massiver Ablehnung bestimmt ist, ihn ferner in seinen menschlichen Qualitäten als minderwertig einschätzt und vor allem ihn in der Rolle als Vater bzw. Mutter ohne jede Einschränkung als

ungeeignet ansieht. Dies führt bei beiden Eltern als Empfänger dieser Information zu schwersten Kränkungen, die so traumatisch sein können, daß für lange Zeit eine kooperative Kommunikation massiv behindert, wenn nicht unmöglich wird.«

54 Weitere Auszüge aus dem Verhaltenkatalog:
»Allgemeines
1.1. Der Anwalt sollte bemüht sein, seine Beratungen, Verhandlungen und seine Führung der Verfahren so zu gestalten, daß die Beteiligten ermutigt und darin unterstützt werden, ihre Meinungsverschiedenheiten auszuräumen; er sollte seinen Mandanten über den Weg informieren, den er einschlagen will.
1.2. Der Anwalt sollte seinen Mandanten ermutigen, die Vorteile, die sich für die Familie aus einem Vermittlungskonzept im Gegensatz zu einer Austragung im Prozeß ergeben, zu sehen. Der Anwalt sollte seinem Mandanten erklären, daß in nahezu jedem Fall, in dem Kinder betroffen sind, die Verhaltensweise des Mandanten in den Verhandlungen eine Auswirkung auf die Familie als Ganzes haben wird und auch Auswirkungen auf das Verhältnis der Kinder zu ihren Eltern haben kann.
1.3. Der Anwalt sollte der Auffassung den Vorrang geben, daß eine familienrechtliche Auseinandersetzung kein Kampf mit nur einem Gewinner und nur einem Verlierer ist; vielmehr ist sie die Suche nach fairen Regelungen. Er sollte eine Ausdrucksweise vermeiden, die auf eine Auseinandersetzung hinweist, wo kein echter Streit vorliegt, also Begriffe wie ›Gegner‹, ›gewinnen‹, ›verlieren‹ oder ›Schmidt gegen Schmidt‹.

1.4. Wegen der persönlichen Betroffenheit in familienrechtlichen Auseinandersetzungen sollte der Anwalt dort, wo es möglich ist, es vermeiden, persönliche Gefühle durch den erteilten Rat zu verstärken; er sollte es ebenfalls vermeiden, seine Auffassung über das Verhalten der anderen Seite auszudrücken.

1.5 Der Anwalt sollte berücksichtigen, welche Wirkung ein Schreiben auf die andere Seite hat, wenn es sich um Schriftsätze handelt, von denen Kopien an den anderen Beteiligten geschickt werden; er sollte vor der Absendung von Briefen an seinen eigenen Mandanten sorgfältig die Wirkung solcher Schreiben auf den Mandanten bedenken.

1.6. Der Anwalt sollte versuchen, das Entstehen von Verdächtigungen und Mißtrauen zwischen den Beteiligten zu verhindern, indem er zu einem frühen Zeitpunkt, wann es nur immer möglich ist, die Beteiligten zu einer offenen und ehrlichen Information und zu Offenheit bei den Verhandlungen ermutigt.

1.7. Der Anwalt sollte versuchen, so rasch wie möglich eine Beilegung der Streitigkeiten zu erreichen, falls dies möglich ist; er sollte zugleich bedenken, daß die Beteiligten möglicherweise Zeit brauchen, um sich auf ihre neue Situation einzustellen.

2.4. Obwohl es notwendig ist, klaren und eindeutigen Rat zu geben und den Mandanten zu ›führen‹, sollte der Anwalt doch dort, wo eine Entscheidung vom Mandanten getroffen werden muß, sicherstellen, daß sie auch vom Mandanten gefällt wird und daß er sich ihrer Konsequenzen bewußt ist, sowohl was ihre Auswirkungen auf die Kinder als auch ihre finanzielle Auswirkung betrifft.

3.1. Bei Verhandlungen mit anderen Anwälten sollte der Anwalt stets Kollegialität zeigen; er sollte dort, wo es möglich ist, versuchen, ein freundschaftliches Klima herzustellen und zu unterhalten.

5.1. Der Anwalt sollte Behauptungen und die Einleitung von Verfahren vermeiden, die persönliche Mißhelligkeiten zwischen den Beteiligten verstärken oder entstehen lassen, ohne daß sich ein Vorteil für den Mandanten ergibt.«

55 Von einem solchen einvernehmlichen Vorschlag »soll das Gericht nur abweichen, wenn dies zum Wohl des Kindes erforderlich ist«. (§ 1671 Abs. 3 Satz 1)

56 Beispielhaft dazu Ell (1992): »Zur Ehre der Scheidungswilligen sei gesagt, daß etwa 90 % fähig sind, sich über die Regelung der Elterlichen Sorge (ES) zu einigen; sei es, daß sie diese gemeinsam ausüben wie in der Ehezeit seither auch; sei es, daß sie sich auf eine Elternperson festlegen. Es bleiben aber etwa 10 % streitiger und davon die Hälfte hochstreitiger Fälle, in denen beim ›Kampf ums Kind‹ (Buchtitel) mit allen Kalibern geschossen wird.« (S. 145)

57 So erkannte beispielsweise auch die Rechtswissenschaftlerin und mit der Scheidungsszene bestens vertraute Expertin Jutta Limbach (1988b, S. 50/51): »Wichtig ist in unserem Zusammenhang, daß man die vor Gericht erreichte Einigkeit nicht ohne weiteres in dem Sinne deuten darf, daß wir es mit Paaren zu tun haben, die sich in gutem Einvernehmen verlassen. Nicht die Partnerschaftsehe, die Roussel als Vernunftehe der heutigen Zeit apostrophiert hat, sondern die Verschmelzungsehe ist nach seiner Meinung der gegenwärtig vorherrschende Ehetyp. Bei diesem hat... das Auseinandergehen beinahe un-

ausweichlich einen dramatischen Charakter. Und wegen der besonderen affektiven Beziehung zwischen Eltern und Kind spielt dieses auch eine besondere Rolle im elterlichen Konflikt.«

58 Entsprechend heißt es im § 407 ZPO (Zivilprozeßordnung): »(1) Der zum Sachverständigen Ernannte hat der Ernennung Folge zu leisten, wenn er zur Erstattung von Gutachten der erforderten Art öffentlich bestellt ist oder wenn er die Wissenschaft, die Kunst oder das Gewerbe, deren Kenntnis Voraussetzung der Begutachtung ist, öffentlich zum Erwerb ausübt oder wenn er zur Ausübung derselben öffentlich bestellt oder ermächtigt ist.«

59 Mit den Worten der ZPO (§ 412): »(1) Das Gericht kann eine neue Begutachtung durch dieselben oder durch andere Sachverständige anordnen, wenn es das Gutachten für ungenügend erachtet.«

60 Am anschaulichsten offenbart sich die rein formale Stellung ausnahmslos jeden Gutachters, wenn die schriftliche Beauftragung über das Formblatt ZP 22 erfolgt. Denn ohne Kenntnis des dazugehörenden Beschlusses ist es unmöglich, daraus zu ersehen, um was für eine Begutachtung es konkret geht:
In dem Rechtsstreit
Meier ./. Meier
sind Sie zum Sachverständigen ernannt worden.
Als Anlage erhalten Sie die Prozeßakten mit der Bitte, auf Grund des Beweisbeschlusses vom... ein schriftliches Gutachten zu erstatten.
...Für die Berechnung Ihrer Entschädigung ist der Zeitaufwand maßgebend, der für die Beantwortung der Beweisfragen bei sachgemäßer Ausnutzung der Arbeitszeit

erforderlich war, sofern nicht die Beiträge der Anlage zu § 5 ZSEG zu gewähren sind.
Nach § 407 ZPO sind Sie zur Erstattung des Gutachtens verpflichtet, wenn Ihnen nicht aus persönlichen Gründen das Gutachtenverweigerungsrecht gemäß § 408 ZPO in Verbindung mit den §§ 383 und 384 ZPO zusteht.
Das Gericht geht davon aus, daß Sie das Gutachten bis spätestens (binnen 3 Monate) vorlegen können...
Von einer notwendigen Besichtigung (!) müssen beide Parteien – gegebenenfalls zu Händen ihrer Prozeßbevollmächtigten – rechtzeitig benachrichtigt werden, da das Gutachten sonst grundsätzlich nicht verwertet werden kann. In Beweissicherungsverfahren soll die Benachrichtigung nachweisbar erfolgen (z.B. durch Einschreiben gegen Rückschein, durch Rücksendung einer vorbereiteten Empfangsbestätigung durch die Beteiligten oder durch kurzen Aktenvermerk des Gutachters über eine fernmündliche Benachrichtigung).
Ich bitte, dem Gutachten die eidesstattliche Versicherung anzuschließen, daß es unparteiisch und nach bestem Wissen und Gewissen erstattet wurde. Sind Sie für Gutachten dieser Art allgemein beeidigt, so genügt die Berufung auf den geleisteten Eid.
Reichen Sie bitte das Gutachten in x-facher Ausfertigung unter Beifügung der Kostenrechnung (zweifach) ein.
Hochachtungsvoll

61 Vergl. VersR 1981, 1151; ähnlich beschied wiederholt auch der Bundesgerichtshof:»Das Gericht muß im Rahmen der sich bietenden Möglichkeiten eine... gutachterliche Stellungnahme auf ihre logische

und wissenschaftliche Begründung nachprüfen.« (BB 1976, 480, 481) »Gutachten gerichtlich bestellter Sachverständiger hat das Gericht sorgfältig und kritisch zu würdigen.« (NJW 1982, 2874) »Falls die betroffene Partei kein Ablehnungsgesuch einbringt, muß sogar das Gericht von sich aus, sofern hinsichtlich des Sachverständigen ›auch bei objektiver Betrachtung Anlaß zu Zweifeln an dessen Unvoreingenommenheit‹ besteht, dies im Rahmen der Beweiswürdigung in Form geminderten Beweiswertes des Gutachtens berücksichtigen.« (Bundesgerichtshof, NJW 1981, 2009)

62 FamRZ 1986, 726, 727

63 So bekommt der Gutachter laut einer Entscheidung des Bundesgerichtshofs selbst dann seine Kosten erstattet, wenn er mit Erfolg abgelehnt wurde, »weil die Vorschrift des § 410 ZPO jedenfalls keine Schutznorm in dem Sinne sei, daß sie die durch Parteilichkeit eines Gutachters benachteiligte Partei von der Belastung mit den Sachverständigengebühren befreie.« (NJW 1984, 870)

64 Psychologie heute, 1983, Heft 4, S. 65 f.

65 Vgl. Kleine Anfrage des Rechtsausschusses, Drucksache Nr. 10/3947; Stellungnahme des Justizministers vom 27. 9. 1988, Az.: 3450 E – II B. 244; s. auch DER SPIEGEL, 1988, Nr. 42, S. 74 ff.

66 Gerichtspsychologische Mitteilungen Oktober 1988

67 Gerichtspsychologische Mitteilungen 3/8

68 Gerichtspsychologische Mitteilungen März 89/S

69 Merkblatt fa/9/1

70 Selbst Balloff (1991b), ansonsten einer kritischen Haltung gegenüber der Gutachterei sicherlich eher un-verdächtig, ist bei dieser privaten Berufskreation offensichtlich nicht so ganz wohl: »Aus diesem Grund erachten wir auch die Sachverständigentätigkeit sog. hauptberuflicher Gutachter für nicht unproblematisch, da allein mit der richterlichen Auftragserteilung immer auch im Rahmen der Entschädigung für Sachverständige und Zeugen finanzielle Verbindungen und Abhängigkeiten entstehen.« (S. 337) Und dazu ergänzend in einer Fußnote: »Uns erscheint die Frage berechtigt, ob der ökonomisch von der Richterschaft abhängige Gutachter, der seinen besamten Lebensunterhalt durch die Sachverständigentätigkeit bestreitet, dem Gericht gegenüber wirklich unabhängig und innerlich immer frei sein kann. Muß der Gutachter nicht befürchten, wenn seine Vorstellungen, Vorgehensweisen oder Vorschläge wiederholt von denen des Gerichts abweichen, daß er in Zukunft nicht mehr beauftragt werden wird?«

71 Auf meine Bitte um genauere Auskünfte und Unterlagen über seine Qualifikationsmaßnahmen teilte mir Dr. Arntzen mit, daß sie noch kein gedrucktes Programm hätten, aber eine Fülle von Lehrmaterial, speziell auf Begutachtungstätigkeit zugeschnitten. Meine Bitte um Einsichtnahme in das umfangreiche Material – schließlich sind Transparenz und Öffentlichkeit fundamentale Grundelemente jeder Wissenschaftlichkeit – blieb allerdings unerfüllt. Zudem versicherte mir eine ehemalige Mitarbeiterin, sich an eine »Ausbildungszeit« absolut nicht erinnern zu können.

72 Vgl. U.-J. Jopt, »Offenbar sind Sie ein Gegner der Friedensbewegung.« Die Gutachten-Firma des Dr. Arntzen. In Vorb.

73 So »bewies« beispielsweise schon vor über 50 Jahren die bekannte Kinderpsychologin Hildegard Hetzer (1939): »Daß durch die Einschaltung des Psychologen eine vertiefte Erkenntnis des Sachverhalts ermöglicht wird, ergibt sich nicht nur daraus, daß Fürsorgebehörden, Rechtsanwälte oder die Eltern selbst ihre Kinder einer Begutachtung zuführen, sondern vor allem daraus, daß die Feststellungen des Gutachtens als Ergänzungen der Berichte, die beispielsweise die Jugendämter den Amtsgerichten vorlegen, herangezogen werden und daß eine Reihe von Entscheidungen über das Sorgerecht, das Aufenthaltsbestimmungsrecht und anderes in den uns bekannten Fällen ausdrücklich mit der Feststellung des Gutachtens begründet werden.« (S. 299)

74 Ganz in diesem Sinne stellte die Juristin Böhm in ihrer Expertise über die Aufgabe des Psychologischen Gutachters einst klar: »Therapeutische Gesichtspunkte können dabei ebensowenig ausschlaggebend sein wie das Ziel einer Befriedung der Parteien, obwohl dies manchmal eine Nebenwirkung der Tätigkeit des Gutachters ist.« (S. 731/2)

75 Aus der Selbstdarstellung einer Düsseldorfer Gutachterpraxis: »Die Praxis für Rechts- und Familienpsychologie richtet die Beantwortung der gerichtlichen Fragestellung nach einem Kriterienkatalog aus. Bei der Auswahl der Kriterien haben wir uns nach den in der Justiz formulierten Ansätzen gerichtet und diese mit Definitionen, die der wissenschaftlichen Psychologie entstammen, verbunden.«
Und die Münchner »Gesellschaft für wissenschaftliche Gerichts- und Rechtspsychologie« (GWG) läßt die Gerichte wissen: »Die Datenerhe-

bung richtet sich nach der Fragestellung des Gerichts, die evt. in psychologische Kriterien übersetzt werden muß. Diese Kriterien gewinnen wir sowohl aus der juristischen als auch aus der psychologischen Fachliteratur.«

76 Leider geht die tatsächliche Vergleichbarkeit über das strukturelle Verhältnis zwischen Gericht und Gutachter noch weit hinaus. Denn was sich auf diesem Feld angeblicher Sachverständigentätigkeit abspielt, das ist vielfach – im Hinblick auf die noch ganz erheblich gravierenderen, strafrechtlichen und damit zumeist existentiellen, Konsequenzen für die Betroffenen – nur noch kriminell zu nennen. Doch das wäre ein Buch für sich.

77 VI ZR 268/88 vom 9. 5. 1989. Ähnlich hatte auch schon das Bayerische Oberste Landesgericht klargestellt: »Der Richter ist zwar an das Ergebnis eines Sachverständigengutachtens grundsätzlich nicht gebunden; er ist auch nicht gehindert, nach Maßgabe seiner richterlichen Überzeugung zu dem Gutachten in Gegensatz zu treten. Weicht das Gericht aber von dem Gutachten ab oder folgt es ihm nicht, so muß es dies ausreichend begründen...; hierbei muß es erkennen lassen, daß es genügende eigene Sachkunde hat und sein Abweichen von dem Gutachten auf wohl erwogenen und stichhaltigen Gründen beruht (...).« (DAVorm 1981, 216, 220) Doch der einzige Weg, sich sachkundig zu machen, kann wiederum schnell in einer Sackgasse enden. Denn zwar kann, wie der Bundesgerichtshof schon früher einmal ausführte (hier ging es allerdings um ein medizinisches Gutachten), ein Mittel zur Ausbildung eigener Sachkunde »durchaus das Studium ein-

schlägiger Fachliteratur sein«. Andrerseits wiederum »darf der Tatrichter so erworbene, notwendigerweise bruchstückhafte Kenntnisse nicht über die Ausführungen des Fachmannes stellen«, wenngleich auch außer Frage steht, daß die »kritische Überprüfung ärztlicher Gutachten allerdings eine wichtige und unentbehrliche Aufgabe für den Tatrichter (ist)«. (NJW, 1408)

78 »In den Richterinterviews hat sich gezeigt, daß daneben eine Vielzahl weiterer Motive für die Beauftragung unterschiedlicher Gutachter sprechen kann. Der normalerweise beauftragte Gutachter kann beispielsweise gerade überlastet sein oder von seiner Art her weniger zu den Eltern oder zu der Altersgruppe des Kindes passen. In Einzelfällen mag auch eine Rolle spielen, daß der Richter die Tendenz des Gutachters zu bestimmten Lösungsvorschlägen kennt und dann, wenn ihm ein bestimmtes Ergebnis schon vorschwebt, den dazu passenden Sachverständigen auswählt.

Um abschätzen zu können, wie häufig Gutachten aus Gründen der Verfahrensabsicherung oder zur Befriedung des Elternstreits eingeholt werden, haben wir die Richter schätzen lassen, ob und wie oft sie Gutachten einholen, obwohl sie eigentlich selbst entscheiden könnten. Dabei gab die Mehrzahl an, daß dies in ihrer Praxis vorkommt. Bei immerhin 15 % war dies sogar überwiegend der Fall. Vereinzelt merkten Richter handschriftlich auf dem Fragebogen an, daß sie praktisch immer schon im voraus wissen, wie der Rechtsstreit zu entscheiden sein wird, wenn sie Sachverständige beauftragen. Dieses Ergebnis ist besonders deshalb bemerkenswert, weil das Gesetz nur einen einzigen

Grund für die Gutachtenseinholung kennt, nämlich die fehlende Fachkenntnis des Richters.« (S. 27)

79 Aus: Brühler Schriften zum Familienrecht. Siebter Deutscher Familiengerichtstag Brühl 1987. Bielefeld: Gieseking 1988, S. 137.

80 Insofern – mögen sich meine Kritiker auch noch so empören – bleibe ich dabei: In einem semantisch eindeutigen und klaren Sinn sind alle Gutachter, die an dieser Arbeitsroutine festhalten, »Schreibtischtäter«. Denn die Auswirkungen ihres schriftlichen Berichts sind von allergrößter Bedeutsamkeit für das weitere Leben der Kinder. Und das zählt für mich mehr, als irgendwelche sprachlichen Assoziationen zur Nazizeit (Balloff, 1991b), an die ich nicht mal im Traum gedacht habe.

81 Dazu wird im Gutachten mit Buchhaltermentalität vermerkt: »Zur Protokollierungsweise des Explorationsgespräches ist hier mitzuteilen, daß die Äußerungen von Herrn H. in seiner Gegenwart auf Tonträger diktiert wurden, verbunden mit der Aufforderung, sich zu Worte zu melden, wenn der Unterzeichnende falsch oder unscharf diktierte.«

82 Dazu nur ein einziges Beispiel: Ein Gutachter führt an, daß der Vater den letztjährigen Klassenlehrer nicht mit Namen nennen konnte. Ebensowenig habe er nicht gewußt, ab wann die Kinder laufen konnten. Beides hatte von der Mutter spontan beantwortet werden können.

83 »Rechtsstreitende Eltern, die einer standardisierten Selbstbewertung unterzogen werden, stehen unter einem massiven Normalitätsdruck und liefern ein kongruentes, in allen Einzelaspekten auf das Herausarbeiten eines Ich-Ideals abgestimmtes, durchgehend zensiertes Selbstbild. Die Bekanntgabe möglicher

unvorteilhafter Persönlichkeitsdimensionen wird nicht zugelassen ... Eine Persönlichkeitsabbildung rivalisierender Eltern im Normvergleich ist damit primär dem Diktat der sozialen Erwünschtheit, der Konformität mit dem Bild des Eltern-Ideals zur Mobilisierung von Rechtsvorteilen unterworfen. (24) ... Objektive Psychodiagnostik im Sorgerechtsstreit bildet schwerpunktmäßig prozeßmotivierende Vorgänge und damit in hohem Maße dynamische Beziehungsabläufe ab, sie eignet sich weniger zur Erfassung von ›wahren‹ Verhaltens- und Eigenschaftsdimensionen beteiligter Eltern und Kinder, die weitgehend von Einstellungen und Handlungsmöglichkeiten in der aktuellen Konfliktlage dominiert werden.« (25)

84 Über das Grundkonzept dieses, insbesondere im Kölner Raum anscheinend sehr beliebten, »Tests« heißt es bei Brickenkamp (1975, S. 432): »Der Autor nimmt an, daß sich in den im Test stattfindenden Wahlhandlungen genetisch bedingte Triebe manifestieren. Er geht dabei von einem System von 4 Erbkreisen von Geisteskrankheiten aus (sexuelle, paroxysmale, schizoforme und zirkuläre Erkrankungen), denen er 4 Triebvektoren zuordnet (Sexualtrieb, Paroxysmaltrieb, Ich-Trieb, Kontakttrieb). ... Die weitere (inhaltliche) Auswertung soll nach Empfehlung des Autors qualitativ erfolgen. ... ›Fehlt aber dem Testdeuter diese besondere tiefenpsychologische Denkweise und die dazugehörende Einfühlungskraft, so kann er in der Testdeutung des öfteren versagen. Daß diese Versager ihr persönliches Versagen auf das Testverfahren abschieben, ist eine sehr menschliche Reaktion bei nichtanalysierten Psychologen, für die man

Verständnis und Toleranz aufbringen muß.‹« (S. 432/3)

85 Allerdings: Daß dann der Sachverständige in seiner Kostenabrechnung ausgerechnet diese erzwungene Aufwandsersparnis auch noch zur Rechtfertigung erhöhter Gutachtenkosten anführt, weil die Begutachtung dadurch mit »erheblichen Schwierigkeiten« verbunden war, da das Kind »weder bereit war, an einer testpsychologischen Untersuchung teilzunehmen noch ohne Beisein des Vaters mit seiner Mutter zusammenzutreffen, so daß eine vergleichende Verhaltensbeobachtung nicht vorgenommen werden konnte« – das ist wohl lediglich eine jener zahlreichen Grotesken, die nur deshalb möglich sind, weil es für das, was sich deutsche Familiengerichte von Psychologischen Sachverständigen zumuten lassen, offensichtlich keine Grenzen gibt.

86 »... es lassen sich zudem die immer wieder aufgeführten ›Sorgerechtskriterien‹ wie Wille des Kindes, Erziehungseignung, Bindung, Kooperationsbereitschaft u. a. allein mit einer Statusdiagnostik nicht valide genug erfassen, um eine sachverständige Empfehlung abgeben zu können.« (Salzgeber & Höfling, 1991 S. 392)

87 Einen Gutachter hat die Testfaszination offensichtlich so ergriffen, daß es ihm die Sprache zerschlagen hat: In seinem Gutachten konnte man jedenfalls nicht mehr nachlesen, was er selbst beobachtet hatte; alles war von ihm vielmehr »blickdiagnostisch« festgestellt worden.

88 Den m. E. größten Einfallsreichtum bei der »Konstruktion« solcher Verfahren hat wohl Ernst Ell bewiesen. Deshalb sei auf seine Auflistung hier verwiesen (Ell, 1989, S. 274 ff.).

89 Die Beliebtheitsskala wird dem

Kind z. B. in Form eines Thermometers mit den Endpunkten »o« und »100« aufgezeichnet, wobei »o« bedeuten soll: »habe ich fast überhaupt nicht lieb«, »100«: »habe ich so lieb, daß es lieber nicht mehr geht«. Das Kind soll seinen Bezugspersonen Skalenwerte zuteilen.

90 In immerhin drei Viertel aller Fälle hatten die Richter zwar »den Eindruck«, daß dies auch bei zumindest einem Elternteil gelungen sei. Doch selbstkritisch räumen die Autoren anschließend gleich selbst ein: »Es ist selbstverständlich nicht ausgeschlossen, daß die Richter vereinzelt die Haltung der Eltern nach dem Gutachten fehlgedeutet haben, da sie in der Regel nur während der mündlichen Verhandlung persönlichen Kontakt zu den Eltern hatten und ansonsten deren Einstellung nur aus Schriftsätzen und dem Gutachten kannten. Da die Eltern in unserer Untersuchungsstichprobe fast immer von einem Anwalt vertreten waren, kann die scheinbare Einstellungsänderung auch lediglich auf dessen Rat beruhen, nicht in der bisherigen Richtung weiterzukämpfen.« (S. 32)

91 DER SPIEGEL, 1988, Nr. 35, 60–63

92 vgl. VersR 1981, 752; NJW 1986, 1928, 1930; ähnlich auch: »...hat das Gericht Einwendungen einer Partei gegen ärztliche SV-Gutachten ernst zu nehmen. Es hat sich damit sorgfältig auseinanderzusetzen und, soweit die vorgetragenen Einwendungen gegen das eingeholte Gutachten nicht ersichtlich unbeachtlich sind, die Pflicht, den Sachverhalt weiter aufzuklären..« (NJW 1988, 762, 763)
»...substantiierte Einwendungen einer Partei gegen ein schriftliches Gutachten darf das Gericht nicht

einfach beiseite schieben, wenn sie nicht von vornherein widerlegbar sind.« (VersR 1985, 188, 189)
»...indessen hat der dem Tatrichter bei der Würdigung widerstreitender Gutachten eingeräumte Ermessensspielraum... enge Grenzen: Der Streit der Sachverständigen darf vom Gericht nicht dadurch entschieden werden, daß es ohne einleuchtende und logisch nachzuvollziehende Begründung einem von ihnen den Vorzug gibt. Das würde nicht sachgerecht, sondern willkürlich sein. Vorhandene weitere Aufklärungsmöglichkeiten müssen deshalb genutzt werden, wenn sie sich anbieten und Erfolg versprechen... Andernfalls verletzt das Gericht das ihm bei der Anordnung und Durchführung des Sv-Beweises eingeräumte Ermessen (§§ 144, 411 Abs. 3, 412 ZPO) und verstößt gegen die Grundsätze der freien Beweiswürdigung, die sachfremde Erwägungen verbietet (§ 286 ZPO).« (VersR 1980, 533)
Nach Ansicht des OLG Hamm liegt ein Verfahrensverstoß (Mißachtung des § 286 ZPO) vor, wenn das Gericht bei »sich widersprechenden Gutachten des vom Gericht beauftragten SV... und des von der Beklagten hinzugezogenen SV... dem Beweisantrag der Beklagten auf Einholung eines Obergutachtens nicht stattgegeben und diesen Antrag nicht einmal in den Entscheidungsgründen beschieden hat.« (VersR 1980, 683)
Und abschließend aus einer Entscheidung des Bundesverfassungsgerichts: »Nach der ständigen Rechtsprechung des Bundesverfassungsgerichts verpflichtet Art. 103 Abs. 1 GG das Gericht, die Ausführungen der Prozeßbeteiligten zur Kenntnis zu nehmen und in Erwä-

gung zu ziehen. ... Dabei soll das Gebot des rechtlichen Gehörs als Prozeßgrundrecht sicherstellen, daß die Entscheidung frei von Verfahrensfehlern ergeht, welche ihren Grund in unterlassener Kenntnisnahme und Nichtberücksichtigung des Sachvortrags der Parteien haben.« (BVerfGE 60, 247, 249)

93 Protokoll der Präsidentenkonferenz vom 26. Oktober 1988 in Bochum. »Top 1: Bestellung von psychologischen Sachverständigen durch Einschaltung des Instituts für Gerichtspsychologie Dr. F. Arntzen in Bochum.« Auszüge: »Dennoch erscheint es nicht nur zulässig, sondern aus Gründen der dienstlichen Fürsorgepflicht sogar geboten, auf Bedenken gegen die geschilderte Verfahrensweise hinzuweisen. Jopt hat mit seinen bisherigen Bemühungen mangels Zuständigkeit des Landesbeauftragten für Datenschutz und mangels einer Möglichkeit zu Maßnahmen im Wege der Dienstaufsicht nicht sehr viel erreicht. Angesichts seines starken Engagements und der Aggressivität seines Vorgehens ist nicht auszuschließen, daß er künftig versuchen wird, auf dem dritten, von ihm in dem eingangs genannten Schreiben bereits wiederholt angesprochenen Weg einen spektakulären Erfolg (Kriegsberichterstattung!) zu erzielen, nämlich indem er oder verbitterte Parteien, die in dem Sorgerechtsverfahren unterlegen sind und seinen Rat suchen, einen Verstoß gegen die Geheimhaltungspflicht des § 203 StGB geltend machen.«

94 Ortfried Weidermann (1982), ein erfahrener und sensibler Familienrichter: »Wenn eine verantwortungsbewußte Entscheidung vom Staatsbürger in seinen in den Privat-

bereich fallenden Angelegenheiten getroffen ist, so verletzt es seine Würde, das Recht auf freie Entfaltung und das Elternrecht, würde man ihn ohne Not auch weiterhin einem gerichtlichen Verfahren unterwerfen.« (S. 527/8)

95 Ein deutscher Familienrichter, der zunächst den dänischen Weg für »absolut ungangbar« hielt, nach einigen Wochen Erfahrungssammlung vor Ort: »Das Modell klappt. Die Leute sind sich sachlich einig und lassen die Gefühle vor der Tür. Während es an unseren Familiengerichten oft auf Hauen und Stechen geht, trotz Abschaffung des Schuldprinzips immer noch leidenschaftlich schmutzige Wäsche gewaschen wird, scheinen dort die Auseinandersetzungen zu bleiben, wo sie hingehören – im privaten Bereich der Paare.« (Hannoversche Allgemeine Zeitung vom 5. 4. 1992)

96 § 1666 BGB lautet: »(1) Wird das körperliche, geistige oder seelische Wohl des Kindes durch mißbräuchliche Ausübung der elterlichen Sorge, durch Vernachlässigung des Kindes, durch unverschuldetes Versagen der Eltern oder durch das Verhalten eines Dritten gefährdet, so hat das Vormundschaftsgericht, wenn die Eltern nicht gewillt oder in der Lage sind, die Gefahr abzuwenden, die zur Abwendung der Gefahr erforderlichen Maßnahmen zu treffen.«

97 Aus dem »Gesetz zur Änderung des Familiengesetzbuches der DDR« vom 20. Juli 1990: »§ 25 (1) Über das elterliche Erziehungsrecht für die minderjährigen Kinder entscheidet das Gericht nur auf Antrag eines Elternteils. (2) Das Gericht kann das Erziehungsrecht ganz oder teilweise bei-

den Elternteilen belassen oder es der Mutter oder dem Vater übertragen.

§ 27

(1) Für den Fall, daß nach der Scheidung nur ein Elternteil das Erziehungsrecht im ganzen innehat, behält das Kind das Recht, regelmäßige persönliche Beziehungen und unmittelbare Kontakte zu beiden Eltern zu pflegen. Es ist Sache der Eltern, sich über die Art und Weise dieser Beziehungen zu einigen und sie so zu regeln und zu verwirklichen, daß die Erziehung und Entwicklung des Kindes durch beide Eltern gefördert und jede Beeinträchtigung des Verhältnisses des Kindes zu einem Elternteil unterlassen wird.

(3) Auf Wunsch des Kindes oder eines Elternteils ist das Jugendamt verpflichtet, die Beteiligten bei der Realisierung der Regelung der Beziehungen und Kontakte zu unterstützen.

Und was die Rechte nichtehelicher Kinder angeht:

§ 46

(2) Das Kind hat das Recht, regelmäßige persönliche Beziehungen und unmittelbare Kontakte zu beiden Elternteilen zu pflegen. Es ist Sache der Eltern, sich über die Art und Weise der Beziehungen und Kontakte zu einigen und sie so zu regeln und zu verwirklichen, daß die Erziehung und Entwicklung des Kindes durch beide Eltern gefördert und jede Beeinträchtigung des Verhältnisses des Kindes zu einem Elternteil unterlassen wird.

(3) Auf Wunsch des Kindes oder eines Elternteils ist das Jugendamt verpflichtet, die Beteiligten bei der Herbeiführung einer Einigung über die Regelung der persönlichen Beziehungen und unmittelbaren Kontakte zu unterstützen.

(4) Auf übereinstimmenden Antrag beider Eltern kann das Gericht nach Anhörung des Jugendamtes entscheiden, daß beide Eltern das Erziehungsrecht gemeinsam ausüben, wenn das dem Wohl des Kindes entspricht.«

98 Zur Umgangsregelung heißt es im finnischen Familiengesetzbuch: »Das Kind getrennt lebender oder geschiedener Eltern hat grundsätzlich das Recht, mit beiden Eltern zusammenzukommen.« (zit. nach Bergmann/Ferid, 1990, S. 33)

99 Vortrag der finnischen Vertreterin der Kinderschutzorganisation Defence for Children International, Sirpa Utriainen, anläßlich einer Tagung des Verbands »DIALOG zum Wohle des Kindes« im April 1991 in München (vgl. DIALOG, 1992, Heft 2, S. 21).

100 Auszüge aus dem Von-Renesse-Entwurf vom 15. 10. 1991: »Weder der Erhalt noch die Übertragung der gemeinsamen elterlichen Sorge setzt voraus, daß das Kind mit beiden Eltern in Familiengemeinschaft lebt.

Leben gemeinsam sorgeberechtigte Eltern nicht nur vorübergehend getrennt, so ist der betreuende Elternteil entsprechend § 38 Abs. 1 KJHG insoweit allein vertretungsberechtigt für das Kind, als es um die persönliche Betreuung, die Ausbildung und die gesundheitliche Fürsorge für das Kind geht. Dies kann auf Antrag gerichtlich festgestellt werden.

Dem Kind ist der Umgang mit dem Elternteil, dem die Personensorge nicht zusteht, zu ermöglichen, es sei denn, daß dies dem Wohle des Kindes widerspricht.

Über das Umgangsrecht sind auch gewachsene emotionale Bindungen zu schützen. Das Kind kann von seinen Eltern oder Dritten, die es betreuen, die Ermöglichung des Umgangs mit nahestehenden Personen, insbesondere Großeltern, Geschwistern und Pflegeeltern (nach Beendigung der Familienpflege) verlangen.«

101 Zit. nach »Kind-Familie-Menschenrechte«. Informationen von Väter für Kinder e. V., Nummer 1/ 1992. Dort findet sich auch Fuß' beeindruckende Antwort auf die Frage, inwieweit sich seine Äußerungen mit seiner Funktion im Präsidium des Familienbundes der Deutschen Katholiken vereinbaren läßt:»Ich sehe keinen Widerspruch zwischen der Unauflöslichkeit der Ehe einerseits und dem Engagement für nacheheliche Elternschaft... Ich sehe aus der christlichen Botschaft geradezu die Verpflichtung, sowohl für den einzelnen Christen sich in Staat und Gesellschaft für die nacheheliche Elternschaft zu engagieren als auch für kirchliche Institutionen, sei es auf der Pfarrebene, auf der Ebene der Pfarrei, oder aber in Form von katholischen Beratungsstellen, sich für die nacheheliche gemeinsame Elternschaft zu engagieren und die Eltern dazu zu befähigen... In Staat und Gesellschaft muß eine Strategie entwickelt werden, die die Eltern fähig macht zum Konsens.«

102 So sprach beispielsweise bereits der 6. Deutsche Familiengerichtstag 1985 zwar die ausdrückliche, dennoch unverständlicherweise nur eingeschränkte Empfehlung an die Adresse der Landesjustizverwaltungen aus:»Interessierten Familienrichtern sollte verstärkt die Möglichkeit gegeben werden, durch Teilnahme an Balint- und Selbsterfahrungsgruppen sowie anderen speziellen Fortbildungsmaßnahmen die Fähigkeiten und Kenntnisse zu erlangen, die erforderlich sind, um bei Streit um Sorge- und Umgangsrecht aufklärend, motivierend und ansatzweise konfliktverarbeitend auf die Eltern einzuwirken und eine einverständliche Regelung zu erzielen.« (Brühler Schriften, 1986, S. 98) Und was, wenn die Familienrichter daran nicht interessiert sind?

103 Gottlob müssen sie heute allerdings nicht mehr damit rechnen, für ihr persönliches Engagement von Kollegen auch noch lächerlich gemacht zu werden (vgl. Schneider, 1981)

104 Ganz in Übereinstimmung mit diesen Gedanken forderten Cotroneo & Krasner (1979) für die amerikanische Scheidungspraxis bereits vor über einem Jahrzehnt,»daß für die Zusprechung des Elternrechtes der Elternteil am besten geeignet ist, der es am ehesten verkraften und kooperativ bei dem Bestreben sein kann, den Kindern Verbindung zu allen bedeutsamen Personen in ihrem Beziehungssystem aufrechtzuerhalten«.

105 Ähnlich entschied erst jüngst auch das Amtsgericht Aalen (FamRZ 1991, 360):»Ist der Umgang des Kindes mit dem nichtsorgeberechtigten Elternteil notwendig, wird er aber von dem Sorgeberechtigten verhindert, so kann die Anordnung einer Umgangspflegschaft, verbunden mit einer zeitlich begrenzten Übertragung des Aufenthaltsbestimmungsrechts auf den Pfleger, angezeigt sein.«

106 Wenig beachtet hatte allerdings bereits im Jahr zuvor das Kammergericht Berlin bereits entschieden:»Andrerseits: Das Kind braucht beide Eltern, und es will –

das wird in den bisherigen Anhörungen deutlich – beide Eltern gleichermaßen behalten, soweit das
eben möglich ist. Dann könnte die
Lösung zu bevorzugen sein, bei der
dies am ehesten gewährleistet ist,
bei der nämlich – bei annähernd
gleicher persönlicher Eignung –
der reibungslose und möglichst
umfassende Umgang mit dem anderen (nichtsorgeberechtigten) Elternteil für die Zukunft am ehesten
gewährleistet   erscheint.«
(FamRZ, 1990, 1383, 1384)

107 Vgl. FamRZ, S. 1343–1346; dort
heißt es weiter:
»Die Anwendung des Kontinuitätsprinzips darf nicht dazu führen, daß eine zwar gleichmä-
ßige, aber schädliche Entwicklung
unter Vernachlässigung anderer,
insbesondere zukunftsgerichteter
Aspekte des Kindeswohls, fortgeführt wird. Ist es daher mit dem
Kindeswohl zu vereinbaren oder
verlangt gar das Kindeswohl, einen Wechsel der Bezugsperson
durchzuführen, so ist die Zumut-
barkeit einer Auswechselung der
Bezugsperson in jedem Fall zu prüfen. Dabei ist davon auszugehen,
daß es keinen gesicherten Erfah-
rungssatz gibt, daß die Auswechselung der Hauptbezugsperson in
der Regel mit negativen Langzeitfolgen für die Entwicklung des
Kindes verbunden ist, so daß ein
solches Risiko nur bei ganz ge-
wichtigen Gegengründen, wie z. B.
bei völligem Versagen der Erziehungseignung bei der bisher emotionalen Hauptbezugsperson ein-
gegangen werden dürfte (Fthenakis 1985, 662, 667). Allerdings
kommt es beim Wechsel der pri-
mären Bezugsperson auf die psychische Konstitution und Belast-
barkeit des Kindes im Einzelfall so-

wie auf die Modalitäten der Trennung an.«
Unter dem Eindruck der gegen sie
ergehenden Entscheidung erklärte
die Mutter, »sie meine, daß ein
Kontakt zwischen M. und seinem
Vater in geringem Umfang (einmal
im Monat für zwei Stunden) an
einem von M. ausgewählten Ort in
Gegenwart einer dritten Person
angebahnt werden könne.«
Das Gericht wertete dies als »reines Lippenbekenntnis«, das deutlich mache, »daß die Mutter immer noch nicht erkennt, daß es ihre
erzieherische Aufgabe im wohlverstandenen Interesse ihres Kindes
ist, M. für den Kontakt mit dem
Vater zu motivieren; statt dessen
schiebt sie dem von ihr negativ be-
einflußten Kind die Entscheidung
über Zeit, Ort und Umstände der
Begegnung mit dem Vater zu.
Demgegenüber hat der Vater
mehrfach erklärt, daß er für den
Fall der Übertragung der elterl.
Sorge auf ihn M.s Kontakt zur
Mutter keinesfalls unterbrechen,
ihn vielmehr aufrechterhalten und
fördern werde …«
»Deshalb hat sich der Senat bei
Abwägung der Vor- und Nachteile … im Hinblick auf die mangelnde Erziehungseignung der
Mutter und trotz der Tatsache,
daß der berufstätige Vater die
Hilfe seiner Mutter bei der Betreuung und Erziehung von M. in An-
spruch nehmen muß, für die Übertragung der elterl. Sorge auf den
Vater entschieden.«

108 Vgl. DER SPIEGEL, 1988 Nr. 35,
S. 60 f.
109 FamRZ 1992, 206, 208
110 FamRZ 1990, 900

LITERATUR

Andrup, H. & Jopt, U.-J. (i. V.). »Kindeswohl« auf dänisch.

Arntzen, F. (1980). Elterliche Sorge und persönlicher Umgang mit Kindern aus gerichtspsychologischer Sicht. München: Beck.

Arntzen, F. (1988). Zur Umgangsregelung für Kinder bei strittigem Scheidungsverlauf der Eltern – eine Untersuchung des Bochumer Instituts für Gerichtspsychiatrie. Neue Juristische Wochenzeitschrift, 1508–1909.

Arntzen, F. (1989). Zur »unerlaubten Ausübung der Heilkunde durch gerichtspsychologische Institute in Sorgerechtsverfahren«. Replik auf Ullmann, veröffentlicht in ZfJ 1989/70, Heft 2. Zentralblatt für Jugendrecht, 281–282.

Baer, I. (1989). Neue Lösungen im Kindschaftsrecht. Zeitschrift für Rechtspolitik, 344–350.

Bahr-Jendges, J. (1988). Gemeinsames Sorgerecht nach Trennung und Scheidung. Streit, 15–19.

Bahr-Jendges, J. (1991). Buchbesprechung von »Jutta Limbach, Gemeinsame Sorge geschiedener Eltern«. Streit, 19–21.

Balloff, R. (1989). Ein Kind soll ins Heim: Anmerkungen zur Allianz zwischen Recht und Psychologie aus der Sicht beider Disziplinen. Replik zu einem Aufsatz von Schütz/Jopt. Zentralblatt für Jugendrecht, 72–75.

Balloff, R. (1991a). Gemeinsame elterliche Sorge – ein anzustrebender Regelfall? Report Psychologie, 16–21.

Balloff, R. (1991b). Einige Gedanken zum zeitgemäßen Vorgehen des psychologischen Sachverständigen im Familiengerichtsverfahren. Praxis der Forensischen Psychologie, 18–21.

Balloff, R. & Walter, E. (1990). Gemeinsame elterliche Sorge als Regelfall? Zeitschrift für das gesamte Familienrecht, 445–454.

Beal, E. W. & Hochman, G. (1992). Wenn Scheidungskinder erwachsen sind. Psychische Spätfolgen der Trennung. Frankfurt/Main: S. Fischer Verlag.

Bechler-Minack, G. u. a. (1987). Scheidungsratgeber von Frauen für Frauen. Reinbek: Rowohlt Taschenbuch.

Bechler-Minack, G. u. a. (1992). Kind & Kegel. Rechtsratgeber für Mütter nichtehelicher Kinder. Hamburg: Konkret Literatur Verlag.

Bergmann, A. & Ferid, M. (1990). Internationales Ehe- und Kindschaftsrecht. Frankfurt: Verlag für Standesamtwesen.

Berk, H.-J. (1985). Der psychologische Sachverständige in Familienrechtssachen. Stuttgart: Kohlhammer.

Böddeker, K.-W. (1985). Überlegungen zur alltäglichen Praxis des psychologischen Sachverständigen in Sorgerechtsfragen. Fragmente 16. Schriftenreihe zur Psychoanalyse. Gesamthochschule Kassel, Wissenschaftliches Zentrum II, 39–52.

Böhm, R. (1985). Rechtliche Probleme der Anordnung, Erstellung und Verwertung von Sachverständigengutachten im Rahmen familiengerichtlicher Entscheidungen in Sorgerechtssachen. Der Amtsvormund, 731–746.

Bosch, M. (1989). Macht, Familientherapie und das systemisch-organismische Paradigma. In: Bosch, M. & Ullrich, W. (Hg.) (1989). Die entwicklungs-orientierte Familientherapie nach Virginia Satir. Paderborn: Junfermann, 189–206.

Brickenkamp, R. (Hg.) (1975). Handbuch psychologischer und pädagogischer Tests. Göttingen: Hogrefe.

Brötel, A. (1991a). Der Anspruch auf Achtung des Familienlebens. Baden-Baden: Nomos Verlagsgesellschaft.

Brötel, A. (1991b). Das alleinige Sorgerecht der Mutter für ihr nichteheliches Kind – ein grundrechtswidriges Dogma? Neue Juristische Wochenschrift, 3119–3124.

Büttner, M. (1988). Familiendiagnostik im Sorgerechtsstreit: Eine Untersuchung zur Objektivierung abweichenden Verhaltens in zerstrittenen Familien. Psychologische Rundschau, 13–26.

Busch, G., Hess-Diebäcker, D. & Stein-Hilbers, M. (1988). Den Männern die Hälfte der Familie den Frauen mehr Chancen im Beruf. Weinheim: Deutscher Studien Verlag.

Caesar-Wolf, B., Eidmann, D. & Willensbacher, B. (1983). Die gerichtliche Ehelösung nach dem neuen Scheidungsrecht: Normstruktur und Verfahrenspraxis. Zeitschrift für Rechtssoziologie, 202–246.

Cherlin, A. J., Furstenberg, F. F., Chase-Landsdale, P. C., Kiernan, K. E., Robins, P. K., Morrison, D. R. & Teitler, J. O. (1991). Longitudinal studies of effects of divorce on children in Great Britain and the United States. Science, Vol. 252, 7, 1386–1389.

Coester, M. (1983). Das Kindeswohl als Rechtsbegriff. Frankfurt: Metzner.

Coester, M. (1986). Erfahrung, Wissenschaft und Wertung bei der Anwendung familienrechtlicher Normen. In: W. Hassemer, W. Hoffmann-Riem & J. Limbach (Hg.), Juristenausbildung zwischen Experiment und Tradition. Baden-Baden: Nomos, 213–225.

Coester, M. (1991a). Die Bedeutung des Kinder- und Jugendhilfegesetzes (KJHG) für das Familienrecht. Zeitschrift für das gesamte Familienrecht, 253–263.

Coester, M. (1991b). Neue Aspekte zur gemeinsamen elterlichen Verantwortung nach Trennung und Scheidung. Familie und Recht, 70–74.

Coester, M. (1992). Sorgerecht bei Elternscheidung und KJHG. Zeitschrift für das gesamte Familienrecht, 617–625.

Cotroneo, M. & Krasner, B. R. (1979). Familie und Rechtsprechung – Die Überschneidung zweier Systeme in familienbezogenen Gerichtsgutachten. Familiendynamik, 355–361.

Cramer, D. (1987). Vereinigung der im Familienrecht tätigen Anwälte – Verhaltensregeln (1983). Anwaltsblatt, 134–135.

DIALOG. (1992). Neues Forum zum Wohle des Kindes, 1.

Dickmeis, F. (1989). Die gemeinsame Sorge – ein engagiertes Plädoyer. Zentralblatt für Jugendrecht, 57–60.

Dickmeis, F. (1992). Verfehlt § 33 II FGG seinen Zweck – Kindeswohlorientierte

Entscheidungen des Familiengerichts und ihr Vollzug. Neue Juristische Wochenschrift, 537–540.

Duss-von Werdt, J. (1984a). Gleiches Recht für ungleiche Ehen, Scheidungen und Familien. Familiendynamik, 367–378.

Duss-von Werdt, J. (1984b). Überlegungen zur gemeinsamen Typologie von Ehe, Scheidung und Elternschaft. Zentralblatt für Jugendrecht, 17–22.

Duss-von Werdt, J. (Hg.) (1985). Kindeszuteilung. Richter, Anwälte, Gutachter, Ärzte, Sozialarbeiter und Familienberater im Gespräch. Zürich: Institut für Ehe und Familie. Zusammenhänge 4.

Duss-von Werdt, J. (1992). Für die standesamtliche Scheidung. Aktuelle juristische Praxis, 291–299.

Ell, E. (1986). Psychologische Kriterien zur Umgangsregelung. Der Amtsvormund, 745–752.

Ell, E. (1989). Zur Diagnostik der emotionalen Beziehungen. Zentralblatt für Jugendrecht, 271–276.

Ell, E. (1992). Kinder als Opfer bei Polizei und vor Gericht (I). Zentralblatt für Jugendrecht, 142–146.

Eschweiler, P. (1988). Scheidungskinder vor Gericht. Recht der Jugend und des Bildungswesens, 440–443.

Fahrenhorst, I. (1988). Sorge- und Umgangsrecht nach der Ehescheidung und die Europäische Konvention zum Schutze der Menschenrechte und Grundfreiheiten. Zeitschrift für das gesamte Familienrecht, 238–242.

Felder, W. (1989). Die Meinung von Scheidungskindern zur Kindeszuteilung, Anhörung vor Gericht und Besuchsrechtsregelung – Befragung in Zürich. Zeitschrift für Kinder- und Jugendpsychiatrie, 55–62.

Finger, P. (1991). Staatlich legalisierte Kindesmißhandlung im Familienrecht. Erwiderung auf die Arbeit von U.-J. Jopt im Zentralblatt für Jugendrecht 1991/H. 2. Zentralblatt für Jugendrecht, 171–173.

Flügge S. (1991). Ambivalenzen im Kampf um das Sorgerecht. Streit, 4–15.

Freund, H. (1982). Die Anhörungspflicht gemäß § 50b FGG – nützliche Pflicht oder »des Guten zuviel«? Ein Vorschlag de lege ferenda. Deutsche Richterzeitung, 268–270.

Fthenakis, W. E. (1985a). Väter. Band 1: Zur Psychologie der Vater-Kind-Beziehung. Band 2: Zur Vater-Kind-Beziehung in verschiedenen Familienstrukturen. München: Urban & Schwarzenberg.

Fthenakis, W. E. (1985b). Zum Stellenwert der Bindungen des Kindes als sorgerechtsrelevantes Kriterium gemäß § 1671 BGB – Eine Replik auf Lempp in FamRZ (1984), 741–744. Zeitschrift für das gesamte Familienrecht, 662–672.

Fthenakis, W. E. (1986). Interventionsansätze während und nach der Scheidung – Eine systemtheoretische Betrachtung. Archiv für Wissenschaft und Praxis der sozialen Arbeit, 174–201.

Fthenakis, W. E. (1988). Buchbesprechung von Horst Luthin, Gemeinsames Sorgerecht nach der Scheidung. Zeitschrift für das gesamte Familienrecht, 578–580.

Fthenakis, W. E. & Walbiner, W. (1989). Eine Familie in der Sorgerechtsregelung. In: M. Fabricius-Brand (Hg.), Wenn aus Ehen Akten werden. Scheidungsprotokolle. Frankfurt: Campus, 143–171.

Fthenakis, W. E., Niesel, R. & Kunze, H.-R. (1982). Ehescheidung. Konsequenzen für Eltern und Kinder. München: Urban & Schwarzenberg.

Furstenberg, F. F. & Cherlin, A. J. (1991). Devided families. What happens to children when parents part? Cambridge: Harvard University Press.

Gaier, O. R. (1988). »Manchmal mein' ich, ich hätt' auf der Welt nix verloren«. Scheidungskinder erzählen. Hamburg: Hoffmann und Campe.

Gaier, O. (1990). Das »betreute Besuchsrecht« – Problematische Besuchsregelungen und Möglichkeiten der konstruktiven Intervention durch den Kinderschutzbund Ulm/Neu-Ulm –. Zeitschrift für das gesamte Familienrecht, 1330–1331.

Gardner, R. A. (1978). Social, legal, and therapeutic changes that should lessen the traumatic effects of divorce on children. Journal of the American Academy of Psychoanalysis, 231–247.

Giesecke, H. (1987). Die Zweitfamilie. Leben mit Stiefkindern und Stiefvätern. Stuttgart: Klett-Cotta.

Görner, H. & Kempcke, G. (Hg.) (1975). Synonymwörterbuch. Leipzig: VEB Bibliographisches Institut.

Goldstein, J., Freud, A. & Solnit, A.-J. (1974). Jenseits des Kindeswohl. Frankfurt am Main: Suhrkamp.

Grosse, S. (1982). Die Kooperation zwischen Familiengericht, Jugendamt und Psychologischer Beratungsstelle – Probleme und Möglichkeiten. Zentralblatt für Jugendrecht, 504–518.

Grotevent, I. (1989). »Ein normaler Sitzungstag«. In: Fabricius-Brand, M. (Hg.), Wenn aus Ehen Akten werden. Scheidungsprotokolle. Frankfurt: Campus, 103–115.

Häring, B. (1955). Das Gesetz Christi. Moraltheologie. Freiburg: Wewel.

Hartmann, H. A. (1984). Zur Ethik gutachterlichen Handelns. In: H. A. Hartmann & R. Haubl (Hg.), Psychologische Begutachtung: Problembereiche und Praxisfelder. München: Urban & Schwarzenberg.

Hattenhauer, H. (1985). Das Recht des Kindes auf Familie. Kiel: Schriften der Herrmann-Ehlers-Akademie. Bd. 16.

Heinke, S. (1989). Frauen vertreten Frauen – für eine offen(siv)e Parteilichkeit. In: Fabricius-Brand, M. (Hg.), Wenn aus Ehen Akten werden. Scheidungsprotokolle. Frankfurt: Campus, 77–90.

Hetzer, H. (1939). Psychologische Begutachtung von Kindern aus geschiedenen Ehen. Zeitschrift für angewandte Psychologie und Charakterkunde, 277–302.

Hinz, M. (1984). Elternverantwortung und Kindeswohl – Neue Chancen zu ihrer Verwirklichung für die Rechtsprechung? Zentralblatt für Jugendrecht, 529–537.

Hörmann, H. (1967). Theoretische Grundlagen der projektiven Tests. Handbuch der Psychologie. Bd. 6. Göttingen: Hogrefe, 71–112.

Jopt, U.-J. (1981). Schlechte Schüler – Faule Schüler? München: Kösel.

Jopt, U.-J. (1987). Nacheheliche Elternschaft und Kindeswohl – Plädoyer für das gemeinsame Sorgerecht als anzustrebenden Regelfall. Zeitschrift für das gesamte Familienrecht, 875–886.

Jopt, U.-J. (1988a). Ein-Eltern-Familien, Stieffamilien und soziale Elternschaft in psychologischer Sicht. Stellungnahme für den 3. Familienbericht der Landesregierung Nordrhein-Westfalen.

Jopt, U.-J. (1988b). Zur (un)heimlichen Allianz zwischen Justiz und Psychologie im Familienrecht. Betrifft Justiz, 288–290.

Jopt, U.-J. (1990a). Staatliches Wächteramt und Kindeswohl. Zentralblatt für Jugendrecht, 285–293.

Jopt, U.-J. (1990b). Gemeinsame Sorge für Scheidungskinder – neue Hoffnungen durch die Wiedervereinigung Deutschlands? Vortrag, gehalten auf der Bundesdelegiertenkonferenz des Verbandes ISUV/VDU am 13. 10. 1990 in Berlin.

Jopt, U.-J. (1990c). Zum Sachverstand des psychologischen Sachverständigen am Familiengericht. BDP-Rundbrief Sektion F&KPsy, 9–12.

Jopt, U.-J. (1991a). Staatlich legalisierte Kindesmißhandlung im Familienrecht – Wenn Elternrecht Kindeswohl bricht. Zentralblatt für Jugendrecht, 93–102.

Jopt, U.-J. (1991b). Zweifacher Skandal im Kindschaftsrecht. ISUV Report Nr. 49, 9–11.

Jopt, U.-J. (1992a). Die gestattete Gewalt. Welt des Kindes, 6–9.

Jopt, U.-J. (1992b). Psychologie und Kindeswohl. Plädoyer für einen neuen Sachverstand im Familienrecht. In: J. Hahn, B. Lomberg & H. Offe (Hg.), Scheidung und Kindeswohl. Heidelberg: Asanger, 169–196.

Jopt, U.-J. (1992c). Die Nachscheidungsfamilie. Schriftenreihe der Katholischen Sozialakademie Schwerte (im Druck).

Jopt, U.-J. (1992d). Sehnsucht nach zu Hause. Psychologie in Erziehung und Unterricht, 57–61.

Jopt, U.-J. & Prestien, C. (Hg.) (i. V.). Professionsspezifische Alternativen im Umgang mit der Scheidungsfamilie.

Jost-Tietzen, P & Jost, F. (1989). Zur Prozedur der Ehescheidung. In: M. Fabricius-Brand (Hg.), Wenn aus Ehen Akten werden. Scheidungsprotokolle. Frankfurt: Campus, 173–190.

Kaltenborn, F. (1989). Entscheidungskriterien im Rahmen der Sachverständigenbegutachtung zur Frage der elterlichen Sorge nach der Ehescheidung. Zentralblatt für Jugendrecht, 60–69.

Kaufmann, F. (1991). Das Jugendamt: Helfer für die Betroffenen oder Helfer für das Gericht? – Aspekte der Anwendung des § 17 KJHG (Partnerschafts-, Trennungs- und Scheidungsberatung). Zentralblatt für Jugendrecht, 18–22.

Kelly, J. B. & Wallerstein, J. S. (1980). Kurzzeitinterventionen bei Kindern aus Scheidungsfamilien. Psychosozial, 15–42.

Kinkel, K. (1992a). Die UNO-Kinderkonvention. Zentralblatt für Jugendrecht, 146–147.

Kinkel, K. (1992b). Perspektiven der Familienrechtspolitik in Gesamtdeutschland. Der Amtsvormund, 97–104.

Knappert, C. (1991). Die öffentliche Jugendhilfe als professionelle Scheidungsbegleiterin – Ein veränderter Handlungsansatz in der Familiengerichtshilfe des Jugendamtes –. Zentralblatt für Jugendrecht, 398–403.

Knappert, C. (1992). Erfahrungen im Umgang mit Scheidungsfamilien im Rahmen behördlicher Sozialarbeit. In: J. Hahn, B. Lomberg & H. Offe (Hg.), Scheidung und Kindeswohl. Heidelberg: Asanger, 143–152.

Koch, L. (1988). 10 Jahre Familiengerichtsbarkeit – weiter so? In: Brühler Schriften zum Familienrecht. Siebter Deutscher Familiengerichtstag vom 28. bis 31. Oktober '87 in Brühl. Bielefeld: Gieseking, 8–25.

Koeppel, P. (1990). Völkerrechtliche Vorgaben für ein neues deutsches Familienrecht. Neue Justiz, 524–526.

Koeppel, P. (1992). Das deutsche Kindschaftsrecht kennt das Wort »Liebe« nicht! Zeitschrift für das gesamte Familienrecht, 31.

Koeppel, P. & Reeken, M. (1992). Die für das deutsche Familienrecht bedeutsamen

»General Comments« des Menschenrechtsausschusses der Vereinten Nationen. Zentralblatt für Jugendrecht, 250–257.

Krabbe, Heiner (Hg.) (1991). Scheidung ohne Richter. Neue Lösung für Trennungskonflikte. Hamburg: Rowohlt.

Krähenbühl, V., Jellouschek, H., Kohaus-Jellouschek, M. & Weber, R. (1986). Stieffamilien. Freiburg: Lambertus.

Kunze, H.-R. (1987). Fünf Jahre gemeinsame elterliche Sorge nach der Scheidung – Bestandsaufnahme – Problemstellungen – Lösungsmodelle. Wissenschaftliche Tagung in München am 3. Nov. 1987. Positionsreferate: 4) Für die Sachverständigen, Vortrag gehalten am 3. 11. 89

Lamprecht, R. (1990). Die Ehe des Richters Steuben oder Anatomie einer Scheidung. Hamburg: Rasch & Röhring.

Lempp R. (1972). Die Rechtsstellung des Kindes aus geschiedener Ehe aus kinder- und jugendpsychiatrischer Sicht. Neue Juristische Wochenschrift, 315–319.

Lempp, R. (1974). Kindeswohl und Kindesrecht. Zentralblatt für Jugendrecht und Jugendwohlfahrt, 124–138.

Lempp, R. (1984a). Ärztliche Aufgaben gegenüber Kindern und Eltern bei Ehescheidung. Deutsches Ärzteblatt, 41–44.

Lempp, R. (1984b). Das gemeinsame Sorgerecht aus kinderpsychiatrischer Sicht. Zentralblatt für Jugendrecht, 305–309.

Lempp, R. (1984c). Die Bindungen des Kindes und ihre Bedeutungen für das Wohl des Kindes gemäß § 1671 BGB. Zeitschrift für das gesamte Familienrecht, 741–744.

Lempp, R. (1991). Der Name des Stiefkindes. Kinderpsychiatrische Betrachtungen zum Namensänderungsgesetz. Zentralblatt für Jugendrecht, 490–492.

Lempp, R. & Braunbehrens, V. v., Eichner, E., Röcker, D. (1987). Die Anhörung des Kindes gemäß § 50 b FGG. Rechtstatsachenforschung. Köln: Bundesanzeiger

Lempp, R. & Wagner, E.-M. (1975). Untersuchungen über den weiteren Verlauf von Sorgerechts- und Verkehrsregelungsverfahren nach der Begutachtung. Zeitschrift für das gesamte Familienrecht, 70–72.

Limbach, J. (1984). Über den Stil der Rechtspolitik – oder die Mär von dem einträglichen Geschäft mit der Scheidung. Zeitschrift für Rechtspolitik, 199–201.

Limbach, J. (1988a). Die Suche nach dem Kindeswohl – Ein Lehrstück der soziologischen Jurisprudenz. Zeitschrift für Rechtssoziologie, 155–160.

Limbach, J. (1988b). Gemeinsame Sorge geschiedener Eltern. Heidelberg: Müller.

Limbach, J. (1989). Die gemeinsame Sorge geschiedener Eltern in der Rechtspraxis. Köln: Bundesanzeiger.

Lowe, N. V. (1991). Die Rechtsstellung des Kindes – Reform auf englische Art: Eine Einführung zum Children Act 1989. Familie und Recht, 123–131.

Luthin, H. (1987). Gemeinsames Sorgerecht nach der Scheidung. Bielefeld: Gieseking.

Michalski, L. (1992). Gemeinsames Sorgerecht geschiedener Eltern. Zeitschrift für das gesamte Familienrecht, 128–137.

Müller, H. & Lempp, R. (1989). Einvernehmliche Vorschläge der Eltern im Sorgerechtsverfahren. Zentralblatt für Jugendrecht, 269–271.

Müller-Alten, L. (1989). Die Parameter der Sorgerechtsregelung bei Scheidung. Plädoyer für eine elternorientierte Neuverteilung der Aufgaben. Zentralblatt für Jugendrecht, 443–448.

Münch von, I. (1986). Gesetzgebungskompetenz des Familienrichters? Sozialhilfe kraft Richterrechts. In: Brühler Schriften zum Familienrecht. Sechster Deutscher Familiengerichtstag in Brühl. Bielefeld: Gieseking, 52–63.

Napp-Peters, A. (1988). Scheidungsfamilien. Interaktionsmuster und kindliche Entwicklung. Frankfurt: Eigenverlag des Deutschen Vereins für öffentliche und private Fürsorge.

Napp-Peters, A. (1992). Die Familie im Prozeß von Trennung, Scheidung und neuer Partnerschaft. In: J. Hahn, V. Lomberg & H. Offe (Hg.), Scheidung und Kindeswohl. Heidelberg: Asanger, 13–23.

Niesel, R., Griebel, W., Kunze, H.-W. & Oberndorf, R. (1989). Was Eltern, die sich trennen, für ihre Kinder tun können. Zentralblatt für Jugendrecht, 342–346.

Normann, S. (1988). Das neue Recht der elterlichen Sorge in Frankreich im Vergleich mit dem deutschen Recht. Zeitschrift für das gesamte Familienrecht, 568–573.

Offe, H., Offe, S. & Wetzels, P. (1992). Zum Umgang mit dem Verdacht des sexuellen Kindesmißbrauchs. Neue Praxis, 240–256.

Peschel-Gutzeit, L. (1989). Das Recht zum Umgang mit dem eigenen Kinde. Berlin: Schweitzer/de Gruyter.

Petri, H. (1991). Scheidungskinder im gesellschaftlichen Umbruch – Über Haß und Versöhnung nach der Trennung. Familiendynamik, 351–362.

Pöch, H. (1980). Zur Praxis gutachterlicher Entscheidungsfindung bei Fragen elterlichen Sorgerechts. Partnerberatung, 82–89.

Prestien, H.-C. (1982). Das Bielefelder Modell. In: Landeskinderbericht der Regierung Nordrhein-Westfalen, 82 ff.

Prestien, H.-C. (1988). Die Stellung des Kindes im Rechtstreit der Erwachsenen. Recht der Jugend und des Bildungswesens, 431–439.

Prestien, H.-C. (1990). Die Rolle der RichterInnen beim Familiengericht oder: Sind Kinder Menschen? Sozialmagazin, 24–28.

Prestien, H.-C. (1991). Hilfe für die Nachscheidungsfamilie – Anforderungen an den Sozialarbeiter im gewandelten Rechtsverständnis auf dem Hintergrund der Entscheidung des Bundesverfassungsgerichts zum gemeinsamen Sorgerecht. In: A. Buskotte (Hg.), Ehescheidung: Folgen für Kinder. Hamm: Hoheneck, 130–151.

Prestien, H.-C. (1992a). Der Anwalt als Parteivertreter im streitigen Scheidungsverbundverfahren. In: J. Hahn, V. Lomberg & H. Offe (Hg.), Scheidung und Kindeswohl. Heidelberg: Asanger, 113–126.

Prestien, H.-C. (1992 b). Reform des Kindschaftsrechts – Ein Diskussionsbeitrag. Zentralblatt für Jugendrecht, 237–241.

Proksch, R. (1989). Scheidungsvermittlung (Divorce Mediation) – ein Instrument integrierter familiengerichtlicher Hilfe. Zeitschrift für das gesamte Familienrecht, 916–924.

Proksch, R. (1992). Wege alternativer Konfliktregelung bei Scheidung und Scheidungsfolgen. In: J. Hahn, V. Lomberg & H. Offe (Hg.), Scheidung und Kindeswohl. Heidelberg: Asanger, 55–70.

Puls, J. (1984). Das Recht zur Neuregelung der elterlichen Sorge in der Rechtsanwendung. In: Remschmidt, H. (Hg.), Kinderpsychiatrie und Familienrecht. Stuttgart, 18–27.

Reich, G. (1986). Warum ist die Schuldfrage aus Scheidungskonflikten so schwer herauszuhalten? Familiendynamische Aspekte von Scheidungsauseinandersetzungen. Gesamthochschule Kassel, Wissenschaftliches Zentrum II: Fragmente Nr. 22, 73–97.

Reich, G. & Bauers, B. (1988). Nachscheidungskonflikte – eine Herausforderung an Beratung und Therapie. Praxis der Kinderpsychologie und Kinderpsychiatrie, 346–355.

Renesse von, M. (1991). Sorgerecht bei nicht-ehelicher Elternschaft. Recht der Jugend und des Bildungswesens, 407–411.

Rönn, C. (1987). Das geschiedene Kind. Ein Ratgeber für alle Betroffenen. Bergisch Gladbach: Lübbe.

Rönn, C. (1988). Kindeswohlbeurteilung aus medizinrechtlicher Sicht – Zu Ullmann, FamRZ 1987, 1109. Zeitschrift für das gesamte Familienrecht, 463–464.

Rösner, S. & Schade, B. (1989). Der psychologische Sachverständige als Berater in Sorgerechtsverfahren. Zentralblatt für Jugendrecht, 439–450.

Rotax, H. H. (1982). Für die Schwächsten ist das Beste gerade gut genug – zur Anhörungspflicht gemäß § 50b FGG. Deutsche Richterzeitung, 466–467.

Salgo, L. (1985). Brauchen wir den Anwalt des Kindes? – Vorüberlegungen. Zentralblatt für Jugendrecht, 259–270.

Salgo, L. (1991). Vorwort zu Lowe, 1991.

Salzgeber, J. & Höfling, S. (1991). Der diagnostische Prozeß bei der familienpsychologischen Begutachtung. Ein Beitrag zur Datenbasis und zur Intervention des psychologischen Sachverständigen im Rahmen des Begutachtungsprozesses. Zentralblatt für Jugendrecht, 388–394.

Schade, B. & Schmidt, A. (1991). Position und Verhalten von Rechtsanwälten in strittigen Sorgerechtsverfahren. Zeitschrift für das gesamte Familienrecht, 649–652.

Schenk, H. (1987). Freie Liebe – wilde Ehe. Über die allmähliche Auflösung der Ehe durch die Liebe. München: Beck.

Schmid, K. (1971). Die rechtliche Zulässigkeit psychologischer Testverfahren im Personalbereich. Neue Juristische Wochenschrift, 1863–1868.

Schneewind, K. A. (1987a). Familienpsychologie: Argumente für eine neue psychologische Disziplin. Zeitschrift für Pädagogische Psychologie, 79–90.

Schneewind, K. A. (1987b). Familienentwicklung. In: R. Oerter & I. Montada (Hg.), Entwicklungspsychologie. München: Urban & Schwarzenberg, 971–1014.

Schneider, H. (1981). Bessere Sorgerechtsentscheidung durch bessere Richter – bessere Richter durch Selbsterfahrung? Der Amtsvormund, 795–798.

Schnitzler, K. (1992). Richter auf Probe als Familienrichter? Zeitschrift für das gesamte Familienrecht, 5507–509.

Schober, S. (1977). Einschätzung und Anwendung projektiver Verfahren in der heutigen klinisch-psychologischen Praxis. Ergebnisse einer schriftlichen Umfrage unter den Erziehungsberatern der BRD. Diagnostica, 364–372.

Schütz, H. & Jopt, U.-J. (1988). Ein Kind soll ins Heim: Anmerkungen zur Allianz zwischen Recht und Psychologie aus der Sicht beider Disziplinen. Zentralblatt für Jugendrecht, 349–357.

Schwab, D. (1987). Mitteilung. Zeitschrift für das gesamte Familienrecht, 1004.

Simitis, S. u. a. (1979). Kindeswohl. Eine interdisziplinäre Untersuchung über seine Verwirklichung in der vormundschaftsgerichtlichen Praxis. Frankfurt: Suhrkamp.

Simon, D. (1984). Neuere Entwicklungstendenzen im Kindschaftsrecht. Zentralblatt für Jugendrecht und Jugendwohlfahrt, 14–17.

Stöcker, H. A. (1992). Die UNO-Kinderkonvention und das deutsche Familienrecht. Zeitschrift für das gesamte Familienrecht, 2455–252.

Strecker, Ch. (1983). Der Familienrichter im Spannungsfeld von Rechtsanwendung und Problemlösung. Deutsche Richterzeitung, 175–178.

Stein-Hilbers, M. (1991). Männer und Kinder. Reale, ideologische und rechtliche Umstrukturierung von Geschlechter- und Elternbeziehungen. Familie und Recht, 198–205.

Stein-Hilbers, M. (1992). Versachlichung der Debatte um das gemeinsame Sorgerecht. Psychologie in Erziehung und Unterricht, 61–66.

Strempel, D. (1989). Gemeinsame Sorge geschiedener Eltern – Rechtstatsachen und gesetzliche Regelung –. Rechtstatsachenforschung. Köln: Bundesanzeiger.

Suess, G. (1989). Die Bedeutung der Qualität von Bindungsbeziehungen im Scheidungsfalle. Vortrag gehalten auf der 9. Tagung Entwicklungspsychologie der DGfPs im Sept. 1989 in München.

Suess, J. G. (1990). Arbeit mit Scheidungsfamilien – Überlegungen aus der Sicht der Bindungstheorie und kontextuellen Therapie. Praxis der Kinderpsychologie und Kinderpsychiatrie, 278–283.

Süssmuth, R. (1990). Grundbedürfnisse des kleinen Kindes in den Interessenkonflikten der Erwachsenen. Psychologie in Erziehung und Unterricht, 58–66.

Tägert, I. (1967). Forensische Psychologie im Bereich des Familienrechtes. Handbuch der Psychologie, Hogrefe, 11, 588–633.

Textor, M. (1991). Scheidungszyklus und Scheidungsberatung. Göttingen: Vandenhoeck & Ruprecht.

Thalmann, W. (1984). Die Verhandlungsführung des Familienrichters bei »existenzgefährdenden« Familiensachen unter Berücksichtigung des Kübler-Ross-Phänomens. Zeitschrift für das gesamte Familienrecht, 634–638.

Troje, H. E. (1991). Kooperation der Verfahrensbeteiligten – Eine utopische Perspektive. In: A. Buskotte (Hg.), Ehescheidung: Folgen für Kinder. Hamm: Hoheneck, 155–164.

Tschirky, H. & Suter, A. (1990). Führen mit Sinn und Erfolg. Bern: Haupt.

Ullmann, C. (1985). Lempps Meinungswandel zum Umgangsrecht. Zeitschrift für Kinder- und Jugendpsychiatrie, 88–94.

Ullmann, C. (1986). Elterliche Sorge und Menschenrechte. Die Mißachtung von Völkerrecht und Grundrechtsgeboten im Scheidungsfolgenrecht der Bundesrepublik Deutschland. München: Müller & Steinicke.

Ullmann, C. (1988). Eingriffslegitimation in die Familie und ihre Grenzen nach der Europäischen Menschenrechtskonvention. Zentralbl. für Jugendrecht, 522–530.

Ullmann, C. (1992). Verfassungs- und völkerrechtliche Widersprüche bei der Ratifizierung der UN-Kinderrechtskonvention. Zeitschrift für das gesamte Familienrecht, 898–902.

Walia, S. (1983). Viele treiben »Kriminalpolitik per Diagnose«. Gespräch mit dem Sachverständigen Dr. Herbert Maisch. Psychologie Heute, 65–66.

Wallerstein, J. & Blakeslee, S. (1989). Gewinner und Verlierer. Frauen, Männer, Kinder nach der Scheidung. München: Droemer.

Watzlawick, P., Beavin, J. H. & Jackson, D. D. (1982). Menschliche Kommunikation. Bern: Huber.

Watzlawick, P., Weakland, J. H. & Fisch, R. (1979a). Lösungen. Bern: Huber.

Weidermann, O. (1982). Fünf Jahre Familienrichter. Erfahrungen, Erkenntnisse und Vorschläge. Zentralblatt für Jugendrecht, 527–537.

Werst, C. & Hemminger, H.-J. (o. J.). Schlußbericht des Projekts »Psychologische Gutachten in Prozessen vor dem Familiengericht«. Universität Freiburg.

Wilde, B. (1989). Eine Familie bleiben. Das gemeinsame Sorgerecht – Ein neuer Weg bei Ehescheidungen. München: Mosaik.

Willi, J. (1975). Die Zweierbeziehung. Reinbek: Rowohlt.

Willutzki, S. (1984). Lebenslange Unterhaltslast – ein unabwendbares Schicksal? Zentralblatt für Jugendrecht, 1–8.

Willutzki, S. (1991). Steuerung des Familienkonfliktes durch Verfahren? In: A. Buskotte (Hg.), Ehescheidung: Folgen für Kinder. Hamm: Hoheneck, 122–129.

Witte, E. H., Sibbert, J. & Kesten, I. (Hg.) (1992). Trennungs- und Scheidungsberatung. Grundlagen – Konzepte – Angebote. Stuttgart: Verlag für Angewandte Psychologie.

Wolf, J. (1991). Ratifizierung unter Vorbehalten: Einstieg oder Ausstieg der Bundesrepublik Deutschland aus der UN-Konvention über die Rechte des Kindes? Zeitschrift für Rechtspolitik, 374–382.

Zillich, F. (1992). Rechtsanwälte in streitigen Sorgerechtsverfahren – geldgierige, kontraproduktive Hemmschuhe? Zeitschrift für das gesamte Familienrecht, 509–510.

ABKÜRZUNGEN

AG	Amtsgericht
BGB	Bürgerliches Gesetzbuch
BGH	Bundesgerichtshof
BVerfG	Bundesverfassungsgericht
DAVorm	Der Amtsvormund
FamRZ	Zeitschrift für das gesamte Familienrecht
FGG	Gesetz über die freiwillige Gerichtsbarkeit
GG	Grundgesetz
IPBPR	Internationaler Pakt über bürgerliche und politische Rechte
JWG	Jugendwohlfahrtsgesetz
KJHG	Kinder- und Jugendhilfegesetz
NJW	Neue Juristische Wochenzeitschrift
OLG	Oberlandesgericht
VersR	Zeitschrift für Versicherungsrecht
ZfJ	Zentralblatt für Jugendrecht
ZPO	Zivilprozeßordnung